ZHIHUI FAXUE

智慧法学

第 2 卷

周长玲 ◎ 主　编

戴智勇
阮国忠 ◎ 副主编

中国政法大学出版社

2024·北京

图书在版编目（ＣＩＰ）数据

智慧法学. 第 2 卷 / 周长玲主编. -- 北京：中国政
法大学出版社, 2024. 6. -- ISBN 978-7-5764-1590-2

Ⅰ. D90

中国国家版本馆 CIP 数据核字第 2024TU5656 号

出　版　者　中国政法大学出版社

地　　　址　北京市海淀区西土城路 25 号

邮寄地址　北京 100088 信箱 8034 分箱　邮编 100088

网　　　址　http://www.cuplpress.com (网络实名：中国政法大学出版社)

电　　话　010-58908586(编辑部) 58908334(邮购部)

编辑邮箱　zhengfadch@126.com

承　　印　固安华明印业有限公司

开　　本　720mm×960mm　　1/16

印　　张　25

字　　数　420 千字

版　　次　2024 年 6 月第 1 版

印　　次　2024 年 6 月第 1 次印刷

定　　价　119.00 元

　　历经数月的精心策划与准备，《智慧法学》论丛终于顺利完成定稿付诸出版，作为论丛的主编，此时此刻的心情无疑是欣慰和充满成就感的，一方面是因为论丛由我亲自命名，命名过程中颇费了一番心思，经过反复斟酌，最后确定了本名称，寓意为集中法学领域学者、法律工作者、研究人员等学术智慧的论丛；另一方面，论丛的每一篇论文都是经过严格把关，由我亲自审阅并提出修改意见，作者进行修改符合要求后才被选用，因此，当论丛定稿即将出版的此刻我的心情可想而知。

　　《智慧法学》论丛创办的初衷是以"弘扬法治、服务社会"为宗旨，为法学及相关领域的学者、科研人员、法律工作者、同等学力等各类研究生以及本科生等提供公开发表学术研究成果的正规渠道，同时也为他们提供一个比较好的学术交流平台。

　　《智慧法学》论丛将涵盖法治论坛、经济与法、法学研究、法律实务、法治建设、司法实践、社会与法、法治政府、法治动态、学术前沿等多领域，每一卷将根据研究成果所涉领域、研究方向、研究内容以及研究方法进行相应的编辑。

　　《智慧法学》论丛主要集合了全国法学领域及相关领域的人员，包括法律工作者、同等学力研究生等的学术研究成果。根据学术研究成果的研究领域、研究方向、研究方法和研究内容，本书分为三个板块，分别为理论探讨、实务探究和前沿探索。

　　《智慧法学》论丛顺利定稿离不开中国政法大学出版社的领导，特别是丁春晖主任的指导、帮助和大力支持，在此深表感谢！

也特别感谢我的助手，没有助手大量的辅助工作论丛也不会如此顺利完成！

作为主编我将与中国政法大学出版社共同努力，将《智慧法学》论丛打造成知名品牌，为新时代法学研究、学术交流以及高素质法律人才培养贡献微薄之力。

周长玲

2023 年 11 月 9 日于北京

目 录

◀ 理论探讨 ▶

浅析非诉行政执行制度的完善 / 王晓婷 ………………………… 003

论建设工程中实际施工人的权利及责任 / 蔡振豪 ……………… 008

浅析宽严相济下刑事赔偿保证金提存金额 / 徐秀杰 …………… 017

浅析上市公司股份回购风险及应对 / 赵 菲 …………………… 022

论农村留守儿童权益保障的完善 / 张天天 ……………………… 027

论超龄劳动者工伤保险权益的保障 / 华婕栩 …………………… 032

浅析财产保全错误的认定标准 / 孟艳霞 ………………………… 037

浅析无权处分善意取得下归责原则的作用 / 樊佳佳 …………… 041

浅析实际使用对注册商标保护的影响 / 张 勇 ………………… 046

重大疾病可撤销婚姻制度的现状与完善 / 冯先菊 ……………… 051

网络环境下知识产权保护困境及应对 / 张晓婷 ………………… 056

浅析虚拟币犯罪数额认定若干问题 / 赵明赫 …………………… 061

论电信诈骗案罪的追诉及裁判优化 / 彭 亘 …………………… 066

浅析自媒体时代名誉权侵权诉讼策略 / 顾 倩 ………………… 071

浅析企业对商事诉讼与仲裁的选择 / 唐雪威 …………………… 076

彩礼返还规则司法适用困境及应对策略 / 叶紫樱 ……………… 080

浅析知识产权诉讼中不正当竞争行为的判断 / 王铭慧 ………… 085

浅析冷暴力刑法的规制及完善对策／李　剑　…………………… 090

论民商事案件中的事实认定与举证／吴国胜　………………… 095

论强制执行中人身保险财产性利益的执行／胥皓添　………… 100

论对固定工时制加班时间的认定／徐周侠…………………… 105

浅析责令改正决定的性质及相关问题／王　靖　…………… 110

论夫妻"忠诚协议"效力认定的路径／李　容　………………… 115

论放弃继承带来的债务执行困境及解决／龙清颖　………… 120

浅析民事执行难的原因与对策／曾宪莲…………………… 125

浅析债券市场风险及其防范／刘　芹　………………… 129

论法定继承中多分配原则的理解与适用／彭忠慧　………… 134

论网络空间未成年人个人信息的优化保护／谷　晨　……… 138

浅析短视频作品属性及类型认定／陈剑宏…………………… 143

论知识产权保护与贸易关系的平衡／崔海悦　……………… 148

论物权期待权在执行异议案中的实现

　　——以经济适用房买受人物权期待权为视角／高　奇　……… 153

论职责人员性侵未成年人犯罪的防治／程园媛　…………… 158

论婚外财产赠与行为法律效力的认定／张利祯　…………… 163

论居住权制度的不足与完善／曹　炀　……………………… 168

论律师在构建环境公共法律产品中的作用／郭书羽　……… 173

论货币特定化与所有权归属认定

　　——以"某酒店诉银行执行异议之诉案"

　　　　为视角／茹立峰　…………………………………… 178

浅析"帮信罪"司法适用问题及解决／宋　潮　……………… 187

论结构化信托中优先级受益人权益保护路径／孙　新　…… 193

◆ 前沿探索 ◆

论"六合"模型在企业合规体系建设中的应用 / 蒋梦茜 ················ 201

浅析我国数据权益保护法律体系的完善 / 岳应宁 ················ 206

浅析人工智能生成物知识产权保护的争议 / 董嘉婷 ················ 211

浅析企业数据使用安全及保护对策 / 卢艳卿 ················ 215

论电子商务平台信用评价制度的完善 / 黄睿洵 ················ 219

数字经济下经济法转型相关问题探讨 / 王思媛 ················ 224

浅析法学教育高质量发展与体系创新路径

　　　　——以法治现代化为背景 / 屠洪勉 ················ 229

浅析合同僵局下违约方的解除权

　　　　——以《民法典》第 580 条为视角 / 胡馨缘 ················ 234

浅析 GAI 在委托创作中的侵权归责问题 / 武晟永 ················ 239

浅析专利职务发明的产权激励模式 / 徐敏杰 ················ 244

论新民间借贷司法解释在仲裁中的适用 / 苏蓓 ················ 248

论《民法典》高空抛物侵权归责规定的完善 / 王杨 ················ 256

论新《公司法》下的横向法人人格否认规则 / 黄晓霞 ················ 261

最小改动原则在国企合规融合建设中的应用 / 张雨 ················ 267

浅析新时代加强涉外法治建设的路径 / 赵亮 ················ 272

论应对电子商务发展挑战的民商法创新 / 陈蕊 ················ 277

论人工智能训练数据优化的可专利性 / 吕昕炜 ················ 282

◆ 实务探究 ◆

论非婚生子女抚养费裁判标准的完善 / 孙怡薇 ················ 289

论对不正当数据抓取行为认定的完善 / 周昕雪 ················ 293

浅析无人机法律风险监管与防范 / 刘显翰 ················ 298

论破产程序中共益债务认定争议及解决 / 单进 ················ 303

民营企业法律顾问服务困境与应对 / 黄长江 …………………… 308

论著作权侵权中抄袭行为的认定规则 / 陈嫦坤 ………………… 316

我国代孕有限合法化若干问题的探讨 / 高　铭 ………………… 321

电子签名在民商事活动应用中的风险防范 / 阴一晓 …………… 326

浅析开发商逾期办证违约责任的承担 / 李雪娇 ………………… 331

论专利侵权判定中等同原则的适用及限制 / 徐彩云 …………… 336

论金融机构适当性义务法律依据的完善 / 张　瑶 ……………… 341

浅析金融风险表现及金融立法变革 / 王　忠 …………………… 346

国际社会应对环境犯罪的立法与实践 / 杨学建 ………………… 351

浅析网络暴力刑事化治理的优化 / 李玉琦 ……………………… 356

浅析中俄能源合作中的困境与应对

　　——以 "一带一路" 为视角 / 吴　静 ……………………… 361

基差贸易后点价模式下卖方风险浅析 / 夏晓春 ………………… 365

论我国刑事涉案财物处置体系的完善 / 李　静　涂安杰 ……… 369

论非法集资犯罪违法所得的认定与处置 / 涂安杰 ……………… 379

浅析侵犯网游虚拟财产的刑法保护 / 何　源 …………………… 390

理论探讨

浅析非诉行政执行制度的完善

王晓婷*

摘　要：非诉行政执行制度在我国起步较晚，虽然相关法律法规已对非诉行政执行制度作了规定，但仍然处于理论和实践不完善、没有形成规范体系的状态。本文旨在从非诉行政执行的立法及司法实务出发，尝试提出合理的方案设计和制度完善建议。

关键词：非诉讼　行政执行　司法实践

引　言

行政决定的实现不仅需要行政机关的努力，也需借助人民法院的司法程序。目前，我国非诉行政执行制度存在着司法审查标准较模糊、司法审查方式不明确、执行模式未明晰、执行程序未统一、救济措施未落地等问题。非诉行政执行制度的完善不仅有利于实现司法权和行政执行权的合理配置，且有利于维护行政相对人的合法权益，以实现司法公正。

一、非诉行政执行概述

我国行政强制执行有两种方式，一种是行政机关作为强制执行主体直接行使权利，另一种是没有强制执行权的行政机关作出行政行为后，行政相对人在法定期限内不申请行政复议或提起行政诉讼，也不履行义务，行政机关依法向法院申请强制执行，由法院审查并裁定是否准予执行的法律制度[1]，即本文所讨论的非诉行政执行。我国非诉行政执行制度最早被规定于 1989 年

---

　* 王晓婷（1987 年—），女，汉族，浙江杭州人，就职于杭州市市场监督管理局。
　〔1〕 臧永杰、陈兰：《行政非诉执行裁执分离问题思考》，载《法制与社会》2020 年第 35 期。

《行政诉讼法》[1]第 66 条[2]之中，首次明确行政机关可以申请法院强制执行。

非诉行政执行本质上是剥夺行政机关自行强制执行权的制度设计，主要是为了阻止违法的行政行为进入执行程序，保障行政相对人的合法权益不致因其未提起复议或诉讼而受到违法行政行为的侵害。[3]而非诉执行模式也能够简化程序，更高效地完成合法行政行为的强制执行。

二、现行非诉行政执行制度法律适用困境

就非诉行政执行制度而言，我国学界目前仍有分歧，在立法层面缺乏全局认识和制度设计，直接导致实践中非诉行政执行难以寻找到有效的法律依据。

(一) 司法审查标准相对模糊

虽然目前我国对非诉行政执行的司法审查标准已有相关规定，但相对模糊，难以指导司法实践。这也导致法院在审查非诉行政执行案件时，难以统一裁判标准，法官只能通过自由裁量的方式进行审查，使得非诉行政执行在实践中存在同案不同判，收案标准不一致等问题。最高人民法院《关于适用〈中华人民共和国行政诉讼法〉的解释》第 161 条[4]规定了法院应当裁定不准予执行的四种情形，其中对行政主体资格的认定标准是明确的，但是其他三项标准均含"明显"一词，在实践中也未形成具体的操作规范，法官如何适用第 2 项到第 4 项也将直接影响案件的走向。

法院在审查被执行行政行为时采用的审查标准是不明显违法，这种标准显然低于一般行政诉讼案件中的合法性审查标准。然而非诉行政执行中，正

---

[1] 《行政诉讼法》，即《中华人民共和国行政诉讼法》。为表述方便，本书中涉及我国法律文件，直接使用简称，省去"中华人民共和国"字样，全书统一，后不赘述。

[2] 1989 年《行政诉讼法》第 66 条规定："公民、法人或者其他组织对具体行政行为在法定期限内不提起诉讼又不履行的，行政机关可以申请人民法院强制执行，或者依法强制执行。"

[3] 傅士成：《我国非诉讼行政执行制度的几个问题》，载《中国法学》2002 年第 3 期。

[4] 最高人民法院《关于适用〈中华人民共和国行政诉讼法〉的解释》第 161 条规定："被申请执行的行政行为有下列情形之一的，人民法院应当裁定不准予执行：(一) 实施主体不具有行政主体资格的；(二) 明显缺乏事实根据的；(三) 明显缺乏法律、法规依据的；(四) 其他明显违法并损害被执行人合法权益的情形。行政机关对不准予执行的裁定有异议，在十五日内向上一级人民法院申请复议的，上一级人民法院应当在收到复议申请之日起三十日内作出裁定。"

是因为行政行为没有经过复议、诉讼的法定程序，没有经过上级行政机关复议审查、法院开庭审查辩论等重要过程，才需要在执行阶段通过司审查确保行政行为的合法性。在目前司法审查标准相对模糊，甚至审查标准更低的情况下，这种审查标准实际并不利于实现阻止违法行政行为进入执行程序。

（二）司法审查方式未统一

最高人民法院《关于适用〈中华人民共和国行政诉讼法〉的解释》仅规定了应当由行政审判庭对被执行行政行为进行合法性审查，《行政强制法》则规定了书面审查的基本原则，存在特殊情形时，可以听取被执行人与行政机关的意见，但是以何种方式听取也没有作出明确规定。

司法实践主要采用书面审查方式，虽然这种方式符合行政效率和行政管理的目的，但在缺乏被执行人参与的情况下，该审查方式可能流于形式，同时该种方式也直接导致被执行难以参与其中，无法充分听取当事人的陈述申辩，往往只能在法院裁定强制执行后，再通过相关的救济措施进行抗辩，实际难以起到保障行政相对人合法权益的效果。

（三）未明确规定一并申请

即非诉行政执行能否就行政处罚决定加处罚款部分一并申请未明确规定。本文认为，根据《行政强制法》第12条、第37条、第45条、第46条之规定，加处罚款属于行政强制措施，在当事人符合加处罚款情形时，行政机关不应就行政处罚决定加处罚款部分一并申请，而是应当在行政机关就加处罚款部分作出新的行政决定并履行告知当事人复议申请权或诉讼权的义务后，再申请强制执行。否则对于加处罚款部分，被执行人实际并不存在既不履行也不复议或提起行政诉讼的情形，也就不符合非诉行政执行的前置条件，无疑有悖于立法原意，将直接对被执行人的合法权益造成损害。

（四）非诉行政强制执行模式存在问题

非诉行政强制执行前提是保留司法审查，试图通过对执行权进行分配，达到司法权与行政权的分立和制衡、实现效率与公正价值的良好社会效果。[1]

我国非诉行政执行的传统模式是"裁执合一"，法院既具有审查行政机关行政决定的权力，又承担着组织执行行政决定的权力，既是行政非诉案件的

---

[1] 刘雨嫣：《非诉行政强制执行的困境及出路分析》，载《人民论坛·学术前沿》2020年第11期。

审查者，又是执行者，这明显违反了司法中立原则。[1]对于行政相对人而言，相当法院于既是裁判员又是运动员，也容易导致行政相对人对于法院非诉审查的程序和结果产生怀疑，从而可能对司法公信力造成损害。

（五）非诉行政执行救济途径不成熟

我国《行政强制法》规定了行政机关对法院不予受理执行申请裁定、不予执行裁定的救济措施。第 59 条规定了在紧急情况下立即执行的情形。然而无论是《行政诉讼法》还是《行政强制法》均没有明确规定对行政相对人的救济途径。这也导致行政相对人在收到准予强制执行的行政裁定后，若被执行人对准予执行的裁定不服，实际并无明确的维权路径，这明显与非诉行政执行的初衷相悖。

三、完善我国非诉执行制度的建议

（一）明确司法审查标准

本文认为，应当将不明显违法的合法性审查标准予以修改，与普通行政诉讼案件建立同样的合法性审查标准。此外，法院除对行政行为进行合法性审查之外，还应当关注行政行为的合理性。如此，在相关行政行为没有经过复议、行政诉讼等程序的情况下，最大限度排除违法行政行为进入执行程序，维护行政相对人的合法权益。

（二）明确司法审查方式

既然非诉行政强制执行必须要以行政行为作为基础，那么人民法院的审核重点还是应当落到行政行为的合法性上。因而，在对非诉行政执行制度进行司法审查时，应当让行政机关和行政相对人充分参与非诉行政执行程序，除书面审查外，应当建立健全听证制度，将行政机关和行政相对人召集到一起，听取各方意见和建议，从而争取在尊重事实的基础上，作出公正的裁判。

（三）完善裁执分离模式

目前，司法实践已开始向裁执分离模式过渡，应当在上位法层面对行政非诉执行的模式以体系化的法律规范予以确定，对裁执分离模式下案件适用范围予以明确，将财产类执行逐步纳入执行范围，并以合法性审查标准对相关行政行为进行实质审查，对不同类型非诉行政行为强制执行的主体予以明

---

[1] 姚越：《非诉行政执行中裁执分离体制的构建》，载《开封教育学院学报》2017 年第 7 期。

确，从而提高非诉行政执行案件的效率。

（四）健全执行救济途径

应当对执行救济途径进行统一，建立健全以法院再审为主，检察监督为辅的非诉行政执行救济途径。虽然人民法院准予执行的行政裁定并未经过审判诉讼程序，但其依然以生效文书的方式确定行政行为具有合法性，想要纠正该审查认定结果，势必应当对作为执行依据的准予执行裁定进行纠正。因此，对准予执行行政裁定申请再审显然是非诉行政执行救济途径的最优选择。同时，人民检察院作为辅助机关，对非诉行政执行的各个阶段进行执行监督，也有利于发挥人民检察院的监督作用，既监督了公正司法，又促进了依法行政，体现了检察监督"一手托两家"的功能。

结　语

作为行政行为强制执行的最后一道防线，完善的非诉行政执行制度及其有效实施既有利于促进合法行政行为的高效执行，也有利于规范行政权的行使以维护行政相对人的合法权益。因此，研究非诉行政执行制度的完善具有十分重要的理论和实践价值。

论建设工程中实际施工人的权利及责任

蔡振豪*

摘　要： "实际施工人"是最高人民法院为指导审判建设工程领域民事案件而创设的概念，实际施工人行为涉及转包、违法分包和挂靠等违法行为。作为建设工程中的一类特殊施工主体，对实际施工人的关系认定、权利保护以及实际施工人对工程质量责任承担等问题尚有争论，而厘清这些问题对规范建设工程施工行为，减少违法行为的发生，保障建设工程质量以及维护建筑市场秩序等具有重要意义。本文旨在探讨建设工程中实际施工人的权利及责任问题，以期通过保障实际施工人的合法权益，加强实际施工人对工程质量责任的承担，从源头上制止转包或违法分包行为的发生，以保障建设工程质量、促进建筑市场的有序发展。

关键词： 建设工程　实际施工人　合同纠纷

引　言

在我国建筑市场发展初期，为规范建筑市场秩序，保证建筑工程质量，我国实行严格的建筑企业资质管理制度。但初级的建筑企业前期往往面临不具备申请建筑资质的资产、工程业绩及完备的人才等困境，为寻求发展，借用资质承揽工程（即挂靠）[1]、违法分包[2]、转包[3]的现象逐渐显露出

---

* 蔡振豪（1971 年—）男，汉族，浙江平阳人，浙江金瓯律师事务所主任。

[1] 挂靠实质上指的是借用资质的行为，是指单位或个人以有资质施工单位的名义进行工程承揽的行为。根据我国法律规定，挂靠属于禁止的行为，对于挂靠人与被挂靠企业签订的《合作协议》《分包协议》等均被认定为无效合同。

[2] 分包应当区分合法分包还是违法分包。按照《建筑法》第 29 条规定，总承包人可以将承包内容中的部分工程发包给有相应资质件的分包人；并且，除了总承包合同约定了分包之外，其他分包

来。这些违法行为均导致工程款及农民工工资拖欠问题日益凸显，严重影响了建筑市场的秩序，转包、违法分包及借用资质的行为也引发了大量质量安全事故。对此，在 2004 年住建部专门出台《建筑工程施工转包违法分包等违法行为认定查处管理办法（试行）》。随着人民法院受理的建设工程施工合同纠纷类案件数量迅猛增长，当时的法律规定难以适应建筑领域出现的新型法律问题，对此最高人民法院在 2020 年底出台最高人民法院《关于审理建设工程施工合同纠纷案件适用法律问题的解释（一）》（法释〔2020〕25 号）专门对这些问题进行了规制，为转包、违法分包、借用资质情形下的承包人主张工程款提供了保障。另外，还首次提出了"实际施工人"的概念，赋予"实际施工人"特殊的诉讼权利。

一、实际施工人概述

（一）实际施工人的概念

关于"实际施工人"概念的界定，实务界曾经提供过一些思路与方向，如北京市高级人民法院对建工案件的解答[1]第一次解释了何为实际施工人：在无效的建工合同中，实际履行完成施工要求的承包方，承包者可以是法人、非法人组织、合伙企业，也可以是自然人等主体。再如浙江省高级人民法院认为：无效建工合同中，实际施工人可以在工程成功竣备后，享有优先受偿权。[2]

最高人民法院《关于审理建设工程施工合同纠纷案件适用法律问题的解释（一）》明确定义了"实际施工人"：即指无效合同的承包人，如转承包人、违法分包合同的承包人、没有资质借用有资质的建筑施工企业的名义与他人签订建设工程施工合同的承包人。[3]

（二）实际施工人存在的情形

实际施工人存在的情形主要包括三类：挂靠、非法转包以及违法分包三种，

（接上页）必须经发包人认可。

〔3〕 转包是指承包人将所承包工程全部转手给他人承包的行为。

〔1〕 北京市高级人民法院《关于审理建设工程施工合同纠纷案件若干疑难问题的解答》。

〔2〕 浙江省高级人民法院民事审判第一庭《关于审理建设工程施工合同纠纷案件若干疑难问题的解答》。

〔3〕 最高人民法院民事审判第一庭编著：《最高人民法院建设工程施工合同司法解释的理解与适用》，人民法院出版社 2015 年版，第 1 页。

最高人民法院《关于审理建设工程施工合同纠纷案件适用法律问题的解释（一）》仅仅明确了非法转包和违法分包两种情形下的实际施工人，而挂靠情形下的实际施工人显然不在此列。以"中国裁判文书网"数据库为数据检索来源对建设施工合同中涉及实际施工人案件进行检索，如图所示：

2015 年建设工程施工合同纠纷涉及实际施工人案件共 15 166 件，2016 年共 20 745 件，2017 年共 29 299 件，2018 年共 35 709 件，2019 年共 44 226 件，2020 年共 42 836 件。这说明与实际施工人有关的案件数量、复杂程度、案件标的总体、当事人对于程序保障的需求都随年份的增加呈上升趋势。甚至在诉讼等维权方式中，出现了多起因相对方拖欠工程款而实际施工人以过激手段维权的案件。但是，在转包、违法分包以及借用资质订立的建设工程施工合同中，实际施工人被拖欠工程款的问题更为严峻、复杂。实证研究表明，针对实际施工人确认建设工程价款优先受偿权，各地法院裁判结果不统一，说理不明确[1]。

---

　　[1] 唐倩：《实际施工人的建设工程价款优先受偿权实证研究》，载《中国政法大学学报》2019年第 4 期。

此外，实践中的实际施工人在一定程度上可以突破合同相对性，向发包人主张工程款，但在多次转包、分包中，能否突破合同相对性，向承包人主张工程款？建设单位、发包人拖欠建筑施工企业工程款已经成为见怪不怪的常态，导致建筑企业资金周转困难，部分企业拖欠民工工资导致工人上访、信访时有发生。在司法实践中，出现纠纷后的审判也存在容忍代理和挂靠裁判混淆等问题[1]，比如实际施工人是否有权主张建设工程优先权成为理论和实务中长期存在争议的一个疑难问题。因此，为了有效防范与化解建筑工程施工中出现的实际施工人挂靠、转包、违法分包带来的风险，有必要加强建设工程中对实际施工人权利的保护及风险规制，从而有利于恢复市场秩序并释放市场活力[2]。

二、合同相对性与实际施工人的权利

（一）合同相对性原则

在大陆法系中，合同相对性也称"债的相对性"，属于民商法律裁判中一项重要原则，一般是指合同效力的相对性，即合同原则只在当事人之间发生效力，并不及于第三人。合同相对性作为合同制度的奠基石，是合同编的基础性原则同时也是支撑合同编发展的根本性原则。一般地，以义务主体特定与否为标准，将权利划分为相对权与绝对权，这种划分造成了无法说明债权人与第三人之相互作用关系的根据与内容的局面。为填补这一漏洞，债权物权化以合同相对性原则之例外的形式被提出。比如我国《民法典》第 465 条第 2 款规定："依法成立的合同，仅对当事人具有法律效力，但是法律另有规定的除外。"该规定虽然没有直接出现"合同相对性"字样，但实际上确立了合同相对性原则。也即，合同一般情况下只对合同当事人发生法律效力，除非法律另有规定。当然，合同相对性原则的适用范围应以旨在实现履行利益之合同权利义务为限[3]。具体而言，合同相对性主要包括：①主体相对性；合同法律关系发生在合同主体之间，与合同外的第三人无关；②内容相对性；合同当事人享有合同约定的权利义务；③责任相对性。合同相对性决定了违

〔1〕 李丽萍：《建设工程合同中容忍代理的识别与辨析》，载《哈尔滨学院学报》2021 年第 5 期。

〔2〕 张爱萍、胡奕明：《僵尸企业、地方政府与经济高质量发展——基于企业贡献度的研究视角》，载《山西财经大学学报》2021 年第 2 期。

〔3〕 杨浦：《论合同相对性原则的适用边界》，载《交大法学》2020 年第 3 期。

约责任具有相对性，在合同主体之间发生，合同主体之外的当事人不承担责任。

建设工程施工合同属于合同法律关系，应当严格按照《民法典》合同编的相关规定执行。建设工程施工合同中，发包人与承包人签订建设工程施工合同，形成合同关系，双方应当严格遵守合同的约定。尤其是基于事实认定实际施工人与发包方之间已经构成了合同关系[1]。相应，建设工程施工合同也需遵循合同相对性原则。但在合同无效情形下，合同内容部分的相对性被弱化，合同主体、责任承担等部分仍体现合同相对性原则。我国《民法典》规定，承包人不得将其承包的全部建设工程转包给第三人或者将其承包的全部建设工程分解以后以分包的名义分别转包给第三人。因此，承包人转包、违法分包建设工程签订的建设工程施工合同应认定无效。[2]

（二）突破合同相对性主张工程款

根据《民法典》规定，合同相对性突破的例外情形是"法律另有规定"。对于建设工程施工合同，为了保护农民工等弱势群体的利益，维护建筑市场的稳定，最高人民法院赋予了实际施工人在一定程度上可以突破合同相对性主张工程款的权利。关于实际施工人突破合同相对性，从最高人民法院《关于审理建设工程施工合同纠纷案件适用法律问题的解释》《关于审理建设工程施工合同纠纷案件适用法律问题的解释（二）》《关于审理建设工程施工合同纠纷案件适用法律问题的解释（一）》等均对此作出了规定。实践中最高人民法院针对《建设工程司法解释》第 26 条形成了比较统一的裁判意见：对该条司法解释严格限制适用范围和严守合同相对性原则，中间环节的相对发包人不属于承担连带责任的主体。[3]

一方面，实际施工人可以突破合同相对性向"发包人"主张权利。实际施工人对于合同相对性的突破，体现在实际施工人以发包人为被告主张权利，发包人与实际施工人并无直接法律关系，根据最高人民法院建设工程司法解释规定，实际施工人以发包人为被告主张权利的，发包人在欠付工程价

---

[1] 朱树英：《工程合同实务问答》，法律出版社 2007 年版，第 59 页。

[2] 根据最高人民法院《关于审理建设工程施工合同纠纷案件适用法律问题的解释（一）》第 1 条第 2 款规定，承包人因转包、违法分包建设工程与他人签订的建设工程施工合同，应当依据《民法典》第 153 条第 1 款及第 791 条第 2 款、第 3 款的规定，认定无效。

[3] 王利明：《合同法研究》（第 1 卷），中国人民大学出版社 2002 年版，第 91 页。

款范围内对实际施工人承担责任。2018 年最高人民法院发布的《关于审理建设工程施工合同纠纷案件适用法律问题的解释（二）》对 2004 年《建设工程司法解释》第 26 条第 2 款规定进行了完善，在查明发包人欠付转包人或者违法分包人建设工程价款的数额后，判决发包人在欠付建设工程价款范围内对实际施工人承担责任。《民法典》颁布后，2020 年最高人民法院发布的《关于审理建设工程施工合同纠纷案件适用法律问题的解释（一）》沿袭了 2018 年《关于审理建设工程施工合同纠纷案件适用法律问题的解释（二）》的规定。[1]

另一方面，实际施工人能否突破合同相对性向"承包人"主张。在转包、违法分包以及借用资质订立的建设工程施工合同中，实际施工人被拖欠工程款的问题更是严峻和复杂。鉴于此，实际施工人以发包人为被告主张权利的，人民法院应当追加转包人或者违法分包人为本案第三人。但是在多次转包、违法分包法律关系中，司法解释一直没有规定实际施工人能否向承包人主张工程款。司法实践中也存在不同裁判案例，最高人民法院最新公布案例显示不支持，在层层转包、违法分包法律关系中，承包人与实际施工人之间并没有合同关系，故实际施工人无法依照合同主张案涉工程款及利息，这表明免除承包人的民事责任是具有法律依据的。因此，在层层转包中，对于实际施工人突破合同相对性，向承包人主张工程款，最高人民法院目前持谨慎并否认的态度，并没有将合同关系的其他转包人、违法分包人纳入责任范围。比如在崔某发、洛阳路桥建设集团第二工程有限公司建设工程施工合同纠纷（[2019]最高法民申 5724 号）案中，最高人民法院认为，实际施工人以发包人为被告主张权利的，人民法院可以追加转包人或者违法分包人为本案当事人。发包人只在欠付工程价款范围内对实际施工人承担责任。如果平榆高速公路公司已经向中铁隧道集团一处支付全部工程款，不存在欠付工程款的情况，则中铁隧道集团一处应当在欠付工程款范围内向崔某发承担责任，依次类推，确定案涉工程的发包人、分包人、转包人应向实际施工人崔某发承担责任的范围。在有效施工合同中的总承包人、转包人或者出借资质人怠于行

---

〔1〕 比如 2004 年第 26 条第 1 款、2018 年最高人民法院发布的《关于审理建设工程施工合同纠纷案件适用法律问题的解释（二）》第 24 条和最高人民法院发布的《关于审理建设工程施工合同纠纷案件适用法律问题的解释（一）》第 43 条规定。

使建设工程价款优先受偿权时，为顺利实现因工程建设产生的合法债权，应当允许实际施工人以提起代位权诉讼的方式主张建设工程价款优先受偿权。[1]

三、实际施工人责任的承担

基于建筑产品质量责任的特殊性，如发生质量问题损害赔偿责任的同时发生违约责任和侵权责任，属于责任竞合。因为建设工程施工合同中明确了发包人和承包人的相关权利和义务。发包人的权利是获得建筑产品，义务就是支付约定的对价款，而作为承包人的施工人的权利是取得产品的对价，义务就是向发包人交付合格的产品。出现违约，承包人应当承担违约责任，若造成人身或其他财产损害，发包人可以要求承包人承担侵权责任，也可以要求承包人承担违约责任。发包人对此享有主动的选择权。由此可见，对于建设工程质量问题的民事责任，合理使用期内可以主张侵权责任，质量保修期内可以主张违约责任。无论是质量问题产生的责任，还是保修期内产生的责任，承包人都应当承担。在竞合责任的情形下，发包人主张责任更具有选择权，也更有利于发包人对工程质量问题主张权利。

那么，在实际施工人在工程建设施工中，针对工程质量责任以及工程质量损害责任与承包人之间如何承担民事责任，发包人是否有权向实际施工人主张工程质量责任等问题，《民法典》合同编和《建设工程质量管理条例》等已进行了阐述，施工人对工程施工质量承担责任，因施工人的原因发生了建设工程质量不符合约定的事实发生，在合理期限内，施工人应当承担无偿修理或者返工、改建。若是建设工程在合理使用期限内因承包人的原因造成人身和财产损害的，应当由承包人来承担损害赔偿的责任。这为承包人承担责任提供了法律依据。如前所述，承包人与实际施工人基于转包、违法分包、挂靠等行为违反法律、行政法规的禁止性规定而签订的合同是无效合同，按照《民法典》合同编等相关规定，如果合同被认定为无效，那么，无效的合同或者被撤销的合同自始没有法律约束力。因此，合同被认定为无效或者被撤销以后，其结果是该合同自始无效。也就是说，合同无效有溯及既往的效

---

〔1〕 唐倩：《实际施工人的建设工程价款优先受偿权实证研究》，载《中国政法大学学报》2019年第4期，第75~76页。

力。既然是自始无效，就应当恢复至合同签订前的状态。但建设工程是一个特殊的产品，根本无法恢复至原始状态。而事实上，实际施工人对工程内容已经投入了人力、材料、机械等，并转化成了产品，获得了相应的工程款。导致合同无效的原因在于承包人和实际施工人的共同行为，根据《民法典》合同编等相关规定，如果出现了过错，应当由过错方来承担损失的赔偿，如果是双方都存在过错的，由各自来承担相应的责任。如果是实际施工人交付的成果不符合法律规定，或者说实际施工人交付的产品不合格，应当适用过错责任原则。

实践中，建设工程领域特殊的管理模式容易产生表见代理纠纷，加之建设工程类纠纷专业复杂程度高，为了最大限度地实现交易公平、利益均衡，就要在建设工程各方主体之间进行合理的表见代理证明责任分配[1]。交付质量合格的建设工程是施工人最主要的合同义务，也是施工人获得工程价款的前提。根据《民事诉讼法》及相关司法解释规定，如果是在建设工程发生质量争议的，发包人提起诉讼时，可以将总承包人、分包人和实际施工人列为共同被告。发包人就工程质量提起诉讼时，可以将挂靠人与被挂靠人列为共同诉讼人，前述规定均为实际施工人与承包人对发包人承担连带责任提供了法律保障。承包人与实际施工人的转包、违法分包、挂靠等行为本身已经违法，不应当受到法律保护，只是因为建设工程中，实际施工人已经交付了成果，从其实际投入的角度考虑，法律在一定程度上对其主张工程款的权利，给予特定的保护。但是，实际施工人明知违法而与承包人进行转包、违法分包、挂靠等，无论是工程质量还是工程质量的缺陷，在主观上也存在过错。

另外，从承包人角度讲，发包人是基于对承包人的资质、信用、业绩的充分认可而将工程发包，而承包人为了获取不法利益，明知违法仍将工程转包、违法分包或者借用资质给他人，对工程缺乏投入、不进行有效的监督管理，主观上同样也存在过错。故将二者列为共同被告，发包人共同承担连带责任也是符合法律规定。当合同相对方处于破产、清算等失去偿付能力等状况时，实际施工人才可以发包方作为适格被告提起诉讼[2]。当然，实际施工

---

〔1〕 王玉、赵队家：《建设工程纠纷中表见代理的证明责任分配研究》，载《公路》2019 年第 4 期，第 239 页。

〔2〕 冯小光：《中国建设工程施工合同纠纷若干问题解读》，载孙巍主编：《中国建设工程法律评论》（第 1 辑），法律出版社 2010 年版，第 136 页。

人向发包人承担责任是基于共同的侵权或者违约，但对于承包人、分包人、实际施工人等内部是基于无效合同的过错承担赔偿责任，按照合同无效的过错法律规定，实际施工人有权按照过错大小与承包人分担质量责任。

结　语

随着工程量清单计价的推行、资质管理的淡化、招投标范围的改革、PPP 和 EPC 模式的大量推行、农民工实名制等建筑工程领域新的热点、难点不断涌现，建设工程领域的法律风险愈加凸显。[1]挂靠、转包、违法分包等问题的出现是问题的根源，需要尽量在源头上制止转包或违法分包行为的发生，不断建立健全行业监督认证机制、社会信用制度、从业资格从业记录制度、工程保险制度、工程担保制度、工程信用制度、用工制度等。

---

〔1〕 霍晓梅：《新形势下工程项目法律风险防控要点》，载《施工企业管理》2019 年第 5 期。

浅析宽严相济下刑事赔偿保证金提存金额

徐秀杰[*]

摘　要：刑事案件赔偿保证金提存制度，有利于多元化化解社会矛盾，充分发挥公证职能优势，维护社会稳定，赔偿保证金提存金额的确定是刑事案件赔偿保证金提存制度中的核心问题，本文旨在探讨宽严相济政策下刑事赔偿保证金提存金额的确定问题。

关键词：宽严相济　刑事案件　赔偿保证金　提存金额

引　言

刑事案件赔偿保证金提存制度是宽严相济的刑事政策的本质性进步。宽严相济政策是随着社会经济的发展而提出的一项具有人权意义的刑事政策，充分考虑社会转型期的社会现实和民情民意。

一、"宽严相济"下刑事赔偿保证金提存制度

（一）宽严相济的概念

2004 年 12 月 22 日，罗干同志首先在中央政法工作会议上提出正确运用宽严相济的刑事政策。2006 年 10 月 11 日，党的十六届六中全会通过的《中共中央关于构建社会主义和谐社会若干重大问题的决定》将宽严相济刑事政策定位为刑事司法政策。随后，最高人民检察院出台了《关于在检察工作中贯彻宽严相济刑事司法政策的若干意见》，对如何更好地贯彻落实宽严相济的刑事政策，提出了具体、明确的要求。

＊　徐秀杰（1987 年—），女，汉族，河北人，曾供职于基层人民检察院，具有多年刑事案件审查起诉及出庭应诉经验；现执业于广东雅商律师事务所。

"宽""严""济"三者之间是有机统一整体。所谓"宽",即宽大,指刑罚的轻缓。刑罚的轻缓有两种情形:一是该轻而轻,二是该重而轻。轻缓的刑事政策在具体实施过程中表现有四个方面:一是非犯罪化,对于虽被《刑法》规定为犯罪,但由于犯罪情节轻微、危害不大且行为主体为未成年人或年满 75 岁老人的,不作为犯罪处理。二是非司法化,[1]对于犯罪情节显著较轻的公诉案件或刑事自诉案件,可以通过刑事和解的方式解决纠纷。三是轻刑化,适用刑法中遵循从轻处罚,尤其是对未成年人或年满七十五岁老人犯罪的。四是非监禁化,对于实行行为虽构成犯罪,但根据犯罪情节和悔罪表现,可以判处管制、罚金等非监禁刑或采取缓刑、假释等非监禁化的刑事处置措施。

"严"的首先含义是严格,通过严密刑事法律、司法解释及政策,强调刑罚的必定性和及时性。其次是严厉,对于社会危害性大、社会影响范围广的严重犯罪,要从重处理。最后是严肃,即要求所有的惩治行为必须是依法而动、依法而治,不徇私情。

"济"表明了宽与严之间的动态关系。它包括了有宽有严、宽严并用、宽严互补、宽严有度四个含义。《关于在检察工作中贯彻宽严相济刑事司法政策的若干意见》指出,宽与严是一个有机统一的整体,二者相辅相成……该严则严,当宽则宽。要宽严互补,宽严有度。既要防止只讲严而忽视宽,又要防止只讲宽而忽视严,防止一个倾向掩盖另一个倾向。

2010 年 2 月 8 日,最高人民法院印发《关于贯彻宽严相济刑事政策的若干意见》。该意见第 23 条规定:"被告人案发后对被害人积极进行赔偿,并认罪、悔罪的,依法可以作为酌定量刑情节予以考虑。因婚姻家庭等民间纠纷激化引发的犯罪,被害人及其家属对被告人表示谅解的,应当作为酌定量刑情节予以考虑。犯罪情节轻微,取得被害人谅解的,可以依法从宽处理,不需判处刑罚的,可以免予刑事处罚。"自此,刑事赔偿谅解作为酌定量刑情节开始被广泛适用于刑罚裁量,刑事案件赔偿保证金提存制度的基石即为刑事赔偿谅解制度。

(二)刑事赔偿保证金提存制度

目前,最高人民法院、最高人民检察院尚未以司法解释或文件形式确定

---

[1] 彭济民、唐亚辉:《贯彻宽严相济刑事政策的几点思考》,载《法学与实践》2008 年第 3 期。

刑事案件赔偿保证金提存制度的概念。在 2020 年最高人民检察院印发的《关于充分发挥检察职能服务保障"六稳""六保"的意见》中，首次提到"赔偿保证金"一词，强调了在落实"少捕""少押""慎诉"的司法理念时，需总结非羁押措施经验，推行赔偿保证金制度。[1]该制度现仍处于各个省市试点摸索、单戈为战的社会初试阶段。

依据最早试水的浙江省于 2018 年 8 月 1 日发布并施行的《轻微刑事案件赔偿保证金制度》，将刑事案件赔偿保证金制度使用范围限定为轻微案件并将其定义为：轻微刑事案件犯罪嫌疑人、被告人有赔偿意愿且有赔偿能力，但因被害人或其法定代理人、近亲属的诉求没有得到满足，或因双方矛盾激化等原因而致未能达成和解协议，犯罪嫌疑人、被告人主动表明赔偿意愿并向办案单位、公证机构或双方认可的调解组织等第三方缴存一定数额的赔偿保证金后，对其作出不批准逮捕决定或变更为非羁押强制措施的办案制度。

在后续跟进探索这一制度的河南省、重庆市、深圳市亦使用的是"轻微刑事案件赔偿保证金制度"这一概念，将该制度适用范围限定为轻微案件且概念如出一辙。至山东省探索赔偿保证金提存制度时，不再将该制度概念限定为轻微案件，就严重犯罪、社会关注大的案件"慎重适用"；而广东省中山市的探索则更进一步，不仅明确严重犯罪、社会关注大的案件可以适用，甚至明确"曾经故意犯罪；在缓刑、假释考验期内犯罪"也可以适用，"但应当适当收窄从宽处罚幅度或不予从宽处罚"。中山市的探索最大限度地还原了宽严相济刑事政策的社会要义。

二、刑事案件赔偿保证金提存的金额确定

（一）依民事赔偿标准确定赔偿保证金提存金额

现有的实行刑事案件赔偿保证金提存制度的省市均将提存金额参照该类案件民事赔偿标准计算确定，突破了《刑法》及相关司法解释确认的刑事附带民事诉讼的范畴。以浙江省为例，其在《轻微刑事案件赔偿保证金制度》第 7 条规定："轻微刑事案件赔偿保证金数额，由办案单位根据被害人实际花

---

[1] 王晓岚、方斯怡：《轻微刑事案件赔偿保证金适用探析——以故意伤害罪为切入》，载《山西警察学院学报》2022 年第 2 期。

费或者损失的数额，在听取双方当事人、律师或辩护人关于数额的意见后，依照国家相关法律、法规，参照该类案件民事赔偿标准计算确定。保证金数额应适当高于依法应予赔偿费用，但超过部分不得高于依法应予赔偿费用的30%，犯罪嫌疑人方自愿超过标准缴纳的除外。"其余省份无论表述翔实或简单，核心均为"民事赔偿标准"，除浙江省、深圳市同时明确"超过部分不得高于依法应予赔偿费用的30%"外，多数地区并未进行限制，这无疑使得提存金额较之刑事附带民事诉讼金额数倍增加。

（二）特殊情形下赔偿保证金提存金额的确定

本文所称的"特殊情形"是指无法衡量人身、财产损失的情形。

随着对刑事案件赔偿保证金提存制度的进一步探索，该制度的适用将逐渐突破轻微案件的范畴，从山东省及广东省中山市的实施细则中可窥端倪。在有民事赔偿标准的案件适用民事赔偿标准进行提存从而获取从宽处理；但无法衡量人身、财产损失的刑事案件如何提存赔偿保证金的金额更加值得关注，如非致伤型的强奸罪或强制猥亵罪。

本文认为，无法衡量人身、财产损失的刑事案件多数为身体无伤、财产无损但遭受精神损害的案件。精神损失似乎本就无法通过经济成本测算，民事案件中经鉴定致残疾的情况也支持精神损害赔偿，但民事案件中该精神损害赔偿的标准似乎过于苛刻，移植到刑事案件中必然无法弥补被害人的心灵创伤，更何况无身体损伤的刑事案件本也无法照搬残疾等级来确定赔偿金额。和解数额或提存数额并未强制对外公示，除案件当事人、法检机关，其余人员无从知晓，因此，制定出公允的提存金额需要省市甚至全国的法检机关牵头，整理、检索、汇总出上一年度类似案件的和解数额的平均值，作为提存数额；若上一年度类似案件不足 20 件，其平均值则欠缺公允性，应提请上一级法检机关批复或会同作出。

结　语

日本学者小岛武司在其专著中曾说过："裁判是一种很奢侈的纠纷解决方式，故欲让所有的民事纠纷都通过裁判来解决的想法是不现实的。即使无视现实的制约而大肆鼓吹裁判万能论，但大多数的纠纷通过裁判以外方式加以解决的事实依然是不会改变的。"在司法资源紧张而短缺的情况下，这个观点同样可以适用于刑事领域，刑事和解制度或刑事案件赔偿保证金提存制度虽

然无法替代刑事裁判，却大大缩短了裁判程序从而节约了裁判资源，维护了
社会稳定，更好助力社会矛盾化解，实现政治效果、法律效果与社会效果的
有机统一。

浅析上市公司股份回购风险及应对

赵 菲*

摘 要：股份回购是成熟资本市场上比较常见的资本运营方式与企业经营策略，股份回购制度对于改善我国资本市场的产权结构和治理环境具有极其重要的现实意义。中国的股份回购制度制定较晚，立法相对滞后，导致了实践中不规范的行为和回购实务的风险与不确定性，因此，上市公司股份回购风险成为理论界和实务界关注的问题。本文旨在探讨上市公司股份回购风险及应对，以减少上市公司回购风险。

关键词：上市公司 股份回购 股票估值

引 言

股票回购是证券市场发展到一定阶段的产物，与其他资本运作工具相比有独特优势。它是中小型上市公司财务管理中的一个重要领域，通过回购股票，中小型上市公司可以改善其法人治理结构，提高公司的盈利能力。另外股票回购对公司的偿债能力，股利分配政策，证券市场的规范以及会计主体假设都有重大影响，因此，研究上市公司股份回购风险及应对具有重要意义。

一、股份回购制度的概述

（一）股份回购制度的概念

股权回购，又被称为股份回购或股票回购，是指上市公司通过一定的手段从股票市场上购回本公司公开发行在外的部分普通股的行为。[1]中小型上

---

* 赵菲（1987年—），女，汉族，江苏南京人，中国政法大学同等学力研修班2020级学员。
[1] 冯博、杜萍：《上市公司股权回购在我国的运用探讨》，载《商》2015年第33期。

市公司在股票回购完成后可以将所回购的股票注销，但在绝大多数情况下，中小型上市公司将回购的股份作为"库藏股"保留，仍属于发行在外的股份，但不参与每股收益的计算和收益分配。

（二）股份回购的方式

上市公司股票回购的主要方式分为以下几类：

（1）按照股票回购的地点不同，可分为场内公开收购和场外协议收购两种。场内公开收购是指中小型上市公司把自己等同于任何潜在的投资者，委托在证券交易所有正式交易席位的证券公司，代自己按照公司股票当前市场价格回购。场外协议收购是指股票发行公司与某一类（如国家股）或某几类（如法人股 B 股）投资者直接见面，通过在店头市场协商来回购股票的一种方式。协商的内容包括价格和数量，以及执行时间等。这种回购方式的透明度较低，信息披露不全面，可能导致内幕交易和操纵市场等不法行为的发生，破坏市场的公平性和透明度。[1]

（2）按照筹资方式，可分为举债回购、现金回购和混合回购。举债回购是指企业通过向银行等金融机构借款的方式来回购本公司股票。其目的无非是防御其他公司的敌意兼并与收购。现金回购是指企业利用剩余资金来回购本公司的股票。如果企业既动用剩余资金，又向银行等金融机构举债来回购本公司股票则称之为混合回购。

（3）按照资产置换范围，划分为出售资产回购股票、利用手持债券和优先股交换公司普通股、债务股权置换。债务股权置换是指公司使用同等市场价值的债券换回本公司股票。

（4）按照回购价格的确定方式，可分为固定价格要约回购和荷兰式拍卖回购。前者是指企业在特定时间发出的以某一高出股票当前市场价格的价格水平回购既定数量股票的要约。荷兰式拍卖回购首次出现于1981年，当企业将这种方法用于股票回购时，会详细说明愿意回购的股票数量以及愿意支付的最低与最高价格。[2]此种方式的股票回购在回购价格确定方面给予公司更大的灵活性。在荷兰式拍卖的股票回购中，首先公司指定回购价格的范围和计划回购的股票数量；而后股东进行投标，说明愿意以某一特定价格水平出

〔1〕 张倩玉、王国俊：《股份回购是否会抑制股价波动程度》，载《现代经济探讨》2023 年第 12 期。

〔2〕 伍剑威：《荷兰式拍卖：一种多赢的股票回购增持方式》，载《当代经理人》2006 年第 5 期。

售股票的数量；公司汇总所有股东提交的价格和数量，确定此次股票回购的"价格-数量曲线"，并根据实际回购数量确定最终的回购价格。

（5）可转让出售权回购方式。所谓可转让出售权，是实施股票回购的公司赋予股东在一定期限内以特定价格向公司出售其持有股票的权利。

二、股份回购的风险

（一）股票估值风险

公司股票价值理论上表现为未来现金流量的贴现值，而现实股票的市场价格则是公司内部和外部市场多因素共同作用的结果，股票的市场价格围绕股票价值处于动态变化之中，股票的账面价值也并非市场价格的底线。在现实中，公司管理层存在过度乐观情绪，放大自己对事态的控制力，借助于对公司内幕信息的优势而高估公司股价，对回购价格判断失误，导致作出错误的回购决策，使公司价值受损。由于股票价值评估风险的存在，公司通过回购股份进行股价维护也存在一定风险，这在我国A股市场并不少见。

（二）利益输送风险

利益输送风险主要表现为大股东和公司高管利用股份回购利好减持甚至违规减持股份。尽管沪深证券交易所针对防范利益输送制定了实施细则，出台了专门的防范措施，如上市公司必须明确回购方案中回购股份数量和资金总额的上下限，公司出于维护公司价值而实施回购时，内部人在回购期间不得减持等，在很大程度上制约了关联利益输送的空间，但对内部人在股份回购后的股份变动未作具体限制，为关联交易风险留有缺口。而且由于内幕交易监管难度较大，内外部人信息不对称，在股份回购实施过程中很难做到全面的监管，导致上市公司出现"忽悠式"回购的动机，通过操纵股价向内部人输送利益，侵害外部小股东权益。

（三）企业财务风险

股份回购对资金的需求量大，不仅是一项重大的投资决策，同时也是一项重大的融资决策。与经营投资不同的是，回购股份是减少市场流通股份数，无法使用股权再融资方式。除自有资金外，公司可以通过优先股、普通债或可转债、银行借款等方式进行融资。通过债务融资回购股票，公司总体负债规模以及利息费用均相应增加，如果未来公司股价下跌，必将影响债务履行能力，加大公司的财务风险。

（四）债权人利益损失风险

上市公司利用自有资金或融资方式进行股份回购，都会对债权人造成不同程度的利益损失风险。当公司利用自有资金进行回购时，可以动用的自由现金流会减少，偿债能力会被削弱。公司通过融资增加杠杆来实施股份回购时，稀释债务偿还保障程度而没有任何补偿，同样会使债权人承担利益损失的风险。

三、股份回购风险的应对

（一）股票估值风险应对

公司管理层需要采用谨慎的态度，提高对事态的控制力，根据公司经营的客观状况，对回购价格作出准确合理的判断。

（二）利益输送风险的应对

制度约束是治理利益输送风险的最有效对策。从上市公司层面而言，应当按照《上市公司股份回购实施规则》的要求，建立健全和完善的公司治理尤其是内部控制制度，从股权结构、股东会和董事会层面完善监督机制，制约大股东的利益侵占行为。[1]强化对内部人相关提醒、教育和监督等具体工作；强化公司回购股份内幕信息的规范管理和相关信息的披露事宜，鼓励大股东在回购期间提供资金支持或增持股票。从监管层面看，强化对市场回购股份的监督以及处罚力度，以增加违规者的违规成本，不仅要对内部人的违规交易进行经济上的处罚，还应对相关人员进行必要的行政处罚。

（三）财务风险的应对

企业的资本结构由权益资本和债务资本构成，债务资本的比重过高过低都不利于企业的长远发展。如果债务资本比重过低，则不利于企业发挥出财务杠杆的作用；如果债务资本比重过高，则会给企业带来巨大的财务风险。[2]因此控制负债比率和规模是应对财务风险的关键所在：第一，公司对回购股份规模的确定，须考虑负债融资对公司融资结构的影响，公司根据自身情况设置合理的目标资本结构，不可盲目进行负债性融资，将企业的负债规模控制在

〔1〕秦帅、谭劲松、谭燕：《控股股东股权质押：上市公司股份回购动因》，载《会计研究》2021年第12期。

〔2〕唐瑞：《上市公司股份回购动因及财务效应研究——以雅戈尔为例》，载《国际商务财会》2021年第15期。

合理范围内，严防债务违约。第二，考虑到未来还款的压力，上市公司可选择混合型的融资方式，如发行可转债可缓解回购公司的财务风险。第三，综合考虑公司可支配自由现金流和盈利水平的可持续性，动用自有闲置资金回购股份最为安全。

（四）债权人利益损失风险应对

上市公司应当完善债权人利益保护制度，保证债权人的充分知情权，完善股份回购决策的信息披露内部机制。监管部门特别是交易所也应强化上市公司股份回购的监督力度，按照企业财务经营水平、面临的行业竞争压力采取针对性的监管措施。同时，要跟踪企业动态，强化对股份回购信息披露的监管，规避潜在的违规风险。[1] 再规范回购决策和回购过程的披露流程，对公司回购的经济后果进行必要的风险提示和评价。债权人为保护自己的切身利益，也可考虑在债务契约中设置限制性条款，对上市公司回购股份行为进行必要限制，如借款时可增加偿债能力限制性指标，若公司无法满足该条款则不能进行相应的股份回购。

结　语

上市公司股票回购虽然可以起到改善资本结构、降低企业内部融资成本、稳定中小型上市公司股价、提高剩余资金利润率的作用，但也存在一定的风险，上市公司应采取有效措施以规避和应对风险，从而保障上市公司的稳固发展。

---

〔1〕 王君宜、赵秀云：《上市公司股份回购的同群效应及其经济后果》，载《当代财经》2024 年第 1 期。

论农村留守儿童权益保障的完善

张天天*

摘　要：随着城市经济的快速发展及农村经济体制结构的调整，越来越多的青壮年农民选择进城务工，导致大量的农村留守儿童的出现，随之而来的是农村留守儿童的监护权、受教育以及人身安全保障等关系留守儿童权益及保护的问题。本文旨在探讨农村留守儿童的权益保障，以期促进留守儿童群体权益保护工作，帮助农村留守儿童的健康成长。

关键词：农村　留守儿童　监护权　受教育权

引　言

现阶段留守儿童保护机制并不完善，其在人身安全、教育、心理等方面的问题也不断增多，影响到我国乡村相当数量未成年人的健康成长，对国家人才力量的储备以及社会的发展影响重大。近年来，关于农村留守儿童被侵害的报道越来越多，对其权益保障的问题日益凸显。

一、农村留守儿童的基本权益

（一）农村留守儿童的定义

国务院《关于加强农村留守儿童关爱保护工作的意见》将留守儿童定义为，"父母双方外出务工或一方外出务工另一方无监护能力、不满十六周岁的未成年人"。[1]

---

* 张天天（1988 年—），女，汉族，黑龙江人，中国政法大学硕士研究生在读，研究方向为民商法学。
〔1〕 国务院《关于加强农村留守儿童关爱保护工作的意见》。

（二）留守儿童的基本权益

当前我国基本形成了以《宪法》为中心，《未成年人保护法》《教育法》《义务教育法》等为辅助的儿童权利保护法律体系。其中《未成年人保护法》第 3 条指出，"国家保障未成年人的生存权、发展权、受教育权、参与权等权利"，农村留守儿童同样享有这些权利。[1]

二、我国农村留守儿童权益保障存在的问题

（一）受监护权缺失的问题明显

《未成年人保护法》规定：父母因外出务工或其他原因不能履行对未成年人监护职责的，应当委托有监护能力的其他成年人代为监护。现实中隔代监护、父母一方监护甚至是无人监护的情况存在隐忧：监护人监护能力不足；监护职责不明确；隔代监护人的普遍受教育程度较低，无法对孩子进行有效的法制安全及自我保护教育。[2]留守儿童受监护权的缺失使得其人身权、发展权和受教育权等更易受到损害。

（二）受教育权受损的问题

父母外出务工，疏于与子女进行沟通；隔代照料，年迈的亲人往往力不从心，一些孩子过早背负照顾家庭及农务的重担，生活或学习遇到困难时难以得到及时的心理疏导和帮助，这些压力可能导致未成年人学习积极性下降、对学业失去信心，一部分未成年人甚至过早辍学，教育权受损。另外，由于城市生活成本的压力及户籍问题，到城市务工人员子女无法在其父母的务工城市接受适龄教育或参加升学考试，这也是他们成为留守儿童的原因之一。

（三）人身权易受损害

留守儿童年幼心智尚未成熟，属于无民事行为能力人或限制行为能力人，父母不在身边，隔代监护的力不从心容易导致儿童人身权利受到侵害，不能及时发现并制止侵害。通过电视、报纸等媒体报道的留守儿童溺水、被拐、被侵害事件，都表明留守儿童这个群体需要法律予以特殊的关注与保护。

（四）发展权受限

留守儿童常出现两个心理议题：一是分离困境，与父母分离，缺少情感

---

[1] 杨亦松：《论我国农村留守儿童权益保护——以法律保护为视角》，载《法制博览》2016 年第 15 期。

[2] 韩瑞萍：《农村留守儿童法律权益保护的现状及对策分析》，载《法制与社会》2014 年第 10 期。

沟通，导致其更易出现或者遇到建立深度人际关系的困难；二是自我认同困境，很多留守儿童很小就照顾家人，承担农务，无法专心学业甚至过早辍学，错失个人学习和成就自我价值的机会，发展权受损，影响留守儿童的生活幸福感乃至社会发展水平。

三、农村留守儿童权益保障存在问题的原因

（一）现有监护制度不够完善

目前法律对法定监护人监护职责的规定还不够完善，立法虽确立了监护制度，但父母对未成年子女的监护要求不够清晰。对于留守儿童的监护，城市务工的父母任意决定将亲权让给他人，留守儿童的权益无法得到稳妥保障。

在联合国《儿童权利公约》中规定，暂时或永久脱离家庭环境的儿童，或为其最大利益不得在这种环境继续生活的儿童，应有权得到国家的特别保护和协助。[1]其中无人监护的留守儿童就应属于此列，针对这部分儿童的权益，有必要通过国家监护制度进行保障。

（二）相关认识存在不足

即对儿童权益保障的重要作用及价值的认识存在不足。

目前留守儿童大都以亲属监护为主，相当一部分留守儿童的父母对亲属监护过分依赖。外出务工与子女分离虽属无奈，但长期缺席孩子成长，完全把孩子托付给亲属监护照料，其实并未从内心深刻意识到父母的身份角色对孩子成长的不可替代性。"养"固然重要，但"教"对孩子身心健康的重大作用也不容忽视。

（三）现行户籍制度的影响

我国目前实行的城乡户籍制度强化了人口对所在地的依附，也是造成留守儿童问题的一个原因。农民因没有城市户口，在城市务工难以享受较为完善的社会保障；对于有意愿全家随迁到城市务工的人，其子女在城市受教育存在一定困难，一些私立学校费用不低，农民工子弟学校能接纳的人数较为有限；农村务工家庭对其子女在城市接受教育的各项支出也有些力不从心。[2]

---

[1] 《联合国儿童权利公约》。
[2] 国务院《关于加强农村留守儿童关爱保护工作的意见》。

（四）城乡经济条件的落差

农村物质条件相对滞后，农民迫于生计外出打工，这也是大量农村留守儿童出现的主要原因，子女随迁需要更多物质支持，同时照料孩子也会占用精力使得进城务工人员选择把孩子放在家乡，没有父母在身边保护照料，留守儿童权益容易受损。[1]

四、完善农村留守儿童权益保障的对策

（一）推进儿童监护制度的细化和完善

首先，加强法定监护人的监护职责。父母的监护职责不仅包括物质上供给，还应包括对子女生活上的照顾与关怀，要对子女进行积极正面的引导和教育。教养义务不只是"养"，"教"也要落到实处，外出务工不是忽略儿童基本权益保障的理由。其次，完善委托监管制度。严格规定受委托人应具备的条件（条件薄弱的要多方监管），留守儿童的监护制度要规范留守儿童的监护委托行为，加强对委托监护人的监督。[2]当委托监护人有违反监护职责、侵害被监护人权益的行为时，所在地居委会（村委会）应及时向相关部门或者人民法院汇报处理。

（二）着力保护和重视留守儿童的基本权益

在留守儿童问题日益突出的今天，要进一步确立和保护留守儿童权益，涉及儿童的事宜，优先考虑儿童的生存、保护和发展。[3]在立法上充分尊重儿童的基本权益、呵护儿童的健康成长，为社会发展提供更强劲的动力。

（三）加快户籍制度及教育等体制改革

户籍分为"农"和"非农"户口，"本地"和"外地"户口，由于进城务工人员子女在城市得不到稳定的教育权益的保障，户籍制度和教育制度已经在一定程度上影响了农村留守儿童的受教育权和发展权，[4]对此，应加快户籍制度的改革，针对外地务工人员子女制定行之有效的入学扶持政策，解决随迁子女的义务教育问题。同时优化乡村就业体制机制，增加本地就业机会，减少留守儿童问题。

---

〔1〕 段成荣、杨舸：《我国农村留守儿童状况研究》，载《人口研究》2008 年第 3 期。
〔2〕 民政部、教育部、公安部《关于开展农村留守儿童摸底排查工作的通知》。
〔3〕 《联合国儿童权利公约》。
〔4〕 曹诗权：《未成年人监护制度研究》，中国政法大学出版社 2004 年版，第 46 页。

（四）充分发挥国家监管职能

国家在农村设立儿童福利机构承担委托职责，留守儿童监护人不力或者无委托监护人的问题可以得到缓解。[1]同时由国家给予一定扶持，民政和其他部门对福利机构的监护行为进行监督检查。

结　语

随着法治水平的不断提高，留守儿童的权益必然会得到更加完善的保障，切实解决农村留守儿童权益保护问题，持续给予关注，在法律上制定和规范对留守儿童的特别保护机制，使留守儿童在生活、教育等方面的问题得到改善，为农村留守儿童的权益提供强有力的法律保障。

---

〔1〕　张栋洋：《论农村留守儿童权益的法律保护》，载《农业经济》2020 年第 2 期。

论超龄劳动者工伤保险权益的保障

华婕栩*

摘 要： 超龄劳动者比年轻劳动者面临更高的工伤风险，工伤事故会严重影响其健康和生活水平。然而我国目前的工伤保险制度在对超龄劳动者保护方面仍没有明确完善的规定，使得超龄劳动者的工伤保险权益的保障存在诸多困境。本文旨在探讨超龄劳动者的工伤保险权益保障问题。

关键词： 超龄劳动者 工伤 保险权益

引 言

随着经济、科技的迅速发展，以及医疗水平的提高，人均寿命不断增长，到达法定退休年龄仍继续劳动的人越来越多。据调查，身体机能随年龄增加而下降的超龄劳动者们，就业主要集中在建筑业服务业等体力劳动量大且容易发生工伤的行业。然而，超龄劳动者受伤后因为没有法定的劳动关系作为支撑，受伤后工伤保险无法保障而由其个人承担或由用人单位承担民事赔偿，这将使超龄劳动者的就业环境更加艰难，权益无法得到切实保障。

一、超龄劳动者工伤保险权益保障的困境

所谓超龄劳动者，是指年龄已经超过了法定退休年龄，依然在用人单位工作参与劳动的人。

目前，超龄劳动者工伤保险权益的保障存在诸多困境：

（一）超龄劳动者工伤保险的覆盖范围有限

一般情况下超过退休年龄的劳动者就不能够再依照《工伤保险条例》的

---

* 华婕栩（1992年—），女，汉族，浙江人，浙江顺达律师事务所律师。

规定享受工伤保险待遇，除非属以下特殊情况：达到或超过法定退休年龄，但未办理退休手续或者未依法享受城镇职工基本养老保险待遇，继续在原用人单位工作期间受到事故伤害或患职业病的；超过法定年龄的进城务工农民。

近年来，一些地区开始陆续推出可适用于超龄劳动者的工伤保险，如浙江、上海等地，将工伤保险保障的主体范围扩大到了 65 周岁，但对年龄的覆盖范围仍太小；又如安徽等地，此次扩大后的工伤保险参保范围达到了 70 周岁，但仅限于未享受城镇职工基本养老保险待遇的就业人员。现阶段而言，工伤保险的范围对超龄劳动者的覆盖还非常有限，除了个别地区将工伤保险覆盖到部分满足条件的超龄劳动者外，还有很多地区直接将超龄劳动者排除在工伤保险范围之外。

（二）劳动关系认定存在困境

工伤认定的前提是受伤人员要与用人单位存在劳动关系。但实践中，超龄劳动者与用人单位的关系常常无法被认定为劳动关系，而是被认定为劳务关系，因此也难以认定为工伤，一般只能按照民事法律中的人身损害相关条款，在用人单位有过错的情况下才能要求赔偿。而人身损害的伤残鉴定标准相比工伤鉴定而言更严格些，更难评定伤残等级，赔偿标准也不同，导致部分超龄劳动者虽因工受伤，但却可能拿不到或者只能拿到少量赔偿，使超龄劳动者的工伤保险权益得不到应有的保障。

劳动关系的确认不是独立的法律行为，一旦被确认就会产生一系列法律后果。[1]对于没有签订正式劳动合同的劳动者，仍有可能构成事实劳动，可超龄劳动者即使满足构成劳动关系的要件，仍很难被认定为存在劳动关系，从而不受劳动法等相关法律保护。这不但会导致超龄劳动者不能享受工伤保险待遇，而且休假等各项劳动权益都无法得到保障。

二、权益保障困境产生的原因分析

本文认为，超龄劳动者的工伤保险权益得不到保障的主要原因有以下两点：

---

〔1〕 向春华：《超过法定退休年龄人员的劳动关系与工伤认定》，载《中国社会保障》2021 年第 9 期。

（一）对超龄劳动者社会保障的不合理

最高人民法院行政审判庭《关于超过法定退休年龄的进城务工农民因工伤亡的，应否适用〈工伤保险条例〉请示的答复》认为，超龄农民工应当适用《工伤保险条例》的有关规定进行工伤认定。另外，根据人力资源和社会保障部《关于执行〈工伤保险条例〉若干问题的意见（二）》的规定，未依法享受城镇职工基本养老保险待遇的超龄劳动者也可申请工伤待遇。然而，拥有居民身份或者达到法定退休年龄并不代表一定享受养老保险待遇，而养老保险待遇并不意味着足够维持生活所需而完全没有继续工作的必要，也并不能保证超龄劳动者因工受伤后养老保险待遇足够支撑医疗所需。规定法定退休年龄的出发点是对年长体弱的劳动者的保护，而非使其失去劳动保障的权利，超龄劳动者属于自觉选择继续为社会创造价值的老年弱势群体，应当得到充分肯定和保障，也有法院以"公平""正义"为指引分别用类推和修正的方法，判决超龄劳动者适用工伤保险赔偿。[1]

（二）劳动关系的认定缺乏明确法律依据

本文认为，对超龄劳动者劳动关系的认定缺乏明确的法律规定是超龄劳动者工伤保险权益保障困境产生的最关键原因。

根据《劳动合同法实施条例》第 21 条规定的"劳动者达到法定退休年龄的，劳动合同终止"，以及最高人民法院《关于审理劳动争议案件适用法律问题的解释（一）》第 32 条第 1 款规定："用人单位与其招用的已经依法享受养老保险待遇或者领取退休金的人员发生用工争议而提起诉讼的，人民法院应当按劳务关系处理。"再结合其他相关法律法规和实践中的众多案例，本文认为，对劳动关系的认定，目前大致存在两种主流观点：一种直接以法定退休年龄为界限认定是否为劳动关系；另一种认为，如果开始享受基本养老保险待遇或者领取退休金的则认定为劳务关系，没有享受基本养老保险待遇则认定为劳动关系，可以享受工伤保险待遇。

由于对超龄劳动者劳动关系的认定缺乏明确的法律规定，实务中各地司法裁判标准也并不一致，常常出现同案不同判的情况，这不仅使超龄劳动者的工伤保险权益没有保障，也可能导致司法资源浪费和司法公信力受损。因

---

[1] 刘洋、王坤、周致余：《超龄劳动者如何适用工伤保险条例?》，载《人民法院报》2023 年 12 月 26 日。

此，尽快让超龄劳动者与用人单位之间关于劳动关系的认定有明确的法律依据，具有十分重要的现实意义。

三、保障超龄劳动者工伤保险权益的建议

针对超龄劳动者的工伤保险权益问题，本文认为最关键的仍然是对制度的完善。

首先，扩大劳动者工伤保险权益的年龄保障范围，同时，明确超龄劳动者和用人单位之间的关系，明确工伤保险的适用主体，是超龄劳动者获得工伤保险保障的关键。在超龄劳动者和用人单位符合劳动关系构成要件的情况下，明确认定为劳动关系后纳入劳动相关的法律保障体系，而不再仅依靠民事法律。除了规定超龄劳动者的工伤保险权益，劳动相关法律法规对于普通劳动者的各项保障也应有针对性地合理适用于超龄劳动者，并且更加人性化地增加一些专门针对超龄劳动者的特殊保障，不断增强制度张力。例如避免超龄劳动者进入高危岗位减少工伤事故的发生、加强对用人单位的监管、增加对超龄劳动者的安全培训、保证休假、避免违法随意辞退等。

其次，除了修改原有的劳动法律制度的方式外，可以扩大劳动者可购买工伤保险的年龄范围。这种模式下，不需要认定为劳动关系也可以直接有效地对超龄劳动者的工伤保险权益进行保障，也是目前多个地区主动保障超龄劳动者工伤保险权益得以实现的有益尝试，相信不久的将来会有更多地区加入，并且不断扩大年龄范围，减少各种条件的限制。这正是"以积极作为的方式履行保护义务，实现立法所追求的劳动秩序"[1]的体现。

再次，有观点认为可以"分层分类适用工伤保险费率"[2]，本文支持该观点。针对不同的超龄劳动者制定不同的保险费率以及工伤赔偿标准，例如，可以依据年龄以及不同行业风险的高低来制定阶梯式的保险费率。赔偿标准也可依据年龄而有所不同，而对于已经享受养老金待遇的超龄劳动者，可以适当降低赔偿标准。根据实际情况动态调整工伤保险费率和工伤待遇标准，确保超龄劳动者在工伤事故后能够得到充分的经济和医疗支持，而非简单地把超龄劳动者排除在保障范围之外。这一措施可以在保障超龄劳动者工伤保

---

[1] 王天玉：《劳动法分类调整模式的宪法依据》，载《当代法学》2018年第2期。
[2] 崔益华：《超龄劳动者工伤保险制度构建》，载《中国社会保障》2021年第11期。

险权益的同时，尽可能缓解工伤保险基金的压力，增强超龄劳动者工伤保险权益保障制度改革的可行性。

最后，在现阶段的环境下，建议超龄劳动者在入职时就与用人单位明确工伤的赔偿责任问题，而用人单位也应当去了解所在地是否有对超龄劳动者开放工伤保险的政策，若是没有则可考虑购买人身意外伤害险、雇主责任险等商业保险来分担风险。

结　语

超龄劳动者和年轻劳动者一样，都在用自己的力量为社会创造价值，同样需要得到应有的关怀和保障。探讨超龄劳动者工伤保险权益保障问题，对保障超龄劳动者权益、不断提高其工作安全感和生活质量、保障劳动秩序、促进社会公平、构建和谐劳动关系具有重要意义。

浅析财产保全错误的认定标准

孟艳霞*

摘　要： 近年来，因财产保全错误引发的损害纠纷数量呈上升趋势，实务中对于财产保全错误的认定标准和裁判尺度不一，而统一认定标准和裁判尺度，既可充分保护当事人的诉讼权利，保证生效判决得以执行，又能够避免被申请人遭受不必要的损失，因此，财产保全错误的认定标准值得研究和探讨，本文旨在探讨这一问题。

关键词： 财产保全　归责原则　侵权责任

引　言

保全制度的设立目的是保证人民法院生效判决得以执行和免于当事人受到其他不必要的损害，申请人应当合理运用该救济措施，如果申请人在保全过程中存在过错损害被申请人利益的，应承担侵权赔偿责任。财产保全错误申请的认定标准是否合理，将会影响诉讼保全制度功能的发挥，对申请人不宜设定过于严格的认定标准。

一、财产保全制度的功能设置

根据《民事诉讼法》第 103 条可知，申请财产保全制度是人民法院对于可能因当事人一方的行为或者其他原因，使判决难以执行或者造成当事人其他损害的案件，根据对方当事人的申请，可以裁定对其财产进行保全的一种救济措施。

---

* 孟艳霞（1985 年—），女，汉族，河南人，中国政法大学同等学力研修班 2020 级学员，研究方向为民事诉讼法学。

二、财产保全错误的归责原则

财产保全错误会导致侵权赔偿责任的产生，本文认为，该责任的承担应采用过错责任原则。侵权行为是侵害或者损害他人民事权益的行为[1]，传统侵权法的基本原则是"有过错有责任，无过错则无责任"。根据《民法典》第 1165 条、第 1166 条规定，侵权行为主要包括两种形态：一是因过错侵害他人的民事权益并造成损害的行为，以过错为构成要件；二是在法律规定的一些特殊情况下，即便行为人没有过错，在损害他人民事权益后，也应当承担侵权责任的行为，不以过错为构成要件。《民事诉讼法》第 108 条规定："申请保全有错误的，申请人应当赔偿被申请人因保全所遭受的损失。"申请财产保全属于当事人的诉讼权利，而如果滥用权力或者权利行使不当，导致他人损失，应当予以赔偿。由此可见，保全错误造成他人损失的行为，属于第一种形态的侵权行为，即要求以过错为构成要件。过错责任作为一般归责原则，构成要件包括加害行为、损害后果、因果关系及主观过错，过错是申请人对其保全错误行为负侵权责任的基本构成要件。

三、财产保全错误的认定标准分析

本文认为，财产保全错误的认定标准分为客观认定标准和主观认定标准。

（一）财产保全错误认定的客观标准

所谓保全错误的认定，即判断申请人的申请保全行为是否存在过错。过错是加害人在实施行为时主观对其行为后果具有故意或过失的一种可归责的心理状态。[2]过错是保全错误的归责基础，分为故意和过失，在理论界分为主观过错说和客观过错说，过错是主观要素和客观要素相结合的概念，[3]判断有无过错，理论上本应从主观上加以认定，但申请人的主观状态，除了其本人之外，他人事实上是难以掌握的，就本质而言，是受申请人思想控制，且法律不调整和规范人的思想，只能规范人的行为，损害结果是可以通过适

---

[1] ［德］克雷斯蒂安·冯·巴尔：《欧洲比较侵权行为法》（上卷），张新宝译，法律出版社 2001 年版，第 140 页。

[2] 寇广萍编著：《侵权责任法》，中国政法大学出版社 2017 年版，第 52 页。

[3] 王利明：《侵权责任法研究》，中国人民大学出版社 2016 年版，第 172 页。

当注意而避免的，正是由于申请人主观上的过错，才导致了损害结果的发生。这种主观上的过错是法律问题还是事实问题，一直存在不同学说，笔者赞同过错兼具两个方面的观点，申请人的过错是通过具体行为反映出来的，也就是说，申请人的过错只有外化为违法行为，才具有法律上的意义，因此如果行为人只有过错的思想，而无违法行为，不构成侵权行为，就不应承担责任，而申请人的过错既然是通过违法行为表现出来的，判断其是否具有过错就有了客观标准。

（二）财产保全错误认定的客观标准分析

1. 结合案件事实判断

对保全错误的客观判断应结合案件基本事实，比如通过审查申请人起诉是否合理、申请保全行为是否适当、申请保全是否为了保证判决执行、诉讼中是否尽到了合理的注意义务等因素综合认定。在诉讼中，审查起诉是否合理，通过审查申请人提起诉讼是否具有一定的客观事实，是否存在滥用诉权、虚假诉讼等情形进行判断，如建设工程合同纠纷中，实际施工人根据施工事实提起基础案件，属于正当行使诉讼权利，不违反法律规定，应认定无过错；审查申请保全行为是否适当以及申请保全是否为了保证判决执行，通过审查申请程序是否合法、申请保全数额与所提诉讼请求数额是否相当、是否提供担保、是否反映申请保全防止判决难以执行的正当主观目的；审查是否尽到合理注意义务，申请财产保全时未尽到谨慎合理的注意义务应认定构成过错，在保全制度的设置构架下，考虑到便于判决的执行相较于避免财产权利人利益受到侵害属于更为紧迫的司法实践需求，不宜将过错的程度定得过低，财产保全申请人的过失标准应采用普通人的注意义务，即只要申请人尽到了一般人在通常情况下的注意义务，即使其诉讼请求与法院判决结果存在差异，也不应认定存在过错。以建设工程合同纠纷实际施工人起诉主张工程款为例，若申请人根据约定的结算方式和收付款情况经过简单的加减计算即能得出的数额，却存在重复计算提高诉讼标的额，造成非必要财产保全，其明显未尽到合理的注意义务，应认定存在过错；若申请人同时保全了转包人和发包人的财产，但法院判决中发包人并不承担责任，发包人是否承担责任属于对法律关系的认定问题，不应认定存在过错。

2. 注意义务的判断

在因申请财产保全损害赔偿责任纠纷中，"合理注意义务"属于约束申请人的法律义务，是申请人应当遵循的法律规范，因申请人不遵循上述规范给他人造成损害的，即应当承担相应的民事责任。理论上，注意义务分为三个层次，按照对注意的要求程度从低到高分别为普通人的注意义务、与处理自己事务为同一注意义务和善良管理人的注意义务，[1]与之注意义务对应的是重大过失、具体的轻过失（或主观的轻过失）、抽象的轻过失。申请财产保全是诉讼行为，如果要求申请人应尽到与处理自己事务为同一注意或善良管理人的注意义务，其承担的注意义务的程度，比普通人的注意义务要求更高，无疑是要求申请人必须具备较专业的认知水平。根据当前的司法实践需要，不宜对申请人苛以过高的注意义务要求，一般情况下，只要申请人基于现有事实和证据提出诉讼请求，并尽到了一个普通主体的合理注意义务，不能仅以诉讼请求是否得到人民法院支持为判断标准，而是通过客观化标准审查申请保全人主观上是否存在过错。只有申请人出于故意或者重大过失，造成被申请人财产损失的，才应在其诉讼请求与法院生效判决产生不应有的偏差范围内承担责任，否则申请人不承担赔偿责任。保全错误纠纷不同于医疗事故中对医护人员以专业技术人员通常应有的注意义务标准提出要求，虽然一部分当事人在诉讼过程中会聘请律师，但律师的水准也存在差别，如果统一对有律师的当事人课以专业人士的注意义务，则会使认定保全错误行为的门槛过低，有碍该制度的功能发挥；其次，双方当事人应具有平等的诉讼地位，不能因一方当事人聘请了律师就应具备更高的注意义务，也不利于鼓励当事人聘请律师参加诉讼以推动诉讼程序顺利开展。

结　语

申请财产保全错误的认定应适用一般过错责任原则，过错是申请人承担侵权赔偿责任的前提条件。申请财产保全损害责任系为防止当事人不当行使诉讼权利，造成他人合法权益受损对申请人苛以的责任，只有申请人存在故意或者未尽到普通人的注意义务的重大过失，给被申请人造成损失的，才属于申请保全错误，在错误范围内承担责任，否则不承担赔偿责任。

---

[1] 杨立新：《侵权法论》，人民法院出版社 2004 年版，第 187 页。

浅析无权处分善意取得下归责原则的作用

樊佳佳*

摘　要： 无权处分中因出卖人未取得标的物所有权，致使标的物所有权不能转移的，出卖人构成根本违约，如果买受人不知情，属于善意取得。善意取得下，如何确定违约责任主体、主体如何承担违约责任，特别是归责原则及其作用等问题一直是理论界和实务界关注的问题。本文旨在探讨无权处分善意取得下归责原则及其作用，以明确善意取得下违约责任的承担，从而有效保护买受人的合法权益。

关键词： 无权处分　善意取得　归责原则

引　言

我国《民法典》第 597 条第 1 款明确规定："因出卖人未取得处分权致使标的物所有权不能转移的，买受人可以解除合同并请求出卖人承担违约责任。"即无权处分由出卖人承担违约责任，然而，《民法典》仅做了原则性的规定，对出卖人如何承担违约责任，特别是归责原则并没有明确的规定。虽然最高人民法院《关于适用〈中华人民共和国民法典〉合同编通则若干问题的解释》第 19 条明确规定无权处分不适用合同无效，但依然没有规定无权处分的归责原则及责任承担的具体情形。

一、无权处分及善意取得

(一) 无权处分

无权处分，是指处分人在未取得对物的处分权的情形下即以自己的名义

＊ 樊佳佳（1987 年—），女，汉族，浙江杭州人，上海博和汉商（杭州）律师事务所律师。

擅自处分他人财产与第三人订立合同。无权处分效力待定，经所有权人追认或者行为人取得处分权后生效。因行为人未取得处分权致使合同不能履行的，第三人可以解除合同并要求对方承担违约责任。无权处分在民法理论上，也称无权处分行为。所谓处分行为，是指直接使物权发生变动的法律行为，包括物权设定行为和物权变动行为。无权处分的法律后果由处分人和其他共有人共同承担，并可能导致赔偿责任。

（二）善意取得

善意取得制度是指在不具备处分权的情况下，行为人将财产转让给善意第三人，善意第三人可依法取得该财产所有权的制度。因为此时此处物权制度关注的重点、权衡得失的焦点，不是权利人的利益，而是买受人可否取得买卖物的所有权；善意取得制度非意在优惠无权处分人，而是意在保障善意买受人取得标的物所有权。就此说来，无权处分人的恶意不足以阻挡买受人的善意取得。[1]在善意取得场合，所有权转移的结果之所以发生，不是因为出卖人全面履行了合同义务，而是因为买受人符合善意取得规定的要件。在买受人善意取得场合，出卖人虽然未给买受人造成无法取得所有权的损害后果，但原权利人向第三人起诉要求返还标的物的情况下，买受人通常要耗费时间、金钱来应对诉讼，由此产生的费用显然不应由善意买受人承担，而应由无处分权的出卖人予以赔偿。[2]该制度旨在保护交易安全，维护市场秩序，补正了无权处分人的处分权限，起到阻却侵权的效果。[3]

二、无权处分善意取得下的归责原则

在法律的世界里，责任是一个复杂而又至关重要的概念。它涉及行为的后果，以及当这些后果发生时，个体或实体应如何承担这些后果。过错责任和无过错责任是两种主要的归责原则，它们在法律体系中各自扮演着重要的角色。

过错责任原则是指行为人因其过错行为导致他人损失，应当承担赔偿责任的法律制度。在无权处分善意取得制度中，过错责任主要体现在出卖人因

---

〔1〕 参见崔建远：《无权处分再辨》，载《中外法学》2020 年第 4 期。
〔2〕 参见武腾：《无权处分场合买卖合同的效力与权利瑕疵担保》，载《交大法学》2022 年第 1 期。
〔3〕 参见汤贞友：《专利权善意取得的理论证成及制度设计》，载《西部法学评论》2023 年第 4 期。

无权处分行为造成受让人损失时，出卖人和受让人根据自己的过错承担相应的赔偿责任；因无权处分给权利人造成相应的损失，那么出卖人和受让人应当根据自己的过错承担相应的赔偿责任。无过错责任原则是指出卖人即使没有过错，但因出卖人的无权处分行为造成受让人损失时，出卖人依然要对受让人承担相应的赔偿责任。

三、归责原则在无权处分善意取得中的作用

过错责任原则在无权处分善意取得制度中起到了平衡交易安全和保护权利人利益的作用。通过设定过错责任，可以促使行为人在进行无权处分时更加谨慎，避免因无权处分行为导致权利人的损失。

无过错责任原则在无权处分善意取得制度中起到了保障善意第三人利益的作用。通过设定无过错责任，即使行为人无过错，仍需承担赔偿责任，从而确保善意第三人的权益得到充分保护。

在民事法律关系中，权利人和义务人的权利和义务是相互依存的。然而，在某些情况下，由于某些原因，一方可能会无权处分他人的财产。此时，无权处分行为是否有效，以及善意第三人是否可以取得该财产，就成为一个重要的问题。为了解决这个问题，各国法律都建立了无权处分善意取得制度。在这个制度中，过错责任和无过错责任起着至关重要的作用。

（一）过错责任原则的作用

过错责任原则是民事法律中的一项基本原则，它要求行为人对自己的行为负责，如果行为人因为过失或故意造成他人损失，应当承担赔偿责任。就善意取得来看，其中的过错是指不知情的过错而不是因为违反注意义务所导致的过错，是违反形式审查义务而不是实质审查义务的结果，且至少须为重大过失。[1]在无权处分善意取得制度中，过错责任原则的作用主要体现在以下几个方面：

1. 确定行为人的法律责任

在无权处分行为中，如果出让人无权处分他人财产，受让人可以基于《民法典》的规定请求出让人承担违约责任。如果出让人明知自己无权处分而

---

〔1〕 参见张某玉与韩某钟所有权确认纠纷案，湖北省荆门市中级人民法院［2019］鄂08民终字第532号民事判决书。

仍然进行处分行为，给权利人造成损失的，权利人可以请求出卖人承担侵权责任。此时，过错责任原则成为确定行为人民事法律责任的依据。

2. 保护善意第三人的合法权益

在无权处分行为中，如果受让人出于善意且支付了合理对价，并且已经办理了相关财产权利的移转手续，根据过错责任原则，受让人可以取得该财产的所有权。这样就可以保护善意第三人的合法权益，维护交易安全和秩序。

3. 促使行为人审慎行事

过错责任原则要求出卖人和买受人在进行民事行为时应当审慎行事，充分了解自己的权利和义务。在无权处分行为中，如果出卖人明知自己无权处分而进行处分行为，买受人也明知出卖人无权处分，出卖人和买受人均应当承担该民事行为的法律责任，这样就可以促使行为人在进行民事行为时更加审慎，减少无权处分行为的发生。

（二）无过错责任的作用

与过错责任原则不同，无过错责任原则要求无权处分人不论是否具有过错，都应当对自己的行为负责。在无权处分善意取得制度中，无过错责任原则的作用主要体现在以下几个方面：

1. 保护权利人的合法权益

在无权处分行为中，如果受让人未支付合理对价，或者未办理相关财产权利移转手续，受让人不能取得该财产的所有权，但是受让人依然可以根据无过错责任原则要求出卖人承担相应的违约责任，赔偿其全部损失。对于无权处分人而言，无过错责任原则加重了无权处分人在民事行为中的责任。在这样的制度下，无权处分人必须更加审慎地行事，避免因自己的过错而引发不必要的法律纠纷，从而保护权利人的合法权益。

2. 平衡各方利益关系

在无权处分行为中，如果仅以过错责任原则来确定行为人的法律责任，可能会给权利人带来不公平的损失。此时，适用无过错责任原则可以平衡各方利益关系，使法律制度更加公正合理。

3. 增强民事行为的信赖度

在交易过程中，如果受让人因无权处分人的行为而遭受损失，无论无权处分人是否存在过错，受让人都有权要求无权处分人承担相应的法律责任。这种制度的设立，大大增强了民事行为的信赖度，降低了交易风险。

结　语

在无权处分善意取得的情形下，过错责任原则和无过错责任原则在无权处分善意取得制度中都起着重要的作用，它可以为无权处分人设定责任范围、影响受害人的救济途径并起到教育作用。过错责任原则可以确定行为人的法律责任、保护善意第三人的合法权益、促使行为人审慎行事；而无过错责任原则可以保护权利人的合法权益、平衡各方利益关系、增强民事行为的信赖度。因此，在实践中应当根据具体情况适用不同的归责原则，以实现各方利益的平衡和社会的公正公平。

浅析实际使用对注册商标保护的影响

张 勇[*]

摘 要：完善的商标制度及实践乃经济发展之必要条件，善用之，可促进经济、社会的发展，误用之，则可能起到阻碍、退化之反效果。商标的实际使用是驱动商标商业价值发展的最大动力，充分重视和使用商标，不仅能促进商标权人商业版图的发展，还能完善对于商标权的全面保护。本文旨在探讨商标实际使用对注册商标保护的影响。

关键词：注册商标 实际使用 侵权损害

引 言

现代国家对于商标权的保护有两种模式，分别是注册保护主义和使用保护主义。我国现行法律及司法实践中，由于存在对注册主义和使用主义的片面曲解，使得注册商标的实际使用未得到应有之重视，而注册商标的实际使用具有重要意义，无论从理论和实务方面都值得进行探讨。

一、《商标法》对商标使用的相关规定

（一）《商标法》对商标使用的界定

《商标法》第 48 条规定："本法所称商标的使用，是指将商标用于商品、商品包装或者容器以及商品交易文书上，或者将商标用于广告宣传、展览以及其他商业活动中，用于识别商品来源的行为。"该条定义了商标的使用，即在商业活动中，用于识别来源的行为即属于使用。"商业性"强调使用在商业

---

* 张勇（1990 年—），男，蒙古族，内蒙古人，中国政法大学同等学力研修班 2022 级学员，研究方向为知识产权法学。

交往过程中而非个人私密性使用，其乃商标价值之所在，而"识别来源"是商标功能之一。

（二）《商标法》对商标使用的特别规定

1. 不使用有正当理由

《商标法》第 49 规定不使用撤销存在限制条件，即"无正当理由"不使用方可撤销。据此最高人民法院《关于审理商标授权确权行政案件若干问题的规定》（2020 年修正）第 26 条第 4 款规定："商标权人有真实使用商标的意图，并且有实际使用的必要准备，但因其他客观原因尚未实际使用注册商标的，人民法院可以认定其有正当理由。"

2. 视为商标使用的规定

《关于审理商标授权确权行政案件若干问题的规定》（2020 年修正）第 26 条第 2 款规定："实际使用的商标标志与核准注册的商标标志有细微差别，但未改变其显著特征的，可以视为注册商标的使用。"《保护工业产权巴黎公约》第 5 条 C（2）亦规定："商标所有人使用的商标，在形式上与其在本联盟国家之一所注册的商标的形式只有细节的不同，而并未改变其显著性的，不应导致注册无效，也不应减少对商标所给予的保护。"

此外，对于商标法未明确规定是否属于商标使用的一些情形则需要在实践中结合个案具体情况进行认定。比如，在权利人默许他人使用注册商标的场合，被控侵权人不能简单得出"注册权人放弃商标权利"的结论，在判断是否属于合法使用时仍需要进行个案认定。比如，针对以联合商标、防护商标来使用的场合，在判断是否侵害商标权时，也应当同时考虑联合商标、防护商标与注册商标的近似程度，联合商标、防护商标与注册商标的各自显著性，以及联合商标、防护商标具体使用的范围、方式和方法等因素，以倾向于保护具有实际使用目的的注册权人的解释方法，来进行综合认定。

3. 《商标法》对商标不使用法律后果的规定

若注册商标连续 3 年不使用，且无正当理由，当然可能承受被撤销的法律后果，依《商标法》第 49 条行文，商标权可被撤销之条件为：无正当理由及连续 3 年不使用，并未加以其他限制，故行使撤销权时不应加入其他限定，自撤销形成事由出现之日起该撤销权即产生。应当注意的是，该项权利作为诉权撤销权，系被动审查，其行使仍受形成权行使规则之限制。

二、实际使用对注册商标保护范围的影响

权利不外乎一种受法律保护的利益。[1]关于知识产权的权利性质有不同学说，有洛克的"因劳动产生个人财产权利的自然权利学说"，黑格尔的"人只有通过和外界某种事物发生的财产关系才能成为真正自我的人格权利学说"，还有当下主流的"基于功利主义的经济激励理论"，[2]无论基于何种权利性质来源，商标权均具有受法律保护的重要性。我国《民法典》第 123 条明确规定"民事主体依法享有知识产权"。经我国批准加入的《与贸易有关的知识产权协议》序言部分记载，"承认知识产权为私权"。因此，商标权是受我国法律保护的私权性质的知识产权。

法规范之目的在于调整社会上客观存在的关系，而非对于权利之拟制创设，在法律上认可私权的行为性质当为行政确认，商标经使用才能产生价值，但我国《商标法》的立法目的中还包含管理、公众利益保护、促进经济等目的，故采取注册保护为主，使用保护为辅的商标制度。我国《商标法》按不同情形赋予商标权不同程度之保护：对于首次注册者以专用权之保护；同日申请的，授予使用在先者以保护；他人先使用并有一定影响的，限制注册人之专用权范围；存在驰名商标的，不予注册保护。[3]可知商标法对已使用未注册之商标予以不同程度保护：已使用未注册商标随着使用程度之加强，其受保护程度愈强。

商标获得注册保护之要件，抑或商标经法律加以确认保护之要件，在我国注册主义为主的制度下，分为积极性要件与消极性要件。积极性要件为显著性；消极性要件则为禁用标识、禁注标识及不得侵犯他人合法权益。[4]商标的显著性是其经使用后所显现出来的有社会价值的属性，法律对其加以保护，故经使用之后产生的显著性是商标权利保护的重要因素。我国法律对于商标显著性的保护体现在判定侵权与否的"近似"规则上，"近似"一般指

---

〔1〕 [德] 鲁道夫·冯·耶林：《为权利而斗争》，郑永流译，商务印书馆 2016 年版，第 24 页。

〔2〕 参见 [美] 罗伯特·P. 墨杰斯等：《新技术时代的知识产权法》，齐筠等译，中国政法大学出版社 2003 年，第 2 页；[澳] 彼得·德霍斯：《知识财产法哲学》，周林译，商务印书馆 2017 年版，第 7 页、第 10 页。

〔3〕 《商标法》第 31 条、第 32 条和第 13 条。

〔4〕 《商标法》第 9 条、第 11 条、第 12 条、第 13 条、第 15 条、第 32 条。

以一般消费者的认识标准，被控商标和本商标是否容易"混淆"。显著性可来自对标识本身元素或其组合之认识，亦可经使用而产生、增加、减少或者消灭。我国《商标法》第 49 条规定了商标连续 3 年不使用撤销制度，故商标之权利保持当以使用为要件，最长连续不使用期限为 3 年，若 3 年或 3 年以上未使用，则该注册商标权可能会被撤销。事实意义上的使用乃利益产生、变化或消灭之原因，不得连续 3 年不使用则为法规范意义上的商标权保持要件。

三、注册商标的实际使用对侵权损害赔偿的影响

侵犯商标权之法理和不正当竞争[1]有着不可分割的联系。商标权乃具有排他之权利，对企业之经营有莫大重要性。它一方面确保商标权人使用其创设之标志以表彰商品之信誉，另一方面则在保证其不受侵害以及不法行为之干预，使消费者不至于受仿冒映射之商标所混淆、误认与欺骗，以保障社会交易之安全。故涉及商标之侵权行为，存在两种请求权基础，其一为民事权利，其二为违反善良风俗和商业道德之不正当竞争。

商标受保护之权源有二：其一为在使用中产生，其二为商标法规范赋予。

由商标法规范赋予之权利，其法律责任承担方式较类似于物上请求权责任承担方式，如停止侵害、排除妨碍、消除危险及消除影响等。商标在使用中产生之利益，因商业使用而生，其利益为界定侵犯商标权损害赔偿数额之基准。

对于赔偿数额之认定，应当以损害产生为前提，产生多少损害，就应当且只能在此范围内承担责任。但是，如果注册商标没有实际使用，则不会产生赔偿，对此，《商标法》第 64 条有明确的规定："注册商标专用权人请求赔偿，对被控侵权人以注册商标专用权人未使用注册商标提出抗辩的，人民法院可以要求注册商标专用权人提供此前三年内实际使用该注册商标的证据。注册商标专用权人不能证明此前三年内实际使用过该注册商标，也不能证明因侵权行为受到其他损失的，被控侵权人不承担赔偿责任。"即注册商标未经使用，商标权人得不到被控侵权人的损害赔偿。

---

〔1〕 参见曾陈明汝：《商标法原理》，中国人民大学出版社 2003 年版，第 104 页。

结　语

2022 年我国商标注册量为 617.7 万件[1]，申请量连续居世界第一近二十年。而针对体量而言，我国有质量之商标比重较小却也为不争事实，在我国土生土长的国际品牌比重仍然较小。很多以抢先注册他人商标而为牟利之不正当竞争行为，对经济市场不可谓害小，此时，商标的实际使用对于商标权利保护的重要价值更加凸显。无论对于商标权的保护范围，还是对于面对商标侵权时的赔偿，商标实际使用都有非常重要的影响，值得重视。

---

[1]　国家知识产权局 2023 年 6 月 30 日发布的《二〇二二年中国知识产权保护状况》。

重大疾病可撤销婚姻制度的现状与完善

冯先菊*

摘　要：2021 年《民法典》中对重大疾病可撤销婚姻制度进行了规定。然而对于如何认定"重大疾病"及该制度的具体程序并未作出相应的规定。本文通过对于域内及境外的重大疾病可撤销婚姻制度的梳理，对该制度进一步进行探讨，提出"重大疾病"的程度应当足以影响另一方当事人决定结婚的自由意志，并从法律制度、社会支持等方面提出进一步配套的完善建议。

关键词：重大疾病　可撤销婚姻制度　民法典

引　言

健康权是一项基本人权，其被视为生命权、自由权和追求幸福权利的基础。重大疾病会引起患者身体和精神的双重痛苦，重大疾病的治疗会增加家庭的经济负担，也会影响家庭的稳定。重大疾病可撤销婚姻制度研究在我国具有重要的理论价值和实践意义。

一、问题的提出

婚姻缔结欺诈是指当事人一方以欺骗手段隐瞒真实情况或将不真实谎称为真实，使另一方陷入认识错误，在违背真实意愿的情况下而作出结婚的意思表示。[1]以人身关系和财产关系区分为依据，婚姻缔结欺诈可以划分为人

---

* 冯先菊（1983 年—），女，汉族，河北石家庄人，北京市京悦（石家庄）律师事务所，研究方向为民商法学。

〔1〕 蒋月、王之晓：《论婚姻缔结欺诈与法律干预》，载《苏州大学学报（哲学社会科学版）》2023 年第 5 期。

身关系欺诈和财产关系欺诈两类，其中重大疾病隐瞒属于人身性欺诈。婚前一方隐瞒重大疾病会影响婚后家庭关系的稳定，给家庭经济带来困境；因患疾病一方无法履行婚姻责任，从而破坏婚姻建立的平等基础并损害另一方的合法权益。由此，《民法典》第 1053 条规定："一方患有重大疾病的，应当在结婚登记前如实告知另一方；不如实告知的，另一方可以向人民法院请求撤销婚姻。请求撤销婚姻的，应当自知道或者应当知道撤销事由之日起一年内提出。"自此，我国的重大疾病可撤销婚姻制度初步得以确立。然而《民法典》对如何认定"重大疾病"及具体程序等并没有作出详细的规定，这些问题有待于进一步研究和探讨，以确保该制度的准确适用以实现该制度的目的和价值。

二、重大婚姻可撤销制度的学术梳理

（一）婚姻欺诈

重大疾病欺诈婚姻属于婚姻缔结欺诈的一种。婚姻缔结欺诈是指一方当事人以促使对方发生错误认识为目的，故意实施使对方违背本人真实意愿与之结婚而致使对方当事人结婚自由受损害的行为。首先，如果当事人一方故意隐瞒与结婚相关的重要事实而导致另一方陷入错误认识而作出不符合其真实意愿的缔结婚姻的意思表示，构成此类欺诈。其次，欺诈行为须与当事人陷入错误认识之间具有因果关系。再次，欺诈须为故意为之。最后，欺诈的实施须是针对相对方或者能将错误信息传递给子女并影响子女表意的对方父母。新中国成立以来相关立法对婚姻缔结欺诈的一般性规定阙如。1950 年《婚姻法》、1980 年《婚姻法》以及 2001 年《婚姻法》修正案、《民法典》皆未就婚姻缔结欺诈作出一般性规定，但就重大疾病欺诈作出了相关规定。目前，当事人援引《民法典》第 1053 条维权而获得司法支持的诉讼案例可在裁判文书网等法律数据库中检索到。

（二）重大疾病可撤销婚姻制度

可撤销婚姻，是指当事人因意思表示不真实而成立的婚姻，或者当事人成立的婚姻在结婚的要件上有欠缺，通过有撤销权的当事人行使撤销权，使已经发生法律效力的婚姻关系失去法律效力。重大疾病可撤销婚姻制度是指因婚前一方隐瞒患有重大疾病的事实与另一方结婚，导致构成婚姻欺诈，另一方可以请求法院撤销婚姻关系的一种制度。

重大疾病与婚姻法之间存在重要交集，分别体现在婚姻登记、离婚、财产分割等方面。特别是当疾病导致生活无法维持、遗传给下一代，导致夫妻感情破裂以及在处理医疗费用和医疗保险方面有相关规定等各方面影响着经济状况和财产分割的公平公正性。[1]重大疾病不仅对患者和家庭产生了众多的心理和经济压力，也对婚姻造成了一定的困扰，因此，制定该制度是必要且紧迫的。

（三）重大疾病可撤销婚姻制度的比较法研究

关于重大疾病导致的婚姻欺诈，各国法律有着不同的规定。《英国 1973 年婚姻诉讼法》第 12 条（e）项规定结婚时，被告患有性传播疾病的，该婚姻可撤销。[2]《奥地利婚姻法》第 37 条（1）项规定一方不知道对方患有绝症或精神疾病的情形。[3]《巴西民法典》第 1557 条规定一方不知道他方在结婚前患有严重的精神病，基于其性质，变得无法忍受共同生活的，或其后代的健康带来危险的情形。[4]《韩国民法典》第 816 条规定，结婚当时不知道当事人一方有不能继续夫妻生活的恶疾或其他重大事由的；因欺诈或胁迫而作出结婚的意思表示的，可向法院请求撤销婚姻。[5]由此可见，我国《民法典》中对于重大疾病婚姻可撤销内容的相关规定是顺应时代与国际化要求的制度规定。

三、重大疾病可撤销婚姻制度存在的问题及其完善

（一）重大疾病可撤销婚姻制度存在的问题

根据北京朝法〔2022〕京 0105 民初 37171 号判决：一般来讲，重大疾病是指医治花费巨大且在较长一段时间内严重影响患者的正常工作和生活的疾病，考虑到重大疾病的范围可能随着医疗技术的进步以及新型疾病的出现而发生变化，对于重大疾病的认定，法律并无明确规定。我国现行法律对于重

---

〔1〕 杨旻：《〈民法典〉第 1053 条的"重大疾病"界定问题及其类型化消解》，载《湖南科技大学学报（社会科学版）》2022 年第 3 期。

〔2〕 参见蒋月等译：《英国婚姻家庭制定法选集》，法律出版社 2008 年版，第 61 页。

〔3〕 参见［奥〕伽布里菈·库齐奥、海尔穆特·库齐奥：《奥地利民法概论——与德国法相比较》，张玉东译，北京大学出版社 2019 年版，第 107 页。

〔4〕 参见齐云译：《巴西新民法典》，中国法制出版社 2009 年版，第 243 页。

〔5〕 参见齐云译：《巴西新民法典》，中国法制出版社 2009 年版，第 243 页。

大疾病可撤销婚姻的规定存在不足和争议。对于何种疾病可以认定为重大疾病并没有明确的界定，导致在具体操作中存在一定的模糊性和不确定性。且认定标准过于宽泛，没有明确规定患者必须达到何种程度的疾病严重程度才能撤销婚姻，这样可能导致可撤销婚姻制度的使用混乱。

从《民法典》设立该条款的目的进行解释，应当以疾病严重危害共同生活的人员或其后代的健康，足以危及婚姻本质为前提。该条款的适用有相对严格的条件，应按照该"重大疾病"是否能够足以影响另一方当事人决定结婚的自由意志，或是否对双方婚后生活造成重大影响的标准严格把握。

（二）重大疾病可撤销婚姻制度的改进建议

婚姻制度的应用在实践中需要考虑一些具体问题。首先，申请人必须能够提供充分的证据来证明被申请人的重大疾病情况，例如医学诊断证明、病历等。其次，法院在审理撤销婚姻案件时，应当综合考虑双方的利益，尤其是对患有重大疾病的一方的保护。同时，法院还应当注重社会公平和正义，避免滥用撤销婚姻制度。最后，撤销婚姻的程序应当简便、快捷，以满足患者及其家庭的实际需求。

在制度设计上，建立健全的法律机制是落实改进方案的关键。对于重大疾病的范畴认定，应与医疗卫生部门等专业机构部门进行具体的商榷，划定适宜的范围。婚姻解除的程序应明确规定，包括申请、审理和决定等环节，以确保程序的公正和透明。

加强宣传和教育也是落实改进方案的重要途径。通过广泛宣传重大疾病可撤销婚姻制度的相关知识和政策，提高公众对该制度的认知和理解。加强对相关机构和人员的培训，提高他们对该制度的操作能力和专业水平。这样可以增加公众对该制度的信任度，进一步推动其有效实施。建立健全撤销婚姻制度的保障机制。在婚姻解除过程中，应设立专门的法律援助机构，为双方提供法律咨询和代理服务，确保双方在程序中的权益得到充分保障。应设立专门的救济基金，为重大疾病患者及其家庭提供必要的经济支持。

建立健全的监督和评估机制，以确保改进方案的有效落实。通过建立相关的监督机构和评估体系，对重大疾病可撤销婚姻制度的实施情况进行监督和评估，及时发现问题并采取相应的措施加以解决。还应加强与其他相关政策和制度的协调，确保各项政策的衔接和协同作用，避免出现重复或冲突的情况。

结　语

通过建立完善法律机制和程序，可以确保重大疾病可撤销婚姻制度的合理、有效运用，以保障当事人的合法权益，维护社会公平和正义。本文针对该制度目前存在的问题提出了一些粗浅的建议，该制度还需要理论和实践层面的进一步研究和探讨。

网络环境下知识产权保护困境及应对

张晓婷*

摘　要：网络知识产权保护工作是维护人民群众合法权益，维护网络秩序的重要举措。互联网的发展，对网络知识产权保护工作带来较大的冲击和困境，增加了网络知识产权保护难度。为解决网络知识产权保护中存在的概念不清晰、法律手段不完善、网络行为管理不到位等问题，本文从两个方面分析了网络知识产权保护困境出现的原因，对如何保护网络知识产权提出三点建议，即完善立法体系、优化司法体系、加强网络道德建设，希望为相关人士提供参考。

关键词：网络环境　知识产权　保护困境

引　言

网络知识产权，主要是指由互联网或者与互联网有关的知识产权，涵盖了传统知识产权、数据库、多媒体等内容。互联网时代下，知识产权保护工作问题显露，需要相关人员根据互联网知识产权专属性、虚拟性的特点，完善保护措施，解决以往知识产权保护的困境，实现文明网络的建设。

一、网络环境下知识产权保护困境

（一）概念界定不清晰

在科学技术快速发展下，互联网技术、技术成果被应用在各个领域、产业中，随着应用方范围的拓展，对网络知识产权保护工作的重视程度也随之

---

*　张晓婷（1986 年—），女，汉族，河南人，北京市盈科（郑州）律师事务所律师，研究方向为知识产权法学。

提升[1]。受互联网资源共享、信息传递速度快、虚拟性等因素的影响，网络知识产权侵权问题逐渐严重，直接影响相关人员的合法权益。致使网络知识产权侵权的主要因素，就是互联网用户不清晰网络知识产权概念，没有意识到网络信息资源之间的差异，无法辨别传统知识产权与网络知识产权之间的差异，从而出现侵权行为。

（二）缺少对网络行为的约束

与传统知识产权相比，网络知识产权非常容易受时间影响，且无国界限制，在互联网的加持下得到广泛的应用。正是因为互联网的广泛应用，所以网络知识产权更容易出现被侵权的情况。若是网络知识产权被侵害后，权利人及相关工作人员未及时保存证据，那么会出现证据失效的情况，不能保证赔偿数额，影响知识产权所属者的合法权益。当前我国现有的法律制度无法适应互联网发展速度，不能保证网络知识产权所有者的权益，需要及时更新与完善[2]。与此同时，受互联网虚拟性、开放性的影响，网络用户会利用虚拟名称、匿名的方式在互联网中发布信息。由于部分网络用户法律意识淡薄，会无限复制、转发、占用其他人的作品，从而出现网络知识产权侵权行为。由于缺少对网络用户行为的制约，网络知识产权侵权行为发生概率不减反增，不利于网络知识产权保护。

（三）法律手段有待完善

我国针对知识产权保护工作出台较多的文件、政策，处于不断完善法律制度与政策的过程。受互联网快速发展的影响，部分法律手段出现滞后性的情况，不能实现对最新侵权行为的约束，为不法分子提供可乘之机。这一问题需要得到相关人员的重视，结合我国互联网发展趋势与网络知识产权保护的紧迫性，完善法律手段，加强对网络用户行为的约束，提升网络知识产权保护水平。

---

[1] 朱世婷、孟宾：《互联网时代网络知识产权的保护措施分析》，载《科技与创新》2023 年第 S1 期。

[2] 宋姗姗、周毅、白文琳：《信息内容平台治理"洗稿"行为的路径及其优化研究——基于网络知识产权安全视角》，载《情报杂志》2023 年第 10 期。

二、网络环境下知识产权保护困境出现的原因

(一) 立法原因

我国知识产权立法比较注重实体智力成果，缺少对虚拟载体智力成果的关注，使网络知识产权相关法律制度出现不完善、不健全的情况。此外，互联网快速发展，加快虚拟智力成果的发展与应用，无法保证相关法律制度的前沿性与实效性，最终影响网络知识产权保护工作的实施[1]。

(二) 司法原因

互联网的快速发展，淡化了网络知识产权的地域特征，使网络知识产权保护工作出现无法确定管辖权的情况，无法为司法实践提供保障。与此同时，在司法实践方面未建立统一的举证责任分配机制，不能为网络知识产权所有者权益保护工作提供规范化制度，使网络资产保护工作受到影响。

三、网络环境下应对知识产权保护困境的建议

(一) 加强立法体系的建设

为完善网络知识产权保护措施，应从立法体系建设方面入手，具体如下：第一，立足时代发展形势，充分确认权利、证据范围等基础定义，使网络知识产权所有者、网络用户意识到网络知识产权保护工作的重要性，并认真遵守相关的法律制度。相关部门建立相关法律制度过程中，应加强对时代发展趋势的分析，根据网络知识产权的特点，在原有法律制度基础上进行完善，丰富知识产权相关载体，重新界定知识产权保护主体，确定多种不同形式的侵权行为、赔偿内容，保证法律制度的权威性[2]。同时，还应构建电子证据制度，明确电子证据形式，优化举证形式，为网络知识产权所有者保护自身权益提供法律制度保障。第二，完善侵权责任立法，明确侵权主体界定。侵权主体的界定十分重要，是确定侵权人、侵权行为的重要依据。为优化网络知识产权保护工作有序进行，在侵权责任立法规章制度中引进电子认证、确

---

〔1〕 徐帜：《公共领域视角下网络知识产权保护议题中的私人话语与公共表达》，载《科技传播》2023 年第 4 期。

〔2〕 聂立泽、刘林群：《网络知识产权犯罪的规范构造与规制路径——以平台责任为切入点》，载《贵州民族大学学报（哲学社会科学版）》2022 年第 6 期。

权登记制度，使权利主体、侵权实施以更明确方式呈现出来，为司法机构解决问题提供依据。在《信息网络传播权保护条例》第 18 条规定，有通过信息网络擅自向公众提供他人的作品、表演、录音录像制品的或者故意避开或者破坏技术措施等行为的。可侵权情况，采取没收违法所得、罚款等措施，维护相关人员的权益。如根据情节轻重，可处 25 万元以下的罚款；情节严重的，著作权行政管理部门可以没收主要用于提供网络服务的计算机等设备；构成犯罪的，依法追究刑事责任。

（二）完善司法体系

网络知识产权保护中，司法机构发挥重要作用，是保证网络知识产权所有者基本权益，落实相关法律政策重要机构。为提升司法机构各项工作实施效果，需要做好以下工作：第一，明确网络侵权管辖原则，为相关人员提供法律方面的帮助。当前法律制度仍有漏洞，无法确定网络侵权责任地，无法为法律制度的贯彻制定提供保障。相关部门可以将国际公约惯例作为指导思想，完善司法工作条例与相关制度，为司法实践提供指导。同时，司法机关需要提升自身的责任意识，严格遵守国家政策，并主动为人民群众提供服务，展示出司法机构为人民群众服务的职能。第二，加强损害认定技术的应用，完善举证责任机制。为提升责任认定实践效果，做好现代信息技术的引进，将此作为损害认定工作的载体，提升举证工作效果。

（三）加强网络道德建设

网络知识产权侵权行为的出现，不仅是因为法律不完善、司法体系不科学，更重要的原因是网络用户缺乏道德规范意识与网络知识保护意识。[1]为避免此类问题，提升网络知识产权保护效果，需要做好网络知识产权的宣传工作，将网络知识产权保护措施、法律制度、案例呈现出来，加强对人民群众的网络道德培养，使其自觉遵守规章制度，形成遵纪守法与保护知识产权意识。同时，采取多种有效措施，如发放资料、面对面宣传、互联网宣传等，面向人民群众进行宣传，将网络知识产权保护的重要性呈现出来。比如，工作人员可以利用发放宣传资料的形式，向群众宣传《知识产权保护法》《商标法》《专利法》《著作权法》等知识产权法律法规，为群众讲解了知识产权保护的意义、目的和措施，提升人民群众知识产权保护意识，减少侵权行为。

---

〔1〕 张万彬：《网络知识产权司法保护问题研究》，载《网络安全技术与应用》2022 年第 10 期。

除此之外,还应做好舆情监测与舆论引导工作,以实事求是的态度对待网络热点与突发事件,利用互联网发布权威信息,积极引导舆论,防止公众因不了解事件全貌而产生侵权行为。同时,基于《新时代公民道德建设实施纲要》中相关规定,完善网络主体行为的道德准则与文明条例,明确网络主体的对错、是非观念,使其形成正确的网络道德规范。

结　语

网络环境下,在网络知识产权保护中,不仅应做好知识产权立法体系与司法体系的建设工作,同时也要加强对网络用户的网络文明道德教育,通过多种有效措施,规范网络用户的行为,使其形成文明上网意识,并自觉遵守国家的法律制度,为我国社会发展创建良好的网络环境。

浅析虚拟币犯罪数额认定若干问题

赵明赫*

摘　要：涉及虚拟币的犯罪定性问题近年来已经有诸多学者进行研究，但大多数研究均回避了虚拟币犯罪中对犯罪数额的认定问题或进行模糊化处理。本文旨在通过浅析虚拟币犯罪中犯罪数额认定的困境、犯罪数额认定的原则、犯罪数额顺位认定的方法等问题，为虚拟币犯罪数额的认定提供新的思路和方法。

关键词：虚拟币　犯罪数额　价格

引　言

虚拟币犯罪并非我国《刑法》规定的罪名，是针对当前这种新型犯罪的称谓。有学者认为，虚拟币犯罪是指故意实施针对虚拟币安全的或者利用虚拟币侵犯国家及公民利益，触犯有关法律规范的行为。[1]近年来，虚拟货币交易因收益高、支付效率高、交易成本低的特点等引起社会广泛关注，虚拟货币也成为犯罪人进行各类犯罪的新工具。[2]实务中如何认定虚拟币犯罪也成了亟须探讨的问题。

---

* 赵明赫（1990年—），男，汉族，内蒙古赤峰人，北京长阅律师事务所律师，研究方向为刑法学。

〔1〕 参见杏梨汤先生：《从法律的角度出发，涉虚拟货币犯罪认定中存在的问题是什么?》，载 https://baijiahao.baidu.com/s? id=1778911391253522371&wfr=spider&for=pc，最后访问日期：2023年12月1日。

〔2〕 张郁、侯文瑾、柳滨：《虚拟货币犯罪分析及治理对策研究》，载《浙江警察学院学报》2022年第6期。

一、虚拟币犯罪中犯罪数额认定的困境

虚拟币犯罪中犯罪数额认定困难主要是虚拟币的价值波动造成的，传统财物数额的认定多以财物本身的生产等成本要素为基础，其成本与价格在市场规律的调节下基本能够形成相对稳定的对应关系，故其价格可以大体反映其价值[1]。虽然虚拟币显然不存在相应的对应关系，但其具有效用性、稀缺性和可支配性，应当属于财物[2]，其价值通过平台炒作、情绪产生剧烈的波动。

在实务中，各地区对于犯罪数额的认定标准不一，笔者将其主要标准总结为时间和价格两个维度。时间维度为：被害人丧失占有之时[3]、行为人取得和占有之时、行为人处分之时[4]；价格维度的标准为：被害人取得虚拟币的成本价格、虚拟币的市场价格[5]、鉴定价格[6]、行为人处分价格[7]。该两个维度相互交织，促成了虚拟币犯罪数额认定的困境。

从时间维度上讲，虚拟币市场价值波动较大，实践中对一般财产价值认定的习惯可能会与刑法的基本原则相冲突。假设均采用市场价格来认定犯罪数额：如以被害人丧失占有之时的市场价格来确定犯罪数额，而在虚拟币被销赃处置之时其大幅增值，则意味着行为人通过犯罪实现了获利，明显违背了"任何人不得因自身的不法获得利益"这一基本法理。如以行为人取得占有之时的市场价格来认定犯罪数额，而行为人在长时间持有后进行处分变卖，变卖价格高于取得占有之时，依旧通过犯罪实现了获利。如以按照处分之时的市场价格来认定犯罪数额，而行为人在取得占有后未进行处分，则无法认定。

从价格维度上讲，虚拟币因具备特殊的财产属性，且其交易行为不被我国法律所认可和保护，其与法定货币之间缺乏合法的兑换渠道。如以被害人

---

〔1〕 参见余剑：《财产性数据的刑法规制与价值认定》，载《法学》2022 年第 4 期。

〔2〕 参见叶良芳：《数据抑或财物：以虚拟货币为犯罪对象的案件之定性分析》，载《中国应用法学》2023 年第 3 期。

〔3〕 参见浙江省杭州市临安区人民法院［2017］浙 0185 刑初 636 号刑事判决书。

〔4〕 参见浙江省宁波市中级人民法院［2020］浙 02 刑初 24 号刑事判决书。

〔5〕 参见深圳市福田区人民法院［2020］粤 0304 刑初 2 号刑事判决书。

〔6〕 参见辽宁省大连市中级人民法院［2021］辽 02 刑终 258 号刑事判决书。

〔7〕 参见湖南省湘潭县人民法院［2021］湘 0321 刑初 79 号刑事判决书。

取得虚拟币的成本价格来认定犯罪数额，而部分虚拟币是由"挖矿"行为所得，挖矿的成本难以计算。如以虚拟币的市场价格来认定，但其市场交易行为本身就缺乏合法基础，则会陷入法理困境。如以鉴定价格来认定，则没有统一和客观的鉴定方法。如以行为人销赃价格来认定，虽然在实践上具备便捷性，但销赃价格高于或低于市场价格或其他时间点价格的情形又会重新陷入保护被害人和惩治犯罪的两难境地。

二、犯罪数额的认定原则和方法

鉴于上述困境，本文认为在认定虚拟币犯罪的犯罪数额问题时，应首先遵循"损失填平原则"，这也是目前的共识。涉虚拟币的侵财类犯罪通常表现为取得罪，该类犯罪的本质是对财物"占有状态的破坏"，[1]在此基础上，对犯罪数额的认定应当与法益主体的损失相同，应确保任何人不得从犯罪中获利。[2]

因为虚拟币价值的波动较大，在损失的认定上也会产生争议。比如行为人销赃时的价格远高于被害人持有时的价格，应按照哪个价格来认定犯罪数额？如按照销赃价格认定，则可能使被害人因犯罪而获利，反之则行为人获利。所以，本文认为鉴于虚拟币价值的不稳当性、无序性，[3]应采取"就高不就低"的认定方法，该方法具备较强的实操性，虽然被害人可能会通过该种认定方法被动交易而获利，但不会影响现有法规下虚拟币交易非法的状态，更对虚拟币犯罪起到积极的预防作用，有利于实现权益诉求与法律秩序之间的平衡。在认定犯罪数额时应结合各个维度标准，根据各自的特点和内在关系，按照一定的原理规则进行排序，明确每个标准之间的层级、顺位关系，进而形成一套层次分明、先后有序的判断机制。[4]

---

[1] 参见张明楷：《刑法学》，法律出版社 2016 年版，第 942 页。

[2] 参见叶良芳：《数据抑或财物：以虚拟货币为犯罪对象的案件之定性分析》，载《中国应用法学》2023 年第 3 期。

[3] 参见〔德〕英格博格·普珀：《法学思维小学堂———法律人的 6 堂思维训练课》，蔡圣伟译，北京大学出版社 2011 年版，第 126 页。

[4] 参见张宜培、范永虎：《虚拟财产犯罪数额认定标准的顺位安排》，载《重庆邮电大学学报（社会科学版）》2023 年第 5 期。

三、犯罪数额认定的顺位判断规则

本文归纳了三个顺位判断规则：

第一顺位：虚拟币是否被处置。如虚拟币未被处置，而在案发后被扣押或冻结，则应以否定非法交易为基础，进一步考虑其价值属性。在此情形下，虚拟币尚未被变现成为法定货币，应直接以被害人取得虚拟币的成本计算犯罪数额，其所谓的"增值部分"因虚拟币在案发后不具备变现能力，故不应当认定该升值部分的数额为犯罪所得额[1]。被害人购买取得的，以其支付的法定货币认定犯罪数额，被害人"挖矿"取得的，以其"挖矿"成本价格认定犯罪数额。如虚拟币已经被处置，则按照后续的顺位进一步认定犯罪数额。

第二顺位：虚拟币的变现价格与市场价格。对虚拟币的价格判断应首先排除鉴定价格，因为实践中尚不具备相应的鉴定标准和鉴定能力。在此基础上，应考虑变现价格和市场价格两种标准。变现价格即为变卖虚拟币的所得，通常发生在行为人取得虚拟币后进行处分变卖的过程中。变现价格能更为直观和简便地认定犯罪数额，但其存在着弊端，当变现价格显著低于市场价格时，则难以直接适用。如在抢劫犯罪中，行为人在抢劫虚拟币后因不懂其价值和交易方法，以显著低于市场价的价格进行了变卖，此时以变现价格认定犯罪数额就有所偏颇。因此，还需引入市场价格作为参考。主流的虚拟币大多在交易市场进行，虽然该交易市场在我国非法，但在部分国家和地区合法，其交易大多可以通过 USDT 这一虚拟币"锚定美元"，再用汇率换算成人民币，即可得出虚拟币的人民币价值。

本文认为，当变现价格与市场价格产生差异时，一般应按照更高者来认定其犯罪数额。因为行为人在实施相关的犯罪时，其主观上采取的是一种概括故意，即其明知虚拟币价格波动较大的特性会导致被害人的损失增加，因此，采取"就高不就低"的认定标准不存在法理上的障碍，还能同时兼顾保护被害人权益和惩治犯罪的刑法目的。

第三顺位：时间标准。如前所述，虚拟币的特性决定了其在被害人丧失占有之时、行为人取得占有之时、行为人处置之时价格均不相同，单一按照

---

[1] 参见肖怡、赵时仑：《虚拟币交易型非法集资犯罪司法认定中的若干问题研究》，载《法律适用》2022 年第 9 期。

某一时间节点来认定会陷入保护受害人和惩治犯罪的两难困境。此时采取"就高不就低"的认定方法表面上看是符合"填平原则"的，但是会陷入另外一个争议，即被害人是否可以因犯罪而获利。假设被害人丧失占有之时的价格远低于行为人处置的价格，如简单地以"就高不就低"的方法认定犯罪数额，并以此退赔，被害人岂不是因犯罪而获利，是否变相鼓励了虚拟币的持有和交易。

本文认为，在被害人获利和行为人因犯罪获利之间权衡，被害人的获利问题可通过后续完善犯罪数额、退赔数额、没收违法所得等相关法律以解决，但如行为人因犯罪而获利则会立刻引发严重的社会影响。更何况被害人的所谓的获利，其获利范围仍在虚拟币的价值范围之内，具备一定程度的相关性和正当性。

因此，从时间顺位上，应以犯罪行为发生时即被害人丧失占有时的虚拟币价格为基础，结合行为人取得和占有之时、处分之时的不同市场价格，依旧采取"就高不就低"的方法认定犯罪数额。

结　语

综合来看，虚拟币犯罪数额的认定问题属于实务中的疑难问题，也是数字经济时代背景下新型犯罪实务中亟须解决的问题，传统的犯罪数额认定方法与模式已经无法适应现实需要，应探讨摸索更科学、合理并具操作性的认定方法和规则，并通过立法予以明确。

论电信诈骗案罪的追诉及裁判优化

彭 亘*

摘 要： 21 世纪信息技术快速发展，我国的电信诈骗案件数量有逐步上升的趋势，由于电信诈骗犯罪手段翻新快，导致打击难度大，增加了对该类犯罪的追诉及裁判的难度。为应对电信诈骗案件的激增及追诉和裁判的困境，需要进行追诉和裁判的优化，本文旨在论述电信诈骗裁判的优化问题。

关键词： 电信诈骗罪　刑事裁判　追诉

引　言

诈骗罪[1]是指以非法占有为目的，使用欺骗方法，骗取数额较大的公私财物的行为。电信网络诈骗，是指以非法占有为目的，利用电信网络技术手段，通过远程、非接触等方式诈骗公私财物的行为。

随着时代的变迁和社会的进步，各种传统意义上的犯罪案件占比逐年下降，而电信诈骗等新型犯罪手占比相较过去却有所提高，与此同时该类犯罪的追诉及裁判也出现了困境，如何破解困境需要进行探讨。

一、电信诈骗犯罪的特点

电信诈骗源于日本，中国目前是世界上电信诈骗受害者最多的国家，主

---

* 彭亘（1992 年—），男，土家族，深圳人，中国政法大学同等学力研修班 2019 级学员，研究方向为刑法学。

[1] 《刑法》第 266 条规定，诈骗公私财物，数额较大的，处三年以下有期徒刑、拘役或者管制，并处或单处罚金，数额巨大或者有其他严重情形的，处三年以上二年以下有期徒刑，并处罚金；数额特别巨大或者有其他特别严重情节的，处十年以上有期徒刑或者无期徒刑，并处理罚金或者没收财产。本法另有规定的，依照规定。

要原因是中国经济高速发展，催生了一批想"赚快钱"的投机分子，这是电信诈骗赖以生存的基础，骗子以高额回报为幌子，很多人盲目相信，最后上当受骗。

（一）团伙性及流动性的特点

由于环节分布广泛，需要大量人员参与，因此，犯罪主体地域性非常强，团伙人员众多，人员流动性较大。

（二）电信诈骗犯罪是目的犯

电信诈骗犯罪是以非法占有为目的，有学者认为凡是使用《刑法》规定的欺诈手段的，原则上都应认定为具有非法占有目的。

（三）隐蔽性强的特点

犯罪分子利用电话特别是网络等高科技进行诈骗，具有隐蔽性强的特点。

（四）具有成本及风险低的特点

犯罪分子只需常用的手机和电脑等电信产品，就可在境外广撒网，捞一手后即换电话卡；犯罪分子在境外作案后被抓的风险较低；多数被骗的女性，羞耻于报案，导致犯罪分子逍遥法外。

（五）犯罪对象具有不特定性

犯罪分子通过电脑、手机向用户发送信息，区域流动性大，被诈骗对象也是不特定的，受害者分布广。

二、电信诈骗犯罪追诉和裁判的困境

（一）对于案件中的证据认定较为困难

在一般的电信诈骗案中，犯罪分子通常掌握一定的信息技术，例如：黑客通过网络病毒盗取虚拟财产[1]，网络庞氏骗局[2]等。运用一些技术手段

---

〔1〕 虚拟财产是指狭义的数字化、非物化的财产形式。它包括网络游戏、电子邮件、网络寻呼等一系列信息类产品。包括长时间虚拟生活中形成的人物形象。由于网络游戏的盛行，虚拟财产在很大程度上就是指网络游戏空间存在的财物，包括游戏账号的等级、游戏货币、游戏人物拥有的各种装备等，这些虚拟财产在一定条件下可以转换成现实中的财产，载 https://baike.baidu.com/item/%E8%99%9A%E6%8B%9F%E8%B4%A2%E4%BA%A7/3602187，最后访问日期：2024 年 1 月 16 日。

〔2〕 庞氏骗局，是对金融领域投资诈骗的称呼，是金字塔骗局（Pyramid scheme）的始祖。在中国庞氏骗局又称"拆东墙补西墙"或"空手套白狼"。简言之就是利用新投资人的钱来向老投资者支付利息和短期回报，以制造赚钱的假象，进而骗取更多的投资。很多非法的传销集团就是用这一招聚敛钱财的。

可以对证据进行了篡改、伪造，使司法机关对证据认定的难度增大。

（二）犯罪分子的违法犯罪事实难以查明

大部分的犯罪分子会隐藏身份，冒用他人的身份信息，利用发达的互联网络，隐藏身份进行犯罪活动。

（三）裁判尺度不一

由于电信诈骗手法层出不穷、迭代迅速、且案发于各个不同经济程度的地区，加上部分相关的法律法规不完善，使得一些案件的裁判尺度存在不一致的情况。

（四）案件的裁判效率低

电信诈骗案件裁判中，涉及各个银行和各支付软件的资金流转，证据收集困难、证据认定困难、涉案人员众多、犯罪事实查明困难、案件复杂且多为境外作案，所以裁判效率低。

三、电信诈骗犯罪追诉和裁判的优化措施

（一）追诉优化措施

1. 建立健全新型的快速反应机制

对于电信网络诈骗这种新型案件，要建立健全新型快速反应机制，公安机关要积极探索新的侦破技战法，力争快侦快破，依法打击。如深圳市公安局成立了反诈预警中心，通过民警提前介入、预警，制止了一些群众转账行为，为群众及时止损。

2. 强化区域合作

电信诈骗案一般受害者分散、隐蔽性较强、受害人较多，参与犯罪成员多且分工较细等，给侦查机关查处带来了很大的难度，各地侦查机关应积极配合协查，及时完成查处任务，以利于快速打击。

3. 加强各部门合作

侦查机关等要进一步加强与银行、电信等企业合作，到及时冻结相关卡号和资金，注销相关有违法行为的微信等措施，各相关部门要大力协助侦查机关，形成合力，切断资金链条。

4. 加强国际执法合作

通过国际执法合作，追溯源头，通过国与国之间的沟通协作，共同发力打击跨境电诈组织。例如，我国与外国警方联手对缅北地区的源头进行打击，

取得了明显成效。

（二）裁判优化措施

1. 完善相关的法律法规

电信诈骗活动泛滥以来，国家先后出台了《反电信网络诈骗法》[1]，公安部会同最高人民检察院、最高人民法院联合出台《关于打击整治养老诈骗专项行动的指导意见》，一些省市也出台了相关指导性文件，给各级部门带来了较好的指导作用。

2. 完善相关的技术手段

在电信案件裁判中，司法机关也应该充分地利用信息化技术、相关网络技术手段进行相关证据的采集和储存，通过信息化技术在收集证据时，确保数据的准确和完整。利用现阶段的人工智能和大数据分析，提高证据认定、犯罪事实查明的方式，提高裁判的效率。对于收集的证据也需要一个安全可靠的数据存储技术，防止数据的丢失和被篡改。

3. 提高裁判的质量

建立专门的电信诈骗专家证人的相关制度，可以由一些电信技术专业人才帮助出庭作证，为裁判提供相关的技术支持；还可以建立相关的电子证据审查制度，对案件有所涉及的电子证据进行专业的审查，确保案件相关电子证据的符合法律规定。

4. 提高裁判的透明度

对于一些影响较大的电信诈骗案件，司法机关可以提高相应的裁判透明度，加强司法公开，让当事人和社会公众都能了解到裁判的过程和结果，提高公众对司法的信任度和参与度。通过电信诈骗案件公开，提高公众对电信诈骗的认识，促进社会监督。

5. 加强司法能力建设

提高相关司法部门从业者的法律素养，如提高法官专业能力，保障法官能独立行使职权，提高裁判公正性。

6. 加强国际合作

电信诈骗犯罪很多都具有跨国性，在证据认定、犯罪事实查明、共同立

---

〔1〕 2022年9月2日，第十三届全国人大常委会第三十六次会议表决通过了《反电信网络诈骗法》，自2022年12月1日起施行。

法等多方面应同周边国家加强国际合作，建立相关的协作配合机制，确保各国之间相关的信息畅通和资源的共享，共同打击电信诈骗犯罪。

结　语

随着时代的不断发展，电信诈骗的方式会逐步变化，对电信诈骗犯罪的追诉及裁判的优化需要多措并举，建立健全新型的快速反应机制，进一步完善法律法规，规范和指导打击电信诈骗领域的违法犯罪，完善相关的技术手段，提高裁判的质量，加强国际合作。如若能落实以上举措，相信我国在电信诈骗案罪的追诉及裁判优化方面会有很大提升。

浅析自媒体时代名誉权侵权诉讼策略

顾　倩*

摘　要： 随着社会的发展，自媒体行业的兴起，网络言论的发表途径越来越畅通，网络传播的速度和影响力也越来越快、越来越深，与此同时，因为网络言论引发的名誉权纠纷案件也越来越多。自媒体时代，如何应对名誉权侵权，维护被侵权人的合法权益，引起理论界和实务界的关注。本文旨在探讨针对自媒体时代名誉权侵权的诉讼策略问题。

关键词： 自媒体　名誉权　诉讼策略

引　言

自媒体时代的来临，使得人们发表网络言论越来越便捷。但是自媒体时代所传播的信息是多元和自由的。这当中既包含着对事物本质的真实描述，也不免会出现一些与事实不符的虚假信息误导我们。也会有一些人故意制造虚假信息，或者用自己的看到的片面的信息，引导事件的走向，这无疑会损害权利人的合法权益。这类名誉权侵权案件的妥善处理对于维护被侵权人的合法权益，促进社会经济稳健发展具有重要意义。

一、名誉权的概念

《民法典》第 1024 条规定："民事主体享有名誉权。任何组织或者个人不得以侮辱、诽谤等方式侵害他人的名誉权。名誉是对民事主体的品德、声望、才能、信用等的社会评价。"民事主体有使自己的社会评价不降低、不丧失，

---

* 顾倩（1994 年—），女，江苏连云港人，中国政法大学同等学力研修班 2023 级学员，研究方向为民商法学，江苏盈喆律师事务所专职律师，连云港市律师协会青年律师工作委员会委员。

以及改善和提高自己社会评价的权利；民事主体有禁止其他任何人都不得有恶意贬损或损害自己名誉的行为；民事主体可以利用自己的名誉从事活动，并享有因此获得的合法利益。

二、自媒体时代名誉权侵权的表现

（一）诽谤

在我国司法实践中，诽谤往往特指故意捏造和散布虚假事实损害他人名誉权的行为，[1]因此诽谤即造谣、传谣。诽谤的构成要素主要包括三个方面："一是有向他人故意传播的行为；二是传播的内容属于虚假；三是使他人的名誉受到不公正毁损。"[2]诽谤可导致公民的社会评价降低或贬损，是侵犯公民名誉权的重要方式。如在社交平台中，公开发表内容失实的文字、图画、音频和视频导致他人的社会评价降低或贬损。

（二）辱骂

公开用污秽、粗鄙、下流的言辞骂人。既有网民在社交平台中直接辱骂特定的对象，也有网民在短视频评论中辱骂视频内容中的相关人员。

（三）丑化

故意将他人弄成丑的或说成是丑的，使他人的形象变得可憎、可恶、可恨，以抹黑他人形象，一定程度上会降低他人关于自身品德、声望、才能等方面的社会评价。如对他人的行为进行负面评价、截图他人在情绪崩溃时面目狰狞的瞬间或者他人翻白眼、抠鼻孔等形象不佳的瞬间来发表等。

三、自媒体时代名誉权侵权诉讼策略

（一）固定侵权人的侵权事实

对民事纠纷而言，从纠纷发生到诉讼开启再到开庭审理必然有一段时间间隔，在这段时间里，某些证据由于自然或人为原因，可能会灭失或在开庭时难以取得[3]。因此，在名誉权案件中固定侵权人的侵权事实显得尤为重要。公证就是一种非常好的固定电子证据的方式。《民事诉讼法》第 72 条规

---

[1] 魏永征、周丽娜：《新闻传播法教程》，中国人民大学出版社 2019 年版，第 131 页。
[2] 沈木珠：《网络名誉侵权与我国名誉权保护制度的完善》，载《法学杂志》2008 年第 6 期。
[3] 冯祝恒：《民事诉前证据收集及制度建构》，载《行政与法》2021 年第 6 期。

定："经过法定程序公证证明的法律事实和文书，人民法院应当作为认定事实的根据，但有相反证据足以推翻公证证明的除外。"因此，经过公证过的电子证据还具有法定公信力，可在最大程度降低当事人的维权成本和诉讼风险。

（二）确定侵权人的身份信息

一是可以委托律师，要求法院开具调查令向网络服务的提供者（即小红书、微信、微博、抖音等网络服务平台）查明侵权网络用户的实名信息；二是可以单独起诉网络服务提供者，在公司披露侵权网络用户信息后，再申请追加被告或者是另行起诉的方式达到起诉实际侵权人的目的。

（三）明确承担责任的主体

除直接发布侵权信息的侵权人外，作为网络平台的提供者是否承担侵权责任？根据《民法典》第 1195 条第 1 款、第 2 款规定：网络用户利用网络服务实施侵权行为的，权利人有权通知网络服务提供者采取删除、屏蔽、断开链接等必要措施。通知应当包括构成侵权的初步证据及权利人的真实身份信息。网络服务提供者接到通知后，应当及时将该通知转送相关网络用户，并根据构成侵权的初步证据和服务类型采取必要措施；未及时采取必要措施的，对损害的扩大部分与该网络用户承担连带责任。"

最高人民法院《关于审理利用信息网络侵害人身权益民事纠纷案件适用法律若干问题的规定》（2020 年修正）第 5 条："其发布的信息被采取删除、屏蔽、断开链接等措施的网络用户，主张网络服务提供者承担违约责任或者侵权责任，网络服务提供者以收到民法典第一千一百九十五条第一款规定的有效通知为由抗辩的，人民法院应予支持。"即网络服务提供者在接收到侵权人侵权通知后及时采取相应措施终止网络用户的侵权行为且对侵权无过错的情况下，并不需要承担侵权责任。

（四）对想要达到的法律效果进行主张，即明确诉讼请求[1]

（1）一般会将"要求删除侵权信息，进行书面道歉、并在实施侵权行为的网络平台或网络账户发布澄清及道歉说明"。列为第一项诉讼请求。根据《民法典》第 179 条规定的侵权责任承担形式，侵害名誉权纠纷中涉及的主要有：停止侵害、赔偿损失、消除影响、恢复名誉、赔礼道歉。而在名誉权侵权中，急需取得的成果即为消除影响、恢复名誉。因此，在诉讼请求中，法

---

[1] 江伟主编：《民事诉讼法学关键问题》，中国人民大学出版社 2010 年版，第 140 页。

院一般会根据利用网络侵权的涉及范围要求侵权人道歉、消除影响或恢复名誉，如存在侵权人不配合的情况，法院也可以通过网络平台发布相关信息以达到强制执行的目的。

（2）要求侵权人赔偿损失。根据《民法典》第 1182 条规定："侵害他人人身权益造成财产损失的，按照被侵权人因此受到的损失或者侵权人因此获得的利益赔偿；被侵权人因此受到的损失以及侵权人因此获得的利益难以确定，被侵权人和侵权人就赔偿数额协商不一致，向人民法院提起诉讼的，由人民法院根据实际情况确定赔偿数额。"如在被侵权人因人身权益受侵害造成的财产损失以及侵权人因此获得的利益难以确定的，人民法院可根据具体案情在 50 万元以下的范围内确定赔偿数额。

而权利人为自然人情况下，还会涉及精神损害赔偿，即自然人在名誉权被侵权情况下，可以根据《民法典》第 1183 条第 1 款规定："侵害自然人人身权益造成严重精神损害的，被侵权人有权请求精神损害赔偿。"主张精神损害赔偿。

（3）要求侵权人承担维权产生的合理费用。根据最高人民法院《关于审理利用信息网络侵害人身权益民事纠纷案件适用法律若干问题的规定》第 12 条第 1 款规定："被侵权人为制止侵权行为所支付的合理开支，可以认定为民法典第一千一百八十二条规定的财产损失。合理开支包括被侵权人或者委托代理人对侵权行为进行调查、取证的合理费用。人民法院根据当事人的请求和具体案情，可以将符合国家有关部门规定的律师费用计算在赔偿范围内。"也就是说，被侵权人维权支出的合理的公证费、取证费、律师费等维权开支，均能够由侵权人承担。

（4）确定起诉的法院。根据《民事诉讼法》第 29 条的规定："因侵权行为提起的诉讼，由侵权行为地或者被告住所地人民法院管辖。"最高人民法院《关于适用〈中华人民共和国民事诉讼法〉的解释》第 24 条的规定："民事诉讼法第二十九条规定的侵权行为地，包括侵权行为实施地、侵权结果发生地。"第 25 条的规定："信息网络侵权行为实施地包括实施被诉侵权行为的计算机等信息设备所在地，侵权结果发生地包括被侵权人住所地。"为了便于被侵权人维护自身权利，被侵权人可以直接向其住所地法院起诉。

结　语

在自媒体时代，侵犯公民名誉权的现象频频出现，但网络并不是法外之地。通过网络方式实现言论自由的同时也不能损害他人的合法权益。每个人都应该有法治意识，对自己的言行负责。如果遭遇了名誉权侵权，一定要沉着冷静、保留证据，拿起法律武器维护自身的合法权益。

浅析企业对商事诉讼与仲裁的选择

唐雪威*

摘　要： 伴随着我国经济持续发展，人民法律与权利意识逐步增强，司法制度持续亲民化调整等一系列客观环境的变化，民商事诉讼案件数量持续增长。争议解决手段多元化已经成为国内民商事案件的必然发展趋势，而商事仲裁在这一趋势中也扮演着非常重要的角色。仲裁程序强调当事人意思自治，具有保密性，且具备一裁终局的程序特征，与诉讼程序存在着重要的差异。本文旨在通过分析商事诉讼与仲裁差异，探讨企业对商事诉讼与仲裁的选择问题。

关键词： 商事诉讼　商事仲裁　选择策略

引　言

在商事争议案件中，当事人要择一适用提起诉讼或仲裁。《仲裁法》（2017年修正）第4条、第5条的规定，基本确定了仲裁程序与诉讼程序在商事争议中根据当事人意思自治择一适用的法律性质。选择仲裁与否，将使得争议解决走向不同的法律程序，其结果可能对于企业在解决争议的程序中产生实质性的影响。

一、商事仲裁与诉讼在实践中的差异

我国仲裁程序主要的依据是《仲裁法》、各仲裁委员会制定的仲裁规则以及双方当事人对仲裁规则的意思自治，而诉讼程序主要依据《民事诉讼法》

---

* 唐雪威（1992年—），男，汉族，北京人，北京市盈科律师事务所律师。

及相关司法解释。两种程序在法律依据上存在诸多差异，本文将从这些规定出发，探讨仲裁与诉讼程序的差异。

（一）规则适用的差异

尽管仲裁规则和《民事诉讼法》的具体规定存在诸多差异，但是二者最为基本的差异之一，在于民事诉讼的程序应依法严格遵循《民事诉讼法》进行，而在商事仲裁程序中，所适用的程序性规则并非唯一。中国国际经济贸易仲裁委员会（以下称"贸仲"）现行《中国国际贸易仲裁委员会仲裁规则》（2014 年修订）中，第 4 条第 3 项规定："当事人约定将争议提交仲裁委员会仲裁但对本规则有关内容进行变更或约定适用其他仲裁规则的，从其约定，但其约定无法实施或与仲裁程序适用法强制性规定相抵触者除外。……"北京仲裁委员会在其仲裁规则中也作出了双方可以约定适用其他仲裁规则的规定。

允许当事人约定适用规则，充分体现了仲裁最大程度上尊重当事人意思自治的特性。实践中，尽管当事人实际约定采用仲裁委员会现行仲裁规则以外的程序规则的情况并不常见，这一差异仍然是仲裁与诉讼的重要差异。

（二）审理程序的差异

《仲裁法》第 9 条明确规定："仲裁实行一裁终局的制度。"对比我国民事诉讼的两审终审制度，仲裁裁决一经作出即生效，当事人不具备上诉的救济途径。

《仲裁法》规定了撤销仲裁裁决的程序，《民事诉讼法》规定了申请不予执行仲裁裁决的程序，共同列举了可以对抗生效裁决的有限情形，这些情形多为仲裁案件审理中的程序问题。而仲裁裁决中法律适用和事实认定方面的问题（隐瞒和伪造证据的情形除外）原则上不构成撤销仲裁和不予执行仲裁裁决的事由，这和民事诉讼中的二审和再审的纠正范围也有明显区别。这一差异可能导致仲裁中的败诉方缺少进一步救济的途径，不过同时也带来了仲裁程序在实践中显著的效率优势。[1]

审理程序差异的另一方面体现在审理人员的构成上。仲裁庭可以由 1 名仲裁员或者 3 名仲裁员组成，人数上与民事诉讼合议庭的组成有相似之处，其重要的差异在于仲裁庭的仲裁员可以经当事人协商选定。实务中，大量仲裁案件仲裁庭的组成是由双方当事人各自选定 1 名仲裁员，并通过共同选定

---

〔1〕 甘翠平：《国际商事仲裁一裁终局性的困境与出路——以重新仲裁为视角》，载《兰州学刊》2013 年第 1 期。

或者仲裁委指定的方式确定首席仲裁员以完成组庭。这一组成方式充分尊重双方意思自治的同时，也可以兼顾公平和效率。此外，与民事诉讼中的合议庭不同，3 名仲裁员组成的仲裁庭作出裁决并无须形成统一意见，在未形成统一意见时可以通过多数意见作出裁决，无法形成多数意见时还可以以首席仲裁员意见作出裁决。

（三）保密性及送达程序的差异

《民事诉讼法》第 137 条规定人民法院审理民事案件，原则上应公开进行；而《仲裁法》第 40 条则规定仲裁不公开进行。仲裁不公开进行的原理是仲裁的保密性（confidentiality）。仲裁的保密性，又称私人性（privacy），其最基本的含义是指仲裁案件不公开审理，即在一般情况下，与案件无关的人在未得到所有仲裁当事人和仲裁庭的允许之前，不得参与仲裁审理程序。[1]作为商事领域的争议解决手段，仲裁不公开审理是各国仲裁机构的传统做法，也被普遍认为是国际商事仲裁中最重要的程序性特征。[2]

仲裁的保密性不仅体现在不公开开庭，实际上同时影响了仲裁送达等其他程序。民事诉讼中公告送达经常被作为最终的送达途径，而在仲裁程序中由于保密性的要求，公告送达往往存在适用上的障碍；在国际上重要的仲裁机构的仲裁规则中都没有出现公告送达的规定。[3]同样未规定公告送达的贸仲《仲裁规则》，为确保仲裁程序的有效推进，规定"向一方当事人或其仲裁代理人发送的仲裁文件，如经当面递交收件人或发送至收件人的营业地、注册地、住所地、惯常居住地或通信地址，或经对方当事人合理查询不能找到上述任一地点，仲裁委员会仲裁院以挂号信或特快专递或能提供投递记录的包括公证送达、委托送达和留置送达在内的其他任何手段投递给收件人最后一个为人所知的营业地、注册地、住所地、惯常居住地或通信地址，即视为有效送达"。对于可以视为送达的手段及送达地点进行了较为宽松的规定，与国际仲裁惯例保持一致。

二、企业对商事仲裁与诉讼的选择策略

在商事争议中，双方当事人可以根据自身情况选择是否进行仲裁。实务

---

〔1〕 郭玉军、梅秋玲：《仲裁的保密性问题研究》，载《法学评论》2004 年第 2 期。

〔2〕 辛柏春：《国际商事仲裁保密性问题探析》，载《当代法学》2016 年第 2 期。

〔3〕 马占军：《商事仲裁公告送达问题研究》，载《深圳大学学报（人文社会科学版）》2010 年第 2 期。

中，这一选择的时间点通常发生在双方签订合同之时，在合同中包含有效的仲裁条款，最终得以通过仲裁而非诉讼的方式解决争议。基于诉讼与仲裁程序的差异，企业最为关心的应当是签订合同时，争议解决条款在何种情况下适合约定通过仲裁解决。

基于本文前述分析，企业应从效率性和保密性两个角度考虑仲裁和诉讼之间的选择。

（一）争议解决的效率性

在部分商事争议案件中，作为当事人的企业关心的不只是在每一起争议案件中最大程度维护自身利益，很多时候同样重要甚至更为重要的是快速解决纠纷，防止长期涉诉导致企业事务受到影响。在这一基础上，仲裁一裁终局的效率性特征成为企业选择仲裁的重要原因，对于重视快速解决纠纷的企业，约定仲裁有着明显的优势；相反地，如果具体争议的解决效率并非企业关注的重点，仲裁的效率优势则相对不明显。

（二）争议解决的保密性

除去企业一般性对商业秘密的保护之外，伴随互联网技术的普及，企业公开的信用信息获取相较以往变得更加容易，导致涉诉对于企业商业名誉的影响越发显著。基于保护商业秘密及商业名誉的原则，选择仲裁可以有效规避发生纠纷后对于企业自身商誉和商业秘密的侵害。尽管在仲裁中，企业的保密性要求也可能由于确定仲裁协议效力之诉公开审理等原因而无法完全得到满足，但仲裁仍然是一种更加具备保密性的争议解决手段；对于发生纠纷后将显著影响企业名誉的商业合同，仲裁通常是企业更好的选择。

结　语

在经济持续发展、法律被意识不断强化的今天，仲裁将作为重要的诉讼分流机制，[1] 充分发挥其争议解决的作用，为经济发展保驾护航。对于企业来说，了解仲裁与诉讼的差异，充分理解仲裁的优势并重视这一争议解决手段，将有效维护自身的合法利益。

---

〔1〕　艾红琼：《诉源治理下的商事仲裁与诉讼分流》，载《现代营销（上）》2022 年第 10 期。

彩礼返还规则司法适用困境及应对策略

叶紫樱*

摘　要： 彩礼返还纠纷已逐渐成为法院受理婚姻家事案件的主要类型之一，但由于现行彩礼返还规则的不完善，致使司法裁判实务在彩礼范围界定、纠纷主体资格确定以及彩礼返还比例酌定等方面存在困境。本文旨在探讨彩礼返还规则司法适用的困境以及应对等问题。

关键词： 彩礼返还　司法适用　民法典

引　言

我国现阶段处理彩礼返还纠纷的主要裁判依据是最高人民法院《关于适用〈中华人民共和国民法典〉婚姻家庭编的解释（一）》（以下简称《婚姻家庭编解释（一）》）第5条，该规定相较于最高人民法院《关于适用〈中华人民共和国婚姻法〉若干问题的解释（二）》第10条的规定，并未有所创新或完善。但随着人民法院审理涉彩礼纠纷案件数量逐年增多且案情复杂程度持续提升，现有司法解释的弊端不断显现，仅凭该解释已无法应对多样的现实司法需求，导致彩礼返还规则的司法适用遇到困境。重构彩礼返还规则，明确彩礼范围、彩礼返还纠纷适格主体和彩礼返还比例，对统一裁判尺度、实现司法公正具有重要意义。

＊ 叶紫樱（1996年—），女，汉族，浙江人，中国政法大学同等学力研修班2023级学员，研究方向为民商法学。

一、现行彩礼返还规则在司法适用中的困境

（一）彩礼范围界定不清

婚前给付彩礼这一婚俗在我国社会普遍存在，但因各地风俗不一，彩礼呈现出种类多样化、价值不一等特点。[1]观各地司法判例，常见的争议焦点在于对"金银首饰"以及"改口费""上下车礼""见面礼"等各名目礼金的认定，但裁判观点各有不同。以"见面礼"为例，同样是 6666 元的金额，江西省乐安县人民法院在管某、管某与黄某、熊某婚约财产纠纷案[2]中将其认定为彩礼，而海南省海口市秀英区人民法院则在徐某、周某呈离婚纠纷案[3]中认为，该见面礼单纯寄托着男方母亲对男方及女方婚姻的美好祝愿，并没有以男女双方登记结婚且共同生活为解除条件的意思表示，且金额较小，故不能认定为彩礼。可见，法律上的笼统规定，使得彩礼的认定缺乏统一标准，司法裁判的信服度被大大降低。

（二）彩礼返还纠纷诉讼主体不明

《婚姻家庭编解释（一）》中有关请求权主体的表述为："当事人请求返还……法院应予以支持：……以双方离婚为条件。"一般来讲，同一条款中同一词汇在没有特殊说明的情况下，应该代表同样的法律含义，[4]因此该解释中的"双方"指的是婚姻关系的当事人，即男女双方。但实践中实际给付、接受彩礼的当事人并非仅限于男女双方，还可能包括双方的父母或亲属，这使得纠纷基础婚姻缔结的结果相关方与过程参与方存在不一致，造成司法实践中就"接收彩礼一方的父母是否是适格共同被告"问题存在两种截然不同的观点。

（三）彩礼返还比例标准存在差异

法官的自由裁量权在彩礼返还的考量因素及返还比例确定上最为显著。目前司法裁判考量因素多集中在婚姻关系持续时间、共同生活时间、子女情况、经济状况、过错程度等方面，然而这些因素与彩礼退还比例之间依旧未有明确的对应标准，造成类案在不同法院所支持返还的比例差距较大。同时，

〔1〕 陈思豆：《〈民法典〉适用视阈下彩礼返还规则研究》，湘潭大学 2020 年硕士学位论文。
〔2〕 江西省乐安县人民法院 [2023] 赣 1025 民初 1141 号民事判决书
〔3〕 海南省海口市秀英区人民法院 [2022] 琼 0105 民初 4161 号民事判决书
〔4〕 姚美娇：《我国彩礼返还规则的完善》，吉林大学 2021 年硕士学位论文。

有些因素在事实认定上存在一定阻碍,如"共同生活时间"这一因素看似客观,却不具备实操性,当事人难以提交切实有效的证据进行具体计算[1],而"生活困难"这类抽象性标准界定则更难以统一,也有一些因素缺乏明确的法律支撑,如"过错程度"在目前的司法解释中并未被引入,导致司法实践中只能援引法律原则进行裁判。

二、彩礼返还规则司法适用困境的应对

（一）出台专项司法解释明确彩礼返还规则

现行彩礼返还规则在法律规范层面仅在《婚姻家庭编解释（一）》中有所体现,但由于该解释第 5 条概念界定的模糊性、规范内容的笼统性、适用情形划分的单一性,注定了其实操作性不足,仅凭该条款无法应对多样的现实司法需求。考虑到法律的稳定性,以出台新的司法解释的方式来进一步明确彩礼返还规则更符合目前法律及社会现状。2023 年 12 月 11 日,最高人民法院发布《关于审理涉彩礼纠纷案件适用法律问题的规定（征求意见稿）》（以下简称《征求意见稿》）向社会公开征求意见,这一举措意味着最高人民法院已深刻意识到新司法解释出台的必要性。《征求意见稿》对彩礼返还规则进行了一定程度的明确,但还有进一步完善的空间。

（1）《征求意见稿》的亮点。①首次对彩礼范围进行了界定。将双方当地民间习俗、给付目的、给付的时间和方式、财物价值大小、给付人及接收人等作为彩礼认定时的考量因素,并明确提出三类不属于彩礼的财物类型。②对涉彩礼返还纠纷案件中当事人主体资格作了类型化区分。离婚纠纷的核心是婚姻关系的解除,具有强烈的人身属性,故诉讼主体只能是婚姻双方当事人;婚约财产纠纷的财产属性更为显著,彩礼的给付与接收多数情况下均是以家庭为单位,故将适格原被告扩大至婚约双方及其父母。③将彩礼返还的考量重心落于"共同生活",而不再是"登记结婚"。不仅加入"未办理结婚登记但共同生活"情况下彩礼返还条件,注重共同生活的"夫妻之实",且一改原解释在已结婚登记情形下,"未共同生活返还,已共同生活不返还"的"一刀切"情形,提出"共同生活时间较短且彩礼数额过高"的例外情

---

〔1〕 薛建明:《彩礼返还纠纷的类案裁判规则与法律适用问题研究》,载《山东法官培训学院报》2023 年第 4 期。

况，准确回应了当前社会结婚后"闪离"频发背景下的解纷需求。

（2）《征求意见稿》仍需进一步完善。①界定过错情节。《征求意见稿》虽在考量因素中引入了"双方过错"，但却未对具体的过错情节进行界定。本文认为，此处的"过错"应当同步考虑两个方面：一是回归给付彩礼的目的本身，考虑婚姻关系缔结不能的过错，即"悔婚"过错，这也是对多地民间习俗的回应；二是考虑"悔婚"的原因，如果是因一方存在《民法典》第1091 条规定的重大过错情形，致使另一方受到伤害而"悔婚"的，则过错应进行转移。②明确"生活困难"的标准。《婚姻家庭编解释（一）》中"生活困难"的界定难题依旧未能在《征求意见稿》予以解决。本文认为，此处的"生活困难"应当理解为"绝对困难"，一方面"生活困难"本就是对已登记婚姻且已共同生活原则上不返还彩礼的例外规定，是对不返还彩礼可能导致给付彩礼一方陷入生活困境而作出的妥协[1]，故其标准应当严格审慎，适用范围不宜过大。另一方面，尽管最高人民法院《关于适用〈中华人民共和国婚姻法〉若干问题的解释（一）》已失效，但该解释第 27 条所给出的"一方生活困难"解释，即"依靠个人财产和离婚时分得的财产无法维持当地基本生活水平"，亦可作为本条中"生活困难"解释的体系性参考。

（二）出台地方性司法指导文件

彩礼的"习俗性"决定了它本身就具有极其强烈的地域特色，故通过全国性立法来细化各项标准从而达到全国范围内的绝对统一存在一定难度，即便可行也会产生法律规定与司法实践相分离、相违背的状况。这就需要由各省高级人民法院牵头，在司法解释的基础上结合各省、地区的民风民俗、经济发展水平出台地方性司法指导文件，进一步具化彩礼的范围、参酌因素及返还比例这些重点、焦点问题，以此规范法官自由裁量权，实现裁判社会效果和法律效果的统一。

（三）及时发布相关指导性案例和典型案例

司法解释虽能在一定程度上弥补法律的漏洞，但其作为成文法的抽象性、概括性、滞后性决定了其尚不足以准确、及时地对应不断变化着的、纷繁多样的婚约财产矛盾。此时，指导性案例、典型案例因其针对性、及时性、准

---

[1] 胡云红、宋天一：《彩礼返还纠纷法律适用研究——以全国法院 158 份问卷调查和相关裁判文书为对象》，载《中国政法大学学报》2022 年第 6 期。

确性能够更加灵活、高效地弥补这一漏洞。以最高人民法院于 2023 年 12 月 11 日发布的四个涉彩礼纠纷典型案例为例,[1]通过以案释法为法院审理"结婚后闪离""事实婚姻"情形下彩礼返还案件以及确定婚姻财产纠纷案件的诉讼主体范围提供裁判参照,规范法官的自由裁量权。

结　语

彩礼给付作为一种民俗习惯根植于我国源远流长的传统文化之中,已经传承上千年,至今仍具有强大的生命力。[2]为实现彩礼返还纠纷的类案同判,需要通过出台专项司法解释及地方性司法指导文件,发布相关指导性案例、典型案例等多种路径完善彩礼返还规则,进一步推动法律适用,彰显司法公平正义。

---

〔1〕 《人民法院涉彩礼纠纷典型案例》,载《人民法院报》2023 年 12 月 12 日。

〔2〕 漆鑫:《"彩礼返还规则"司法适用困境研究》,载《现代商贸工业》2023 年第 12 期。

浅析知识产权诉讼中不正当竞争行为的判断

王铭慧*

摘　要：当下知识产权诉讼急剧膨胀，不正当竞争往往作为商标权、专利权等专有知识产权权利纠纷的补充被一并提起，并在知识产权专有权利侵权诉讼无法获得支持的情况下获得权利保护。有观点认为正是因当下对于不正当竞争行为的认定系依据权利侵害模式进行判定，天然有利于主张竞争优势受损的一方，造成了本不侵犯知识产权专门法相关规定的行为被不正当竞争法所变相扩大。对此本文旨在从传统权利侵害模式的构成要件的视角下比对市场行为法新定位下对应的不正当竞争行为各要素判断的合理性，以期对不正当竞争行为的认定获得具有实践意义的判断。

关键词：知识产权诉讼　竞争行为　不正当竞争行为

引　言

诉讼实践中对于不正当竞争行为的判断惯于运用权益保护模式进行判定，即惯于先分析在某特定商业模式下，相关市场经营主体能产生的可受保护的合法利益，其次判断该可保护利益因被诉行为人之行为而受到经营损害，进而判定该行为构成不正当竞争行为，也即运用侵权行为之构成要件分析不正当竞争行为的构成。现有观点[1]认为反不正当竞争法的市场行为规制法属性与侵权式认定模式相悖，竞争行为的正当性判断标准在于行为本身的可责性，运用权利保护法的模式进行判断将模糊专门知识产权权利保护法与反不正当

＊　王铭慧（1997 年—），女，福建龙岩人，厦门市思明区人民法院书记员。

〔1〕　陈耿华：《我国竞争法竞争观的理论反思与制度调适——以屏蔽视频广告案为例》，载《现代法学》2020 年第 6 期。

竞争法这一行为规制法之间的界限。为更好地理解既往权益保护判断模式产生和运用的缘由以及其市场行为规制法新定位下的不合时宜之处，本文从不正当竞争行为与侵权行为之间的渊源以及侵权视角下的构成要件进行比对分析。

一、不正当竞争行为与侵权行为的关系

不正当竞争行为与侵权行为间有着历史渊源，国际视野下，民法典与反不正当竞争法均渊源于大陆法系国家。反不正当竞争在法国发源于民法典时代对商业侵权行为的救济和规制，由民法典侵权行为一般条款的基础上发展而来，故而在大陆法系最初的观念中，反不正当竞争法属于民事特别立法，是一般侵权行为规范扩大解释的结果[1]，二者间有着深刻的关联。其次，反不正当竞争法惯与知识产权法相关联。一方面，《建立世界知识产权组织公约》《保护工业产权巴黎公约》、《与贸易有关的知识产权协定》（TRIPS）等国际公约中规定了知识产权应当包括的内容中涵盖制止不正当竞争[2]；另一方面，反不正当竞争法与商标保护存在天然的联系[3]，商标仿冒系早期市场竞争最主要的不正当竞争行为，对商号、商标、产品设计、商誉等市场经营活动元素的侵犯也正是反不正当竞争法得以归入工业产权法的理由。最后，实践中诉讼发起人往往以权利受损为由提起诉讼，《反不正当竞争法》亦在第17 条赔偿责任条款中表述，赔偿数额按照被侵权受到的损失及侵权人所获利益等方法确定，这也意味着立法未实际明确区分不正当竞争行为与侵权行为。

二、不正当竞争行为判断的分歧

由上文可知，不正当竞争行为源于侵权行为，自然地承继其判断方式，又因权利人往往率先主张权利受损，以及法律条文未在表述上严格区分，故运用权利侵害模式论证反不正当竞争行为的构成有一定的合理性。然而因市场竞争方式和竞争观的变化，反不正当竞争法本身的角色定位发生迁移，对不正当竞争行为的判断也随之产生了分歧。

---

〔1〕 江帆：《竞争法的思想基础与价值共识》，载《现代法学》2019 年第 2 期。
〔2〕 冯术杰：《知识产权条约视角下新型竞争行为的规制》，载《知识产权》2018 年第 12 期。
〔3〕 李明德：《关于反不正当竞争法的几点思考》，载《知识产权》2015 年第 10 期。

（一）竞争利益与竞争自由之分歧

在权利保护法中，判断受保护的特定利益，是认定侵权行为的出发点。权利侵害分析模式的便利之处在于只需依据诉讼发起人所提出的请求判断是否具备相应的权利基础即可，其弊病在于反不正当竞争法未规范专有权的情况下，既得利益的主张容易被不当地扩大保护，进而挤占自由竞争的空间。若是依据行为规范模式的定位，则判断的重心并非特定权益受到的侵害，而是行为人对反不正当竞争法为保护竞争者、消费者和社会公众利益而设定的行为规范的违反。

虽然在市场行为法框架内，竞争行为正当性是判断的重心，但进一步明晰反不当竞争法所保护的合法利益的范围，则更容易为行为正当性的判断提供支点和判断依据。对于权利侵害判断模式而言，认定不正当竞争的困难之处在于各类"商机"难以被固化为权利客体，甚至快速发展的新业态、新科技使得经营利益也难以被类型化进行定义，加之市场以自由竞争、充分竞争为主导，以干预和调整为例外，如果将特定竞争者已经取得的市场利益"权利化"，[1]将限制了其他市场参与主体的竞争自由。反不正当竞争法保护的是竞争秩序，而非特定的某一市场参与主体，其旨在限制和禁止违背市场竞争秩序的行为。如若市场主体已经依据意思自治搭建起依据合同以及商业惯例构建的竞争秩序之时，反不正当竞争法无须介入干预，否则系不恰当地入侵了市场主体的行为自由领域，且此时个体之间发生的违约行为亦有其他法律途径进行有效救济，只有当个别市场竞争主体超越意思自治涉及公共利益造成市场机制的扭曲之时，才需要进行外部性的干预。可以思考的是，若将行为正当性的判断结合考察侵权模式下被框定的利益是否阻碍到新进入的市场主体参与市场活动的竞争自由，即对保护权益的反方向考察，或也能够成为考量要素之一。

（二）竞争行为与竞争损害之分歧

市场活动自有独特的价值取向，市场经营活动中所强调的竞争自由与市场效率的商业伦理显著不同于一般以公平为导向的道德伦理。竞争意味着市场活力与生命力，也代表着对抗和损失的必然发生，且为常态，故在反不正

---

〔1〕 何鹏：《漫谈知识产权的权利边界：缺乏目的性变形的使用权能》，载《知识产权》2018年第6期。

当竞争法领域，无论是竞争行为还是竞争损害，是非的判断标准必然有异于一般侵权。如作为竞争要素的商业资源、交易机会虽是正当利益，其本身却非法定权利，且从获得商业机会到最终成交之间还需看交易双方的合意，该机会是可被他人正当竞争撅取，此竞争亦是市场所鼓励的良性竞争。故竞争者通过市场竞争获得的正当利益，非该利益受损方在反不正当竞争法领域内获得民事救济的充分条件，即正当竞争所产生的竞争损失[1]是被允许的。

反不正当竞争法确保的是市场参与主体即竞争者免受不正当竞争带来的损害，而非确保竞争者不受到任何损失。对此有观点认为，竞争损害可不作为评判行为正当性的要件；亦有观点认为损害结果并非完全无须考虑，而是应当拔高门槛，非显著损害不禁止，甚至以市场竞争者的生存不受威胁为底线标准。[2]实际上，竞争损害并非仅指市场竞争主体受到的损害，根据反不正当竞争法保护市场竞争秩序的基本功能，竞争损害还可以指向市场竞争主体实施的行为所造成的市场竞争机制的扭曲，以及市场参与者无法利用契约构建的商业秩序维护自身依据公共政策获得保护的其他利益。因此对待损害要件划定的范围，一方面需要判断行为是否给竞争对手带来足以威胁其生存的显著性损害，另一方面需要判断行为对市场竞争秩序带来的损害，前者避免将反不正当竞争法的触手不当地深入竞争主体之间的契约自由领域，后者强调了反不正当竞争法维护市场竞争秩序的基本功能。

三、本文的观点

实用性是反不正当竞争法特征之一，纳入该法的各类具体行为之间更像是依据经验主义得出的应当被禁止的行为的"堆积"，具有"杂烩"的特性。[3]当下跨界竞争空前激烈，行业间竞争边界逐渐模糊、关联度逐步提高，反不正当竞争法在被运用过程中呈现出持续扩张的趋势。实践中依据权利侵害模式判断反不正当行为一方面是历史渊源之因，另一方面在既往已总结的要件基础上进行判断更加便利。然而，反不正当竞争法价值定位和功能的转化亦不容忽视，对不正当竞争行为的判断正在剥离于侵权行为的认定。首先，

---

〔1〕 孔祥俊：《论反不正当竞争法的二元法益保护谱系——基于新业态新模式新成果的观察》，载《政法论丛》2021 年第 2 期。

〔2〕 张占江：《论不正当竞争认定的界限》，载《政法论丛》2021 年第 2 期。

〔3〕 孔祥俊：《反不正当竞争法新原理·原论》，法律出版社 2019 年版，第 127~131 页。

在权利客体方面，反不竞争法规范的行为具有杂烩的特性，使其缺乏一般可归纳的特定化、类型化的保护客体，其中应注意避免将商业机会认定为权利客体进而损害竞争自由；其次，在竞争行为的可责性方面，市场竞争环境下的效率价值往往优位于公平价值[1]；最后，应认识到损害与竞争必然相伴，整体市场秩序的损害判断高于个体的营利性损害。

结　语

本文虽然在梳理传统权利侵害判断模式的基础上分析了反不正当竞争法新定位下传统模式带来的问题以及新理念下可相对调整的要素，但却未能探索和归纳出足以涵盖更符合市场行为价值判断与损害救济的新模式，故选择了"旧壶装新酒"的要素调整的判断方式，不尽如人意，但以期在可实践的情况下更加恰当地衔接反不正当竞争法的理念和边界。

---

〔1〕 王艳芳：《商业道德在反不正当竞争法中的价值与标准二重构造》，载《知识产权》2020 年第 6 期。

浅析冷暴力刑法的规制及完善对策

李　剑*

摘　要：冷暴力作为一种隐蔽且持续的心理暴力形式，会对受害者造成严重的心理伤害，甚至可能引发其他犯罪行为。当前对冷暴力的刑法规制存在诸多问题，本文旨在探讨和分析对冷暴力的刑法规制存在的问题并提出对策，以保护公民权益，维护社会和谐稳定，并引导公众正确看待和处理冷暴力案件。

关键词：冷暴力　刑法规制　司法实践

引　言

冷暴力作为一种严重的社会问题，会对个人和社会都造成巨大的危害。对冷暴力进行刑法规制不仅是为了保护受害者的合法权益，更是为了维护社会的和谐稳定和长远发展。因此，我们应当高度重视冷暴力刑法规制的问题，不断完善相关法律制度和司法实践，为受害者提供有效的法律保护和救济途径。

一、冷暴力的危害及刑法规制的必要性

（一）冷暴力的定义和特点

冷暴力又称为情感虐待或心理暴力，是一种隐蔽而严重的暴力形式。它不同于传统的身体暴力，而是通过言语、行为、态度等手段，对受害者进行持续的心理和情感折磨。冷暴力的实施者可能并不直接伤害受害者的身体，

---

* 李剑（1989年—），女，汉族，北京人，北京市丰台区中小企业服务中心工作人员。

但却能造成受害者精神上的巨大痛苦。冷暴力具有隐蔽性。冷暴力往往不易被察觉，因为它不像身体暴力那样有明显的伤痕或证据。受害者可能在外表上看不出任何异常，但内心却可能遭受着深重的伤害。冷暴力具有持续性。冷暴力往往不是一次性的行为，而是持续发生的过程。实施者可能长期对受害者进行言语上的贬低、嘲讽，或者行为上的忽视、冷落，使受害者长期处于心理压力之下。[1]冷暴力难以取证。冷暴力的隐蔽性和非直接性，使得受害者在寻求法律援助或报警时往往难以提供有效证据。这增加了冷暴力案件处理的难度。

（二）冷暴力的危害

冷暴力受害者在长期的心理折磨下，可能出现焦虑、抑郁、自卑、愤怒等负面情绪。这些情绪不仅影响受害者的心理健康，还可能导致其产生自杀倾向。此外，受害者还可能因为长期的心理压力而出现身体上的不适或疾病。冷暴力往往导致受害者与家人、朋友、同事等社会关系的疏远或破裂。这不仅使受害者感到孤立无援，还可能加剧其心理创伤。同时，冷暴力的存在也会对社会和谐稳定造成负面影响，破坏社会信任和社会凝聚力。长期遭受冷暴力的受害者可能因无法忍受而采取极端行为，如自杀、自残或报复性犯罪等。这些行为不仅给受害者本人带来无法挽回的后果，也给社会带来极大的危害和不稳定因素。

（三）冷暴力刑法规制的必要性

刑法规制冷暴力可以有效保护公民的基本权益，特别是那些容易受到冷暴力侵害的弱势群体，如妇女、儿童、老年人等。对冷暴力进行打击和制裁，有助于遏制其蔓延势头，保护受害者的合法权益。刑法规制冷暴力有助于净化社会风气，弘扬社会主义核心价值观，维护社会秩序和公共安全。通过制裁冷暴力行为，可以起到警示和教育作用，引导公众树立正确的价值观和行为准则。

二、冷暴力刑法规制存在的问题

（一）立法层面的不足

在冷暴力的刑法规制中，立法层面的不足是首要问题。尽管冷暴力对个

---

〔1〕 庄海涛：《网络暴力刑法规制的困境以及路径分析》，载《法制博览》2023 年第 18 期。

人和社会造成了巨大的危害，但现有法律对其的界定却相对模糊，缺乏明确的标准和定义。虽然我国已经将冷暴力纳入《刑法》规制范畴，但往往只是作为其他犯罪行为的辅助因素或附带情形，并未将其独立列为一种犯罪行为。这导致在实际操作中，对于冷暴力的认定存在较大的争议和不确定性。例如，在某些情况下，言语侮辱、恐吓、威胁等行为可能构成冷暴力，但在法律上却难以明确界定其标准和界限。对冷暴力的严重程度和后果也没有统一的规定。这导致在司法实践中，对于不同程度的冷暴力行为，可能存在量刑不一致、处理标准不统一的情况。这不仅影响了法律的公正性和权威性，也削弱了冷暴力刑法规制的有效性。

另外，《刑法》对冷暴力的制裁力度不足。对于冷暴力行为的刑罚种类和量刑标准缺乏明确规定。在实际操作中，往往只能根据其他相关罪名进行处罚，而难以对冷暴力行为进行独立的制裁。这导致在一些情况下，冷暴力行为的惩罚力度不够，无法有效遏制其蔓延。[1]

（二）司法实践中的困境

1. 对冷暴力行为的刑事责任认定存在困难

冷暴力的隐蔽性，使得在证据收集和认定上存在一定的困难，从而导致在司法实践中，对于冷暴力行为的刑事责任认定往往存在较大的不确定性。

2. 受害人证据的收集和认定难

在实际操作中，受害者往往难以提供有效的证据来证明冷暴力行为的存在。即使受害者能够提供一些证据，如聊天记录、短信记录等，但这些证据往往难以被法院认定为有效的证据。这导致在司法实践中，对于冷暴力行为的认定和制裁存在较大的困难。

3. 司法人员对冷暴力认识不足

一些司法人员可能对冷暴力缺乏足够的认识和了解，这导致在实际操作中，一些司法人员可能难以准确认定和处理冷暴力案件。另外，有的司法人员可能对于冷暴力行为的危害性认识不足，从而在处理案件时缺乏足够的重视和关注。

（三）公众对冷暴力的忽视和误解

冷暴力是一种精神上的侵害，它无声无息，却能在人们心中留下深刻的

---

〔1〕 张学文：《论"软暴力"的事实判断与规范评价》，西南政法大学 2020 年硕士学位论文。

创伤。冷暴力具有隐蔽性，这使得公众往往难以察觉和认识其危害。一些人可能将冷暴力视为家庭矛盾或私人纠纷的一部分，而忽视了其对受害者的严重伤害。这种忽视和误解不仅使得冷暴力行为得不到及时有效的制止和制裁，还可能导致受害者遭受更大的伤害和痛苦。

三、冷暴力刑法规制的完善对策

（一）完善刑法的相关规定

明确对冷暴力的认定，加大对冷暴力的制裁力度。

（1）明确对冷暴力的认定。冷暴力是指行为人以冷漠、疏远、歧视、侮辱、威胁等手段，对被害人进行精神摧残，损害被害人身心健康的行为。这种行为虽然不涉及肉体上的伤害，但却能给人带来深重的心理痛苦。要将冷暴力与一般心理伤害、民事纠纷等区分开来，确保冷暴力犯罪得到有效打击。

（2）加大刑法对冷暴力的制裁力度。对于冷暴力犯罪，可以适当提高法定刑，加大对犯罪行为的惩处力度。对于多次犯罪、犯罪情节严重的冷暴力行为，可以适用更严厉的刑罚。

（3）完善证据收集和认定机制。针对冷暴力案件的特点，明确被害人的陈述、证人证言、行为人的供述等证据的证明力，确保证据的充分性和合法性。加大对冷暴力案件的侦查力度，全面收集相关证据，确保案件事实清楚、证据确实。在审理冷暴力案件过程中，要充分听取被害人的陈述，重视证人证言的证明力，合理运用鉴定意见等，确保案件事实的准确认定。

（二）加强对司法人员的培训

通过业务培训、案例分析等方式，使司法人员深入了解冷暴力的特点、认定标准和刑罚适用等问题，提高司法人员办理冷暴力案件的素质和能力。另外，加强对司法人员的职业道德教育，使司法人员认识到打击冷暴力犯罪的重要性和紧迫性，增强司法人员的社会责任感。

（三）提供公众对冷暴力的认识和防范意识

鉴于公众对冷暴力缺乏认识和防范意识，可以通过加强对公众冷暴力的宣传教育，引导社会舆论正确看待冷暴力案件，以此提高公众对冷暴力的认识和防范意识。

（1）加强对冷暴力的宣传教育。可以通过电视、报纸、网络等媒体，普及冷暴力的知识，提高公众对冷暴力的认识和防范意识。也可以结合重要时间节点，开展冷暴力防范主题活动，提高全社会对冷暴力的关注[1]。

（2）引导社会舆论正确看待冷暴力案件。对于涉及冷暴力案件的报道，要遵循客观、公正、真实的原则，避免对案件事实进行不正当的解读和评论。倡导文明上网，加强对网络言论的监管，提倡文明、理性的网络交流，抵制恶意攻击、侮辱、诽谤等行为。通过宣传典型案例，引导社会公众树立正确的价值观，增强对冷暴力行为的道德谴责和法律制裁。

结　语

冷暴力会对个人和社会带来巨大危害，对冷暴力的刑法规制非常必要，本文认为对冷暴力的刑法规制存在立法、司法及社会公众意识方面的不足，建议针对这些不足不断完善对冷暴力的刑法规制，从而达到遏制和打击冷暴力，保护公民的心理健康和维护社会和谐与稳定的目的。

---

[1]　赵伟之：《刑法中"软暴力"行为的认定》，武汉大学 2020 年硕士学位论文。

论民商事案件中的事实认定与举证

吴国胜[*]

摘　要： 民商事诉讼中，作为当事人或者代理人希望案件最终得到公正的裁判，必须懂得正确的事实认定才是案件裁判的依据，而裁判者是根据当事人举证情形，通过举证责任规则、优势证据规则、经验法则等作出正确的事实认定，进而准确地适用法律并作出判决。本文旨在探讨民商事案件中的事实认定和举证等问题。

关键词： 民商事诉讼　案件事实认定　举证责任

引　言

传统的法律思维，即诉讼中法官根据三段论式的逻辑推理，将案件事实涵摄于法律规范之下，即可得出法律判决。[1]事实认定清楚和法律适用正确是判决书的基石和灵魂，也是我国《民事诉讼法》规定案件审理判决正确与否的两个标准。因此，司法解决纠纷的过程本质上是寻找事实、寻找法律的过程，准确地从生活事实中发现并确定符合法律构成要件的案件事实，往往能决定一个案件最终结果的是否公正。

一、民商事诉讼中案件事实的作用与确认

（一）民商事诉讼中事实的作用

根据三段论式的逻辑推理，将作为小前提的案件事实涵摄于作为大前提的法律规范之下，即可得出结论即法律判决。而只有符合法条构成要件的事

＊　吴国胜（1980年—），男，汉族，安徽人，广西纵华律师事务所律师。
〔1〕　牟治伟：《浅谈法官思维中的涵摄与归入》，载《人民法院报》2015年10月30日。

实才能作为小前提的案件事实进行涵摄，作为小前提的案件事实，首先需要法官从纷繁复杂的生活事实中予以提炼、甄别、归纳、整理，从而区分出哪部分事实是具有法律意义的案件事实，即依法能够引起民事法律关系产生、变更和消灭的事实。[1]

（二）民商事诉讼中事实的确认

我国《民事诉讼法》第 7 条也规定："人民法院审理民事案件，必须以事实为根据，以法律为准绳。""以事实为根据"并非简单罗列案件事实。摆在法律适用者面前的是有待解释的事实，法律适用者要在查清事实的基础上"赋予事实以价值"，即整理、分析、说明、阐释事实的规范意义；[2]而出现在裁判者面前的事实，则往往是一堆杂乱无序、凌散不堪的事实，裁判者必须对这些事实进行甄别、整理，即需要裁判者在生活事实和法律规范之间来回穿梭，往返流转，考量在已知事实中，哪些事实的分量较重，哪些事实是具有法律意义的事实进而对事实作出判断，正如德国学者恩吉施所说"在大前提与生活事实之间眼光的往返流转"，朔伊尔德则说："在确认事实的行为与对之作法律评断的行为间的相互穿透。"

二、民商事诉讼中证据和事实认定的法律规定

（一）民事诉讼法等相关规定

《民事诉讼法》第 68 条第 1 款规定："当事人对自己提出的主张应当及时提供证据。"最高人民法院《关于适用〈中华人民共和国民事诉讼法〉的解释》第 90 条规定："当事人对自己提出的诉讼请求所依据的事实或者反驳对方诉讼请求所依据的事实，应当提供证据加以证明，但法律另有规定的除外。在作出判决前，当事人未能提供证据或者证据不足以证明其事实主张的，由负有举证证明责任的当事人承担不利的后果。"第 104 条规定："人民法院应当组织当事人围绕证据的真实性、合法性以及与待证事实的关联性进行质证，并针对证据有无证明力和证明力大小进行说明和辩论。能够反映案件真实情况、与待证事实相关联、来源和形式符合法律规定的证据，应当作为认定案件事实的根据。"

---

[1] 王雷：《民事案件事实形成中的方法论命题》，载《中国法学》2023 年第 1 期。
[2] 牟治伟：《浅谈法官思维中的涵摄与归入》，载《人民法院报》2015 年 10 月 30 日。

（二）民商事诉讼中当事人的举证情形

民商事诉讼中，当事人的举证情形主要有三种情形[1]：

情形一： 无任何证据	具有较高盖然性的经验法则（内在因素）
	法官结合庭审活动而获得的直接感知（客观外在环境）
情形二： 证据不足以证明主张	具有较高盖然性或一般盖然性的经验法则
	结合本证和发证的分量
情形三： 证据足以证明主张	无适用经验法则的余地

一方当事人提出经验法则的主张，对方当事人应提供反驳证据。若是法官依职权运用经验法，应给当事人陈述意见的机会。由于日常生活中的经验法则无法穷尽且存在差别，在适用时需要结合产生某一经验法则的基础和背景，并将其放置在与案件要件事实所涉及的全部有价值的资料和信息框架范围之内，使得这种经验事实透过逻辑推理形成与待证事实之间的证明关系。

（三）民商事诉讼中法官对事实的认定

民商事诉讼中，法官对事实的认定思维包括向式、逆向式、类比式三种，而要件事实与生活事实对应过程可以被概括为：[2]举证责任规则、优势证据规则、经验法则。三个规则分别对应对裁决具有重要意义的案件事实没有证据查明；对裁决具有重要意义的案件事实虽有证据证明，但证据仍不足以证明一方主张；对裁决具有重要意义的案件事实虽有证据证明，但证据真伪不明三种情况。

三、民商事诉讼中举证责任倒置的情形

在民商事诉讼中，法院既要查明事实真相，又不应当只追求事实真相，就需通过证据制度和诉讼程序的规制使多种诉讼价值互相结合并得以平衡实现。

---

[1] 吴慧琼、肖洋：《民商事案件事实的发现》，载 https://m.thepaper.cn/baijiahao_13783206，最后访问日期：2024 年 1 月 28 日。

[2] 吴慧琼、肖洋：《民商事案件事实的发现》，载 https://m.thepaper.cn/baijiahao_13783206，最后访问日期：2024 年 1 月 28 日。

危险领域说认为，待证事实属于哪一方当事人控制的危险领域，就应由哪一方当事人负证明责任。损害归属说主张，以实体法确定的责任归属或损害归属作为证明责任分配的标准，由依实体法应承担责任的一方负证明责任。[1]

（一）《民法典》的相关规定

《民法典》侵权责任编规定：①因新产品制造方法发明专利引起的专利侵权诉讼，由制造同样产品的单位或者个人对其产品制造方法不同于专利方法承担举证责任；②高度危险作业致人损害的侵权诉讼，由加害人就受害人故意造成损害的事实承担举证责任；③因环境污染引起的损害赔偿诉讼，由加害人就法律规定的免责事由及其行为与损害结果之间不存在因果关系承担举证责任；④建筑物或者其他设施以及建筑物上的搁置物、悬挂物发生倒塌、脱落、坠落致人损害的侵权诉讼，由所有人或者管理人对其无过错承担举证责任；⑤饲养动物致人损害的侵权诉讼，由动物饲养人或者管理人就受害人有过错或者第三人有过错承担举证责任；⑥因缺陷产品致人损害的侵权诉讼，由产品的生产者就法律规定的免责事由承担举证责任；⑦因共同危险行为致人损害的侵权诉讼，由实施危险行为的人就其行为与损害结果之间不存在因果关系承担举证责任；⑧因医疗行为引起的侵权诉讼，由医疗机构就医疗行为与损害结果之间不存在因果关系及不存在医疗过错承担举证责任。

（二）《消费者权益保护法》的相关规定

《消费者权益保护法》规定的举证责任倒置的情形：第 23 条规定的瑕疵担保义务、瑕疵举证责任，即"经营者应当保证在正常使用商品或者接受服务的情况下其提供的商品或者服务应当具有的质量、性能、用途和有效期限；但消费者在购买该商品或者接受该服务前已经知道其存在瑕疵，且存在该瑕疵不违反法律强制性规定的除外。经营者以广告、产品说明、实物样品或者其他方式表明商品或者服务的质量状况的，应当保证其提供的商品或者服务的实际质量与表明的质量状况相符。经营者提供的机动车、计算机、电视机、电冰箱、空调器、洗衣机等耐用商品或者装饰装修等服务，消费者自接受商品或者服务之日起六个月内发现瑕疵，发生争议的，由经营者承担有关瑕疵的举证责任"。

---

[1] 王雷：《民事案件事实形成中的方法论命题》，载《中国法学》2023 年第 1 期。

（三）最高人民法院司法解释的相关规定

《劳动争议调解仲裁法》第 6 条规定："发生劳动争议，当事人对自己提出的主张，有责任提供证据。与争议事项有关的证据属于用人单位掌握管理的，用人单位应当提供；用人单位不提供的，应当承担不利后果。"

由以上举证责任倒置的相关法律规定不难看出，举证责任倒置的情形都存在负有证明责任的当事人在证明过程中处于弱势地位、立证存在重大困难，而另一方当事人全局控制相关领域的情况。出于公平原则，在该领域范围之内受害人无须对加害人的故意过失承担证明责任，而加害人需对自身的免责事由进行举证。其目的是使得双方当事人的地位在法律面前重新显得相对平等，使得裁判趋近于公平。

结　语

案件事实的法律关系决定法律条文的适用，[1]法官应根据案件事实适用法律规范，将抽象的法律规范运用于具体的案件。而作为当事人，根据我国民商事诉讼法律规范对举证责任的规定，通过掌握裁判者对于事实认定的思维，结合举证类型，运用证据规则进行充分的举证，使得待证事实符合法律构成要件，以达到案件最终裁判的结果公正。

---

〔1〕 牟治伟：《浅谈法官思维中的涵摄与归入》，载《人民法院报》2015 年 10 月 30 日。

论强制执行中人身保险财产性利益的执行

胥皓添*

摘　要：在强制执行程序中，鉴于人身保险中存在的价值属于被执行人责任财产，将保险纳入执行财产范围是有现实必要性的。司法实践中，由于程序构建不足、理论支撑匮乏，加之保险种类多样，部分人身保险除具商业性外还具人身性、社会性，各地法院关于保险财产价值执行的裁判标准尚未统一，对于部分人身保险财产性利益可执行性也存在争议。本文旨在探讨相关问题。

关键词：强制执行　人身保险　财产利益

引　言

随着我国社会经济的迅速发展，人们的投资意识和风险防范意识普遍增强，人身保险作为集投资、融资、理财、保障等为一体的复合型金融产品，成为多数人的选择。在强制执行程序中，鉴于人身保险中存在的财产性利益属于被执行人责任财产，将保险纳入执行财产范围具有现实的必要性，而在强制执行程序中，涉人身保险财产利益的执行问题在理论界和实务界存在一定的争议，值得进行探讨。

一、人身保险财产性利益概述

（一）人身保险合同的主要特征

（1）人身保险的财产价值是以合同之债的形式体现，依据《保险法》第

---

* 胥皓添（1997 年—），男，汉族，新疆人，昌吉市人民法院法官助理。

10 条之规定，保险合同是投保人与保险人约定保险权利义务关系的协议，投保人向保险人支付保险费，保险人于被保险人疾病、伤残、死亡或生存达到双方约定的年龄或期限时，向被保险人或受益人支付保险金的合同。

（2）保险标的具有人身性，人身保险标的往往是被保险人的生命健康，生命健康是无法用货币直接衡量的。"人身保险，具有强烈经济保障功能，蕴藏着一定的人道主义伦理价值。"[1]因此，强制执行人身保险时，应当体现对人身性质的足够尊重，切实落实善意执行理念。人身保险合同作为典型的射幸合同，人身保险的达成赔偿条件后保险人支付的赔偿金额由条件成就前的投保金额所决定，当赔偿条件成就时，人身保险主要目的并非补偿保险相关人经济损失和精神痛苦，保险人只是在履行合同约定的给付义务，在一定程度上缓解保险相关人的经济困难。[2]所以，不能仅仅因为人身保险具有一定的人身性，而全盘否定人身保险的商业性。

（3）人身保险的有价性，人身保险的保险单具有一定现金价值，特别是人身保险中的长期寿险，具有典型的储蓄性和有价性。所以，人身保险兼具投资理财功能，具体体现在保险合同存续期间，投保人可以收获一定的利息等红利收入，投保人在保险期间内更可以单方解除保险合同，提取现金价值。基于人身保险的有价性，达成保单的现金价值实施强制执行现实性和必要性。[3]

（二）人身保险合同的险种分类

结合保险界学理研究，依照险种市场化需求不同分类，可将人身保险分为传统保险和新型保险两类。[4]

（1）根据传统保险依保障范围不同，可分为人寿保险、人身意外伤害保险和健康保险。人寿保险是以生存或者死亡为保险标的，因合同的给付条件不同，人寿保险又可细分为终身寿险、定期寿险、生存保险、两全保险、年金保险等，不同的险种享有的相应合同价值也有所区别。健康保险细分为疾病保险、失能收入损失保险、医疗保险、护理保险等；人身意外伤害保险是因被保险人遭受意外伤害造成被保险人残废、死亡为给付保险金条件的人身

---

[1] 吴庆宝主编：《保险诉讼原理与判例》，人民法院出版社 2005 年版，第 388 页。

[2] 于海纯：《论人身保险不应适用损失补偿原则及其意义》，载《政治与法律》2014 年第 12 期。

[3] 李玉泉主编：《保险法学》，中国金融出版社 2020 年版，第 210 页。

[4] 黎建飞：《保险法新论》，北京大学出版社 2014 年版，第 46 页。

保险。

（2）新型保险，即响应投资市场出现的集保障和投资为一体的险种，包括分红型、万能型、投资联结型等三种类型。新型保险的出现，体现了投保人的投保动机逐渐从单纯人身保障需求扩展到以人身为资本基础的投资回报需求。针对不同险种，在强制执行程序实务中，应当采取差异化执行措施，以避免保险合同相关人合法利益受损。

（三）人身保险财产性利益的范围

保险合同的相关人除去保险人存在三方，投保人、被保险人、受益人，这三者可能不为同一人。执行程序中，被执行人在保险合同中的主体资格不同直接决定其被执行的利益范围。

当被执行人作为保险合同的投保人时，依据最高人民法院《关于适用〈中华人民共和国保险法〉若干问题的解释（三）》第 16 条之规定，[1]保单的现金价值在保险合同解除后转化成为被执行人的金钱利益。依法理分析，解除合同后理应恢复原状，即保险人应将因合同存续产生的现金价值返还投保人，故人民法院有权强制解除被执行人作为投保人的保险合同并提取保单现金价值。

当被执行人作为保险合同的受益人时，当受益人领取保险金时，说明保险合同约定的给付条件已经成就，即健康类保险合同的被保险人已患有合同约定项下的重大疾病，人身意外伤害保险合同的被保险人已发生意外。保险人支付的保险金属于受益人的专属财产，可以作为强制执行的标的，但因为赔付保险金具有强烈的补偿性和人身性质，为规避道德风险，以不予执行为主要，强制执行为特例。

当被执行人作为保险合同的被保险人时，[2]被保险人仅仅作为保险合同的承保对象，一般情况下，被保险人不享有投保人、受益人的保险合同权属、约定利益。故作为被保险人的被执行人关联的保险合同不应当作为执行标的。

_____

〔1〕 最高人民法院《关于适用〈中华人民共和国保险法〉若干问题的解释（三）》第 16 条规定："保险合同解除时，投保人与被保险人、受益人为不同主体，被保险人或者受益人要求退还保单的现金价值的，人民法院不予支持，但保险合同另有约定的除外。投保人故意造成被保险人死亡、伤残或者疾病，保险人依照保险法第四十三条规定退还保险单的现金价值的，其他权利人按照被保险人、被保险人继承人的顺序确定。"

〔2〕 高宇：《保险合同权利结构与保险利益归附之主体——评〈中华人民共和国保险法（修改草案送审稿）〉第 12 条、33 条、53 条之规定》，载《当代法学》2006 年第 4 期。

二、强制执行人身保险财产性利益的依据

依据我国《民事诉讼法》之规定，被执行人未按执行通知履行法律文书确定的义务，人民法院有权根据不同情形扣押、冻结、划拨、变价被执行人的财产，同时，保险合同的财产价值不属于执行豁免财产范围，这是执行保险财产的必要法律前提。

在执行程序中，被执行人不行使《保险法》第 15 条之规定[1]赋予投保人的合同解除权应当认为是消极意义上的有能力履行而不履行，这是强制执行介入的必要原因。有观点认为，人民法院强制解除保险合同、提取保险现金价值破坏了保险合同相对性，没有法律依据。其实不然，保险法调整的对象为保险合同关系，其侧重在于调整保险合同当事人之间的法律关系，《保险法》第 15 条的立点在于保护保险合同的相对弱势方，即保护保险专业知识较保险人更匮乏的投保人。强制执行程序本身具有强制性，人民法院强制解除保险合同并提取现金价值的依据并非来自《保险法》，而是《民事诉讼法》及相关法律法规中关于执行的规定。

三、强制执行人身保险财产性利益的建议

（一）禁止权利滥用 并做好执前识别工作

在对被执行人的人身保险采取强制措施之前，以险种识别、归属确认、数额确认三者为准备工作，明确该涉人身保险保单的三个问题：是否符合采取强制执行措施的条件、是否必须采取强制执行措施、如不采取强制执行措施带来的影响，防止滥用执行措施造成的合法权益受损。

（二）遵循比例原则 并秉持善意文明执行理念

即强制执行保险财产性利益应当做到公平、合理和适当。为此，应当从平衡保护相关当事人合法权益的角度出发，在穷尽被执行人其他财产的执行措施后，再予强制执行被执行人的人身保险产品。对于具备较强的人身及救济属性、保险退保价值远低于保险价值的保单，应当不予执行。在强制执行程序中，人身保险的执行措施应依具体情形采取差异化衡量，保障申请执行

---

[1] 《保险法》第 15 条规定："除本法另有规定或者保险合同另有约定外，保险合同成立后，投保人可以解除合同，保险人不得解除合同。"

人胜诉权的同时，兼顾保险相关人权益、维护合同相对性、保护商事稳定性。

（三）引入介入权制度 以保障相关人合法权益[1]

《民事强制执行法（草案）》第 159 条规定，[2]该法虽未正式实施，在一定程度上体现了立法者对于保险单现金价值强制执行问题的态度。同时，根据最高人民法院《关于适用〈中华人民共和国保险法〉若干问题的解释（三）》（2020 年修正）第 17 条之规定，[3]如在保险公司协助强制退保并提取现金价值之前，被执行人已履行生效法律文书确认的义务；或者受益人等保险相关人行使介入权，向法院交纳了等额保险单退保的保险金，进而成为该保险单的投保人，人民法院可不再提取该保险单现金价值，保险合同也不会解除，基于此保险合同赋予的期待利益得到了有效保护。

结　语

人身保险财产性利益的强制执行纳入规范的执行范畴存在现实必要性。厘清强制执行人身保险财产性利益的基本特征、分类范围等基本概念，是针对性设置执行程序、权利救济程序的前提。在强制执行程序中，针对人身保险财产以禁止权利滥用、遵循比例原则为基础，引入介入权制度为保障，切实保障人身保险相关权利人的利益，以实现善意高效执行。

---

〔1〕 王静：《保单现金价值强制执行若干问题研究》，载《法律适用（司法案例）》2017 年第14 期。

〔2〕《民事强制执行法（草案）》第 159 条规定："被执行人的其他财产不足以清偿执行债务的，人民法院可以通知保险公司解除被执行人作为投保人的人身保险合同，依据本节规定执行其享有的现金价值债权。投保人与受益人不一致的，人民法院应当告知受益人可以在指定期限内向人民法院支付相当于保单现金价值的价款，变更自己为投保人。受益人拒绝支付或者逾期未支付的，人民法院可以依法通知保险公司解除人身保险合同。"

〔3〕 最高人民法院《关于适用〈中华人民共和国保险法〉若干问题的解释（三）》（2020 年修正）第 17 条规定："投保人解除保险合同，当事人以其解除合同未经被保险人或者受益人同意为由主张解除行为无效的，人民法院不予支持，但被保险人或者受益人已向投保人支付相当于保险单现金价值的款项并通知保险人的除外。"

论对固定工时制加班时间的认定

徐周侠*

摘　要：随着我国经济从高速发展向高质量发展转型，互联网科技渗透到人们日常生活的点滴之中，企业的用工形式也呈现出了多样化，但主要仍以固定工时为主流，在人们法律意识日益强化的当下，劳动争议中的劳动者对加班工资的诉求在目前司法实践中呈现递增之势，也涌现了大量新型案例，现有裁判思路及法律规定已不能适应新形势的需求，其中，对加班的认定特别是加班时间的认定标准成为了目前该类案件司法裁判的难点。目前，对固定工时制加班时间的认定还存在问题，亟须予以解决，因此，本文旨在探讨固定工时制加班时间的认定。

关键词：固定工时制　加班时间　劳动法

引　言

加班本质是劳动者在法律规定或约定时间之外为用人单位提供劳动的行为。近年来，劳动者加班的情况愈演愈烈，比如"过劳死""996 工作制""007 工作制"，现实情况的千变万化、层出不穷凸显了立法的滞后性，使得当前的司法实践对加班行为的认定异常艰难，比如：加班性质的确定、加班时间的认定、加班工资的计算等一系列问题，其中对加班时间的认定是研究加班行为的最重要环节，如何找到正常工作时间的节点才能准确区分延时工作的界限，这在理论界和司法实务中一直是个难题。

当前，在我国劳动仲裁及法院审理中关于加班时间认定的处理方式主要

* 徐周侠（1984 年—），女，汉族，陕西人，中国政法大学同等学力研修班 2023 级学员，研究方向经济法学。

依赖大量的地方意见、纪要、审判口径，而这些成文或不成文的规定由于没有专门理论支撑，总是推陈出新，自由裁量空间较大，存在极大的不确定性。[1]

一、固定工时制加班的定义及加班形式

（一）固定工时制加班的定义

我国《劳动法》第 41 条规定："用人单位由于生产经营需要，经与工会和劳动者协商后可以延长工作时间……"《工资支付暂行规定》规定"用人单位在劳动者完成劳动定额或规定的工作任务后，根据实际需要安排劳动者在法定标准工作时间以外工作的……"对"加班"一词的通俗理解是指在标准工作时间以外延时为用人单位提供劳动的行为。对于延长工作时间，笔者的理解为，因用人单位生产经营需要，在劳动合同约定或法律规定履行劳动义务之间之外，而根据用人单位指示、安排而进行的工作。在此之外，《劳动法》第 42 条规定："有下列情形之一的，延长工作时间不受本法第四十一条规定的限制：（一）发生自然灾害、事故或者因其他原因，威胁劳动者生命健康和财产安全，需要紧急处理的；（二）生产设备、交通运输线路、公共设施发生故障，影响生产和公众利益，必须及时抢修的；（三）法律、行政法规规定的其他情形。"这些情形延长工作时间的，不属于加班，故对于特殊情况不属于加班的情形也作出了限制。

综上，本文认为固定工时制的加班应定义为：因用人单位的正常生产经营需要，劳动者在法律规定或约定的标准工作时间之外，从事的工作或与工作有关的劳动。

（二）固定工时制加班形式

加班行为的关键在于占用了劳动者的非标准工作时间，为用人单位创造了效益，劳动者可获取一定的加班报酬。但因我国社会经济及互联网的发展，加班行为已不仅仅表现在工作场所，导致了"996""007"工作制的出现，因此，在新形势下，加班形式主要有三种：一是雇主主导型；二是"996""007"工作型；三是"隐形加班"型。

（1）雇主主导型。根据我国《劳动法》第 41 条规定，用人单位有权延长

---

[1] 袁琳：《加班时间的认定问题探究》，深圳大学 2018 年硕士学位论文。

工作时间，当然对于劳动者的加班工作可以进行安排，属于用人单位的主导行为，劳动者可以根据加班时间依据法律规定获取加班报酬。

（2）"996""007"工作型。2019 年 3 月 27 日，一名程序员在 GitHub 网站发起名为"996. ICU"的项目，意指企业所采取的"上午 9 点上班、晚上 9 点下班、每周工作 6 天"的工作模式将导致劳动者住进 ICU，呼吁抵制互联网公司的"996"工作制；"007"工作制指的是一种比 996 工作制更狠的弹性工作制。从 0 点到 0 点，一周 7 天不休息，俗称 24 小时。以上两种工作制明显违反了《劳动法》的强制性规定，应予以禁止。但究其原因，是劳动者与用人单位不平等的地位，以及近年来严峻的就业形势，使得劳动者对于用人单位的超负荷的工作安排不敢反抗，只能默默忍受无偿加班，最终导致失去了休息时间，甚至生命健康都受到了严重损害。

（3）"隐形加班"型。又称"看不见的加班"。一是以"早会""例会""团建"之名，占用非工作时间；二是在下班后或休息日，被"群"里大量的工作信息及电话所吞没。根据前程无忧 2022 年发布的《职场人加班现状调查报告 2022》披露的数据，"84.7%的职场人在下班后，仍会关注工作相关信息，'隐形加班'成困扰""'工作量过大，不加班无法完成''发生突发紧急事件'成职场人加班主因"。这种隐形式的加班在各行各业中已成为普遍现象，也使得劳动者主张加班工资取证较难。

二、固定工时制加班时间认定的现状

（一）我国对加班时间的法律规定

"加班时间"是区别于标准工作时间的概念，标准工作时间在法律上的定义，可溯源于我国《劳动法》第 36 条规定："国家实行劳动者每日工作时间不超过八小时、平均每周工作时间不超过四十四小时的工时制度。"我国学者对标准工作时间概念的界定大致有以下几种：①工作时间"是指劳动者为履行劳动义务，在法定限度内应当从事劳动或工作的时间"。[1] ②"工作时间是职工根据法律的规定，在用人单位中用于完成本职工作的时间。"[2] ③"工作时间，是指依国家法律规定劳动者在一昼夜之内和一周之内用于完

---

〔1〕 王全兴：《劳动法》，法律出版社 2008 年版，第 269 页。
〔2〕 黎建飞编著：《劳动法和社会保障法》，中国人民大学出版社 2007 年版，第 153 页。

成本职工作的时间。"[1] ④ "工作时间是指法律规定的劳动者在一昼夜或一周内从事生产或工作的时间，即劳动者每天应工作的时数或每周应工作的天数。"[2] 对于工作时间我国学者沈同仙总结为：工作时间是指劳动者接受用人单位的指示，在用人单位的管理或约束下从事工作或与工作相关的活动的时间。[3]

（二）加班时间认定存在的问题

因我国目前司法裁判中对于加班的认定，仍以雇主主导型为主，这对于像类似于"996""007""隐形加班"等延时工作的劳动者举证较难，尤其对于"996""007"在未有明确证据或工作成果的情况下，很难获得司法机关对于加班的认定，有的可能为了加班工资而不得已以解除劳动合同的方式，与用人单位决裂，失去工作。另一方面，如因员工"过劳死"或发生其他影响员工身体健康的情况，也可能导致员工集体离职事件发生。"隐形加班"则会导致劳动者对于加班时间统计的困难。

三、加班时间认定的完善建议

（一）着重审查用人单位的真实意思表示

用工形式、工作工具、场所等的多样化，对于用人单位的员工管理提出了更高的要求，员工的工时统计及加班时间统计也应综合考虑用人单位安排加班的表现形式，用人单位的意思表示作为法律行为的核心要素可以通过明示、暗示、默许或推定事后追认等方式进行。那么认定用人单位"安排加班"这一意思表示的真实性时同样应适用该标准，从整体性、目的性、结果性上考察用人单位的真实意思表示，而非斟酌个体行为的形式表示。

（二）依法准确认定加班时间

加班时间区别于标准工作时间，而标准工作时间必须符合《劳动法》第36条规定，在《劳动法》第36条规定时间之外在工作场所进行的活动或在非工作场所进行的与工作相关的活动，能否认定为加班，应视情况而定。一般来说劳动者在法律规定的为履行劳动合同义务之外，在用人单位的管理或

---

〔1〕 郭捷主编：《劳动法学》，中国政法大学出版社 2007 年版，第 189 页。

〔2〕 关怀主编：《劳动法》，中国人民大学出版社 2008 年版，第 181 页。

〔3〕 沈同仙：《工作时间认定标准探析》，载《法学》2011 年第 5 期。

约束下从事工作或与工作相关的活动，应认定为加班时间。

结　语

当前，有关加班的问题在劳动法领域依然是一个常见而又棘手的难题，实务中早已不再单纯地认为只要超出标准工时工作就属于加班，而对于何种行为属于加班以及加班时间的如何认定的问题，依然未有统一标准。

浅析责令改正决定的性质及相关问题

王　靖*

摘　要： 责令改正是行政机关为了停止或者纠正已经发生或将要发生的违法行为，或消除违法行为带来的危险状态、不利后果，要求行政相对人停止违法行为，消除危险状态或后果的行政决定。但责令改正不具备执行的强制力，需要相对人的配合才能实现。行政机关做出的责令改正，因执行实际中的具体表述不一，且常与行政处罚相继或同时作出，行政相对人针对责令改正行为提起行政复议，又常常面临复议机关认为该行为属于过程性行为，或认为该行为不属于对行政相对人权利义务产生实际影响的行为而不属于行政复议受案范围。本文旨在探讨责令改正的性质及可复议性等相关问题。

关键词： 责令改正　行政机关　行政相对人

引　言

关于行政机关作出的责令改正决定的性质，历来存在争议，即责令改正属于行政处罚、行政强制，还是行政命令。责令改正决定的性质关系到实际中的适用及是否具有可复议性等一系列问题，具有独立的法律意义，因此有探讨的必要。

一、责令改正决定的性质

（一）责令改正并非行政处罚

《行政处罚法》第9条规定："行政处罚的种类：（一）警告、通报批评；

---

* 王靖（1981 年—），男，汉族，杭州人，北京海润天睿（杭州）律师事务所律师，研究方向为民商法学。

（二）罚款、没收违法所得、没收非法财物；（三）暂扣许可证件、降低资质等级、吊销许可证件；（四）限制开展生产经营活动、责令停产停业、责令关闭、限制从业；（五）行政拘留；（六）法律、行政法规规定的其他行政处罚。"第 28 条第 1 款规定："行政机关实施行政处罚时，应当责令当事人改正或者限期改正违法行为。"《行政处罚法》对于行政处罚的种类采取列举式的立法，明确规定了哪些情形属于行政处罚，责令改正并非行政处罚。责令改正通知书中表述的内容应是责令当事人停止或纠正违法行为的意思表示，以及当事人如果未在限定期限内改正可能引起的法律后果。应当避免将责令改正表述为行政处罚、行政强制措施等其他行政行为。

（二）责令改正应属于行政命令

责令改正的性质，有行政命令说[1]、行政管理措施说[2]、行政强制说[3]等具体观点。司法实践中，将责令改正作为行政命令较为常见，如杭州某公司、杭州市生态环境局余杭分局环境保护行政管理（环保）二审行政判决书中写明"《责令改正违法行为决定》，主要作用是防止危害进一步扩大，在性质上属于行政命令"[4]，该判决明确责令改正的性质本质上属于行政命令。

责令改正违法行为决定系行政机关实施行政处罚时对违法行为人发出的行政命令。该行政命令应为纠正违法行为，恢复正常行政管理秩序的目的，作为行政处罚决定的补充措施而采取。发出责令改正违法行为的命令的目的系要求违法行为人履行法定义务，该命令不具有制裁性。[5]责令改正因其本质上属于行政命令，不具有制裁性，更多是提醒行政相对人主动改正违法行为。执法实践中，可以分开制作《责令改正通知书》和《行政处罚/不予行政处罚决定书》，也可以只制作《行政处罚/不予行政处罚决定书》，同时将责令改正的内容体现在其中。若分开制作《责令改正通知书》，因为该通知书只是行政处罚决定的中间文书，是行政命令，而不是行政处罚，其行政行为后果会被其后作出的《行政处罚/不予行政处罚决定书》所吸收。

---

〔1〕 闫尔宝：《行政行为的性质界定与实务》，法律出版社 2010 年版，第 35 页。

〔2〕 李孝猛：《责令改正的法律属性及其适用》，载《法学》2005 年第 2 期。

〔3〕 夏雨：《责令改正之行为性质研究》，载《行政法学研究》2013 年第 3 期。

〔4〕 参见浙江省杭州市中级人民法院作出的 [2020] 浙 01 行终 206 号行政判决书。

〔5〕 参见浙江省杭州市中级人民法院 [2018] 浙 01 行终 88 号行政判决书。

二、责令改正在实际适用中应注意的问题

(一) 责令改正的作出不产生切割违法行为的效力

在行政机关作出责令改正通知后，行政相对人拒不改正，违法行为持续存在，此时如何界定违法行为，是认为行政相对人仅存在一个持续的违法行为，还是认为行政相对人违反了行政机关作出的责令改正的命令，而存在两个违法行为。

本文认为，责令改正的作出并不产生切割违法行为的效力，行政相对人拒不改正违法行为，导致该违法行为的程度加剧，是违法行为量的积累导致质变，引起后续的行政处罚等行政责任，甚至是刑事责任。不宜将责令改正的作出作为切割违法行为的分割线，应从主客观相统一的角度来审视违法行为的连贯性，将违法行为作为持续的一行为来评价。

(二) 责令改正并非行政处罚的前置程序

目前的执法实践中，责令改正可单独适用、与行政处罚相继适用、作为行政出处罚的加重处罚要件、与行政处罚合并适用等情况。因此，责令改正并非行政处罚的前置程序，其在适用上并不应该因行政处罚的作出与否而受到限制。如市场监督管理部门认定假冒专利行为成立的，责令改正这一行政行为并非给予没收违法所得或者罚款等行政处罚的前置条件，并不是拒不改正的才可以给予行政处罚。责令改正通知并非对假冒专利行为进行行政处罚的前置必经程序。

(三) "责令"并非划分行政命令与其他行政行为的标准

"责令"二字，并非区分行政命令与其他行政行为的标准。如责令改正与"责令停产停业""责令关闭"等虽然都有"责令"二字，但本质完全不同，"责令停产停业""责令关闭"是《行政处罚法》第 9 条明确列举的行政处罚。行政机关对责令改正的表述不尽相同，如"责令改正违法行为"或"限期改正违法行为"等。虽然表述上略有差别，但辨别其本质，应看该行为是否具有强制性，是不是行政机关给行政相对人自我纠错机会的行为。

三、责令改正决定的可复议性探讨

有观点认为，责令改正本质是行政机关给行政相对人一次自我更正的机

会。行政相对人只有在不听从该"命令",而继续实施违法行为时,才会面临处罚等不利后果。行政相对人如果单独因行政机关对其作出责令改正不服而提起行政复议申请,行政复议机关应不予受理。但该观点,忽略了责令改正可能对行政相对人权益产生实际影响的情形,即无违法行为但又遵守该行政命令的合法者,可能造成实际损害。《行政复议法》(2023 年修订)第 2 条已将"具体行政行为"修改为"行政行为",可见,立法者对于可复议的行政行为的内涵作了修改,导致其外延扩张。

对于"行政命令",即使在《行政复议法》(2017 年修正)实施阶段,亦未将其全然排除在行政复议的受案范围之外。如某市城市管理行政执法局向伍某某下达责令停止违法行为通知,认定其无规划许可擅自搭建钢构,责令其限期改正违法行为并停止建设,补办规划许可手续,同时告知其逾期不停止违法行为或不补办手续的,将依法给予行政处罚。伍某某不服申请行政复议,复议机关以责令停止违法行为通知不是最终行政决定,只是具体行政行为作出前的一项程序,不属于行政复议范围为由,驳回伍某某的行政复议申请。伍某某提起行政诉讼,法院审理后认为责令停止违法行为本质上属于行政命令中的禁令,一经作出便为行政相对人设定了义务,是行政执法过程中的一种独立的行政行为。如果行政相对人实施的合法行为被行政主体错误实施了责令停止的命令,将会导致相对人的合法权益受到侵害。该通知属于行政复议范围,复议机关应对其合法性进行审查。[1]该案入选安徽高院发布行政诉讼十大典型案例,该判决亦认为责令停止违法行为实际上属于责令改正的范畴,其性质应是行政命令,并不属于行政处罚过程中的程序性和过程性的行政行为,如果行政相对人认为该行政行为损害了其合法权益,可以申请行政复议和提起行政诉讼。

《行政复议法》(2023 年修订)规定,行政相对人认为行政机关作出的行政行为侵犯其合法权益,都应赋予其提起行政复议的权利。因此,对于可能侵犯其合法权益的行政命令,也应让行政相对人有权提起行政复议。故责令改正行为,应属于行政复议受案范围,才符合《行政复议法》(2023 年修订)的立法目的。

---

[1] 参见安徽省安庆市中级人民法院［2017］皖 08 行初 42 号行政判决书。

结　语

本文从辨析责令改正的性质入手，认为责令改正属于行政命令，从责令改正在执法实践中遇到的困境出发，认为责令改正的作出不产生切割违法行为的效力、责令改正并非行政处罚的前置程序、"责令"二字是划分行政命令与其他行政行为的标准。并从 2023 年修订的《行政复议法》的立法本意出发，认为应赋予行政相对人对责令改正提起行政复议的权利。

论夫妻"忠诚协议" 效力认定的路径

李　容*

摘　要： 夫妻"忠诚协议"是基于婚姻关系，当事人双方约定如违反忠实义务则应承担一定后果的协议，其目的在于维护婚姻关系的长期稳定或为婚姻关系中"被背叛"一方提供离婚后的生活保障。对于夫妻"忠诚协议"的法律效力，《民法典》及司法解释尚未予以明确，需要进一步研究和探讨，本文旨在探讨夫妻"忠诚协议"的效力认定的路径。

关键词： 婚姻关系　忠诚协议　效力认定

引　言

在日益开放的现代社会，婚姻观念的更新迭代促使人们更多地希望能够通过法律手段维护婚姻的忠诚性，这一现实需求促使在立法和司法实践中明确夫妻"忠诚协议"的效力。

一、夫妻"忠诚协议"效力认定的必要性

最高人民法院在起草《关于适用〈中华人民共和国婚姻法〉若干问题的解释（三）》时曾拟定条款："夫妻双方签订有关忠诚协议，一方以另一方违反忠诚协议为由主张按照约定内容履行的，经法院审查没有欺诈、胁迫的情况，应当予以支持。"[1]但该条款最终因社会争议太大而被废弃搁置。

由于我国法律对夫妻"忠诚协议"未作出明文规定，学术界对其性质及效力问题也皆有争议，司法机关在司法实践活动中难以寻求确切的法律适用

---

* 李容（1995年—），女，汉族，辽宁人，北京法维法律服务中心工作人员，研究方向为民商法学。
〔1〕 吴晓芳：《〈民法典〉婚姻家庭编涉及的有关争议问题探析》，载《法律适用》2020年第21期。

和权威依据，因此在司法裁判中，不同法院针对夫妻"忠诚协议"往往无法达成统一的裁决标准，甚至对其效力的法律认定采取回避的态度。因此，探讨夫妻"忠诚协议"效力认定问题具有现实必要性。

二、夫妻"忠诚协议"效力的观点争议

学界对于夫妻"忠诚协议"效力的主张主要有三种，早期的肯定说、否定说，以及随着时代发展而更具思辨性的二元区分说。

（一）有效说

有效说基于民法意思自治的前提，认为夫妻"忠诚协议"是对法定忠实义务的具体化，在意思表示真实、有效的情况下，应当承认其法律效力。夫妻"忠诚协议"同收养协议、遗赠扶养协议类似，都是存在于特定身份关系基础上的特殊合同，符合契约的根本属性。而且，我国法律并没有对夫妻"忠诚协议"明确的禁止性规定，夫妻"忠诚协议"作为夫妻双方意思表示合意的成果，在维护婚姻关系方面有着积极作用。

（二）无效说

无效说持与有效说完全相反的观点，认为"夫妻应当互相忠诚"是倡导性条款，不应具备司法强制力和单独可诉性。夫妻"忠诚协议"中所约定的人身权内容，例如约定一方在离婚后不可再婚、出轨方离婚后丧失子女抚养权等条款，限制了基本人权，违背公序良俗，当属无效条款。夫妻"忠诚协议"的签订往往出自对婚姻的不安全感，若轻易赋予其法律效力，则可能诱发夫妻一方假借违反夫妻"忠诚协议"之名，行侵吞夫妻共同财产之实，[1]加剧夫妻间的防备心与疏离感，与婚姻的基础——信任——背道而驰。俗话说，"法不入家门"，司法机关在处理涉及家庭琐事、婚姻情感的诉讼请求时，应当保持谦抑的态度，不可过分深入其中。

（三）二元区分说

二元区分说将夫妻"忠诚协议"的内容进行了更为细致的划分，规避了有效说及无效说"一刀切"的弊端，对协议中约定有关个人财产损害及赔偿问题予以有效性论证的同时，对夫妻间约定子女抚养关系、子女探视监护权

---

[1] 孙毅：《夫妻"忠诚协议"的效力认定标准》，载《齐齐哈尔师范高等专科学校学报》2020年第1期。

等与身份权法定原则相悖的内容予以驳斥。观点有三：其一，根据《民法典》第1065条规定，对夫妻间自愿通过协议方式调整双方的财产关系的行为视为合法有效，因此夫妻"忠诚协议"中对夫妻财产方面的约定亦应当视为有效条款。其二，婚姻关系是人身关系的一种，无法适用《民法典》中关于合同效力的相关规定，只能受婚姻家事法的调整约束。因此，夫妻"忠诚协议"中涉及禁止离婚后再婚、被出轨方可无条件提出离婚等规定与现存强制性法律法规相冲突，依法不应具备法律效力。其三，夫妻忠诚协议效力问题，本质上是法官结合个案对双方规定的具体权利与义务进行的自由裁量。在2021年施行的最高人民法院《关于适用〈中华人民共和国民法典〉婚姻家庭编的解释（一）》第4条规定："当事人仅以民法典第一千零四十三条为依据提起诉讼的，人民法院不予受理；已经受理的，裁定驳回起诉。"后最高人民法院表示，上述条款仅针对夫妻双方未曾签订夫妻"忠诚协议"的诉讼情况，而针对签订了那些签订了忠诚协议的诉讼请求，则需要在审判实践当中对夫妻"忠诚协议"的内容进一步作类型化分析。

二、夫妻"忠诚协议"法律效力认定的路径

本文认为，应按照夫妻"忠诚协议"类型的不同进行法律效力的认定。

夫妻"忠诚协议"以多种多样的形态呈现于司法实践当中，本文将夫妻"忠诚协议"的类型依据其规定内容划分为：以人身关系为主要内容的人身型忠诚协议、以财产约定为主要内容的财产型忠诚协议及二者兼备的混合型忠诚协议，并根据夫妻"忠诚协议"类型的不同进行法律效力的认定。

（一）人身型"忠诚协议"

人身型"忠诚协议"通常以离婚自由权、子女抚养权和探视权为约定内容，一方违反忠实义务会导致人身权利义务关系发生相应变化，其常见内容有：①离婚禁止型。夫妻双方约定"永不离婚"，以求维持婚姻关系的长久存续。②行为禁止型。夫妻双方就婚内的不忠行为约定惩罚条款，违者须"无条件同意离婚"或"丧失子女抚养权、探视权"，旨在禁绝出轨行为。此类人身型"忠诚协议"通常被认为违反法律的强制性规定而归属无效。在司法实践中，单纯的人身型"忠诚协议"存在数量较少，大多和财产约定相伴而生。

（二）财产型忠诚协议

财产型忠诚协议，是夫妻"忠诚协议"的典型约定内容，主要是指违反

"忠诚协议"的一方应承担某种财产上的不利益。[1] 在司法实践中，经常存在一方当事人不以离婚为目的，仅向法院主张对方承担协议约定的违约赔偿及损害赔偿的责任。根据最高人民法院《关于适用〈中华人民共和国民法典〉婚姻家庭编的解释（一）》第 87 条第 3 款规定："在婚姻关系存续期间，当事人不起诉离婚而单独依据民法典第一千零九十一条提起损害赔偿请求的，法院不予受理。"当事人仅主张损害赔偿而不主张离婚的请求，应属法律管辖之外的家庭内部纠纷，法律对此当保持沉默。

（三）混合型"忠诚协议"

混合型"忠诚协议"具备人身型及财产型"忠诚协议"的双重特征，违反充实义务的一方需承担财产和身份双方面的不利后果。其条款内容不仅包含过错方给付赔偿损失或放弃夫妻共同财产（即"净身出户"），还包含放弃子女抚养权等变动后果。此类"忠诚协议"在司法实践中最为常见，其效力认定也最为复杂，本文认为应分别适用有关人身关系和财产关系的法律规范考察"忠诚协议"的内容。

（1）婚姻自由包括结婚自由和离婚自由，因此离婚禁止型及相关限制婚姻自由的协议内容应属无效。禁止离婚条款是对离婚自由的实质性限制，而过错方应无条件同意离婚则违反了《民法典》第 1079 条中关于"夫妻感情破裂"的明确规定。

（2）根据《民法典》规定，父母对子女的监护权必须在符合法定程序的前提下，由法院判决撤销监护人的监护资格，《民法典》婚姻家庭编及其司法解释的相关条文也对离婚后的父母子女关系作出了明确的规定。法院应予以协议内容具体审查，判断其内容是否符合子女利益最大化原则，不违反相关法律规定的部分则应当认定有效。

（3）均衡失调的财产剥夺型协议内容无效，如"净身出户"的约定。财产是人格不可或缺的构成要素，其展示的是人的物质生存状态，对财产的保护就是对人的保护。[2] 因此，一旦遵循协议规定的惩罚措施，过错方将丧失离婚后赖以生存的物质基础。此种协议内容因为违反公序良俗，理应判定无效。

---

〔1〕 王超：《论夫妻忠诚协议的法律效力》，南京大学 2016 年硕士学位论文。

〔2〕 尹田：《再论"无财产即无人格"》，载《法学》2005 年第 2 期。

（4）针对忠诚协议中约定的损害赔偿责任，应认定为特殊的违约责任，其性质应归于精神损害的范围。对协议中赔偿数额过高或过低的部分，法院亦可参照适用《民法典》合同编中的违约金调整规则进行司法调整。

结　语

将夫妻"忠诚协议"纳入民事法律行为并赋予合理的法律效力，符合《民法典》的立法原则，将更有利于社会的和谐发展和稳定。而夫妻"忠诚协议"效力的认定至关重要，本文仅在梳理相关理论争议的基础上提出了效力认定的路径，相关问题还需要理论和实践的进一步研究和探讨。

论放弃继承带来的债务执行困境及解决

龙清颖*

摘　要：继承人放弃继承权作为现代法律体系中一个重要的议题，起源于古代社会的宗族继承制度，经历了从身份主导到财产主导的转变，至今日的继承人放弃继承权制度，反映了社会结构和法律观念的演变。继承财产执行中如果涉及继承人放弃继承权，无疑导致继承财产执行的复杂性和不确定性，本文旨在探讨放弃继承带来的债务执行困境及解决等问题。

关键词：继承权　放弃继承　债务执行

引　言

在法律发展的历史长河中，继承法制的演变一直与社会进步和文明发展紧密相连。继承作为一种历史悠久的社会制度，其本质从古代社会的宗族传统，逐渐演进为现代法律体系中个体权利与义务的转移。特别是继承人放弃继承权的制度，反映了法律对个体自由意志的尊重与保护。然而，随着社会的深入发展和复杂化，继承人放弃继承权的法律制度也带来了新的挑战和问题。特别是在法院执行遗产程序、债权人权利保护、继承权效力的认定等方面，都暴露出现行法律制度的不足。这些问题的存在不仅影响法律实践的公平性和效率，也对社会正义和法治稳定提出了更高的要求。

＊　龙清颖（1991年—）女，汉族，湖南人，中国政法大学同等学力研修班2022级学员，研究方向为民商法学，北京市盈科（深圳）律师事务所专职律师。

一、继承人放弃继承权概述

(一) 继承人放弃继承权制度沿革

继承制度的演进伴随着社会的变革，在古代社会，继承是以身份为主的宗族传统，继承人无法自主选择。随着社会的发展，尤其是在古罗马市民法中首次出现允许继承人放弃继承权的规定，继承制度逐渐转向财产为主的模式。这一演变不仅反映了社会结构的变化，也体现了对继承人继承自由的重视。放弃继承权制度的确立，使继承人能够自主选择是否接受继承，在财产继承的基础上实现了个体之间财产的独立。

在古代社会的宗族制度中，继承权与身份紧密相连，继承人几乎无法避免继承。然而，随着生产力和社会观念的进步，继承人的个体性得以彰显，继承人放弃继承权制度的出现成为必然。早期的放弃继承权制度最早可追溯到古罗马市民法，该法规定家内继承人无法放弃继承，但家外继承人却可以自由放弃。这为后来的法律体系奠定了基础，逐渐在各国发展成为一种保护个体继承自由的法律制度。[1]这一尝试经过漫长的发展，成为现代法律体系中的重要组成部分。

(二) 继承人放弃继承权的性质

继承人放弃继承权是一种具有双重属性（身份行为和财产行为）的法律行为，其标的是"形成权的继承权"，这一观点更符合继承人放弃继承权的法律本质。

在研究继承人放弃继承权的性质时，学界出现了身份行为说、财产行为说和双重属性说等不同观点。本文支持双重属性说，即认为继承人放弃继承权是一种兼具身份行为和财产行为双重属性的法律行为。虽然现代继承法以财产继承为核心，但继承权的基础仍然是个体的身份关系。继承人放弃继承权并非单纯的财产行为，而是在身份关系的前提下做出的法律行为。继承人放弃继承权的性质决定了其在法律体系中的地位，体现了法制文明的进步。

(三) 继承人放弃继承权之标的

关于继承人放弃继承权的标的，学界存在三种主要观点：死亡说下的遗产所有权说、死亡说下的继承权说和分割说下的继承权说。本文认同分割说

---

[1] 陈杭平：《论债务人的继承人放弃继承之程序进行》，载《现代法学》2020 年第 2 期。

下的继承权说，即继承人在继承开始后至遗产分割前所放弃的是"形成权的继承权"。这一观点充分考虑了继承人放弃继承权的自由性，认为在遗产分割前，继承人所放弃的并非遗产所有权，也不是继承既得权，而是一种在形成阶段的继承权。这一划分更符合继承人放弃继承权的本质，使得继承人放弃继承权的过程更具有法律意义。[1]

二、放弃继承债务执行中的问题

继承人放弃继承在债务执行中会产生两个主要问题：

（一）遗产范围不明确导致执行出现困境

在司法实践中，直接执行被继承人遗产存在的问题在于遗产范围的不明确可能影响执行程序的开启。执行法院在收到裁判文书后需要判断是否具有可执行的内容，若在判决书中未列明应当执行的遗产名录，执行程序可能因前置条件不足而难以启动。即使执行程序已开启，执行法院需要主动查明被继承人的遗产范围，这可能引发继承人或案外人对执行标的提出异议，增加了执行程序的复杂性。如，债权人申请认定遗产为无主财产，债权人在继承人放弃继承后，为实现债权可能会申请认定遗产为无主财产。然而，这种做法存在一定风险，包括非讼程序与执行程序可能发生冲突，以及债权人无法合法主张其权利等问题。认定无主财产后，归国家或集体所有，债权人以债权相对权主张权利缺乏法律依据，因此这一方式未必切实解决遗产债务遗留问题。再如，第二顺位继承人于物主财产公示期申报权利，主张其尚未放弃继承，这无疑也增加了执行的难度。

为解决遗产范围不明确导致的执行困境，可以考虑以下措施：制定明确的法律规定：在继承程序中，法律可以规定在判决书中必须清晰列明被继承人的遗产名录，以确保执行程序的顺利进行。也可以成立专门的遗产管理机构，负责核实、登记、管理遗产，协助法院进行执行。这有助于提高遗产信息的透明度，减少执行的阻力。明确无主财产认定程序：对于债权人申请认定遗产为无主财产的情况，法律应规定明确的程序和标准，确保认定程序的合法性和有效性。

---

[1] 张翼杰：《论放弃继承权的效力》，载《陕西理工大学学报（社会科学版）》2014 年第 1 期。

（二）放弃继承的效力争议导致执行困境

1. 放弃继承的效力争议

学界和实务界对继承人单方放弃继承权的效力问题主要存在两种观点：无效说和有效说。

（1）无效说。支持无效说的学者认为，在婚姻关系存续期间，继承人未经配偶同意单方放弃继承权应为无效。首先，根据《民法典》规定，继承开始于被继承人死亡，而继承人继承所得的财产原则上为夫妻共有。因此，在继承人未征得配偶同意的情况下单方放弃继承权被视为对夫妻共同财产的单方处分，违反了相关法律规范。其次，基于权利不得滥用原则，继承人的单方放弃继承权可能损害其他民事主体的利益，与法律规定的权利行使原则不符。[1]

（2）有效说。支持有效说的学者则认为单方放弃继承权应当是有效的。他们主张继承人有权通过单方意思表示自由决定是否放弃继承权。此观点认为：首先，继承人放弃继承权是其合法权利，符合我国继承制度的基本原则。其次，继承人的单方放弃继承权实际上是对继承权的处分，而不是对夫妻共同财产的处分，因此应当是合法有效的。[2]

2. 争议产生的原因

争议主要源于在《民法典》继承编与婚姻家庭编中不同法律条文的规范下，对单方放弃继承权的效力无法确定。我国采用"当然继承主义"，即继承人在继承开始时即自动取得遗产上的权利和义务。然而，《民法典》对夫妻共同财产的规定与继承人放弃继承权的制度存在分歧，导致在实践中对于继承人单方放弃继承权的争议。

3. 争议的解决

上述争议的解决首先需要通过完善法律，进一步明确继承人的义务并细化夫妻共同财产，以消除《民法典》对夫妻共同财产与放弃继承权制度存在的分歧，促进遗产更公正、透明、及时地分割。

此外，司法机关可以通过更主动的角色监督继承遗产的进展，提供具体的司法指导，确保继承人的配偶在合理时间内获得应有的共有权益。例如，

---

〔1〕参见郭明瑞：《继承放弃行为辨析》，载《东方法学》2018年第4期。

〔2〕参见杨立新：《我国继承制度的完善与规则适用》，载《中国法学》2020年第4期。

强化公示和登记机制，建立更为完善的公示和登记机制，使配偶、债权人等能够更便捷地获取被继承人的遗产信息，降低执行的不确定性。

对于解决放弃继承效力争议，建议进一步设立和完善相关制度。首先，限制继承人放弃制度可设定在特定情况下必须征得法定人的同意，如配偶，以确保夫妻共同财产的公平处理。其次，建议引入遗产管理人制度，由专业人员协助处理继承事务，确保遗产的合理分配。这些制度的完善将有助于规范继承人的行为，维护各方权益，确保法律的公正、合理、有序实施。

结　语

为解决放弃继承带来的债务执行困境，需要完善相关法律，包括但不限于限制继承人放弃制度、遗产管理人制度、撤销权、代位权等，这些制度应当相互连接，以更好地促使遗产尽早实际分割，避免恶意逃避债务，保护债权人的合法权益，维护社会的诚实守信与公平正义。

浅析民事执行难的原因与对策

曾宪莲*

摘　要：当事人的民事权益能否实现，关键在于生效的法律文书能否被执行。近年来，法院执行难问题日益突出，成为司法领域的一大难题，因此，探寻当前法院执行难的原因并提出有效的对策具有重要的理论和现实意义，本文旨在探讨这一问题。

关键词：民事执行　执行难　诚信意识

引　言

民事执行程序的目的是保护民事权益，维护司法秩序。没有执行程序，则审判程序所确定的实体权利义务关系会因为义务人拒绝履行义务而使权利人的实体权利落空。民事执行难的问题不解决就不能有效保护民事权益，因此，探讨民事执行难的原因并采取有效对策予以解决就显得十分迫切和必要。

一、民事执行及执行难的概念

（一）民事执行的概念

民事执行，是指人民法院的执行组织依照法律规定的程序和方式，运用国家强制力，在负有义务的一方当事人拒不履行生效法律文书所确定的义务时，依据执行根据并采取强制执行措施，强制义务人履行义务，从而实现生效法律文书内容的一种诉讼活动。[1]

---

　*　曾宪莲（1992年—），女，汉族，四川人，中国政法大学同等学力研修班2021级学员，研究方向为宪法与行政法学。

　〔1〕　杨秀清编著：《民事诉讼法学》，中国政法大学出版社2017年版，第25页。

（二）执行难的概念

最高人民法院执行工作办公室将"执行难"分为广义的执行难和狭义的执行难。"广义的执行难概指一切的生效法律文书所确认的内容没有得到执行的情况；狭义的执行难是指执行员在执行个案中，因某种来自内部或外部的非法对抗执行的行为，而使其不能实施执行行为或实施的执行行为不能继续进行的执行过程。"[1]总括之，"执行难"是指根据法律的规定应当执行，被执行人又有偿付能力，却因为被执行人的主观逃避或者其他导致执行障碍的原因，使得申请执行人无法实现其合法权益的现象。[2]

二、民事执行难的原因

（一）立法原因

我国现行强制执行的相关规定一方面具有滞后性，另一方面又过于原则化、纲领化，缺乏实际操作性，如《民事诉讼法》的执行程序编中，对银行、信用合作社和其他有储蓄业务的单位拒绝协助执行的不利后果并无明确的规定；[3]对诚信违法的处罚力度也不够，违法成本过低，许多缺乏诚信的行为在法律的惩处上无法可依，如对被执行人恶意转移财产的行为缺乏明确的法律制裁。

（二）执法原因

1. 执行员执法不严

在执行案件过程中，少数执行干警由于怕麻烦、碍于人情关系等错误思想和多方面的压力，对于一些抗拒、阻碍、干预执行的严重违法人员打击不力；对有履行能力而故意不履行的被执行人缺乏严肃有效的处理；对暴力抗法的人员处罚不力，姑息迁就。

2. 执行手段较为单一

有的强制执行只需要实施单一的执行程序就可以达到执行目的，有的则要同时或先后实施数个或数种执行程序才能达到。理论上法院可以采取查询、冻结、划拨被执行人的存款，扣留、提取被执行人的收入，查封、扣押、拍

---

〔1〕 中华人民共和国最高人民法院执行工作办公室编：《强制执行指导与参考》，法律出版社2002年版，第36页。

〔2〕 蒋建华：《论民事执行难的原因与对策》，湖南师范大学2014年硕士学位论文。

〔3〕 刘平：《强制执行立法研究》，中国政法大学2008年博士学位论文。

卖、变卖被执行人的财产，限制高消费、实名曝光失信被执行人等多种手段来实施强制执行。但现实生活中，很多时候法院执行员手段较为单一，并没有穷尽多种手段来迫使被执行人履行义务。

3. 执行机构客观条件限制

少数人民法院内部由于"重裁判轻执行"传统观念的影响导致其在执行机构的人员配置和工作装备上比较薄弱。法院因人力、物力的客观条件限制，使得执行工作进展缓慢、效果不尽如人意。

4. 执行员主观能动性不足

少数执行员缺少对执行工作的高度责任心和使命感，在急难险重工作面前畏首畏尾，缺乏斗争精神，造成执行不力。

5. 执行中遭遇地方保护等障碍

有些被执行人或企业缴纳的较大金额税款是一个地方政府财政收入的主要来源，如果其资产被执行就意味着将使地方政府和部门利益受损。有些地方政府和部门从狭隘利益出发，只顾自己利益，不依法协助。

（三）其他原因

如自然人长期下落不明或通过长期外出务工、不断变更工作和居住地、假离婚或将财产赠与他人、以他人名义进行财产登记等方式来逃避债务；公司或企业通过公司分立、变更法定代表人、抽逃出资等方式隐瞒财产。

四、解决民事执行难的对策建议

（一）建立统一的社会征信系统

建设完善的覆盖全社会的征信体系，推动不同领域、不同平台个人和企业信用信息的共享应用，使不同征信系统互联互通，提供高质量、多样化的征信服务。社会信用主管部门分行业、领域、区域推动建立社会信用监测预警机制，根据监测结果与行业领域信用管理部门开展共同治理，助力防范化解好道德层面的失信风险、社会活动层面的违规风险和经济活动层面的违约风险。

（二）健全相关法律以加大对诚信违法的处罚力度

以法律形式建立起完善的信用制度，通过法律将信用文化的相关内容予以明确规范和公布，使诚信原则对公众的约束作用更强，包括信用调查、信用评价、信用奖惩等方面。优化执行机构的人员配置和工作装备。加大对诚信违法的处罚和打击力度，明确民事活动中违反诚实信用者应受到的具体法律制裁，提高违法成本，发挥法律的威慑和教育指引作用。

（三）加强对法院执行员的监督与保护

一是上级法院要加强对下级法院的监督与培训指导，特别是重点案件，要事前、事中、事后层层进行监督和指导。二是人大、人民群众要加强对法院执行员的监督，同时进一步强化信息公开，增加执行工作各个环节的透明度，将法院的执行工作置于社会监督之下，倒逼执行员改进工作方式、提高工作效能。三是加强对执行员人身安全的保护，对暴力抗法人员按照《刑法》第 277 条之规定予以严厉打击。

（四）推进法治社会建设

提升社会治理法治化水平。教育引导广大党员、干部增强法治观念，提高运用法治思维和法治方式开展工作、解决问题、推动发展的能力；落实"三重一大""四议两公开一监督"等机制，保障群众对社会治理的知情权、参与权、管理权和监督权。完善基层公共法律服务体系，加强基层法庭、派出所、司法所、法律服务所、人民调解组织的建设，健全完善村居法律顾问制度，推动律师进村居活动。

（五）加强公民道德建设

持续强化"教育引导+实践养成"，以正确舆论营造良好道德环境，以优秀文艺作品陶冶道德情操，用良好家教家风涵育道德品行，以先进模范引领道德风尚。发挥好图书馆、文化馆等各类阵地的德育作用，抓好党员干部、青少年等重点群体的教育引导，把立德树人贯穿学校教育全过程。大力弘扬社会主义核心价值观、中华传统美德，在全社会广泛开展丰富多彩的德育宣传活动、精神文明创建活动，进一步提升社会道德风气。

结　语

近年来，法院的执行工作虽然有了可喜的进步，但依然存在着许多让执行法官深感无力的情况。要解决这个问题，需要理论结合实践，既要从理论上探索行之有效的方法、健全法律体系，也需要法院执行员与案件当事人的积极践行，更需要提升公众的法治意识和道德水平。总之，解决执行难问题任重道远，希望通过以上对策多措并举、久久为功，能有效扭转执行难的现状，维护司法权威，切实保障申请执行人的合法权益，促进社会和谐。

浅析债券市场风险及其防范

刘 芹*

摘 要： 债券市场作为金融市场的重要组成部分，不仅可以帮助发行者进行融资，同时也为投资者提供一定的收益。然而，债券市场不论对发行方来说还是对投资方来说，都存在一定风险，特别是对投资方而言。如何防范这些风险关系到有关当事人的利益和金融市场的健康稳定发展，因此，有探讨的必要。本文旨在探讨债券市场的风险及其防范等问题。

关键词： 债券市场　金融风险　信用评级

引 言

债券是政府、金融机构、非金融企业等组织向社会举债募集资金时，向投资者发行、承诺按一定利率支付利息并按约定条件偿还本金的债权债务凭证。根据发行主体的不同，可分为政府债券、金融债券和公司债券等。债券的本质是债的证明书，代表着债券购买者与发行者之间的一种债权与债务关系，债券发行人即债务人，投资者即债权人。债券市场风险的防范，应本着风险与收益成正比的认知原则，对风险进行提前认知和有效识别。

一、债券的含义和种类

（一）债券的含义

债券是指政府、企业、银行等债务人为筹集资金，按照法定程序发行并向投资方承诺于指定日期还本付息的有价证券。债券可以看作是债的一种，

---

* 刘芹（1982 年—），女，江苏东海人，浙江六律师事务所律师。

体现了一种债务关系。债是按照合同的约定或者依照法律的规定，在当事人之间产生的特定权利和义务关系。债券发行方与投资方通过债券买卖形成债务关系，发行方为债务人，投资方为债权人。例如，我国《公司法》规定，本法所称公司债券是指公司依照法定程序发行、约定在一定期限还本付息的有价证券。基于公司债券的发行，在债券持有人和债券发行人之间形成了以还本付息为内容的债权债务法律关系。

（二）债券的种类

债券投资是证券投资的重要组成部分，是投资者通过购买各种债券进行的对外投资。按照不同的标准债券可以分为不同种类，一般来说，债券按其发行主体的不同，可以分为政府债券、金融债券和公司债券。[1]

1. 政府债券

顾名思义，由政府发行的债券称为政府债券，政府债券的利息享受免税待遇。政府债券也分为不同种类，其中，由中央政府发行债券称为公债或国库券，其发行的目的是弥补财政赤字或投资于大型建设项目；由各级地方政府机构发行的债券为地方政府债券，其发行目的是地方建设筹集资金；还有一种政府保证债券，它主要是为一些市政项目及公共设施的建设筹集资金，而由一些与政府有直接关系的企业、公司或金融各机构发行的债券，这些债券的发行均由政府担保，但不享受利息免税待遇。[2]

2. 金融债券

顾名思义，金融债券是由银行或其他金融机构发行的债券。金融债券发行的目的一般是筹集长期资金，该种债券可以转让而且利率一般要高于同期银行存款利率。

3. 公司债券

公司债券是由非金融性质的企业发行的债券，发行目的是筹集长期建设资金，一般都有特定的用途。该种债券利率一般比较高，风险也相对比较高。

---

〔1〕《债券市场是金融市场吗？二者有关系吗？》，载 https://m.shangjia.com/item/4761494，最后访问日期：2023 年 4 月 24 日。

〔2〕《债券有哪些种类》，载 https://www.66law.cn/laws/251340.aspx，最后访问日期：2024 年 1 月 14 日。

二、债券市场及其风险

(一) 债券市场发展的意义

债券市场作为金融市场的重要组成部分，对经济的发展和稳定起着重要作用。债券作为一种融资工具，不仅为政府、企业和个人提供了融资渠道，也为投资者提供了一种安全稳定的投资选择。债券市场可以提供大量的资金支持经济发展；债券市场有助于降低融资成本；债券市场有助于优化资金配置和资源配置；债券市场有助于稳定金融市场和经济体系；债券市场的发展有助于提高金融体系的完善程度和金融市场的国际化水平。[1]债券市场对银行体系来讲具有备胎的作用。

随着全球经济的发展，全球金融形势日益复杂多变，金融危机时有发生，发展债券市场，特别是成熟的债券市场，不仅有利于防范金融危机，也可以稳定经济。

李昌镛指出："中国债券市场对外开放不仅为外国投资者提供更多投资机遇，而且有利于培育直接融资的资本市场，避免经济金融风险过度集中于银行体系，对中国经济长远发展具有重要战略意义。"[2]

(二) 债券市场存在的主要风险

债券市场的风险主要表现为：[3]

1. 利率风险

利率风险是指市场利率波动引起债券价格波动的风险。一般来说，市场利率提高，债券市场价格就下降，即债券的市场价格与市场利率的变动关系是反向的。

2. 信用风险

信用风险是指发行人不能按约定偿还债务带来的风险，包括发行人可能存在无法按期还本付息的违约风险，以及发行人信用评级下降导致债券市场

---

〔1〕《债券市场的发展对经济有何重要作用》，载 https://baijiahao.baidu.com/s？id=1781740298110421075，最后访问日期：2023 年 11 月 6 日。

〔2〕《专访：债权市场开放对中国经济具有重要战略意义——访国际货币基金组织亚太部主任李昌镛》，载 https://www.gov.cn/xinwen/2019-04/13/content_ 5382301.htm#：~：text=国际货币基金组织，有重要战略意义，最后访问日期：2019 年 4 月 13 日。

〔3〕 参见刘翔峰：《中国证券市场风险分析及对策》，载《中国经贸导刊》2015 年第 36 期。

价格下跌的价格风险。

3. 流动性风险

流动性风险是指因缺乏愿意交易的对手，无法以合理价格出售债券从而遭受损失的风险。影响流动性的因素有很多，比如债券本身的到期期限、债券市场或债券持有人结构、发行人的信用评级变化等。

4. 通货膨胀风险

因为物价的变化导致货币实际购买力的不确定，就是通货膨胀风险。通胀走高时，债券的名义收益率不足以抵消通货膨胀对实际购买力造成的侵蚀，市场定价的债券实际收益率就需要提高，债券的市场价格随即下跌，此时债券投资可能会产生亏损。

三、债券市场风险的防范

债券市场风险防范主要包括投资者自身的防范与监管部门的监管两个方面，其中主要是监管部门的监管。

（一）投资者自身的防范

1. 保持客观理性认知和预期

投资者参与债券投资前，应对各类债券的风险—收益特征保持客观理性的认知和预期，根据自身风险承受能力选择合适产品。

2. 采取正确的投资策略

正确评估债券投资风险，明确未来可能遭受的损失，是投资者在投资决策之前必须考虑的。违约风险一般是由于发行债券的公司或主体经营状况不佳或信誉不高带来的风险。所以，在选择债券时，一定要对公司进行调查，仔细了解公司的情况，包括公司的经营状况和公司的以往债券支付情况，尽量避免投资经营状况不佳或信誉不好的公司债券。在持有债券期间，应尽可能对公司经营状况进行了解，以便及时作出卖出债券的抉择。另外，可以分散投资风险，例如可以分散债券的期限，长短期配合，如果利率上升，短期投资可以迅速地找到高收益投资机会，若利率下降，长期债券却能保持高收益。

（二）监管机构的监管

1. 监管机构

债券市场的监管机构主要包括中国证券监督管理委员会（证监会）、中国人民银行、中国银行保险监督管理委员会（银保监会）、国家发展和改革委员会（发改委）、中国证券业协会、交易场所、中国证券登记结算公司等。

2. 监管措施

监管机构的监管主要是通过对有关制度的有效实施进行监管以达到控制和防范风险的目的。

（1）信息披露制度。该制度是监管债券市场的重要手段。一般规定债券发行人需要向投资者披露债券发行的信息，包括债券的票面利率、期限、发行金额等。投资者根据这些披露的信息来选择是否购买该债券。此外，债券发行人还需要定期向投资者报告债券的运行情况，以便投资者了解债券的实际情况。

（2）信用评级制度。该制度是评估债券信用风险的重要手段。由信用评级机构对发行人的债券进行信用评级，并将评级结果公布，让投资者了解，投资者可以根据信用评级结构进行购买选择，从而降低债券的信用风险。

（3）投资者保护制度。该制度对保护投资者利益，减少投资者风险具有重要意义。例如，《公司法》和《企业债券管理条例》中对债券发行者发行债券的条件的规定就是对投资者进行保护的规定，如累计债券总额不超过公司净资产额的40%；近3年平均可分配利润足以支付公司债券1年的利息；企业的财务会计制度符合国家规定；具有偿债能力；企业经济效益良好，发行企业债券前连续3年盈利等。另外，规定发行人必须按时支付利息和本金，否则将面临罚款或其他处罚。

结　语

债券市场的发展可以为推动经济增长提供充足的资金支持，也有助于融资成本的降低。我国为了加快资本市场的改革发展，开始大力发展债券市场，债券市场发展存在良好的契机。同时也存在诸多风险，风险防范问题将一直伴随着债券市场的发展，值得社会的关注。

论法定继承中多分配原则的理解与适用

彭忠慧*

摘　要： 我国《民法典》第 1130 条对法定继承的遗产分配原则进行了明确规定，其中规定了多分配原则。然而，在司法实践中，多分配原则难以被准确和统一地适用，使得该原则难以发挥其应有的价值和作用，本文旨在研究和探讨法定继承中多分配原则的理解与适用问题。

关键词： 法定继承　遗产分配　分配原则

引　言

《民法典》继承编完善了继承制度，更好地维护了公民的个人权益。其中，《民法典》规定了法定继承中的多分配原则，但对该原则如何正确理解和准确适用成为理论界和实务界关注的问题。特别是对于"权利义务一致"情形下多分配原则的理解适用，在司法实践中仍存在着一些争议。

一、法定继承遗产分配原则概述

《民法典》第 1130 条"同一顺序继承人继承遗产的份额，一般应当均等。对生活有特殊困难又缺乏劳动能力的继承人，分配遗产时，应当予以照顾。对被继承人尽了主要扶养义务或者与被继承人共同生活的继承人，分配遗产时，可以多分。有扶养能力和有扶养条件的继承人，不尽扶养义务的，分配遗产时，应当不分或者少分。继承人协商同意的，也可以不均等"的规定，

---

　* 彭忠慧（1984 年—），女，汉族，贵州人，中国政法大学同等学力研修班 2022 级学员，研究方向为民商法学。

是当今遗产法定继承的分配原则，本规定沿用已废止的《继承法》第13条[1]的规定，并无修改。该条规定，建立了公正合理的继承秩序，维护社会的公平正义，保障公民的合法权益。但近些年来，随着人民生活水平的不断提高，再结合我国社会各种家庭情况及继承人继承观念的发展变化，因继承引发的纠纷越来越多。实践中，涉及有家庭继承纠纷的，在法定继承发生后有多名继承人时，分配遗产有多种情形发生时，该条文中关于分配遗产时可以多分的规定在解决纠纷时显得略有欠缺。

二、《民法典》遗产多分配原则的规定

根据《民法典》第1130条，在下列情形下多分配遗产：

（一）特殊情形

即对生活有特殊困难又缺乏劳动能力的继承人，分配遗产时，应当予以照顾。其继承人只有同时具备生活有特殊困难和缺乏劳动能力的情形，才能在遗产分配时中给予照顾，而且一旦具备了这两个条件就应当给予照顾。

（二）权利义务一致情形

即多尽义务者多分，少尽义务者少分，不尽义务者不分。对被继承人尽了主要扶养、赡养义务或者与被继承人共同生活的继承人，分配时可以多分。相反，对被继承人有扶养能力和有扶养条件的继承人，不尽扶养义务的，分配遗产时应当不分或少分。

（三）协商情形

即继承人之间通过协商同意的，可以不均等分配遗产，继承人可少可多。

三、遗产多分配原则的理解与适用分析

虽然《民法典》明确规定了遗产多分配原则，但对其理解与适用存在不同观点，特别是"权利义务一致"情形下多分配原则的理解和适用在司法实践中存在困境，需要予以分析和研究。

在当今社会的有些家庭中，子女虽然与父母共同居住生活，享受着父母提供的衣食住行等基本生活条件，却对父母漠不关心，在父母生前也从未尽

---

[1]《继承法》于2020年12月31日失效，届时此条例被《民法典》所替代。

过主要的扶养义务；有些子女虽然没有与父母共同居住生活，但在父母晚年负责父母的日常起居生活，包揽父母家庭的重要责任。在这些情况下，如按照"与被继承人共同生活的继承人，分配遗产时，可以多分"的规定，可能对虽未与被继承人共同居住生活，但尽到主要扶养义务的共同继承人，在分配遗产时产生不公的情形，容易激化家庭矛盾。所以，在实践中，条文"或者与被继承人共同生活的继承人，分配遗产时，可以多分"这样的表述是有欠缺与不足的，可能会侵害其他尽管没有与被继承人共同居住生活，但对被继承人尽到主要扶养义务的继承人的继承权。

虽然最高人民法院《关于适用〈中华人民共和国民法典〉继承编的解释（一）》第 23 条规定："有扶养能力和扶养条件的继承人虽然与被继承人共同生活，但对需要扶养的被继承人不尽扶养义务，分配遗产时，可以少分或者不分。"[1]对与被继承人共同生活的继承人，该解释又设立了需要扶养的被继承人的前置条件，即对需要扶养的被继承人不尽扶养义务的，在分配遗产时，可以少分或者不分。但继承人与有退休金、经济条件稳定甚至经济条件优越的不需要扶养的被继承人共同居住生活，不尽扶养义务，也不存在少分，甚至还有多分的可能性。如在这种情形下，明显是对没有与被继承人共同居住生活，但对被继承人尽到主要扶养义务的共同继承人是不公正、不公平的。笔者曾代理原告赵某英、赵某丽等四人诉被告赵某平法定继续纠纷案[2]，四原告诉请法院对被继承人遗留下的房产按照法定继承平均分配房产份额，并办理过户登记，被告赵某平其中辩称就与被继承人共同居住生活尽到主要的赡养义务应多分遗产份额，一审法院也以被告赵某平一直与被继承人一起居住共同生活，在原告提交对被继承人尽到主要扶养义务的相关证据，而被告赵某平未举证尽到主要的扶养义务的情形下，仍推定被告赵某平照顾了被继承人的日常生活起居，无疑比四原告尽到了更多的义务为由，根据《民法典》第 1130 条第 1 款、第 3 款"同一顺序继承人继承遗产的份额，一般应当均等""对被继承人尽了主要扶养义务或者与被继承人共同生活的继承人，分配遗产时，可以多分"之规定，在确定遗产份额时，理应多分。判决被告获得

---

[1] 最高人民法院《关于适用〈中华人民共和国民法典〉继承编的解释（一）》，已于 2020 年 12 月 25 日由最高人民法院审判委员会第 1825 次会议通过，自 2021 年 1 月 1 日起施行。

[2] 贵州省贵阳市云岩区人民法院［2022］黔 0103 民初 15406 号民事判决书，贵州省贵阳市中级人民法院［2023］黔 01 民终 1724 号（已生效）。

遗产份额多于四原告获得遗产份额之和。四原告收到一审判决书[1]后情绪失控，不服一审判决，认为一审法院认定事实不清，适用法律错误，判决有失公允，向二审法院提起上诉。二审中，经笔者向四上诉人再次深度剖析继承相关法律法规，四上诉人再搜集新证据提交二审法院，新证据包含但不限于书证、证人证言等，证明四上诉人虽未与被继承人共同居住，但对被继承人尽到主要扶养义务，被上诉人赵某平未尽过主要的扶养义务，经二审法院审理，认为上诉人均尽到同等的赡养义务的上诉理由成立，二审判决[2]对遗产份额酌情进行改判，判决被上诉人获得遗产份额少于四原告获得遗产份额之和。该案例充分体现了与被继承人共同生活的继承人，分配遗产时，可以多分，侵害了虽然没有与被继承人共同居住生活，但对被继承人尽到主要扶养义务的继承人的权利，审判法官在审理继承人分配遗产能否多分时，与被继承人共同居住生活的情形成为向被继承人尽到主要扶养义务情形的障碍，导致真正尽到主要扶养义务的继承人在遗产分配时得不到公平公正的对待。

我国法定继承遗产的分配原则，应强调公平公正，维护继承人的合法权益，为继承人提供法律保障，减少纠纷的产生，而非激化继承人之间的矛盾，为之有失公允。通过上述综合分析，为更有利于社会和谐稳定，着力体现现实意义及社会效果，保障继承人的合法权益，在法定继承中，不建议继承人与被继承人共同生活的，可以作为多分遗产的情形，以确保遗产分配的公正性和合理性。

结 语

本文主要通过对《民法典》第1130条第3款"对被继承人尽了主要扶养义务或者与被继承人共同生活的继承人，分配遗产时，可以多分"进行语义解释、分析及解读，并结合实践中相关法定继承纠纷案例，指出该条文中"或者与被继承人共同生活的继承人，分配遗产时，可以多分"的欠缺与不足，并提出了自己的观点和见解，以期为准确理解和适用法定继承中遗产多分配原则提供有益的参考。

---

[1] 贵州省贵阳市云岩区人民法院［2022］黔0103民初15406号民事判决书。
[2] 贵州省贵阳市中级人民法院［2023］黔01民终1724号（已生效）。

论网络空间未成年人个人信息的优化保护

谷　晨*

摘　要： 未成年人个人信息保护是网络空间安全和个人数字权益保护的重要组成部分，关乎未成年人的合法权益。同时这又是一个非常复杂的问题，涉及面向未成年人及其监护人的信息合法合规收集、个人信息处理者内部的合法、合规处理和存储以及各类不同业务对未成年人个人信息的合法、合规使用。本文旨在从个人信息保护和未成年人保护双向切入，着眼于未成年人在网络空间面临的个人信息保护风险，探讨如何优化未成年人的个人信息保护。

关键词： 网络空间　未成年人　个人信息　优化保护

引　言

据统计，截至 2023 年 6 月，我国网民规模已达 10.79 亿，未成年网民规模已突破 1.91 亿，[1] 越来越多的未成年人通过网络享受着学习和娱乐等便利，但在网络空间也面临着不可忽视的风险，例如各类网络产品和服务带来的针对未成年人个人信息的泄露事件时有发生，甚至带来网络欺凌、网络诈骗等严重后果。因此，网络空间未成年人个人信息保护问题值得深入研究和探讨。

---

* 谷晨（1983 年—），女，汉族，山东人，北京快手科技有限公司高级标准化专家，研究方向为民商法学。

〔1〕 第 52 次《中国互联网络发展状况统计报告》，载 https://cnnic.cn/n4/2023/0828/c199-10830.html，最后访问日期：2024 年 2 月 16 日。

一、网络空间未成年人个人信息保护的要求

（一）未成年人个人信息保护的上位法律依据

1. 未成年人保护体系中的个人信息保护

我国一贯高度重视未成年人的保护。早在 2019 年，就发布了《儿童个人信息网络保护规定》，对于 14 周岁以下的未成年人（即儿童）提出了系统性的保护要求。此后于 2020 年 10 月修订了《未成年人保护法》，其中第 5 章第 72 条规定，处理未成年人个人信息应当遵循合法、正当和必要的原则。处理儿童个人信息应当征得未成年人的父母或者其他监护人同意；此外，还要保障未成年人或其监护人更正、删除未成年人个人信息的权利。

经过两年多的时间，在 2023 年 10 月，我国又发布了《未成年人网络保护条例》，其中第 4 章专门规范了针对未成年人的个人信息网络保护要求，对个人信息处理者提出了事前、事中、事后更加细致的保护要求。

2. 个人信息保护体系中的未成年人保护

我国于 2021 年 8 月发布了《个人信息保护法》，其中第 2 章第 2 节对敏感个人信息作出了规定，一方面指出生物识别、宗教信仰、特定身份、医疗健康、金融账户、行踪轨迹等信息为自然人的敏感个人信息，并且儿童的所有个人信息都是敏感个人信息；另一方面规定了对敏感个人信息需要进行更加严格的保护。

（二）未成年人个人信息保护的特殊性

从以上的分析可以看出，我国在法律法规层面持续推进未成年人保护体系以及个人信息保护体系的建设，两者的交集部分致力于确保未成年人的个人信息能够在网络空间得到切实保障。依托于个人信息保护的综合体系，可以看出未成年人的个人信息保护存在以下几方面的特殊性：

（1）未成年人个人信息本身要增强保护。特别是儿童个人信息，作为敏感个人信息，更有着专门的保护要求。

（2）在未成年人个人信息保护过程中，有一个比较特殊的环节，就是监护人告知同意。由于个人信息主体是未成年人，告知同意的主体是其监护人，两者的分离也给要求的落地带来了挑战。

（3）除了以上的通用要求，对于一些附加功能和业务，也会有对未成年人个人信息的专门要求，比如个性化推送功能等。

二、未成年人个人信息保护存在的问题

（一）敏感个人信息保护存在问题

（1）敏感个人信息的识别存在问题。对于 14 周岁以下的儿童，所有的个人信息都是敏感个人信息。对于 14 周岁至 18 周岁的未成年人，对其敏感个人信息的判定与成年人是一致的，即判定原则是"一旦泄露或者非法使用，容易导致自然人的人格尊严受到侵害或者人身、财产安全受到危害的个人信息，包括生物识别、宗教信仰、特定身份、医疗健康、金融账户、行踪轨迹等信息"。但在实践中，依然对于一些信息是否属于敏感个人信息存在争议，比如精确位置信息等。目前已有国家标准项目对此进行规定，但还未正式发布，因此未成年人敏感个人信息的准确识别依然是个落地的难点。

（2）未成年人个人信息的单独保护不完善。目前已针对未成年人个人信息和/或敏感个人信息有了一些明确的要求，比如要求有专门针对儿童的个人信息处理规则；收集儿童个人信息时应明示告知许多内容，包括目的、方式和范围（种类）、存储的地点、期限和到期后的处理方式、安全保障措施、拒绝的后果、投诉/举报的渠道和方式、更正/删除的途径和方法、处理的必要性、对个人权益的可能影响；存储时加密等。但仍然有一些模糊的要求，典型的比如如何获得"单独同意"。

此外，在实际的应用中，未成年人个人信息不一定能够及时地得到识别，那么在存储和处理系统中，如何准确识别未成年人个人信息，进行有针对性的保护，也是一个实现的难点。

（二）未成年人及其监护人的身份识别存在问题

（1）未成年人身份识别存在问题。在网络空间，识别未成年人的身份可以分为用户自主提供信息和平台智能分析判断两类。对于后者，显然面临准确性问题，对于前者，用户自主输入的年龄显然很难保证真实性，若是采用身份证件的核验方式，又有潜在的过度收集个人信息的风险。

（2）监护关系难以确认。在网络空间中，如何认定一个监护人是未成年人的监护人，是非常困难的。若是基于户口本，或者出生证明，存在诸多困难，比如如何核验、收集的合理性等。

三、未成年人个人信息优化保护的建议

（一）落实告知同意

（1）除了通用的隐私协议之外，如果服务的人群中还包括未成年人，则建议制定并公布专门的个人信息处理规则，并提示监护人来查看和同意。

（2）在针对未成年人的个人信息处理规则中，应明确区分必要个人信息和非必要个人信息，[1]并明确说明收集的个人信息分别用于什么业务功能，在什么场景下使用。此外，针对非必要个人信息，应提供单独勾选同意的选项。

（二）选择合理的未成年人身份识别方式

即根据场景选择合理的未成年人身份识别方式，并实施监护人的告知同意，具体如下：第一，总体原则应该是根据网络空间提供服务的要求，不能以"未成年人身份识别"为名义，过度收集用户的个人身份信息。一般来讲，对于内容提供类的应用，可提供用户主动确认自己未成年人身份的功能，并对用户主动提供的身份信息进行妥善保护。对于一些有明确行业要求的应用，应采用更加准确可靠的手段进行身份识别，例如申请网络直播开播服务，[2]或是网络支付服务，或是网络游戏等，可以基于身份证件信息来核验用户的身份，进而判定是不是未成年人。第二，对于已经识别出的未成年人，特别是儿童，应实施监护人的告知同意。方案应遵循尽量利用已经收集的未成年人个人信息来进行监护人的身份核验，尽量避免再次度过多收集个人信息。第三，对于收集的未成年人个人信息进行识别和加强保护。在合法合规收集到未成年人个人信息后，应对其进行标识，并在个人信息处理的全生命周期中着重保护，包括敏感个人信息加密存储、内部工作人员的访问权限应受到严格管控、传输应加密、原则上不应对外提供或公开披露等。

---

〔1〕 参见《信息安全技术 移动互联网应用程序（App）收集个人信息基本要求》（GB/T 41391-2022），附录 B。

〔2〕《关于规范网络直播打赏 加强未成年人保护的意见》，载 https://www.gov.cn/xinwen/2022-05/08/content_ 5689160. htm，最后访问日期：2022 年 5 月 8 日。

结　语

网络空间未成年人个人信息保护涉及未成年人合法权益的保护，问题比较复杂，需要进行深入的研究和探讨，本文通过分析网络空间未成年人个人信息保护存在的问题，提出了一些优化未成年个人信息保护的建议，以期为该问题的进一步研究提供一些有益的借鉴。

浅析短视频作品属性及类型认定

陈剑宏*

摘　要： 短视频因满足了用户碎片化时间的观影需求而飞速发展。伴随短视频产业如火如荼的发展，其著作权侵权问题也日益凸显，对短视频作品属性的认定及类型划分是解决其著作权侵权及著作权保护问题的基础。本文旨在从独创性要件分析短视频的独创性标准及其类型划分等问题。

关键词： 短视频　作品属性　著作权

引　言

据中国互联网络信息中心（CNNIC）发布的第 51 次《中国互联网络发展状况统计报告》显示，截至 2022 年 12 月，中国短视频用户规模为 10.12 亿，占网民整体的 94.8%。[1]短视频作为一种新型传播媒介，以其制作门槛低、时长短、交互性强等特点迎合了互联网用户碎片化的娱乐与社交需求，逐渐成为公众获取信息、休闲娱乐的重要渠道与模式，与此同时，有关短视频作品属性作品类型的认定及等问题成为理论界和实务界关注和探讨的问题。

一、问题的提出

随着短视频应用场景不断拓宽，短视频产业与其他互联网娱乐产业展开了"流量争夺战"，其著作权侵权问题也日益凸显。2022 年 4 月，北京互联网法院在召开的涉短视频著作权侵权纠纷案件审理情况的新闻通报会上指出，

---

　*　陈剑宏（1988 年—），男，汉族，浙江杭州人，杭州互联网法院干警，研究方向为知识产权法学。
　〔1〕　第 51 次《中国互联网络发展状况统计报告》，载 https://cnnic.net.cn/n4/2023/0303/c88-10757.html，最后访问日期：2023 年 6 月 7 日。

该院自 2018 年 9 月 9 日起至 2022 年 2 月 28 日共受理涉短视频著作权侵权纠纷案件 2812 件，除数量逐年增加外，收案量仍有较大增长潜力。[1]上述纠纷频发也反映出当前短视频产业亟须法律的保护与规制。

司法实践中，法院在面对短视频著作权侵权纠纷时首先要解决的问题就是判断短视频能否构成作品以及构成何种作品。根据《著作权法》（2010 年修正）规定，通过判断短视频是否具有独创性，法院将短视频认定为以类似摄制电影的方法创作的作品（以下简称类电作品）或录像制品。但对于短视频的独创性标准及其类型划分等作品属性问题，理论及实务界均无明确、统一的认定标准，故而存在较大争议，同案不同判现象也时有发生。如北京互联网法院审理的"抖音诉快手案"，一审法院认为涉案短视频的拍摄手法和技术手段均与独创性认定无关，故将其认定为录像制品，[2]而二审法院则认为涉案短视频符合《著作权法》关于作品独创性的要求，故将其重新认定为类电作品。[3]随着新《著作权法》将类电作品统一修改为视听作品，此种语境下的短视频还能否顺利构成视听作品，以及是否还需要考虑将其纳入录像制品范畴等问题仍值得研究。

二、短视频作品属性的认定

（一）短视频作品属性的认定要件及认定标准

短视频能够受著作权保护的前提是其可以构成著作权法意义上的作品，而能否构成作品的核心则在于其是否符合具有独创性这一要件。《著作权法》（2020 年修正）第 3 条虽对作品应具有独创性作出了明确规定，但仍未详细阐述独创性的具体标准。当前，关于独创性判断标准的两大主流体系分别为版权体系与作者权体系，也就是最低独创性观点与一定创作高度观点。而关于短视频独创性程度的判断标准，目前也正面临上述两种观点的碰撞：最低独创性观点认为，只要能体现出制作者在创作过程赋予了短视频个性化表达就宜判断其具有独创性；一定创作高度观点认为，短视频要具有独创性还需

---

〔1〕《北京互联网法院召开涉短视频著作权案件审理情况新闻通报会》，载 http://www.bjinternet-court.gov.cn/cac/zw/1651208413055.html，最后访问日期：2023 年 6 月 7 日。

〔2〕 北京互联网法院［2020］京 0491 民初 18843 号民事判决书。

〔3〕 北京知识产权法院［2021］京 73 民终 1228 号民事判决书。

在制作过程投入智慧、体力及资金。[1]

我国对大部分作品独创性程度的要求更偏向于采用作者权体系，即具有作者个性化表达的智力成果才构成作品。但本文认为，对于独创性程度而言，不能仅采用一般性判断标准，实践中还是要根据作品类型及个案进行具体分析和综合认定，不能一概而论。

（二）短视频独创性的认定方法

短视频是由连续画面组成的集合，制作过程包括选题、拍摄及后制等步骤，制作者通过选择性地在连续画面中穿插背景音乐、字幕及特效，最终形成一条完整的短视频。实际上，制作短视频的各个步骤均有可能体现制作者的选择与取舍：如制作者在借助摄像设备记录连续画面时，若能体现出其精心安排的角度与拍摄手法，短视频便具备了一定程度的独创性；而在后制时，若能体现出其精妙的情节设计与剪辑手法，短视频的独创性便进一步得到提升。因此，短视频的制作过程可以体现出制作者的选择与取舍，符合具有独创性的作品要件。[2]有观点以短视频的时长较短否定其独创性。其实，在较短的时长内使短视频具备独创性更考验制作者的文学、统筹及艺术等功底，制作者旨在借助镜头语言于较短时长内作出不同表达，这更需要制作者通过精妙的构思与精练的语言来表达其创作意图，更能体现独创性。

综上，本文认为，判断短视频的独创性只需判断其创作具有独立性与创造性即可。独立性要求短视频制作者在不抄袭和剽窃的前提下独立完成创作，而创造性则要求短视频能够体现出制作者的个性化选择与编排，使其表达能够与既有的表达作出识别与区分。故对短视频的创作高度不宜苛求，宜采用最低独创性判断标准，一般认为只要能体现出制作者个性化表达即可认定其有独创性。

三、短视频的类型认定

（一）具有独创性的短视频构成视听作品

具有独创性的短视频在表现形式上与《著作权法》（2010 年修正）中的

---

〔1〕 李金宝、顾理平：《数字版权背景下短视频侵权困境及治理策略——基于短视频独创性视角》，载《编辑之友》2021 年第 11 期。

〔2〕 苏冬冬：《短视频作品属性的认定研究》，载《河南工业大学学报（社会科学版）》2021年第 6 期。

类电作品极为相似，都是由有伴音或无伴音的连续画面形成的集合，而二者的独创性均体现在制作者对连续画面的选择与编排上。因此，这类短视频符合类电作品的构成要件而被认定为类电作品。如北京互联网法院审理的"抖音诉百度案"，[1]法院因涉案短视频具备独创性而将其认定为类电作品。此外，有观点认为《著作权法》（2010年修正）中的电影作品和类电作品范围可以囊括所有具有独创性的连续画面，《著作权法》（2020年修正）中使用视听作品替换电影作品和类电作品不属于实质性修改，仅改变作品名称。[2]本文认为，因具备独创性而能够构成类电作品的短视频，同样也能构成视听作品。

（二）不具有独创性的短视频构成录像制品

并非所有短视频均能构成视听作品。对部分用户进行简单机械式拍摄而未达到视听作品创作高度的短视频，由于这类短视频仍然符合有伴音或无伴音的连续画面形成的集合这一要素，而根据二分法的立法结构及《著作权法》（2020年修正）保留了对录像制品的规定，法院一般将这类短视频归入录像制品。如上海市杨浦区人民法院审理的"新梨视诉优酷案"[3]，因涉案短视频是由镜头拉伸、机位改变等机械录制和剪辑所形成的连续画面而被法院认定构成录像制品。

不过，有观点认为录像制品的主体必须符合音像制品制作主体资格，而大部分短视频因制作者不具备这类主体资格而无法构成录像制品。[4]本文认为，将独创性程度有所欠缺的短视频认定为录像制品并非《著作权法》规定的录像制品，其含义仅为日常生活意义上使用的录像制品，非法律意义上的概念，因此，无须从制作主体资格角度进行认定。事实上，独创性兼具事实判断与价值判断，在对短视频进行分类时，除要考虑独创性程度外，还需要根据其艺术价值与经济价值进行综合判断，如短视频被侵权足以体现其市场价值。[5]因此，具有独创性的短视频可构成视听作品受著作权保护，对缺乏独创性的短视频可认定为录像制品受邻接权保护。

〔1〕 北京互联网法院［2018］京0491民初1号民事判决书。

〔2〕 王迁：《论视听作品的范围及权利归属》，载《中外法学》2021年第3期。

〔3〕 上海市杨浦区人民法院［2017］沪0110民初22129号民事判决书。

〔4〕 孙山：《短视频的独创性与著作权法保护的路径》，载《知识产权》2019年第4期。

〔5〕 宋蓓娜：《著作权保护中对短视频作品属性的认识误区与重构》，载《传播与版权》2022年第6期。

结　语

短视频作为互联网媒体新宠，在获得关注、取得收益的同时，也应担负起著作权保护的重任。本文从独创性要件分析了短视频的独创性标准及其类型划分等问题，得出将具有独创性的短视频认定为视听作品，而将独创性程度有所欠缺的短视频认定为录像制品的结论，这是解决短视频著作权侵权及著作权保护问题的基础。

论知识产权保护与贸易关系的平衡

崔海悦*

摘　要：随着全球贸易的不断发展，对知识产权的保护需求也日益凸显。贸易的发展对知识产权的保护提出了新的需求。知识产权是对创造性智力成果的法律保护，包括专利、商标、版权和商业秘密等，是现代经济发展的重要组成部分，对于促进创新、保护创造者权益以及推动贸易发展起着重要作用。本文旨在探讨知识产权与贸易之间的相互关系。

关键词：知识产权　创新保护　全球化

引　言

知识产权与贸易之间的关系是全球经济发展中的重要议题。本文将探讨贸易对知识产权保护的重要性，分析知识产权对贸易的影响以及贸易对知识产权的保护需求，阐述其对经济成长、技术创新和贸易合作的影响，并提出平衡知识产权保护与贸易的建议。

一、知识产权保护对贸易的影响

知识产权对贸易具有重要的影响。知识产权保护鼓励创新和技术进步，提高企业的竞争力，促进市场准入。各国应加强知识产权保护，制定更完善的相关政策和法规，为创新和贸易的发展提供良好的环境。只有通过保护知识产权，才能实现创新与贸易的良性循环，推动经济的可持续发展。

---

* 崔海悦（1992 年—），女，汉族，吉林人，中国政法大学同等学力研修班 2022 级学员，研究方向为知识产权法学。

（一）知识产权保护在创新过程中有效推动贸易发展

创新是企业参与国际竞争的核心优势来源，也是推动企业对外直接投资高质量发展的不竭动力。[1]知识产权保护为创新者提供了合法的利益保障，从而获得合理的回报。这种激励机制促进了技术进步，推动了新产品、新技术的出现。在国际贸易中，高质量和高价值的产品在国际市场上具有竞争力，创新的产品和技术往往是吸引消费者和进口商的重要因素。有了有效的知识产权保护，创新者可以在国际市场上获得更多的竞争优势，增加贸易机会和市场份额。在经济分析法学看来，社会成本的存在为法律干预社会经济生活提供了理论依据。"法律的目的就是使行为的社会成本缩减到最低限度，从而实现最佳社会效率。"[2]

（二）提高市场竞争力并促进贸易增长

知识产权保护有助于提高企业的竞争力。通过保护自己的知识产权，企业可以对其创新、技术或品牌进行商业化，能够防止他人盗用或侵权，确保其独特的竞争优势。差异化产品往往有更高的市场溢价和竞争力，这使得企业能够更好地与竞争对手竞争，提高产品的品质和信誉，吸引更多消费者和合作伙伴，从而在国际贸易中取得更大的成功。"保护知识产权有助于提升产业链供应链安全稳定水平。"中国专利代理（香港）有限公司总经理、中国知识产权研究会副理事长、国际保护知识产权协会中国分会副会长吴玉和在链博会上接受媒体采访时表示。[3]

（三）知识产权保护维护贸易秩序和公平竞争

知识产权保护是进入某些市场的重要条件之一。一些国家要求企业在进入市场之前必须获得相关的知识产权保护，以确保产品的合法性和质量。此外，国际贸易谈判中的知识产权保护问题也成为重要议题。各国通过签订双边或多边协议，就知识产权保护达成共识，为企业提供了更好的国际贸易环境和机会。知识产权保护的加强可以减少贸易中的不公平竞争现象，维护市场的公平和秩序，有助于维护贸易的秩序和促进公平竞争。

---

〔1〕 蒋殿春、彭大地：《国内知识产权保护与企业对外直接投资》，载《国际贸易问题》2023年第10期。

〔2〕 钱弘道：《经济分析法学》，法律出版社2005年版，第7页。

〔3〕 钱颜：《加强知产保护 打造稳定贸易环境》，载《中国贸易报》2023年12月6日。

二、贸易对知识产权的保护需求

贸易在全球经济中扮演着至关重要的角色，对知识产权的保护需求也随之增加。知识产权保护不仅有利于创新和技术进步，还可以促进公平竞争和可持续发展。本文将探讨贸易对知识产权保护的需求，包括市场准入、技术转移和跨国合作三个方面。

（一）市场准入的需求

贸易对知识产权保护的需求在市场准入方面尤为显著。许多国家要求进口产品必须符合知识产权保护的规定，因此投资者通常倾向于在能够保护知识产权的国家或地区投资，以减少知识及技术的盗窃和剽窃风险，并确保其知识和技术的独占性。这既是对知识产权的重视，也是为了保护国内市场的合法性和公平性。只有建立有效的知识产权保护制度，才能够鼓励创新和技术进步，为跨国投资提供一个可靠和稳定的环境，从而促进市场准入，保证贸易的顺利进行。

（二）技术转移的需求

贸易对知识产权保护的另一个需求是促进技术转移。通过技术合作和技术转让，企业能够共享并传递知识和技术。发达国家通常拥有先进的技术和知识产权，而发展中国家需要这些技术来推动本国产业的发展。贸易可以促进双方之间的技术转移和合作，但这需要在知识产权保护方面达成共识，建立在知识产权保护的基础上。只有保护知识产权，确保知识产权的安全性，才能够使技术转移得以顺利进行，推动发展中国家的经济增长。

（三）跨国合作的需求

贸易的全球化趋势使得跨国合作成为常态，然而贸易中的恶意侵权行为会导致技术和知识的失窃，并进一步削弱企业的竞争力和市场地位。因此，为了保护知识产权所有者的合法权益，预防和惩罚侵权行为，知识产权保护在这种合作中起到重要的作用。跨国合作往往涉及合作伙伴之间的技术分享和知识交流，而这些都需要保护知识产权的支持。只有确保知识产权的保护，才能够建立起信任和合作的基础，推动跨国合作的顺利进行。

三、平衡知识产权保护与贸易的建议

（一）推动技术转移和技术合作

为平衡知识产权保护和贸易，发达国家可通过技术转移和技术合作来促进知识的流动。有助于发展中国家提升自身的技术水平和产业竞争力，从而更好地参与国际贸易，并减少对知识产权的依赖。通过建立技术转移的机制和合作平台，促进技术的共享和交流，实现知识产权保护与贸易的双赢。强化与贸易相关的知识产权保护，增强知识产权保护国际合作，激励企业加强自主创新、提高出口技术含量；稳步推进要素市场化配置，构建要素充分竞争、有序流动的统一大市场，提高资源配置效率和公平性；完善技术创新市场导向机制，强化企业创新主体地位，促进各类创新要素向企业集聚。[1]

（二）加大知识产权保护的执法力度

对于侵权行为的处罚力度应进一步加大，打击侵权行为和不正当竞争行为，提高侵权成本，保护创新者的合法权益，以强化知识产权保护的制度效力。公正、高效的司法体系有助于为知识产权的保护提供可靠的环境，并为受益人提供更强的保护，也要确保执法过程的公正和透明，避免滥用知识产权保护的权力。

（三）促进知识产权的合理使用以避免过度保护

知识产权保护不应成为创新和发展的障碍。各国应鼓励知识产权的合理使用，例如通过许可和合作等方式，促进技术的传播和创新的合作，以实现知识产权保护与贸易的平衡。在保护知识产权的同时，要充分考虑发展中国家的实际情况，给予一定的过渡期和特殊待遇。例如，对于发展中国家的药品生产，可以允许其在专利保护期内生产仿制药，以满足国内公共卫生需求。

（四）加强对知识产权的宣传与教育

加强对知识产权保护的宣传和教育，以大众媒介为平台，增加知识产权关注度。[2]提高公众对知识产权保护的认识和重视程度，这有助于营造一个尊重知识、尊重创新的社会氛围，为知识产权保护和贸易发展创造良好的环境。

---

〔1〕 沈国兵、徐源晗、沈彬朝：《知识产权保护、出口技术含量与中国企业出口市场多元化》，载《世界经济研究》2023 年第 8 期。

〔2〕 李丽：《我国公众知识产权意识培育与提升的路径探析》，载《新闻研究导刊》2020 年第 10 期。

结　语

知识产权保护可以促进贸易发展，在国际贸易中，知识产权的保护对于防止侵权行为和不正当竞争至关重要。知识产权保护可防止他人未经授权使用他人的创新成果，保护创新者的合法权益，可以鼓励企业进行技术转让和合作，促进国际贸易的公平和有序发展。

论物权期待权在执行异议案中的实现

——以经济适用房买受人物权期待权为视角

高　奇*

摘　要：明确经济适用房买受人物权期待权的实现程序，有助于明确买受人物权期待权的法律地位以及人民法院相关执行行为的合法性，切实维护案外人执行异议之诉的胜诉权益，减少其诉累，维护法律公平公正。本文旨在以经济适用房买受人物权期待权为视角探讨物权期待权在执行异议案中的实现程序。

关键词：经济适用房　买受人　执行异议　物权期待权

引　言

经济适用房买受人在提请执行异议及执行异议之诉时与人民法院之间存在大量信息差，导致案外人在适用最高人民法院《关于人民法院办理执行异议和复议案件若干问题的规定》（以下简称《执行异议和复议案件若干规定》）第 28 条之规定对权利进行救济时，代理人在当事人与法官之间产生了大量非必要沟通成本，如请求停止执行的案号如何确认、房屋购买余款如何缴纳与分配、被执行人的其他执行案件如何处理等，这主要是因为物权期待权的实现在执行异议中存在阻碍。

一、问题的提出

经济适用住房，是指政府提供优惠政策，限定建设标准、供应对象和销

---

* 高奇（1996—），男，浙江杭州人，浙江金简律师事务所专职律师。

售价格，具有保障性质、购房人拥有有限产权的政策性住房。[1]现阶段经济适用住房可分为一类经济适用房和二类经济适用房，一类经济适用房是两限房房本，必须满 5 年以后才可以交易；二类经济适用房指的是回迁房、单位集资建房等，房本未满 5 年也可以交易。[2]

在实践中，对于经济适用房买卖合同的合法性，人民法院会根据法律事实发生的时间不同，区分适用《民法典》第 143 条之规定进行认定。出于对诚信原则以及信赖利益的保护，法院一般会倾向于认定经济适用房买卖合同有效；但是，一类经济适用房有五年的交易限制。因此当事人在交易限制期内交易经济适用房的，将必然导致房屋因政策限制无法及时办理过户。在房屋买卖合同生效至政策限制解除期间，就容易出现"房屋被查封""一房二卖"等导致经济适用房买受人物权期待权难以实现的情形。

二、物权期待权的概念及性质

（一）物权期待权的概念

物权期待权概念最早源于德国帝国法院 1920 年的判决确认，后来逐渐被其他大陆法系国家所接受，它是指对于签订买卖合同的买受人，在已经履行合同部分义务的情况下，虽然尚未取得合同标的物的所有权，但赋予其类似所有权人的地位，其物权的期待权具有排除执行等物权效力。[3]由于我国现有的法律规范并没有给物权期待权赋予明确的法律定义，物权期待权目前在国内还只是一种学理称谓。

（二）物权期待权的性质

从学理上看，对于物权期待权的性质目前有三种观点：一是物权说，二是债权说，三是临界权说。对此，申卫星认为："不动产买受人支付一定数额的价款后，法律基于'无产者无恒心'的价值观念，使买受人请求出卖人协助其办理过户登记手续以转移所有权这一债权物权化。"[4]具体而言，物权期待权的效力不如具有对世性的物权，但其所享有的信赖利益保护又大于一般

---

[1] 《经济适用住房管理办法》第 2 条。

[2] 参见"儒行集团"微信公众号。

[3] 参见 http://www.faxin.cn/lib/twsy/twsycontent.aspx? gid = A296733&tiao = 28，最后访问日期：2024 年 1 月 16 日。

[4] 申卫星：《所有权保留买卖买受人期待权之本质》，载《法学研究》2003 年第 2 期。

债权。根据我国现有的《执行异议和复议案件若干规定》第 28 条之规定，其权利源自当事人"在人民法院查封之前已签订合法有效的书面买卖合同"。因其满足该条规定的条件后能阻却执行，其效力已优于债权；但是，该条款并未直接确认案外人对争议标的物享有所有权，所以本文认为物权期待权应被认定为一种临界权。

三、执行异议中物权期待权难以实现的原因

（一）执行异议的被申请人及被告难以穷尽列举

由于信息的不对称，买受人在提前执行异议或起诉时难以穷尽列举执行异议的被申请人和执行异议之诉的被告。首先，房屋买受人与出卖人信息不对称，被执行人很少主动向他人透露自身被执行案件；其次，执行法官与案外人信息不对称，执行案件的承办通常具有一定保密性，导致许多执行案件信息无法传达至房屋买受人（即案外人）；最后，案外人基于自身认知水平限制难以完全了解被执行人案件全貌。本文认为造成前述现象的主要原因有三：

（1）执行案件自身案情不同，个别案件存在因申请执行人选择不查封或未及时续封等原因导致执行标的查封情况无法直接反应房屋所有人的被执行情况。买受人得知买受房产被执行的一项重要途径，便是从不动产登记部门处查询获悉。不动产登记簿信息虽然会显示房产的被查封情况，但是当案件申请执行人不查封或未及时申请续封时，不动产登记簿显示的房屋所有人被执行案件信息就会缺失，从而导致买受人无法了解执行案情全貌。

（2）人民法院为提高效率而简化"一人多案"情形下的执行程序，仅在一个案件中采取查封、腾房、拍卖等执行措施。买受人另一种获取信息的正当途径是通过法院发布的查封或腾房公告。当同一被执行人名下有多个案件被执行时，人民法院为减轻工作量，往往采取只在一个案件中推动执行。这就导致了被执行人其他执行案件容易被忽略的结果。

（3）法院的执行信息公开查询系统存在维护期，房屋买受人如果在维护期内查询被执行信息，可能无法获悉被执行人的全部案件。

这将导致如下问题：

（1）从法院角度而言，其审判权受到原告（即买受人）诉请的限制，若原告无法穷尽列举被告，则最终判决文书只能对其主张的执行案件判决停止执行，而其他案件的申请执行人仍然可以向人民法院申请执行。无法穷尽列

举执行异议之诉中的被告，可能导致人民法院反复受理对同一执行标的所提出的执行申请、执行异议、执行异议之诉等情形。

（2）从申请执行人的角度而言，一旦执行异议之诉败诉，其将承担最终的诉讼费用，而被告的遗漏又将导致申请执行人需要承担更高比例的诉讼费用。但是，推动执行的往往是积极性较高的申请执行人，这就可能导致积极的申请人比消极的申请人需要多承担诉讼成本的结果，显然不符合法律所追求的公平价值。

（3）从案外人（即房屋买受人）的角度而言，容易造成其诉累。若被遗漏的申请执行人再次申请执行，买受人就需要另行垫付诉讼费或者支出律师费用来处理被遗漏的异议案件。

（二）执行法院缺乏执行依据

目前法律没有明确规定买受人按照人民法院要求将合同余款交付执行后何时对该余款进行分配，因此导致执行法院缺乏执行依据，从而影响买受人物权期待权的实现。

《执行异议和复议案件若干规定》第28条之规定，人民法院支持买受人提出的执行异议并排除执行的前提是同时具备该条第1款的四项条件，其中第3项规定，买受人需"已支付全部价款，或者已按照合同约定支付部分价款且将剩余价款按照人民法院的要求交付执行"。但是，现有法律法规及相关规定却没有进一步规定该笔款项何时进行分配，导致物权期待权难以及时实现。如果分配过早，案外人执行异议之诉在判决文书生效以前又将面临二审改判的不确定性，从而进一步损害买受人的合法权益，扩大买受人的执行风险。

四、物权期待权在执行异议中的实现建议

针对上述物权期待权难以实现的原因，本文提出如下建议：

（一）通过相关规定明确公开信息的内容

为提高法院审理效率，避免当事人产生诉累，建议出台相关规定明确可以向买受人公开的信息内容，如执行案号、申请人基本信息等，或者法院在受理执行异议后应主动追加其他申请执行人为案件当事人，避免申请执行人陆续申请，形成非必要的系列案件，从而有效减轻人民法院及当事人的工作量。

（1）建议设立执行异议专款账户。设立执行异议专款，用以接收买受人支付的合同余款。当事人依据《执行异议和复议案件若干规定》第28条之规定第1款第3项向人民法院提前履行合同的行为并非替被执行人代为履行生效文书的行为，而是为了维护自身合法物权期待权而加速合同付款条件成就的一种附条件支付行为，为避免支付款项的性质、用途与其他案款混同，应当设立专款账户，待执行异议之诉终审判决生效后再行分配。

（2）明确买受人支付的合同余款的分配时间。建议立法或出台相关规定确认，买受人支付的合同余款应在执行异议或执行异议之诉生效后再由执行法院进行分配，以同时保障买受人的信赖利益。

结　语

经济适用房买受人在执行异议中的物权期待权的实现对维护房屋买受人合法权利，确保交易安全和社会稳定具有重要意义。因此，为确保经济适用房买受人物权期待权的实现，同时为了节约执行资源和成本，提高办案效率，减少当事人的诉累，需要不断完善相关法律，进一步明确和细化具体的规定及流程。

论职责人员性侵未成年人犯罪的防治

程园媛*

摘 要： 当前性侵害未成年人的犯罪时有发生，其中负有照护职责人员性侵害未成年人（以下简称"职责人员性侵未成年人"），给未成年被害人的身心健康造成长远性、毁灭性的负面影响。2023 年 5 月 25 日，最高人民法院、最高人民检察院联合发布《关于办理强奸、猥亵未成年人刑事案件适用法律若干问题的解释》，进一步明确了职责人员性侵未成年人的加重处罚情节。本文旨在探讨职责人员性侵未成年人犯罪的防治问题。

关键词： 职责人员 性侵害 未成年人

引 言

当今社会中，职责人员性侵未成年人的恶性案件屡禁不止，影响尤其恶劣，群众深恶痛绝。例如，湖南省隆回县某中学教师龙某柱，利用初中班主任的地位，2016 年 4 月至 2020 年 10 月间多次强奸 3 名幼女、2 名未成年少女，猥亵 2 名幼女、1 名未成年少女，造成 3 名被害人自杀自残等严重后果。如何防治此类犯罪，成为全社会密切关注的重要问题。

一、职责人员的含义及范围

根据《关于办理强奸、猥亵未成年人刑事案件适用法律若干问题的解释》第 15 条的规定，"负有照护职责的人员"是指对未成年人负有监护、收养、看护、教育、医疗等职责的人员，包括与未成年人具有共同生活关系且事实

---

* 程园媛（1996 年—），女，汉族，江苏人，中国政法大学同等学力研修班 2023 级学员，研究方向为刑事诉讼法学。

上负有照顾、保护等职责的人员。范围主要包括：监护人；收养人；有照护职责的其他亲属；提供学校教育、校外培训、未成年人安置救助、早教、校外托管、家政服务、医疗服务等企事业单位、社会组织的工作人员。

二、职责人员性侵未成年人犯罪的特点

（一）对象具有特殊性

与网聊见面实施性侵等陌生人强奸犯罪不同，职责人员性侵未成年人犯罪几乎都是熟人强奸，并且往往以照护关系作为掩护。2023 年 6 月 21 日，中国少年儿童文化艺术基金会与女童保护基金、北京众一公益基金会发布的《中国儿童防性侵十年观察报告》指出，自 2013 年起 9 年以来，熟人强奸比例一直居高，其中 2014 年达 87.87%，其他年份多在 70% 至 80% 之间，熟人强奸的案例中，教师、教职工（含培训老师）、亲人亲属、邻居及家庭朋友等群体占比较高。职责人员与未成年被害人的关系可能是监护人、亲属、师生等，被害人因在物质生活、精神生活上需要长期依赖负有照护职责的人，从而形成了不能、不敢或不知反抗的状态。

（二）犯罪手段更隐蔽

首先，与陌生人强奸相比，职责人员性侵犯罪通常发生在隐蔽的场所，无其他见证人在场，音视频资料更是缺少，一般不为外人所知，甚至同一屋檐下其他共同居住生活的人都很难察觉。[1]其次，职责人员实施性侵前往往进行过精心预谋，且运用照护关系作为掩护，犯罪难以暴露。最后，未成年被害人因为认知能力的缺乏、被性侵的羞耻感、害怕打击报复、对关系破裂的恐惧、不愿声张等原因，往往不敢报案、不愿报案，很多案件是在已经造成严重后果，比如怀孕、自杀、自残之后才公之于众，司法机关主动追查极为困难。

（三）侵害具有长期性

职责人员与未成年人在日常生活中往往长期接触甚至共同生活，在空间上、时间上具有反复作案的条件，给实施性侵带来充足的机会。与此同时，被害人遭受性侵后，由于与职责人员之间的照护关系，更加不敢向父母、老师反映，向公安等寻求帮助，使得此类犯罪具有长期性，有的数次、数月甚

[1] 卢思超：《浅析性侵害未成年人案件的特点及原因》，载《法制与社会》2021 年第 1 期。

至数年。

（四）给被害人造成的伤害更大

职责人员性侵犯罪给未成年被害人造成的不仅是身体摧残，更是心灵上的永久伤害，性侵同时往往伴随着肢体暴力、语言辱骂、名誉威胁等，部分未成年被害者还可能患上各种传染病、多次流产或过早生育，部分被害人患上创伤性应激障碍，严重的患上重度抑郁症、焦虑症，甚至自残自杀。幼年时遭遇性侵害，如果得不到妥善心理干预，成年后更容易对性产生扭曲负面的看法，甚至自暴自弃、抛弃自尊。[1]

三、当前防治职责人员性侵未成年人犯罪的困境

（一）未成年人性教育不完善

一些家长、老师甚至社会人士仍然保有传统的甚至错误的性观念，认为性是羞耻的、污秽的、不可公之于众的，对性教育持否定或回避态度。[2]这种滞后的观念，不仅不能帮助未成年人对自我性保护树立正确的认识，而且更加重了未成年人被侵害后的羞耻感，不敢寻求法律保护。在许多案例中，学生对老师的出格行为没有及时预见危险性，无所适从，只能任其伤害。

（二）侦查定性困难

性侵被害人多为未成年女性，认知能力尚未发育成熟，对犯罪行为缺乏辨别能力，对受害经历缺乏表达能力，对寻求法律帮助缺乏独立能力，形成侦查难、询问难、取证难的工作困境。此类案件大多数手段较为隐蔽，难以发现，加上未成年被害人缺乏保留证据的意识，侦查中除了被害人和犯罪嫌疑人的口供难有其他有力证据，给犯罪侦查和案件定性造成了极大困难。[3]

（三）监护人的监护失职

未成年被害人的监护人没有尽到监护职责，更易使加害人有机可乘。部分被害人的监护人双双外出打工，将孩子留给村里的老人照护，部分监护人

---

〔1〕 顾兴立：《学校应对未成年学生性侵伤害工作浅论》，载《教书育人（校长参考）》2020年第12期。

〔2〕 付小骞、郑文霞：《针对未成年人的性教育问题及发展策略》，载《山西青年》2019年第12期。

〔3〕 车莲珠、吴萍：《性侵未成年人案件证明问题研究》，载《中国检察官》2020年第2期。

因夫妻离异无法照顾未成年人成长，部分监护人忙于生意或事业，对未成年人的身心健康长期缺乏关注。许多未成年人因为缺乏有效监护而成为加害人的犯罪目标，更有甚者，监护人对被监护人实施性侵。

四、负有职责人员性侵未成年人犯罪的防治建议

（一）全面普及未成年人性教育

一方面，联合家庭、学校、妇联、教育、医疗等部门，明确对未成年人开展健康性教育的重要意义，制作符合未成年人认知水平和心理特点的动画短片、科普图书，通过丰富亲子实践活动、开设性教育课堂、性教育讲座等多种形式，全面、规范地实施性教育普及活动。另一方面，积极开展普法活动，通过举办法制讲座、"送法下乡"等活动，宣传性侵未成年人犯罪的行为特点、犯罪构成及违法后果，提高农村地区群众的守法自觉性，形成知法守法的良好风气。

（二）国家干预弥补监护空白

针对监护人外出打工、离异等未尽到监护职责的情况，被监护人居住地居委会、村委会、民政部门、学校等部门应当酌情干预，定期关注此类未成年人的生活、学习状态，建立未成年人代监护档案，弥补父母在因客观原因暂时无法或者不能完全履行监护职责时的监护空白。

（三）注意保护隐私

由于案件涉及未成年被害人隐私，被害人具有强烈的羞愤心理，因而侦办案件时未成年被害人的姓名、身份、住址及案情细节都应该注意严格保密，法院审理时应当依法不公开审理，宣读被害人证言时应当隐去被害人信息，媒体报道时不能公开可能推测出未成年被害人身份的信息。[1]

（四）完善心理疏导救助

妇联、教育、医疗等等部门应当派有心理疏导经验的工作人员，对未成年被害人及家属及时开展心理疏导，帮助未成年人及家属早日走出犯罪阴影。

---

〔1〕 杨光祥：《强奸案件未成年被害人的心理疏导》，载《青少年犯罪问题》2003 年第 6 期。

结　语

保护未成年人的安全，是宪法规定的国家义务。国家、社会、学校、家庭都是保护未成年人健康成长必不可少的环节，必须联合起来，承担责任、共同防治当前未成年人屡遭性侵的风险，特别是防治当前职责人员性侵未成年人的风险。

论婚外财产赠与行为法律效力的认定

张利祯*

摘　要：现阶段，婚外财产赠与的争议案件日渐增多，法律对于赠与行为的效力没有明确的规定，学界主要存在着三种学说，即全部有效学说、部分有效学说和无效学说。不同的学说对婚外财产赠与的法律效力及法律后果有不同的理解，不同的学说也会影响此类案件的审理结果。本文旨在探讨婚外财产赠与的法律效力及法律后果问题。

关键词：婚外财产　赠与行为　法律效力

引　言

在我们的日常生活中，虽然不是每一次赠与行为都要书面赠与合同，但赠与行为的产生背后是由赠与合同所支撑。

一、有关赠与行为法律效力的三种学说

赠与合同的成立需要具备以下要件：一是赠与人处分的必须是自己有处分权利的财产；二是赠与人赠与的意思表示必须明确，受赠人要有接受赠与的意思表示，可以是明确的意思表示，也可以通过其行为作出接受的意思表示。有关赠与行为的法律效力，学界主要有三种学说：

（一）全部有效学说

该学说认为，赠与是双方意思表示一致自愿达成合同，且合同内容不违反法律的强制性规定；当合同符合赠与合同的有效要件，特别是夫妻一方赠

＊　张利祯（1997 年—），女，汉族，河北人，阳原县司法局科员，研究方向为民商法学。

与第三者的财产属于其个人财产时，该赠与合同为有效合同毫无疑义；抛开被赠与方是第三者的身份，赠与合同只要是双方自愿意志订立的，合同成立是必然的，况且婚外同居当事人之间的民事法律行为与其他人的民事法律行为一样，法律未曾有"当事人不能接受已婚者给予财产的禁止性规定"，被赠与人有接受赠与的权利，也应受到法律的同等保护。虽然婚外同居违反公序良俗，但仍应对善良受赠人的信赖利益[1]进行保护，应当确认赠与合同有效。

（二）部分有效学说

该学说认为，在一般家庭中，夫妻共同财产的来源，为夫妻双方或一方所得的财产，包括夫妻通过劳动所得的财产和其他非劳动所得的合法财产，法律直接规定为个人特有财产的和夫妻约定为个人财产的除外。因此，夫妻双方中的一方对婚外同居者的赠与，是实际处分夫妻共同财产，是对无过错配偶财产权的侵犯。夫妻一方无权处分如房产、大额现金等关系重大的、不属于一般家事代理权范围内的夫妻共同财产，但是属于其自身所有的财产赠与第三者的行为是有效的。我国《民法典》中第 1063 条列举的夫妻关系存续期间的属于个人财产的情况，如果赠与人将《民法典》第 1063 条中列举到的个人财产赠与同居者，此部分赠与应当是有效的。因此，在判断婚外赠与行为的有效与否，应遵循区分主义原则。赠与人处分的是个人财产的，只要此部分没有超出个人支配限度，即赠与人处分的是自己的个人财产或夫妻共有财产中属于自己的部分，且赠与人与受赠人之间具有真实意思表示，不存在恶意串通或者以赠与方式转移财产从事非法目的的，其赠与行为可以部分有效，反之亦然。

（三）无效说

目前，无效说已经成为实务界的主流观点。该学说成为主流观点主要有以下几方面原因：其一，法律及公序良俗要求婚姻双方当事人恪守婚姻。公序良俗既是道德约束更是法律约束，婚内与他人同居本就是违反道德与法律的行为，将婚内财产赠与第三人的行为更是对公序良俗原则的违反。其二，夫妻双方对于夫妻共同财产的处分享有平等的处分权和所有权，只有在夫妻

---

[1] 王嫄雪：《夫妻一方赠与第三者财产的法律效力分析》，载《湖北警官学院学报》2015 年第 8 期。

关系终止时，才可以对共同财产进行分割，婚姻关系存续期间，不明确共同财产的彼此所占份额。在婚姻关系存续期间内，非因婚内夫妻共同生活且未取得另一方同意的对夫妻共同财产处分赠与第三人的行为是对配偶财产权的侵犯，因此对婚外同居对象的赠与行为是效力待定的行为，如无过错方配偶进行否认，此赠与行为应当无效。司法实践中，若以"无权处分制度"[1]认定该赠与无效之后，判决结果通常为"全部返还"，此结果可能在某种程度上促进婚外情现象的发生，使得赠与人成了婚外同居行为最大的受益人。

二、婚外财产赠与行为法律效力的认定路径

夫妻一方赠与第三者财产的合同效力不因违反公序良俗原则而当然无效，也不仅仅因尊重当事人的意思自治而一律认定有效，需要具体情况具体分析，在当事人之间进行利益衡量。

（一）当事人的利益衡量

1. 第三者利益

婚姻中的各种不稳定因素破坏了夫妻感情，事实上，部分婚外同居关系的发生并不完全是第三者的过错。相对于有社会经验的已婚者来说，立法不能要求其承担所有的责任。对于一些被欺骗成为第三者的人，在接受赠与的时候对赠与人的婚姻状况完全不知情，在不属于法律规定的返还情况时，赠与合同有效且不需要返还。

2. 过错配偶的利益

明知自己已婚还要与他人婚外同居，显然是具有重大过错的。但是，现实生活纷繁复杂，不能"一刀切"地认定有婚外同居行为的夫妻一方须承担全部责任。在现实中，有所谓的"无过错方"长期离家，对配偶及孩子不闻不问，空有夫妻之名，婚姻家庭名存实亡。此时，与他人同居一方毫无疑问有过错，但不应承担婚姻破裂的全部责任。此种情况下，婚外同居行为显然不是导致夫妻感情破裂的原因，此种情况下，不能简单地因为有婚外同居行为而毫不维护有过错方的利益。

3. 无过错配偶的利益

在通常的司法实践中，当赠与人将大量财产无偿赠与第三者时，无过错

---

[1] 胡慧、张荞文：《涉婚外情赠与合同效力探究》，载《法制博览》2023 年第 5 期。

配偶要承担财产损失和精神打击。善意第三人有权接受赠与，所以无过错配偶方只能要求过错配偶方弥补损失。但只有在离婚时，才可以要求过错配偶赔偿损失。如果无过错配偶因为夫妻感情、社会影响、老人子女等原因没有选择离婚，他的权益应该如何维护？有学者指出，此时可以适用婚内损害赔偿制度，过错配偶可以用相当于赠与第三人财产价值的金钱对无过错配偶进行赔偿。[1]但在婚姻关系存续期间，夫妻任何一方都无权请求分割共同财产。

（二）个案进行认定

由于婚内向第三者赠与之法律适用的复杂性，不能笼统地只从法律层面来考虑和判断，也应当结合当事人的主观心理、赠与财物的价值大小，以及赠与的是夫妻共同财产还是赠与人个人财产，对于此类案件区别对待，个案认定，在认定时应考虑以下因素：

1. 当事人的主观心态

虽然社会给第三者贴上破坏别人家庭的标签，但并不是所有第三者都是故意的。事实上，主观善意的第三者往往是受害者。区分赠与人的动机，一般不应该把赠与行为和维持正当关系"捆绑"在一起。如果是以建立或者维持非法同居为目的的赠与，该行为应当无效；但如果是自愿赠与解除非法同居关系，原则上应该是有效的。区分"第三者"的善恶，如果认定所有婚外赠与无效，"第三者"应当返还赠与标的物，那么过错配偶与他人发生不正当婚外关系的违法成本太低，会导致婚外情泛滥。

2. 赠与财产价值大小

给予个人财产原则上是有效的，但如果给予的财产价值过大则另当别论。给予第三者的财物价值过大，一方面可能对社会产生错误的价值取向；另一方面，可能影响家庭生活的物质基础，从而损害赠与人其他家庭成员的利益。当然，如果构成"恶意串通，损害他人利益"[2]，则应直接确认赠与无效。

结 语

在判断夫妻一方擅自将共有财产赠与婚外同居者的行为的法律效力时，

---

〔1〕 郭英华、左惠：《婚内向"第三者"赠与法律适用的困境及出路》，载《行政与法》2016年第 4 期。

〔2〕 周建楠：《公序良俗挑战之法律回应——基于婚外同居赠与行为的效力判断》，载《辽宁工业大学学报（社会科学版）》2017 年第 6 期。

适用公序良俗原则有其合理性和必要性，但在判断此类赠与行为效力时，不仅要考虑是否违反公序良俗原则，也要综合当事人的主观过错、是否知情等具体原因进行具体分析，并适用"不法原因给付"[1]理论来反驳赠与一方的返还财产请求，以期达到对过错方的惩罚以及对无过错方的保护的双重目的。

---

[1] 杨勇：《不法原因给付的困境与规则构建》，载《交大法学》2023 年第 3 期。

论居住权制度的不足与完善

曹 炀*

摘 要：居住权制度在保障弱势群体基本生活需求，丰富居民住房形式以及完善我国住房保障体系方面具有重要意义，特别是随着我国人口老龄化的不断加重，该制度价值更加显而易见。然而，我国的居住权制度还存在诸多不足，难以适应老龄化社会对居住形式的多样化需求，亟需予以完善。本文旨在探讨我国居住权制度的不足及完善问题。

关键词：居住权 《民法典》 合同

引 言

居住权作为一种基本的人权，越来越受到人们的关注，特别是随着社会人口老龄化的不断加剧，居住形式的多样化需要也越来越多，居住权制度面临着诸多挑战。

一、居住权制度概述

（一）居住权制度的概念

居住权最早产生于罗马家庭关系中，[1]与财产继承制度密切相关，居住权是我国在《民法典》物权编新增的用益物权的种类。具体是指权利人为了满足生活居住的需要，按照合同约定或遗嘱，在他人享有所有权的住宅之上设立的占有、使用该住宅的权利。

---

* 曹炀（1988年—），女，汉族，辽宁人，盘锦市公安局大洼分局干警，研究方向为民商法学。
〔1〕 周枏：《罗马法原论》（上册），商务印书馆2014年版，第414页。

（二）居住权的设立方式

在我国只有合同和遗嘱两种设立方式。

1. 以合同方式设立

《民法典》第 367 条的规定了以订立合同的方式设立居住权。居住权合同，是指居住权人与房屋所有权人之间为设立居住权而达成的合同。以合同方式设立居住权，是最为常见的居住权设立方式。居住权合同应当采用书面形式订立，属于要式合同。书面合同有利于当事人谨慎订立合同，保留意思表示证据，有利于减少和解决纠纷。

2. 以遗嘱方式设立

《民法典》第 371 条规定了以订立遗嘱的方式设立居住权。遗嘱是一种单方民事法律行为，住宅所有权人可以在生前订立遗嘱，通过相应的意思表示，为居住权人设立居住权。

《民法典》规定以订立遗嘱的方式设立居住权，参照适用合同设立居住权的规定。由此，结合《民法典》继承编的规定，遗嘱设立居住权有如下规则：①遗嘱设立居住权，应参照合同设立居住权，采用书面形式。②遗嘱中确立的居住权人如是住宅所有权人的法定继承人，则居住权的设立属于遗嘱继承，继承人无须为接受居住权的意思表示；居住权人如不是住宅所有权人的法定继承人，则居住权的设立属于遗赠，受遗赠人需要在知道受遗赠后 60 日内作出接受居住权的意思表示，否则视为放弃受遗赠。③依据《民法典》第 230 条的规定，因继承取得物权的，物权自继承发生时发生效力，不以登记为生效要件。④遗嘱设立的居住权，其包含的居住的条件和要求、期限、是否有偿、居住权住宅是否可以出租等，均遵循遗嘱的内容，居住权人不得擅自违背遗嘱的规定。

二、我国居住权制度的不足

（一）不得转让的规定不利于权利人权益的保护

罗马法主张居住权可有偿转移但不得无权赠予，[1]《德国民法典》规定

---

〔1〕 ［意］彼德罗·彭梵得：《罗马法教科书》，黄风译，中国政法大学出版社 1992 年版，第 251 页。

德国人和有权利能力的合伙可以转让。[1]但我国《民法典》第 369 条规定居住权不得转让和继承，且没有当事人约定排除适用的例外，如此规定不利于权利人权益的保护。

（二）居住权设立方式较单一

居住权设立方式单一不利于保护弱势群体的居住利益。《民法典》第 367 条和第 371 条规定以合同与遗嘱的方式来设立居住权，居住权以当事人基于合意或者房屋所有人的主观意思而设立，在《民法典》中并不包含以法律的明确规定而能够直接设立居住权的情形，在我国《民法典》中设立法定居住权还是存在一定难度的，如果简单地将居住权设立的法定形式交由法官来裁量，当法官"自由心证"的高度盖然性的标准不一致时，就有可能出现"同案不同判"的情况。[2]

（三）权利顺位不明

居住权与其他权利的权利顺位不明，不利于对居住权利的保护。

居住权是物权，一物一权原则下仍可能存在多项权利，居住权的成立以登记为要件，而债权的设立并不要求登记。居住权的权利性质是用益物权，它的权利内容包含对该建筑物无障碍地直接或间接占有和使用，而建筑物常成为实现其他权利的执行标的物，从而容易产生权利冲突：

（1）居住权与法律文书记载的权利冲突。生效法律文书如果需要执行房产，而此房产正好设立了居住权，同时该居住权人对法律文书记载的权利不知情，那么当法院通过拍卖等方式执行房产时就会与居住权人产生矛盾冲突。

（2）居住权与抵押权冲突。[3]因为法律没有规定居住权与其他权利的顺位问题，直接导致抵押权和居住权的冲突，当同一个标的分别设置居住权和抵押权，通过拍卖等方式实现抵押权利就会导致居住权的存续问题，如果居住权利一直存续，也会直接导致抵押权利无法实现，容易引起矛盾冲突。例如，居住权和抵押权都是以登记为构成要件，先设立居住权后设立抵押权，后设立的抵押权是否需要经过居住权人的同意，先设立抵押权后设立居住权，后设立的居住权是否需要经过抵押权人的同意，这两个问题都与居住权和抵

---

[1] 陈卫佐译注：《德国民法典》，法律出版社 2004 年版，第 326 页。

[2] 房绍坤：《民法典物权编之检视》，载《东方法学》2020 年第 4 期。

[3] 林亚婷：《居住权与以房养老的契合以住房反向抵押现存问题为切入点》，载《实事求是》2019 年第 1 期。

押权的权利顺位规定密切关联。

三、我国居住权制度的完善建议

（一）规定居住权可以转让

居住权最早规定于人役权[1]的框架下，但是我国并无此架构体系，且我国居住权制度曾在《物权法》中被删除，《民法典》的出台，重新提出居住权的概念。更加适应我国社会实际需要。为更好地发挥制度的作用，应将不得转让的规定变更为一定条件下允许转让。使居住权发挥更大的作用，避免因不得转让导致的经济损失和可期待利益损失。将居住权从功能上进行划分，可以划分为伦理性居住权与投资性居住权，前者属于典型的人身权，考虑到家庭婚姻问题、老年人赡养问题，应赋予弱势方享有无偿使用居住他人房屋的权利，这种伦理性居住权着重保护弱势者权益。但是我们不能忽略居住权的投资性作用，[2]投资性居住权相对更能适应现代经济社会发展的需要，当事人可以约定有偿设立居住权，通过给予居住权人对房屋进行投资的权利，最大限度地发挥物尽其用的功能。

居住权作为一种用益物权，其本身就具有经济价值，我国土地承包经营权、建设用地使用权、宅基地使用权同样作为用益物权，在满足一定条件下也可以转让，为应对现实中的需要，准许具有经济性利益的居住权在满足一定条件后可以转让，并不违反物权逻辑和经济规律。所以绝对性地禁止居住权的转让不利于权利人权益的保护。

（二）增设法定居住权

依照《民法典》的规定，仅是以合同或遗嘱的方式来设立居住权不利于达到最初设立居住权的目的。应当为具有特殊家庭关系的主体设立法定居住权，如父母子女之间、夫妻之间等，使他们能够依照法律的规定直接地当然地享有居住权，这一方式对于维持社会的稳定、家族关系的和谐具有重要意义。法定居住权带来的优势是意定方式所不能实现的。例如在双方矛盾激化无法达成合意时，或者一方不具备民事行为能力而无法订立有效合同时，以

---

[1] 陈华彬：《人役权制度的构建——兼议我国〈民法典物权编（草案）〉的居住权规定》，载《比较法研究》2019 年第 2 期。

[2] 马新彦：《居住权立法与继承编的制度创新》，载《清华法学》2018 年第 2 期。

法定的方式直接设立居住权就显得尤为重要。若想设立法定居住权就需要对此进行严格的条件限制，明确划定法定居住权在某种具体情形下的适用标准，这也是制度设计所必需思考和解决的基础问题。

居住权制度设立之初的目的在于保护弱势群体的居住利益，但立法时只在法典中规定该权利单一的设立方式，当双方无法达成合意或者房屋所有权人不主动履行义务时，其实并不利于甚至难以达到上述目的。

（三）明确与其他权利的权利顺位

1. 居住权与法律文书记载的权利

法律文书记载内容中应标明其权利与居住权的权利顺位，并明确提出权利冲突的处理方式。当宪法所规定的基本权利或公序良俗涉及居住权时，居住权的权利顺位应优先于后产生的权利，通过法院的暂缓执行等方式处理，以便保护居住权权利人的基本居住权。

2. 居住权和抵押权的顺位

本文认为可以参照租赁权和抵押权的相关规定，权利顺位取决于谁先发生。居住权设立在先的情况下，居住权应优先，因为二者均属于登记产生的权利，后者不是善意相对人。居住权和抵押权的顺位参照租赁权和抵押权的相关规定处理，更有利于解决权利顺位与冲突。

结　语

随着我国经济不断发展，人口老龄化不断加剧，《民法典》设立居住权既为了解决特定身份关系人生活的伦理救济问题，也为了解决社会民众生活保障问题。居住权制度的完善对于解决养老、离婚或者丧偶时生存配偶的住房问题以及低收入人群的基本住房需求等具有重要意义。

论律师在构建环境公共法律产品中的作用

郭书羽*

摘　要： 伴随科技和经济的高速发展，生态环境问题成为制约人类社会发展的严重问题，构建生态环境公共法律服务产品响应了全社会对解决环境问题的迫切需求。细化公共法律服务领域，充分发挥律师职能，研发专属生态环境领域的法律公共服务产品是提高我国生态法律服务效能的可行路径之一。本文旨在探究律师如何在构建生态环境公共法律服务产品中发挥作用，以为我国生态文明建设作出贡献。

关键词： 律师　公共服务　公共法律产品

引　言

人与自然是息息相关的生命共同体，我国地大物博，资源富集，有着幅员辽阔的优美生态区域。而另一方面生态环境也极为脆弱、敏感。如今气候变化异常，各种极端气候现象频现，物种多样性减少，环境污染严重，因此，构建和谐良好的生态环境愈发紧迫与必要。2023 年 8 月 15 日，我国迎来了首个全国生态日，习近平总书记作出重要指示，强调全社会行动起来，做"绿水青山就是金山银山"理念的积极传播者和模范践行者。[1]建设良好的生态环境离不开法治贡献，为做好生态环境恢复与治理这一建设性工程，有必要将生态环境法律服务纳入公共法律服务体系，积极研发与推行生态环境领域的法律服务产品，让生态环境法律服务走上更为专业化的轨道。

---

* 郭书羽（1997 年—），女，汉族，内蒙古鄂尔多斯人，内蒙古三恒律师事务所律师，研究方向为经济法学。

〔1〕 余锋、梁雅丽、昌苗苗：《人人来做美丽广西建设践行者》，载《广西日报》2023 年 8 月 23 日。

一、环境公共法律服务产品的概念

公共法律服务是政府公共职能的重要组成部分，为满足社会不特定主体的法律服务需求，让更多的人民群众受惠，往往由党委政府主导、社会参与、司法行政机关统筹向全社会提供法律公共服务。环境公共法律服务产品即产品化的法律服务形式在环境公共领域的运用，即在生态环境方面的无形法律公共服务以一套相对固定、具有详细服务内容和流程的方案（产品）展现，使之可量化、可复制、可推广。[1]

二、律师在构建环境公共服务产品中的作用

全国生态环境保护大会特别强调了"要始终坚持用最严格制度最严密法治保护生态环境"。[2]为助力美丽中国建设，立法机关、司法机关、行政机关都立足主责主业，多方合力，为强化生态文明建设提供了全方位保障。同时，政策支持，市场需求提升，生态环境法律服务产品具备了良好的生长发展条件。然而，事实上，因环境法律在近些年才得到更受重视的执行与遵守，导致相应的法律产品数量少之甚少，我国生态环境领域没有成熟且可以广泛推广的法律服务产品。

本文认为，由于公共法律服务与需求之间长期处于供求不足的困境，律师作为掌握法律专业知识与技能的人员，参与到生态环境法律公共服务产品的建设中，将有利于减轻各职能机关的压力，也有利于提高服务产品的质量与水平。此外，生态环境公共法律服务产品作为依托公共法律服务形成的产品化服务体系，对于创新公共服务供给模式，将生态环境领域方面的法律服务产品标准化、规范化、可视化、规模化，促进生态环境可持续发展有着重要意义，[3]而且有利于带动一些法律服务市场较为滞后的区域在该方面的服务水平迅速地提高。

同时，企业也在社会发展中需要承担更重的环保责任。环境义务作为企

---

〔1〕 广东省中山市司法局、广东省中山市律师协会课题组：《公共法律服务产品化可行性研究》，载《中国司法》2015 年第 1 期。

〔2〕 李倩等：《纵横"经纬"，所有者职责落地破题》，载《中国自然资源报》2023 年 11 月 20 日。

〔3〕 广东省中山市司法局、广东省中山市律师协会课题组：《公共法律服务产品化可行性研究》，载《中国司法》2015 年第 1 期。

业成本的一部分，相关法律责任必须纳入风控考量。目前很多环评机构、监测机构、鉴定机构虽懂得一些法律知识，但是往往偏之一域，难以满足企业环境法律风险全面防控的实际需求，而律师则可以更好地满足企业这一需求，帮助企业提高发展质量。

三、律师提供法律服务产品的种类

抽象的法律服务落地为对具体项目行之有效的产品，需要经历一系列预设、论证、分析、优化、实施、监管等环节。[1]类型化的公共法律服务产品需要对服务各环节进行拆解、细化，尽可能为不同环境区域的客群提供指向性的标准。除此之外，还要按照政府或企业等不同场景及主体需求设计多个单元的主题，以翔实各模组的产品内容。

针对行政机关，生态环境公共法律服务产品可从生态环境领域依法行政日常咨询，如对行政行为从内容合法性、程序正当性、落实合理性、权责统一性、便民高效性等方面提供咨询和答疑，必要时可由律师出具专题法律意见书。对于政府署名的、对社会公开发布的生态环境领域文件文本，律师起草文本初稿，供政府相关部门讨论决策，并最终协助定稿。还有对于政府已草拟完成的生态环境相关文件，律师全面排查文件风险，与相关部门、决策领导商定终稿。同时，普法教育宣传也是公共法律服务产品中必不可少的一部分，律师可出具培训方案、进行现场培训，帮助政府相关部门进行生态环境普法宣传培训。

针对企业环境法律服务需求，可以按照企业经营阶段进行产品架构搭建。律师可以帮助企业识别在企业生产经营各环节的法律责任风险分布、风险等级和法律后果；提示企业建立合理的权责体系，以便控制企业经营成本；帮助企业明晰各监管部门职责，积极配合，避免企业怠于履行法定义务而涉法涉诉。此外，律师帮助企业在面临被处罚的风险时，采取沟通协商、复议复核、应诉辩护等途径，或积极促成赔偿磋商，帮助企业脱危解困。律师还可对生态环境专规专章进行动态监控，结合业内高发案件成因，及时向企业普及生态环境领域的政策法规变化，及时对企业提示预警。

---

[1] 耿宝建：《乡村振兴法律服务供给的若干思考》，载《中国律师》2023年第3期。

四、发挥律师作用的建议

(一) 供给模式

生态环境公共法律服务产品在运行机制方面，可以参考公共法律服务产品由司法行政机关主导，采取"第三方供给模式"[1]。司法行政机关可会同律师协会，多方协商制定关于提供生态环境公共法律服务产品的管理规范。强化行业管理与律师执业纪律相协调，采用政府购买等形式，将公共法律服务项目按区域分派到各律师事务所，再由律师事务所指派专业律师完成具体的生态环境公共法律服务项目。项目谈判签约可专门由某一机关牵头促成，服务过程由律师协会与司法行政机关共同监督。

(二) 产品构建各阶段发挥律师作用的建议

首先，设计阶段，律师应当深入一线，充分对目标区域开展调查研究，结合当地真实的生态环境状况与专家论证意见，出具符合不同受众群体的公共法律服务产品评估报告。在此过程中，律师尽可能切合不同受众群体的需求，针对项目具体内容、性质、周期等出具法律尽职调查报告，协助司法行政机关更好地作出决策。

其次，实施阶段，很多购买主体可能缺乏生态环境方面的法律知识，作为公共法律服务产品的提供者，律师可以对服务购买者定时提供法律适用合规性审查；协助服务购买者处理环境突发事件；设计有效的生态环境纠纷解决机制以降低服务购买者的诉讼风险等。此外，律师还可以协助服务购买者与政府相关部门达成生态环境磋商协议，节约司法资源。[2]

最后，监管阶段，律师可协助监管机构及时发现企业环保风险并及时予以纠正；协助监管机构建立有效的投诉处理和纠纷解决机制，确保监管机构能够及时妥善处理生态环境领域的法律纠纷问题。在公众参与方面，现阶段我国在生态环境领域公众监督参与度还相对较低，而律师可以在一定程度上提高公民在生态环境领域的法律意识，协助公民对破坏生态环境的行为主体进行举报或向检察机关反映，由检察机关提起环境公益诉讼等。

---

〔1〕 张毓馨：《律师参与公共法律服务探析——以上海市杨浦区为例》，载《中国法治》2023 年第 9 期。

〔2〕 赵新莹：《生态环境损害赔偿磋商制度现实困境与破解之道》，载《黑龙江环境通报》2023 年第 8 期。

结　语

虽然生态环境公共法律服务产品在当今的法律市场还存在研发人员不足、经验不足，政府采购公共法律服务产品尚未形成流程化、制度化等实践难题，但以环境法治助推生态文明建设已是大势所趋，各地的创新性举措在一定程度上为生态环境法律服务产品研发、推广、适用提供了政策支持。律师在生态环境领域不再限于某一环节的参与，[1]这对于律师群体而言既是机遇也是挑战。勇担社会责任、淬炼业务能力，让法律服务深入生态文明建设的各环节，研发开拓优质的生态环境法律服务产品是律师业务融入生态文明建设的创新性举措。本文通过对构建生态环境公共法律服务产品的可行性进行分析，参照我国现阶段公共法律服务产品的供给模式，创新性地提出了如何进行产品设计，从而打造优质的生态环境领域公共法律服务产品。

---

〔1〕　李树训、冷罗生：《生态环境损害赔偿磋商中的第三者：功能与保障——聚焦七省改革办法》，载《华侨大学学报（哲学社会科学版）》2019 年第 4 期。

论货币特定化与所有权归属认定
——以"某酒店诉银行执行异议之诉案"为视角

摘　要：互联网技术在给传统银行业注入活力的同时，也极大地满足了社会大众对金融服务变革的需求，尤其是货币转账、支付等业务的网络化，更是模糊了时空概念，人们可以随时随地利用网银系统高效、便捷地实现转账等业务，但在此过程中，也出现了各种各样的错误转账现象。倘若，错误收款人具有正常资信和偿付能力，那么很容易将错汇款项如数退回。但是，当错误收款人账户被冻结、其又无力返还该笔款项时，则会引发错汇款人与申请执行人（即错误收款人之债权人）之间的矛盾，当双方争执不下时，只能通过"执行异议之诉"程序解决。由于我国立法上对货币所有权法律地位界定不明，加上"货币占有即所有"理论在学术界占据重要地位，网银转账货币亦存在混同与未混同之争，这就给法院审理案件带来不小的难度和困惑。本文旨在结合实务探讨货币特定化和所有权归属相关问题。

关键词：货币特定化　所有权　执行异议

引　言

网银转账业务在给社会大众带来便捷的同时，也会产生各种各样的错误转账现象，当错误收款人账户被法院冻结后，误转款项就不能直接退还。相关法律规定，误转人（即案外人）需要证明其享有足以排除强制执行的民事权益，这一举证责任明显高于民商事案件"高度盖然性"的认定标准，与之

---

* 茹立峰（1979 年—），男，汉族，绍兴人，浙江大公律师事务所专职律师，行政与政府法律事务部副主任，中国政法大学同等学力研修班 2015 级学员，研究方向为行政法、公司法、知识产权法。

对应的是如何认定错汇款项性质及其所有权归属也成为理论和实务界值得探讨的问题。

一、某酒店诉银行执行异议之诉案

2018 年 4 月 26 日杭州某区法院对某建设公司的银行账户采取冻结措施。2019 年 1 月 7 日某酒店工作人员错将 200 万元款项转账至已被法院冻结的某建设公司银行账户。2019 年 1 月 10 日某酒店向法院提出执行异议。法院认为，本案执行标的物是被执行人某建设公司银行账户资金，而货币资金作为种类物其所有和占有具有不可分离的特点，银行账户内的货币资金适用"所有和占有一致"原则，转入某建设公司账户内的 200 万元资金所有权已转移，遂作出〔2019〕浙 0103 执异 36 号执行裁定，驳回某酒店的执行异议。某酒店不服该裁定，向该法院提起案外人执行异议之诉。

一审法院认为，货币系种类物，通常情况下，占有即所有。本案中，根据某酒店的证据及事后处理行为等，可以认定某酒店于 2019 年 1 月 7 日因错误操作网银转账，导致 200 万元误汇入某建设公司的银行账户，该账户处于冻结状态中，故该 200 万元并未与其他货币混同，已特定化。遂作出〔2019〕浙 0103 民初 5671 号民事判决，确认某酒店于 2019 年 1 月 7 日汇入某建设公司银行账户 200 万元系某酒店所有。被告某银行不服一审判决，提起上诉。

二审法院认为，根据已查明事实，某酒店主张案涉 200 万元系误汇，符合常理和日常逻辑。虽然货币是特殊种类物，但案涉 200 万元，并非以所谓"物"的货币进行交付，案涉账户汇款之前已被冻结，某建设公司无法对该账户进行控制和支配，汇入该账户的款项均可根据转账时间戳（银行电子系统记载的时间点）进行区分。该款项未混同。某酒店的划款不属于民事法律行为，而是事实行为，不能产生转移款项实体权益的效果。某建设公司既未以权利人的主观意思占有该款，亦无法实际使用、处分该款，因此本案不具备适用货币"所有和占有一致"的原则基础。遂作出〔2020〕浙 01 民终 3846 号民事判决：驳回上诉，维持〔2019〕浙 0103 民初 5671 号民事判决。

二、案件争议焦点评议

本案中，某酒店存在错误汇款事实毋庸置疑，关键在于错汇情形下，某酒店可否主张物权性返还，而返还请求能否成立则主要取决于讼争的货币是否具有特定化属性。对此，杭州某区法院［2019］浙 0103 执异 36 号执行裁定认定，货币资金作为种类物其所有和占有不可分离，适用货币"所有和占有一致"原则，案涉 200 万元款项汇入后即由某建设公司占有，因此该款项所有权已转移，该院执行部门认为货币不具有特定化属性。但该院［2019］浙 0103 民初 5671 号民事判决作出了截然不同的认定，认为在收款账户处于冻结状态时，错误汇款的 200 万元并未与其他货币混同，且已特定化，可见该院审判部门认为货币符合一定条件时具备特定化属性。

三、货币特定化与所有权归属认定的分析

（一）货币特定化的认定

1. 传统观点

传统观点认为货币系种类物，不具有特定化属性，关于货币占有与所有的问题，在法律上采取"货币占有即所有"原则，即货币"所有和占有一致"原则。主要理由是：①货币固有的流通本质所致。货币价值在于流通，在快速流通过程中，泯灭了货币的个性。②货币本身的价值所致。货币购买力的实现，依赖于国家强制力为保障。③为保护货币交易安全所致。如果货币的所有和占有可以一分为二，那么对货币接受方而言，将有义务调查核实货币交付人的权属，否则，难免遭遇不测。这将极大地危害交易的安全和稳定；即使接受无行为能力人交付的货币，货币所有权也发生转移，货币被盗时，被害者之货币所有权丧失，盗者取得盗得货币之所有权；货币不发生即时取得（善意取得）问题。[1] 王利明教授全盘吸收了陈华彬教授的货币"所有和占有一致"理论，并进一步提出：货币占有的取得就视为货币所有权的取得，货币占有的丧失即视为货币所有权的丧失。货币一旦交付，将会发生所有权的转移。[2] 支持"货币占有即所有"理论的学者，无一例外地认为货币是特殊的动产、是种类物、是消费物，不具有任何个性，任何等额的货币可以相互代替，货币的价值在于交换，流通性是其生命力。货币一旦丧失，不能主张物权返还。

---

〔1〕 陈华彬：《物权法原理》，国家行政学院出版社 1998 年版，第 466~468 页。
〔2〕 王利明：《物权法研究》（上卷），中国人民大学出版社 2013 年版，第 499~500 页。

2. 国内学者对"货币占有即所有"学说的质疑

近十几年以来,国内学者通过对货币所有权理论的进一步研究,发现"货币占有即所有"理论存在缺陷,并纷纷提出疑问。其木提教授认为"货币占有即所有"的原则,只在日本适用,但从整个大陆法系或者英美法系角度看,并不是一个普遍原则,并提出"货币占有即所有"原则应当存在例外情形。例如,在个性大于共性的特殊货币及以封金形式特定化的货币,被他人侵占时,只要该货币未发挥其流通手段的功能,所有人得对占有人提起所有物返还请求权。[1]就货币特性而言,其主要在于高度替代性和消耗性,因为一旦被替代或者消费就无从追索原货币,那么如果在没有被替代或者消费时,原货币的可识别性亦然明显,则可主张返还。换言之,只要保管的特定货币拥有完全的可识别性或者未进入流通领域时,其所有权是不发生转移的。[2]朱晓喆教授认为,我国许多民法学者以含糊其词的"货币占有即所有"法则,一律认定"谁占有货币即推定谁为所有权人",这种看似尊重货币特性的观点,却忽略了货币本身作为一种可供支配的"物",不区分货币转移占有究竟是基于当事人的何种意思,不区分转移占有的行为是否正当、第三人是否善意,而一概认定转移货币占有即所有,进而否定失去货币的原权利人的原物返还请求权,是一种大而化之、不求甚解的说法。[3]

3. 域外对货币特定化情形的研究

德国学界通说认为,金钱亦得为所有物返还请求权之标的(金钱之所有权返还请求权,Geldvidikation),但仅以金钱在占有人处,乃以特定化时为限。[4]德国学者主张适用"货币占有即所有"原理的原因是"对于单张货币来讲,因为单张货币无法被单独标记出来,所以是不能进行所有物返还的:在硬币情况下,几乎不太可能;在纸币情况下,当事人往往是不知道其编号的(例外情况是可能的,比如在支付赎金的情况下)"。[5]当然,对于已经转移交付或难以辨别的金钱,则并不适用。除前述金钱所有权返还请求权之外,还

---

[1] 其木提:《货币所有权归属及其流转规则——对"占有即所有"原则的质疑》,载《法学》2009 年第 11 期。

[2] 李垚:《论货币所有权之认定与救济》,载《绵阳师范学院学报》2016 年第 4 期。

[3] 朱晓喆:《存款货币的权利归属与返还请求权——反思民法上货币"占有即所有"法则的司法运用》,载《法学研究》2018 年第 2 期。

[4] [德] 鲍尔、施蒂尔纳:《德国物权法》(上册),张双根译,法律出版社 2004 年版,第 210 页。

[5] [德] 迪特尔·梅迪库斯:《请求权基础》,陈卫佐等译,法律出版社 2012 年版,第 131 页。

存在物权性价值返还请求权学说，后者认为，如果具有物权性返还的财产由于混同等原因导致原物不存在，金钱遗失者可以就混合后财产主张共有，并就货币转化后价值进行返还，但该学说并未得到普遍支持。

日本学说渊源中，承认"货币占有即所有"原则存在例外情形。有学者认为货币为动产，应适用物权变动的法律规则，在发生欺诈或盗窃等被确认无效或撤销后，如该货币具有特定化情形，则所有权不发生转移。如我妻荣教授在《新订物权法》中，也认为金钱的所有权在转移金钱占有的同时一并转移，即是在被骗取的情形下，金钱也为骗取人所有，但前提条件是"在无特殊情形下"，[1] 所谓的特殊情况，是指货币因被盗窃等意外脱手，但在客观上足以体现出该货币的个性和特征。当然在金钱因混合不能辨认的情况下，则丧失货币所有权。

4. 货币占有即所有原则的例外

根据"货币占有即所有"理论，货币流转过程至少存在三方主体，即货币原权利人（假设 A）、货币的现实占有人（假设 B）、潜在的交易第三人（假设 C）。具体流转过程涉及两个环节，第一个环节：由原权利人流转到货币的现实占有人，即 A—B；第二个环节：再由现实占有人流转到潜在的交易第三人，即 B—C。从法理上讲，为保护货币现实占有人与潜在的交易第三人安全，即 B—C 交易安全，确需拟制类似"货币占有和所有一致"或者"以占有推定所有"的规则，但这种规则是建立在保障货币现实占有人与潜在的交易第三人发生资金流转（即由 B—C）时不被货币原权利人（即 A）任意追索为前提条件。

然而，对于错汇货币，往往处于第一个环节的末端（即由 A—B），尽管在外观上看，货币由现实占有人（即 B）占有，但在本质上权属状态并不确定，如此时，该错汇货币被现实占有人支付（流转）至潜在的交易第三人（即由 B—C），而原权利人 A 想要向潜在的交易第三人（即 C）追回该货币，则 C 可援用"货币占有即所有"原则，抗辩原权利人 A。相反，如果该错汇货币还没有进入第二个环节——即没有从现实占有人流转至潜在的交易第三人（即由 B—C），此时货币由仍 B 实际占有，在此情况下，根本不存在适用

---

〔1〕〔日〕我妻荣著，〔日〕有泉亨补订：《我妻荣民法讲义·Ⅱ·新订物权法》，罗丽译，中国法制出版社 2008 年版，第 246 页。

"货币占有即所有"原则的法理基础。因此，片面强调"货币占有即所有"的学者，实质是对货币所有权理论本意的曲解，过分强调"货币占有即所有"理论将极大地损害原权利人的权利，是一种极为有害的提法，宜进行深度的检讨和更正。[1]

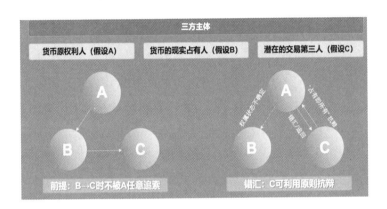

5. 本案网银转账 200 万元的特定化分析

本案网银转账的 200 万元与该账户内其他货币资金并未发生混同，且已特定化。民法学上的混同是指两个或两个以上不同所有权人的动产，相互混杂或者合并后结合在一起，使两者不能识别或者不能区分。然而，本案错汇 200 万元货币资金，犹如财务账簿中的一笔会计分录，在外观形态上有其独特个性，能与其他任何一笔资金进行区分。这里需要进一步指出的是，网银资金转账，本质是收付款银行间电子数据的交换，并不发生实物货币交割，账户内资金的增减，本质上是数学逻辑运算的结果。这与我们日常工作中运用Excel 表进行数据统计时输入或输出道理一样的，即便在此过程中运用数字叠加方式进行数学运算，也不可能发生混同。如：2000＋200＝2200，前面的数字 2000 与后面的数字 200 不能因为两者相加之和为 2200 就得出 2000 与 200发生混同。同理，无论账户内进出资金有多少、时间跨度有多长，本案所涉的 200 万元不可能与账户内其他货币资金发生混同。据此，本案执行异议之诉一、二审法院认定案涉 200 万元并未混同，且已经特定化。

───────────

〔1〕 金印：《论货币作为所有物返还请求权客体的可行性——兼论抛弃"货币占有即所有"原则的必要性》，载龙卫球、王文杰主编：《两岸民商法前沿：民法典编纂与创制发展》（第 5 辑），中国法制出版社 2016 年版，第 614 页。

（二）货币特定化情形下所有权归属的认定

1. 域外的相关规定

在英美法系国家，当财产因意外被侵占或遗失的，受普通法和平衡法的救济。从普通法角度，如非基于所有人意志丧失的金钱与侵占人的财产混合后，原则上仅发生债权请求权。衡平法则不拘泥于所有权的形式，认为除非第三人善意取得，否则因被盗窃等非法侵害的权利受损人，有权向侵害人追回其获得的利益，同时优先于一般无财产担保的债权人。最为典型的是拟制信托和优先权制度。[1]英国学者认为，如果货币能够从混合的资金中识别或分离出来，就可以从恶意或没有支付对价的资金持有人手中追索该货币。[2]

2. 本案网银转账 200 万元所有权归属分析

认定本案网银转账 200 万元所有权归属需要明确以下问题：

（1）收款人对讼争 200 万元是否构成占有。本案中收款人对诉争 200 万元不构成占有。占有作为一种事实状态，依法予以确定并受法律保护，从而具有一定的法律效力。这种法律效力体现在：第一，占有推定效力，又分为事实推定，即根据占有的事实存在即推定其占有为自主占有或善意占有，对此若有争议的，则由争议人负举证责任；权利推定，即免除占有人在与他人对抗时的举证责任。第二，即时取得，也称善意取得，即纵然让与人无让与权，善意受让人也自取得物之占有时起，立即取得该物的所有权或他物权。[3]

根据占有原理，占有的构成要件，包括主体、客体、主观要件和客观要件等，具体为，占有的主体是对物进行现实控制、管理的人，法律上称占有人；占有的客体是主体所能掌握控制的物；占有的客观要件，又称为"体素"，是指管领物件的事实；占有的主观要件，又称"心素"，是指占有人对占有之事实状态的内心意思。[4]

相反，如错误汇款账户被法院冻结，而收款人并没有占有该款项的意思表示，则不产生占有的法律效果。如本案，某建设公司既不具备占有的"心素"

---

〔1〕 其木提：《货币所有权归属及其流转规则——对"占有即所有"原则的质疑》，载《法学》2009 年第 11 期。

〔2〕 ［英］查理斯·普罗克特：《曼恩论货币法律问题》，郭华春译，法律出版社 2015 年版，第 43 页。

〔3〕 李开国、张玉敏主编：《中国民法学》，法律出版社 2002 年版，第 466~467 页。

〔4〕 周枏：《罗马法原论》（上册），商务印书馆 1996 年版，第 416~417 页。

也不具备占有的"体素",故某建设公司对案涉 200 万元款项不构成占有。

（2）错误转账是否产生所有权变动的法律后果。本案错误转账行为不产生所有权变动的法律后果。德国物权法通说认为，通过合意和交付移转所有权，即所有权转移的基本要件是合意与交付，它们是所有权发生转移的前提条件。合意体现了让与人的出让意思和受让人的取得意思，而交付占有则是为了让所有权移转的过程公之于众。合意是物权性质的处分合同。它不受形式的约束，但必须满足合同的生效条件。交付是双方都愿意的、出让人向受让人转让直接占有的行为。交付必须与具体的合意相联系。[1] 交付有效成立必须具备三个条件：①出让人已将对标的物的处分权或者支配权转移给了受让人；②受让人取得了对标的物的占有，而出让人彻底脱离了对物的实际联系；③该项占有及权利的转移是基于当事人的"故意"而为之，即双方当事人达成一致意思表的结果。[2]

原《物权法》第 23 条、现行《民法典》第 224 条均规定，动产物权的设立和转让，自交付时发生效力，但是法律另有规定的除外。动产的交付，即依据权利人设立、转移物权的意思表示，将动产交付给物权受让人占有的法律事实。没有当事人之间这种确定发生物权变动的意思表示，只有事实状态的标的物的转移，则不构成物权法所说的交付，或者不能发生物权法上的交付效力，即有效的物权变动效力。[3] 由于案涉 200 万元款项，属于错误划转，某酒店没有交付给某建设公司的意思表示，某建设公司也没有接受交付的意思表示。因此，二审法院，认为案涉 200 万元款项划转不属于物权交付行为，该款项所有权仍属于某酒店所有。

---

〔1〕 ［德］曼弗雷德·沃尔夫：《物权法》，吴越、李大雪译，法律出版社 2002 年版，第 268 页。
〔2〕 孙宪忠：《中国物权法总论》，法律出版社 2009 年版，第 371 页。
〔3〕 孙宪忠：《中国物权法总论》，法律出版社 2009 年版，第 372 页 。

结　语

从货币和银行业的发展史看，传统银行转账本质是通过收付款银行之间一边记账增加、一边记账减少的方式实现货币资金的结算，而网络银行的兴起并没有改变这种交易特征，两者区别仅仅在于记账载体由纸质账簿转变为电子数据。从这个角度讲，货币的本质是一种符号。本案一审、二审法院判决结果，无疑令人欣慰，尤其二审法院，在论证案涉 200 万元款项是否发生混同问题上，提炼出本案并非以作为"物"的货币进行交付，而是银行转账进行，进而认为可根据转账时间戳（银行电子系统记载的时间点）进行区分。因此，网银转账货币，突破了传统实物货币难以特定化的局面，使得每一笔转账资金都可以特定化。

浅析"帮信罪" 司法适用问题及解决

宋 潮*

摘 要:《刑法修正案(九)》增设帮助信息网络犯罪活动罪,帮助信息网络犯罪活动罪单独成罪,有助于完善法律体系,打击网络犯罪,预防和减少网络犯罪发生。然而,该罪在司法适用中还存在诸多问题,如认定标准不明确,处罚力度不足等问题。鉴于此,本文旨在通过分析和研究该罪在司法适用中存在的问题,提出解决问题的建议,以期该罪能够准确适用,斩断网络犯罪的利益链条,实现法律设立该罪有效打击网络犯罪的目的。

关键词: 帮信罪 司法适用 网络犯罪

引 言

帮助信息网络犯罪活动罪单独成罪,有助于完善我国法律体系,提高执法效能,更有助于预防和减少网络犯罪的发生,保障人民群众的合法权益。在信息网络犯罪日益严重的背景下,这一罪名的设立具有重要的现实意义和长远的历史意义。但帮助信息网络犯罪活动罪在司法适用方面还存在一些问题,需要进行进一步的研究和探讨,以提出解决问题的办法,完善该罪在司法中的适用。

一、"帮信罪"单独成罪的意义

(一)"帮信罪"的概念

"帮信罪"的全称是"帮助信息网络犯罪活动罪",简称"帮信"。根

---

* 宋潮(1989年—),男,汉族,北京人,北京市公安局海淀分局干警。

据《刑法》第 287 条规定，"帮信罪"是指明知他人利用信息网络实施犯罪，为其犯罪提供互联网接入、服务器托管、网络存储、通讯传输等技术支持，或者提供广告推广、支付结算等帮助，情节严重从而构成的犯罪。

（二）"帮信罪"单独成罪的意义

1. 有助于完善刑法法律体系

随着互联网的快速发展，信息网络犯罪日益猖獗、形式多样，严重危害国家安全、公共安全和人民群众财产安全。在这种背景下，我国《刑法》对信息网络犯罪的相关规定显得尤为重要。帮助信息网络犯罪活动罪作为《刑法》中的一项罪名，其单独成罪的意义在于填补了法律空白，使打击信息网络犯罪有法可依。帮助信息网络犯罪活动罪单独成罪有助于明确罪与非罪的界限。在信息网络犯罪中，行为人可能并未直接参与犯罪行为，但为犯罪提供了便利条件。此前，这类行为在刑法上难以定性，而现在，帮助信息网络犯罪活动罪的设立使得这类行为有了明确的刑事责任。帮助信息网络犯罪活动罪的设立有助于完善我国刑法体系。《刑法》作为我国法律体系的重要组成部分，其修订和完善一直是法学界关注的焦点。随着信息网络技术的飞速发展，传统刑法规定已无法完全适应新的犯罪形式。帮助信息网络犯罪活动罪的设立，使得刑法体系更加完善，为打击新兴的网络犯罪提供了有力的法律武器。

2. 有助于打击网络犯罪

帮助信息网络犯罪活动罪单独成罪使公安机关和司法机关在打击网络犯罪时，有了更明确的执法依据。这有助于提高执法效率，加快案件办理速度，也有助于加大对网络犯罪的打击力度，减少网络犯罪的发生。[1]

在实际执法过程中，帮助信息网络犯罪活动罪可以与其他罪名相结合，形成对网络犯罪的全方位打击。例如，对于一起网络诈骗案件，不仅可以追究诈骗犯的刑事责任，还可以追究为其提供技术支持、数据分析等帮助的犯罪嫌疑人的刑事责任。这种全方位的打击方式，有助于彻底摧毁网络犯罪链条，保护人民群众的合法权益。

3. 有助于预防和减少网络犯罪发生

帮助信息网络犯罪活动罪单独成罪，可以对犯罪行为进行惩处，也能给

---

[1] 王子硕：《帮助信息网络犯罪活动罪司法适用问题研究》，载《秦智》2024 年第 2 期。

潜在犯罪分子以警示。随着法律意识的不断提高，人们越来越明白，为网络犯罪提供帮助同样要承担法律责任，这有助于提高公众的法治观念，增强网络安全意识，从而预防和减少网络犯罪的发生。帮助信息网络犯罪活动罪的设立，有助于加强网络安全监管，在依法追究犯罪责任的同时，监管部门可以借助法律手段，对网络进行更加严格的监管，确保网络空间的安全，这对于维护国家网络安全、保护人民群众个人信息具有重要意义。

二、帮信罪在司法适用中存在的问题

（一）法律适用标准不明确

帮助信息网络犯罪活动罪的法律适用标准存在模糊性和不确定性。《刑法》中对帮助信息网络犯罪活动罪的具体适用条件表述较为抽象，如"明知""重大"等词汇没有明确的量化标准，给司法实践带来了较大困难。随着信息网络技术的不断更新和发展，新型网络犯罪形式层出不穷，而法律规定往往难以迅速跟上犯罪形式的变化，导致在实际操作中难以准确界定犯罪行为。[1]

由于标准不明确，司法人员在处理案件时可能产生不同的理解和判断，从而导致同案不同判的情况。这不仅影响了司法公正，也削弱了法律的权威。犯罪分子往往利用法律规定的模糊性进行辩护，使本应受到惩罚的行为逃脱法律的制裁。

（二）刑事处罚力度不足

帮助信息网络犯罪活动罪的刑事处罚力度在应对网络犯罪活动方面存在不足。《刑法》中对帮助信息网络犯罪活动罪的刑罚设置相对较轻，往往仅处以罚金或者较短的刑期，难以形成足够的震慑力。犯罪分子的犯罪成本较低，容易产生侥幸心理，从而导致网络犯罪活动的频繁发生。刑事处罚力度的不足，难以形成对潜在犯罪分子的有效威慑，使得网络犯罪活动难以得到有效遏制。由于网络犯罪的隐蔽性较强，犯罪分子往往难以被彻底查清，导致在实际执法中难以对犯罪行为进行有效的打击。

---

〔1〕 汶雨晗：《帮助信息网络犯罪活动罪适用问题研究——以 99 篇裁判文书为实证研究样本》，载《法制与经济》2023 年第 Z1 期。

（三）跨部门协作机制不完善

跨部门协作机制在打击网络犯罪活动方面存在明显缺陷。由于网络犯罪涉及多个领域和部门，如公安机关、检察机关、人民法院、网络安全部门等，各部门之间的信息共享和协作机制不健全，在打击网络犯罪时往往出现信息不对称、资源不共享的情况。各部门在打击网络犯罪活动中的职责分工不明确，导致在实际操作中容易出现推诿、扯皮的现象。犯罪分子往往有机会在各部门之间"穿梭"。跨部门协作机制不完善，打击网络犯罪的力度和效果受到限制，难以形成对网络犯罪的全方位、立体化打击。

三、帮信罪司法适用的完善建议

（一）明确法律适用标准

通过最高人民法院和最高人民检察院发布司法解释，对帮助信息网络犯罪活动罪中的关键概念和适用条件进行明确界定。例如，可以对"明知""重大"等词汇设定具体的量化标准，以便司法实践中能够有法可依。

最高人民法院、最高人民检察院《关于办理非法利用信息网络、帮助信息网络犯罪活动等刑事案件适用法律若干问题的解释》第 11 条、第 12 条规定：

第十一条　为他人实施犯罪提供技术支持或者帮助，具有下列情形之一的，可以认定行为人明知他人利用信息网络实施犯罪，但是有相反证据的除外：

（一）经监管部门告知后仍然实施有关行为的；

（二）接到举报后不履行法定管理职责的；

（三）交易价格或者方式明显异常的；

（四）提供专门用于违法犯罪的程序、工具或者其他技术支持、帮助的；

（五）频繁采用隐蔽上网、加密通信、销毁数据等措施或者使用虚假身份，逃避监管或者规避调查的；

（六）为他人逃避监管或者规避调查提供技术支持、帮助的；

（七）其他足以认定行为人明知的情形。

第十二条　明知他人利用信息网络实施犯罪，为其犯罪提供帮助，具有下列情形之一的，应当认定为刑法第二百八十七条之二第一款规定的"情节严重"：

（一）为三个以上对象提供帮助的；

（二）支付结算金额二十万元以上的；

（三）以投放广告等方式提供资金五万元以上的；

（四）违法所得一万元以上的；

（五）二年内曾因非法利用信息网络、帮助信息网络犯罪活动、危害计算机信息系统安全受过行政处罚，又帮助信息网络犯罪活动的；

（六）被帮助对象实施的犯罪造成严重后果的；

（七）其他情节严重的情形。

实施前款规定的行为，确因客观条件限制无法查证被帮助对象是否达到犯罪的程度，但相关数额总计达到前款第 2 项至第 4 项规定标准 5 倍以上，或者造成特别严重后果的，应当以帮助信息网络犯罪活动罪追究行为人的刑事责任。

在司法实践中，法官应严格按照上述标准进行适用。

另外，应当紧跟信息网络技术的发展，及时修订和完善相关法律法规，填补法律空白，确保法律规定能够适应新的犯罪形式。[1]

（二）加大刑事处罚力度[2]

在立法层面，可以考虑提高帮助信息网络犯罪活动罪的刑罚，如增加罚金金额、延长刑期等。在司法实践中，法官可以根据案件的具体情况，适当加重或减轻刑罚，确保罚当其罪。同时，应当加强对网络犯罪违法所得的追缴和罚没，让犯罪分子得不偿失。

（三）完善跨部门协作机制

要加强不同部门之间的沟通与协调，定期召开跨部门联席会议，共享情报信息和执法经验。可以建立统一的信息共享平台，确保各部门能够及时获取和利用网络安全相关信息。要明确各部门在打击信息网络犯罪中的职责分工，确保各个环节无缝衔接，形成合力。[3]应该建立跨部门专案组，针对重

---

〔1〕 骆晓俊、李晓东、李茂华：《帮助信息网络犯罪活动罪司法问题研究》，载《秦智》2023 年第 9 期。

〔2〕 郭乔波：《支付结算型帮助信息网络犯罪活动罪司法适用问题研究》，内蒙古大学 2023 年硕士学位论文。

〔3〕 吴殿卿、张羽：《帮助信息网络犯罪活动罪适用若干问题研究》，载《河南教育学院学报（哲学社会科学版）》2023 年第 3 期。

大网络犯罪案件进行联合调查，提高打击效率。

结　语

帮信罪司法适用存在的问题亟须解决，本文认为，应针对存在的问题从法律适用标准的明确、加大刑事处罚力度和完善跨部门协作机制等方面进行完善，以期该罪真正发挥其打击网络犯罪的目的。

论结构化信托中优先级受益人权益保护路径

孙　新[*]

摘　要：信托作为一种专门的金融交易工具能够满足社会投融资的需求。随着经济的快速发展以及社会财富管理和传承需求的不断增长，结构化信托作为金融创新的新型信托产品应运而生。这种新型的信托产品因为涉及多方当事人，当事人之间的法律关系比较复杂，因此，在实务中因各方当事人的权利义务特别是利益分配问题引发的纠纷比较多，值得进行理论和实务的研究和探讨。本文旨在探讨结构化信托优先级受益人权益保护的路径。

关键词：结构化信托　优先级受益人　权益保护

引　言

信托公司在设立结构化信托时，会对受益权进行分层设计，一般分为优先受益权和劣后受益权，通常情况下，优先级受益人的信托利益分配顺序优先于劣后级受益权。实务中，不乏优先级受益人的权益受到侵害的情况，采取何种路径救济也是优先级受益人关注的问题。

一、结构化信托概述

（一）结构化信托的定义

我国《信托法》没有明确定义结构化信托，但原中国银行业监督管理委员会《关于加强信托公司结构化信托业务监管有关问题的通知》（以下简称《结构化信托业务监管通知》）第1条第1款明确规定："结构化信托业务是

＊ 孙新（1991年—），女，山东济南人，北京市东卫（济南）律师事务所律师。

指信托公司根据投资者不同的风险偏好对信托受益权进行分层配置，按照分层配置中的优先与劣后安排进行收益分配，使具有不同风险承担能力和意愿的投资者通过投资不同层级的受益权来获取不同的收益并承担相应风险的集合资金信托业务。"《关于规范金融机构资产管理业务的指导意见》（以下简称"资管新规"）规定了资产管理产品可以根据风险程度确定份额的级别。

（二）结构化信托中的受益人

1. 受益人的类型及含义

在信托文件中通常会对受益人的种类和定义作出约定，优先级受益人相对于劣后级受益人具有优先获得信托收益及信托财产的分配的权利，劣后级受益人待优先级受益人获得分配后方能获得分配信托财产的权利。在实际开展结构化信托业务中，也会存在一般级受益人，其信托利益的分配顺位位于优先级受益人与劣后级受益人之间。

2. 受益人的区别与联系

三者之间的主要区别就在于承担风险的不同，承担风险由小到大的顺序为优先级受益人、一般级受益人、劣后级受益人。从广义的角度，一般级受益人属于劣后级受益人的范畴，本文不再单独区分，以劣后级受益人统称。

（三）结构化信托的基本交易结构

根据行业内的一般交易模式，结构化信托的基本交易结构为：

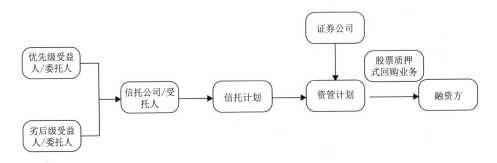

二、结构化信托业务的交易模式

在结构化信托业务中，优先级受益人与劣后级受益人有三种不同的交易模式。具体如下：

第一种模式：劣后级受益人次于优先级受益人分配，但不为优先级受益人提供差额补足或保证；

第二种模式：劣后级受益人为优先级受益人提供差额补足或保证；

第三种模式：信托计划期限届满或满足一定条件后，劣后级受益人回购优先级受益人的信托份额。

三、优先级受益人权益保护路径

实务中，在劣后级受益人不向优先级受益人提供差额补足等增信措施的情况下，首先要明确不同级别受益人之间的法律关系、优先级受益人的权益是否已经得到保护，然后再讨论优先级受益人权益受损后如何救济。

（一）厘清结构化信托涉及的法律关系

1. 基础法律关系是信托合同法律关系

依据《信托法》《信托公司集合资金信托计划管理办法》的相关规定，委托人/受益人（本文仅讨论自益型信托）符合合格投资者条件的情况下，满足信托目的合法、信托财产确定等信托成立的条件以及结构化信托的定义，优先级受益人、劣后级受益人分别与作为受托人的信托公司签订《信托合同》，各自与信托公司形成信托合同法律关系。

2. 结合案件事实确定法律关系

实践中，优先级受益人与劣后级受益人之间是否存在其他法律关系，需在个案中结合案件事实进行分析、论证。在《〈全国法院民商事审判工作会议纪要〉理解与适用》[1]中，最高人民法院亦认为优先级受益人与劣后级受益人之间的关系要根据信托合同、相关文件的约定认定。

本文作者曾办理过一起案件，该案中不同级别的受益人之间没有签订合同，仅分别与信托公司签订信托合同，优先分配权仅是优先级受益人与信托公司之间达成的分配信托财产的约定，劣后级受益人不负有保障优先级受益人优先获得分配的合同义务，无法认定劣后级受益人与优先级受益人之间形成保证合同关系或其他法律关系。

（二）优先级受益人的优先分配权的保护

优先级受益人优先分配权的保护，要看信托计划延期期限届满后，信托

---

〔1〕 最高人民法院民事审判第二庭编著：《〈全国法院民商事审判工作会议纪要〉理解与适用》，人民法院出版社 2019 年版，第 126 页。

公司是否已经根据信托合同的约定向优先级受益人以现状分配的形式分配了全部信托财产，或者劣后级受益人是否已根据与优先级受益人之间的合同约定履行了相应的义务。若优先级受益人的权益已获得保障，就不存在其权益受损的事实，无法针对劣后级受益人提起侵权之诉保护其权益。

当优先级受益人的优先分配权未获保障时，优先级受益人可以通过对劣后受益人提起侵权之诉以保护自己的合法权益。

1. 提起侵权之诉的具体路径

依据《民法典》第 1164 条规定，并参照民法典侵权责任分编理解与适用对民事权益的理解，[1]民事权益包括民事权利和民事利益，其中民事权利包括绝对权和相对权。优先级受益人基于信托合同享有的优先获得财产分配的权利，属于合同权利，是相对权。《民法典》通过对第三人故意侵害债权的行为课以侵权责任的方式来救济债权人、以达到保护债权的目的。劣后级受益人相对于优先级受益人与信托公司之间的合同权利，属于第三人。优先级受益人提起的诉讼应属于第三人侵害债权的诉讼。

2、侵权行为的判定

本文认为需要结合结构化信托业务的特点判定侵权行为的构成。参照民法典侵权责任编理解与适用关于第三人侵权的构成要件[2]，归纳案件的四个争议焦点，分别为：劣后级受益人是否存在侵权行为、是否存在过错，优先级受益人是否存在损害事实，行为与损害之间是否具有因果关系。

（1）是否存在侵权行为及过错

即劣后级受益人是否实施了侵权行为，是否存在过错，这里的过错是指故意，不包括过失。所谓"故意即指侵权人预见到自己行为的损害后果，仍然希望这一损害后果发生或放任后果发生"。而所实施行为的违法性主要表现为劣后级受益人是否明知优先级受益人存在优先分配权仍然实施侵权行为造成了其优先分配权无法获得实现。理论上，"过错责任"归责原则下，过错与违法性不分离，实践中，有案例就着重分析因劣后级受益人的行为不具有违法性，从而认定不存在主观过错。

---

〔1〕 最高人民法院民法典贯彻实施工作领导小组主编：《中华人民共和国民法典侵权责任编理解与适用》，人民法院出版社 2020 年版，第 46 页。

〔2〕 最高人民法院民法典贯彻实施工作领导小组主编：《中华人民共和国民法典侵权责任编理解与适用》，人民法院出版社 2020 年版，第 46 页。

故优先级受益人如提起侵权之诉，先要搜集劣后级受益人实施侵权行为的证据，尤其是结构化信托业务的各个环节的具体对接人之间的往来邮件、微信聊天记录等相关信息或资料，从中找到劣后级受益人主观故意、明知行为违法性的关键性证据，从而影响案件的结果。

（2）是否存在损害事实

损害是一种事实状态，具体到结构化信托业务中，主要考虑三个方面：一是信托财产是否优先分配给优先级受益人，如上文讨论的，优先分配权是否已获保障；二是分配给优先级受益人的财产能否衡量其价值，实践中一部分案件中优先级受益人所分配到的财产为非现金性资产，如何衡量非现金性财产的价值；三是以何种方式确定优先级受益人损失的具体金额，能否以诉讼过程中非现金性资产的评估价值，来反向确定受损失的金额。优先级受益人如要提起侵权之诉，需要首先明确是否存在损失以及损失的金额即明确诉讼请求。

（3）是否存在因果关系

因果关系是民法领域比较复杂的问题之一，实践中，参考民法典侵权责任分编理解与适用及司法实践中的裁判原则，运用相当因果关系的归责原则判断侵权责任的因果关系，在这一规则下，查明违法行为与损害事实之间在通常情况下存在因果关系即可。

结　语

新型的信托产品因为涉及多方当事人，当事人之间的法律关系比较复杂，因此，本文认为，结构化信托业务的受益人权益的保护，特别是确定侵权责任时，应注意准确定性各方的法律关系，围绕侵权责任的构成要件进行分析、论证，以为受益人权益的保护提供一个新的路径。

前沿探索

论"六合"模型在企业合规体系建设中的应用

蒋梦茜[*]

摘　要： 企业合规管理体系建设对于发挥合规业务的实质化、专业化作用，实现企业真整改、真合规的功能，彰显治罪与治理并重的社会价值具有重要意义。为了进一步完善企业合规管理体系建设，本文初步提出了企业合规管理体系建设的"六合"应用模型，并旨在深入分析和探讨该模型在实务中的应用问题。

关键词： "六合"模型　企业合规　体系建设

引　言

"六合"应用模型是指企业在合规管理体系建设中应遵循合法、合规、合理、合算、合力和合序六个方面的要求而建设的模型。"六合"应用模型对促进企业合规业务开展的规范化、体系化具有重要的应用价值和功能。

一、企业合规管理业务应用模型

（一）合法

1. 实体合法

合规不起诉，本质是对酌定不起诉的一种扩充，所以要遵守《刑法》关于定罪量刑的一般规定与酌定不起诉的特殊规定。在对涉案企业开展合规业务前，还是要按照传统刑事案件程序，应首先分析判断企业的行为是否符合

* 蒋梦茜（1990年—），女，汉族，山西人，中国政法大学同等学力研修班2023级学员，研究方向为刑法学。

犯罪构成要件，[1] 是否属于刑事违法犯罪行为，是否有从轻减轻处罚的情节存在，是否认罪认罚，然后再综合判断决定企业是否适用合规不起诉。

2. 程序合法

为避免"审理一个案件、搞垮一个公司、下岗一批员工"的现象，实现"办理一起案件、扶助一批企业、规范一个行业"的目标，最高人民检察院自 2020 年 3 月起，进行企业合规相对不起诉的改革探索，为涉案企业合规专项业务的开展奠定了程序合法的基础，做到"真整改""真监管""真评估"，防止"边整改""边放任""边违规"，促进"严管"制度化，不让"厚爱"被滥用。[2]

（二）合规

1. 广义合规

合规是指企业经营管理行为和员工履职行为符合国家法律法规、监管规定、行业准则和国际条约、规则，以及公司章程、规章制度等要求。

合规管理是指企业以有效防控合规风险为目的，以提升依法合规经营管理水平为导向，以企业经营管理行为和员工履职行为为对象，[3] 开展的包括建立合规制度、完善运行机制、培育合规文化、强化监督问责等有组织、有计划的管理活动。合规体系建设的关键在于梳理识别外部合规风险，并将相关外部合规要求转化为企业内部行为规范。

2. 狭义合规

狭义合规，主要是指遵守各类规范性文件的要求。较之国外，我国合规制度建设起步较晚，从行业引导性规范逐步发展为国家标准文件，内容涉及合规审计、风险管理、内部控制、合规管理等方面。

（三）合理

在开展合规业务之前，除了掌握公司的涉罪、涉罚类型，还要充分了解公司规模、员工数量、行业特点、业务范围、财务指标、社会贡献等基本情况，以便公司如期完成各项整改后，在考察期届满时符合合规监督要求，检

---

〔1〕 最高人民检察院涉案企业合规研究指导组编：《涉案企业合规办案手册》，中国检察出版社 2022 年版，第 392 页。

〔2〕 中国企业评价协会企业合规专业委员会组编：《企业合规事务管理（高级）》，中国法制出版社 2022 年版，第 216 页。

〔3〕 姜先良：《企业合规与律师服务》，法律出版社 2021 年版，第 40 页。

察机关可以根据涉案企业阶段性的合规整改情况作出不起诉决定，行政机关可以根据涉案企业的合规整改成效依法从轻或减轻行政处罚。合规计划的制定和执行是否能发挥出切实有效的合规功能，是否具有经济学的投入产出效益，是判断合规业务是否合理的要件。

（四）合算

当前企业建立大而全的合规管理制度，谋求全面风险管理，以期面面俱到。实际上只是停留在纸面，浪费大量人力物力，并不能真正起到识别风险、纠正偏差、预防犯罪、避免处罚的目的。

首先，合规业务应抓重点领域、关键环节、重要人员，集中力量优先解决主要矛盾。其次，检察机关、行政机关设置的合规考察期较短，片面追求大而全的合规管理体系，并不具有现实可行性。最后，合规计划通过诱因诊断、管理纠错、治理修复三大模块，实现"去犯罪化""去违规化"的合规整改目标，必然要求企业围绕犯罪行为采取有针对性的整改方案，做到有的放矢。[1]

（五）合力

企业在合规建设中，首要任务是搭建合规管理系统，关键是合规组织的定位和结构是否具有独立性、专业性和适当性。企业合规整改必然会涉及组织架构和职能设置，[2]应建立"三道防线"组织架构。第一道防线是业务单元，业务部门负责人及业务人员承担首要合规责任；第二道防线是合规管理部门，是企业合规管理体系建设的责任部门；第三道防线是董事会下设的合规委员会，企业可聘请总法律顾问兼任企业的首席合规官。

合规委员会要对业务单元及合规管理部门提交合规整改计划的有效性进行审核，从针对性、可操作性、纠错性和预防性等方面进行科学专业的审查和评估，对企业合规风险进行闭环管理。

（六）合序

企业除了根据自身主业和经营特点，制定专项合规建设计划，还应当针对合规整改不同环节，采取有效措施有序地开展监督工作，定期输出阶段性

---

〔1〕 陈瑞华：《有效合规的中国经验》，北京大学出版社 2023 年版，第 57 页。

〔2〕 中国中小企业协会企业合规专业委员会编著：《中国中小企业合规指南〈中小企业合规管理体系有效性评价〉适用解读·总论》，法律出版社 2023 年版，第 29 页。

的合规整改成果，编制整改报告，参加检察机关、行政机关组织的听证程序，汇报企业合规工作的进展及成果。

二、"六合"模型在实务中的应用

以最高人民检察院发布涉案企业合规典型案例（第 4 批）中的案例 3 "山西新绛南某某等人诈骗案"为例，分析"六合"模型在企业合规管理体系建设的应用。

本案中 3 名犯罪嫌疑人涉嫌骗取政府部门管理的社会保险基金，若按照诈骗罪量刑，属于重罪案件，但办案机关综合考虑其具有自首、退赔退赃、初犯偶犯、认罪认罚等法定酌定量刑情节，同时对涉案企业是否具备合规整改客观条件进行分析后，对本案启动合规考察程序，具有合法性。

根据《关于建立涉案企业合规第三方监督评估机制的指导意见（试行）》第 3 条的规定，3 名犯罪嫌疑人实施的骗取工伤保险基金的行为属于公司企业的经营管理人员实施的与生产经营活动密切相关的犯罪，可以适用合规考察程序。对本案启动合规考察程序，符合当前涉案企业合规改革探索中的相关指导性文件规定，具有合规性。

涉案公司生产模式以车间加工为主、家庭手工为辅，解决了 480 个就业岗位，对当地乡村发展起到了积极作用。且涉案公司经营状况稳定，产品销往海外多个国家和地区，市场发展前景良好，在 2021 年 10 月新绛县遭受洪灾时，主动提供厂房安置灾民 300 余人，具有较强社会责任感。故本案启动合规考察程序可以发挥合规功能的社会价值，具有合理性。

工伤保险缴纳方违规是案发直接原因，员工管理、规章制度、安全生产等方面的问题，是引发骗保的深层次原因。企业制定有针对性的"安全生产+财税管理"专项合规组合计划，健全企业员工管理及财务管理等制度，起到"标本兼治、有的放矢"的作用，具有合算性。

企业经理层修订了公司安全管理制度、安全操作规程、生产安全应急预案，制定应急预案演练计划和年度安全教育培训计划，组织员工应急演练，完善各类台账，清理生产作业现场，作业岗位悬挂明显的安全警示提醒，完善财税管理制度，加强经济管理和财务管理，工伤保险的缴纳责任到人，按月缴纳并予以公示，确定总经理全面负责的责任落实制度等 24 项内容翔实细致的量化验收标准，具有合理性。

本案通过总结提炼《合规整改可行性评估报告》内容，通过第三方组织制定"合规整改情况验收表"，对企业合规整改完成情况进行量化评估，确保合规整改在监督评估过程中有依有据，考察验收结果更有说服力，合规整改成效更真实，具有合序性。

结　语

企业合规管理体系建设应通过设立"六合"应用模型，遵循合法、合规、合理、合算、合力、合序六大要求，充分发挥其合规价值和功能以保障企业合法合规经营，促进企业的长远有序发展。

浅析我国数据权益保护法律体系的完善

岳应宁[*]

摘　要： 近年来，我国已初步构建了多层次、全方位的数据权益保护法律体系，为数据流通、交易和使用提供了基本依据，但也存在顶层法律缺位、实现路径碎片化、保护思路不统一、缺乏协调性和一致性等问题。因此，从体系化的视角，解决现存问题，对我国构建完善的数据权益保护法律体系具有重要意义。本文旨在探讨我国数据权益保护法律体系的完善，以期为有效保护数据权益，推动数字经济发展提供有益的参考。

关键词： 数据权益　法律体系　数字经济

引　言

当前以深度学习、大模型应用为典型代表的人工智能浪潮，本质上属于"数据智能"，如果没有全面、精准、高效的数据供给，就没有实用的人工智能。党中央、国务院高度重视数据要素在发展数字经济、构筑国家竞争优势中的战略性、基础性、全局性地位，2020 年发布《关于构建更加完善的要素市场化配置体制机制的意见》，首次明确数据的新型生产要素地位；2022 年发布《关于构建数据基础制度更好发挥数据要素作用的意见》（以下简称"数据二十条"），将数据基础制度建设上升为国家战略。数据权益是数据基础制度的基石，数据权益保护法律体系的构建是数据基础制度建设的核心。

---

* 岳应宁（1989 年—），女，汉族，河北石家庄人，原东软集团高级副总裁助理/大数据视觉感知技术与应用中心主任，现北京市立方律师事务所高级顾问。

一、我国数据权益保护法律体系现状

近年来，我国初步构建形成了一个多层次、全方位的数据权益保护法律体系，该体系以《刑法》《民法典》为基础，以《网络安全法》《数据安全法》《个人信息保护法》《专利法》《著作权法》等为主干，以《计算机软件保护条例》《个人信息安全规范》等配套规章和标准为补充。但在实际运行中，也出现了彼此之间不够协调、叠床架屋甚至相互冲突的情况。

（一）顶层法律保护缺位

在宪法层面，尚未提供对数据权益保护的基本指导原则，缺乏数据权益受法律保护的基础性规定。在民法层面，《民法典》草案曾将数据作为知识产权客体，[1]引发了社会各界广泛争议，最终仅在第 127 条对数据保护作了原则性规定。[2]在刑法层面，混同了计算机系统和数据两种对象，更侧重于保护计算机信息系统而非数据本身。

（二）实现路径碎片化

数据权益的实现主要通过财产权、著作权、专利权、隐私权、商业秘密、反垄断保护等路径，运用民商事合同进行事前约定，侵害发生后援引相关法律进行裁决。[3]但权益实现路径的多样性、碎片化，导致同一案件可能适用多种司法路径。

1. 个人数据

个人数据保护，主要依赖《个人信息保护法》对非法收集、存储、使用个人信息的行为进行打击。若数据经过特定规则处理并形成独创性，可援引《著作权法》作品相关条款保护；若某些数据处理方法和系统可满足创新性要求，则可通过《专利法》保护。

2. 企业数据

企业以商业秘密、计算机信息系统保护为切入点，援引《刑法》中商业秘密、计算机信息系统保护等条款，实现对企业数据的保护；也可以不正当竞争纠纷寻求《反不正当竞争法》的间接保护，而被诉方往往以《反垄断

---

〔1〕 肖冬梅：《"数据"可否纳入知识产权客体范畴?》，载《政法论丛》2024 年第 1 期。

〔2〕 徐俊豪：《数据财产权益的法律保护研究》，山东大学 2023 年硕士学位论文。

〔3〕 傅建平、牟冰清：《数据权益到底怎么保护? 原则、路径和争议处理》，载 https://www.jic-ai.com/news/101784890.html，最后访问日期：2024 年 2 月 17 日。

法》反制。

3. 公共数据

公共数据保护，除适用《网络安全法》《数据安全法》和行政性规章实施常规保护外，还可援引《网络安全法》第 77 条以及《数据安全法》第 53 条，对涉及国家秘密的数据进行专业保护。

（三）保护思路未形成共识

学术界关于数据权益保护的思路主要有两种，分别是权利模式和行为模式。

1. 权利模式

权利模式的核心是确权，通过建立边界清晰的数据产权，对数据权益进行合理分配。一方面，确权是权益保障的基础，公法对于数据权益的保护主要以对违法行为的制裁为主，以权益被侵害的事后救济形态出现，[1]但这种救济只能在数据权益确权后方可实现。另一方面，确权是数据交易的前提和基础。

2. 行为模式

行为模式否认数据确权的合理性，认为当前的合同法、商业秘密、反不正当竞争等路径已经能够对数据权益进行有效保护。

（四）相关法律缺乏整体性和协调性

数据权益保护较为复杂，各法律间不协调问题还比较突出。一是，保护对象千差万别。《网络安全法》主要关注网络信息，《数据安全法》侧重于数据处理活动，《个人信息保护法》针对自然人个人信息，《著作权法》《专利法》保护具有独创性、创新性的特定数据，《反不正当竞争法》关注企业的经营和技术信息。上述法律所关注的都仅是数据活动的一个切片，不足以覆盖所有数据以及全生命周期活动。二是，职能职责交叉重叠。数据权益保护涉及网信、公安、国安、工信、数据等多个部门，各部门习惯性从本部门角度推动立法、颁布规章、制定标准，法律交叉重叠和空白地带同时存在。

二、我国数据权益保护法律体系的完善建议

本文认为，完善我国数据权益保护法律体系的基本思路是：以数据资源

---

〔1〕 王利明：《数据的民法保护》，载《数字法治》2023 年第 1 期。

持有权、加工使用权、产品经营权为基础，统筹考虑数据确权、权益分配、安全保障、监督监管、争议解决和国际合作，围绕数据全生命周期活动，一体化推进对公共数据、企业数据、个人数据的保护，在确保国家安全的前提下，有效激发数据要素的潜能、发挥数据的创新动能。

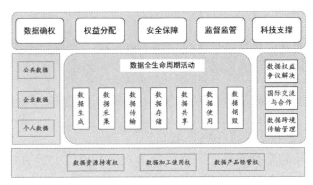

数据权益保护法律框架逻辑框图

（一）强化体系设计和顶层统筹

一体化推进宪法、刑法、民法、行政法和相关法律制度、规章、机制建设。一是建立统一的法律框架，确保不同法律之间在数据定义、数据主体权利、数据处理者义务等方面的一致性和衔接性；二是科学界定各法律适用范围和侧重点，避免重叠和冲突，形成互补而非重复的法律体系；三是，定期开展法律评估和修订。

（二）加快数据权益确权相关制度建设

没有产权就没有激励，在法律层面明确数据所有权至关重要，产权界定本质上是一个利益协调问题。[1]"数据二十条"基本确认了对权利模式的探索，提出"三权分置"的数据产权制度框架。数据产权界定应当遵循数据共同体理念，根据在数据生产、流通、消费等环节中的角色、贡献，调整数据利益相关方权利义务。针对数据类型、来源、功能等多样性，构建类型化、层级化的数据权益保护机制。

（三）推动全过程立法

数据全生命周期环节多、链条长，数据权益保护存在"木桶效应"，一个

---

〔1〕 程啸：《论大数据时代的个人数据权利》，载《中国社会科学》2018 年第 3 期。

环节未保护好，数据完整性和可信度就会大打折扣。要推动数据全生命周期活动各环节的全过程立法，稳妥应对各环节不同威胁，确保数据活动合规合法。比如，数据使用环节，既要防控内部人员窃密、滥用，也要防控数据泄漏风险。

（四）构建多元化数据争议解决机制

数据要素特性决定了单一性的诉讼手段无法满足数据权益保护需求，应当通过构建多元化的数据争议解决机制予以保障。充分发挥国家和地方数据局协调各方协作、推动数据争议解决的"纽带"作用，建立并做强数据仲裁服务机构，支持通过调解、仲裁解决争议，减少诉讼成本，促进争议高效解决。

（五）依靠科技手段应对数据挑战

随着数据量的海量增长，数据产生、处理、传输变得更加频繁、复杂，传统的方法已难以应对这种规模的数据挑战，需要依靠先进科技手段来确保数据的有序流通和安全存储。例如，可运用加密技术确保数据在存储和传输中的安全性；利用区块链的不可篡改性和去中心化特性，建立可靠的数据追踪和确权机制，解决数据权益归属和交易问题。

（六）构建数据权益保护的监管机制

（1）设立专门的数据权益监管机构，与工商、质监、知识产权等部门合作，形成综合全维监管。

（2）实施严格的法律责任制度，对于违反数据权益法律的行为，应依法追究责任。

（3）鼓励公众参与和社会监督，鼓励公众参与数据的监督和管理。

结　语

大数据时代，数据作为新型、重要的生产要素以及数字化、网络化、智能化的基础，在现代社会中扮演着至关重要的角色，其在推动数字经济和社会发展中发挥着重要的作用。而数据权益的法律保护是充分发挥数据作为生产要素作用的重要保障，因此，数据权益保护法律体系的构建和完善值得进行研究和探讨。

浅析人工智能生成物知识产权保护的争议

董嘉婷*

摘　要：人工智能技术的产生与发展提高了人类工作效率、提高了人类生活质量、促进了人类经济、科技发展以及社会进步。随着网络、大数据和算法等的不断发展，人工智能研究和应用进入了全新的发展阶段，与此同时，也给知识产权制度带来了前所未有的挑战。其中，人工智能生成物能否予以知识产权保护、如何保护等成为理论界和实务界争议的问题，本文旨在探讨这一问题。

关键词：人工智能　生成物　知识产权保护

引　言

知识产权法律制度与技术发展紧密相关，知识产权法律制度随时会接受新技术对其带来的挑战。理论界和实务界对人工智能生成物是否可以成为知识产权保护的对象，以及如何保护等问题存在争议，值得研究和探讨。

一、人工智能及人工智能生成物

（一）人工智能的概念

人工智能（Artificial Intelligence，AI），是研究、开发用于模拟、延伸和扩展人的智能的理论、方法、技术及应用系统的一门新的技术科学。人工智能可以对人的意识、思维的信息过程进行模拟。人工智能不是人的智能，但能像人那样思考，也可以超过人的智能。[1]

＊　董嘉婷（1988年—），女，汉族，北京人，北京冉民律师事务所律师。

〔1〕　冯晓青主编：《知识产权法前沿问题研究》，中国政法大学出版社2023年版，第851页。

(二) 人工智能生成物的概念和特点

1. 人工智能生成物的概念

人工智能生成物是指通过人工智能技术生产的各种数字内容，包括但不限于文字、图像、音频、视频等。人工智能生成物的本质就是利用计算机系统或计算机系统本身自动生成的内容。例如，微软小冰创作的诗歌，人工智能生成的新闻稿等。

2. 人工智能生成物的特点

(1) 自动生成。人工智能生成物即人工智能系统基于数据分析和算法计算通过自主深度学习和建模所自动生成的全新内容。[1]人工智能生成物不需要人工干预，只要提供数据、算法、模型就能自动生成。

(2) 独立创作。人工智能生成物是人工智能系统独立创作的作品，不是人类借助计算机工具创作的作品。人工智能生成行为划分为数据输入与成功输出两个阶段。数据输入是由计算机软件设计者或使用者完成，但是成果输出阶段则是由人工智能系统独立自主完成。

(3) 与人类创作作品难以区分。相较于人类创作作品，人工智能生成作品在外部表现上与人类创造作品难以区分，而在产量上又远高于人类。

另外，人工智能可以根据特定需求生成，为用户提供个性化服务和内容。

二、人工智能生成物知识产权保护的争议

人工智能生成物知识产权保护争议主要集中在著作权和专利权保护两个方面。

(一) 人工智能生成物著作权保护争议

1. 理论上的争议

该争议主要是关于人工智能生成物是否构成作品。对此，学界有支持、反对和中立三种不同的观点。

(1) 反对的观点。以王迁教授为代表的学者认为人工智能生成物迄今为止都是应用算法、规则和模板的结合，并不属于创作，不能体现创作者独特的

---

〔1〕 冯晓青主编：《知识产权法前沿问题研究》，中国政法大学出版社 2023 年版，第 851 页。

个性，并不能被认定为作品，自然无须再去讨论作者。[1]

（2）支持的观点。以吴汉东、易继明等教授为代表的学者认为，人工智能不仅仅是基于既定的算法、程序作出的指令性输入，而是能够使其在没有预先算法或者规则设定的情况下，通过主动学习来进行创作。[2]人工智能生成之内容，只要由机器人独立完成，即构成受知识产权保护的作品。[3]

（3）中立观点。持该观点的学者认为，人工智能生成物虽然在解释论上很难构成现行《著作权法》意义上的作品，但当产业发展到一定规模，人工智能可实现独立创作时，有必要修改现行著作权法的性质规定，给予这类生成物以制度上的保护。[4]

2. 实务中的争议

2018年9月10日，百度公司经营的百家号平台上发布了涉案文章《影视娱乐行业司法大数据分析报告——电影卷·北京篇》，删除了该文章的署名、引言等，原告菲林律师事务所认为百度公司的行为侵害了其作品的信息网络传播权、署名权和保护作品完整权。

该案的争议焦点就是人工智能生成的数据报告是否可以构成作品，进而主张著作权。[5]

该争议主要涉及人工智能非"人"是否应当受到专利法的保护的问题。

有学者认为，人工智能生产的技术方案不应受专利法的保护，因为专利法所保护的是自然人的智力成果，而人工智能生成的技术方案不能体现人类的智慧；人工智能不能占有财产，也无法享有权利，因此，应将其纳入共有领域。[6]

有学者认为，人工智能生成物属于人类智力劳动成果。在人工智能作为辅助工具参与创造发明活动的过程中，包含了发明人工智能主体的创造劳动

〔1〕 王迁：《论人工智能生成的内容在著作权法中的定性》，载《法律科学（西北政法大学学报）》2017年第5期。

〔2〕 易继明：《人工智能创作物是作品吗?》，载《法律科学（西北政法大学学报）》2017年第5期。

〔3〕 吴汉东：《人工智能时代的制度安排与法律规制》，载《法律科学（西北政法大学学报）》2017年5月期。

〔4〕 "菲林律师事务所诉百度公司百家号平台案"，北京互联网法院[2018]京0491民初239号。

〔5〕 冯晓青主编：《知识产权法前沿问题研究》，中国政法大学出版社2023年版，第862页、第866页。

〔6〕 冯晓青主编：《知识产权法前沿问题研究》，中国政法大学出版社2023年版，第865页。

以及使用人工智能进行创造的主体的劳动和资源。抛开人工智能生成物权利归属不谈，专利制度不应当忽略这部分人类劳动的存在而否定人工智能生成物受到专利法保护的正当性。[1]

另外，还对人工智能生成物授予专利的"三性"认定标准存在争议。

三、本文的观点

（一）人工智能生成物著作权保护争议

本文赞同人工智能生成物的著作权保护，理由是：人工智能分为三个阶段，弱人工智能阶段、强人工智能阶段和超强人工智能阶段。目前人工智能还处于弱人工智能阶段，此阶段，人工智能只是作为人类创作的工具，创作的主体依然是自然人，因此，人工智能生成物应该成为著作权保护的对象。在国际上，英国是最先对人工智能生成物给予著作权保护的国家，爱尔兰、新西兰和印度等国家也对人工智能生成物给予著作权保护。

（二）人工智能生成物专利保护争议

本文赞同人工智能生成物的专利保护，理由是，就技术创新而言，将来人工智能在发明创造领域将会比人类拥有更强大的能力，人工智能可能取代人类独立进行发明创造活动，发明过程贡献的比率将逐步向人工智能倾斜，如果人工智能生成物不能得到专利法保护，将会打击其研发者或使用者继续研发、投入使用的积极性，这可能阻碍技术的创新和传播，减少社会公共福利，也将对人工智能产业带来巨大的挑战。[2]另外，保护人工智能生成物可以发挥专利制度的激励作用，有利于人工智能技术和产业的发展。

结　语

随着人工智能技术的不断发展，有关人工智能生成物的知识产权保护争议一直存在，学者从不同角度分别表达了不同的观点。相信，随着人工智能技术的进一步发展，人类社会将进入强人工智能阶段，知识产权法律需要应对这种新技术的发展进行调适，明确对人工智能生成物知识产权的保护，以应对新技术发展对其带来的挑战。

---

〔1〕 冯晓青主编：《知识产权法前沿问题研究》，中国政法大学出版社 2023 年版，第 866 页。
〔2〕 冯晓青主编：《知识产权法前沿问题研究》，中国政法大学出版社 2023 年版，第 866 页。

浅析企业数据使用安全及保护对策

卢艳卿 *

摘　要：随着大数据经济时代的到来，大数据在各行各业得到普及，也成为企业重要的生产要素和核心竞争力，具有极高的商业价值，也是企业竞相争夺的战略性资源。然而，面对激烈的市场竞争，企业面临着数据使用安全及保护等一系列问题，这也成为企业发展过程中亟须解决的问题。基于此，本文旨在探讨企业数据使用安全及保护对策等问题。

关键词：企业数据　使用安全　大数据

引　言

大数据经济时代，数据的使用可以为企业提升核心竞争力，在数据成为企业重要生产要素的同时，企业也面临着数据使用安全及保护等一系列问题。

一、企业数据使用面临的安全风险

（一）恶意的泛滥使用及数据泄露

在商业环境中，竞争对手为了利益，争取市场地位，通过钓鱼邮件、恶意软件非法获取以及倒卖信息，一再踏破道德底线，给企业不仅带来了经济的损失，形象也被破坏，社会信誉度也会随之降低，公司管理层需要花费额外的精力和物力来处理这些问题。

（二）网络攻击

随着科学技术的不断发展，黑客会不间断地通过网络对企业的安全系统

---

* 卢艳卿（1989 年—），女，上海人，中国政法大学 2022 级民商法学在读硕士研究生。

进行攻击来非法窃取重要信息，造成恶劣的社会影响。

（三）历史过期数据并未妥善处理

过期数据并未被相关人员妥善处理，容易和新数据一起混淆使用，影响企业决策。

二、企业数据使用风险产生的原因

（一）法律法规体系不健全

企业数据是指由企业实际控制和使用的数据，既包括财务数据、运营数据等商业数据，也包括企业合法收集、利用的用户数据。前一种商业数据通常依照商业秘密的相关规定加以调整，后一种数据是企业通过大量收集用户信息而获取的数据，其价值在于通过分析大量的用户信息从而延伸出相应的商业价值。个人信息是指以电子或者其他方式记录的能够单独或者与其他信息结合识别自然人个人身份的各种信息，包括但不限于自然人的姓名、出生日期、身份证件号码、个人生物识别信息、住址、电话号码等。[1]这二者含有非常密切的关系，个人信息可以说是企业数据的原始数据来源亦可说是衍生数据。

自然人的个人信息受法律保护。任何组织和个人需要获取他人个人信息的，应当依法取得并确保信息安全，不得非法收集、使用、加工、传输他人个人信息，不得非法买卖、提供或者公开他人个人信息。[2]"法律对数据、网络虚拟财产的保护有规定的，依照其规定。"[3]目前针对企业数据权利的性质和保护并没有非常具体的法律规定，存在着不同的学说。

（二）行业及企业自身操作不够规范

各个行业在实践自身行业规则时，设置的规则本身不够全面，之后也未及时按照所设置的规则进行行业自我管理、定期监督、查漏补缺，甚至于放任不管，各自随意操作，为此埋藏了隐患。企业在未通知或事先未征得当事人同意的情况下就直接收集其信息，特别是涉及个人隐私的信息，收集后未合理地使用和保护，容易导致信息泄露，被不法分子利用实行诈骗行为，增

---

[1] 参见《网络安全法》第 76 条第 5 项规定。

[2] 参见《民法典》第 111 条规定。

[3] 参见《民法典》第 127 条规定。

加社会犯罪率。企业内部人员在使用数据时法律意识薄弱，没有明确地划分好接收数据的人群并提醒对方保护好数据。

三、企业数据使用安全及保护对策

（一）完善法律法规体系

需要制定专门的法律，我国现有《数据安全法》虽然是一专门法律，但对数据分类分级仅有三条相关条款，过于笼统；本法涉及的保护、责任等相关部分，虽有要求，但有关具体实施及后续问题依旧未展开，仍需完善。《数据安全法》可从多维度与其他法律相结合，通过专门法律明确以下内容：

1. 明确数据法律性质及保护方式

例如，知识产权说指出企业数据一定程度上满足了《著作权法》中规定的汇编作品或领接权客体以及商业秘密的构成要件。[1] 赞成企业数据为著作权客体的学者认为企业对数据开发处理后形成具有独创性的数据产品可以获得版权法的保护，这可以被视作是一种衍生产品。

2. 建立完善的数据分类制度

"建立明确的数据分类制度，使企业有效区分不同数据，并设立明确的保护目标，以可识别性原则、敏感性原则、规模性原则和不可控性原则作为进一步为数据分级的根据。"[2]

3. 设立专门的数据保护机构

设立的机构不单是民众机构，必须享有相适应的监管和执法职能，有懂得处理数据相关的专业人士，能够在企业间开展宣传工作，具有一定的组织和规模，即便遇到相关问题及发现不法行为，也能熟知如何从各流程中积极响应，依照规章制度及规定及时处理。如遇泄密、信息滥用等违法行为，确立惩罚制度并严格执行，开通社会举报及反馈渠道，让民众可以切身体会，特此加大公开透明度，防止不良行为因没有及时发现而累积到一定危害程度。在调查取证过程中，要及时和公正、信息准确，以免证据被湮灭。对于作出巨大贡献的人员，可以适当进行鼓励、表扬，加强民众的积极性。

---

〔1〕 石丹：《大数据时代数据权属及其保护路径研究》，载《西安交通大学学报（社会科学版）》2018年第3期。

〔2〕 大数据战略重点实验室：《数权法3.0：数权的立法前瞻》，社会科学文献出版社2021年版，第68页。

（二）加强监管部门的执行力

相关监管部门在实际操作流程中法律执行力不够。企业数据的合理使用无法脱离市场的监管，在市场流转中，数据很容易被有意或无意地滥用，此时相关部门应该按照规定进行强制、有效地监督，发现不法行为，应及时通知和报及相关政府部门及企业人员采取相应措施，起到制约及警示作用，维护市场平衡。

（三）行业及企业自身的应对

1. 技术保护

遇到核心数据，防止泄露成为重中之重，可以采取很多有效的技术保护行为。譬如，对于所使用的数据进行加密，并且加大分享局限，仅共享给必要人员。定期进行必要审查，如发现相关人员无须再使用相应数据，及时撤销其相应权限。

利用最新安全技术进行数据备份，以防数据丢失。委托专业的数据机构安装监测系统，维护网络安全，IT 设备及时更新，借助数据防泄密工具等。

2. 教育培训

企业内部定期更新相应的管理机制并安排线上或线下培训，提高企业管理者的安全保护及自我防范意识，引导员工安全且合理地使用公司数据，据 IBM 的研究报告称，由于员工错误或误操作导致的数据泄露事件高达 60%。对于触犯公司这一领域规定的员工也应及时进行相应的处理，以示警戒。

结　语

综上所述，保护企业数据的安全使用是一个持续性过程，需要各方面多维度努力，完善及不断更新法律及行业规则的相关设定、自我实践操作的日常监管和认知、安全技术层面的管理和更新。

论电子商务平台信用评价制度的完善

黄睿洵*

摘　要： 信用评价制度作为保障消费者权益、促进经营者诚信经营以及维护市场秩序的重要规制手段，在推动电子商务健康发展中发挥着至关重要的作用。近些年我国十分重视互联网领域的诚信体系建设，强调电子商务信用评价制度健全工作的发展，虽然已经建立了以《电子商务法》为核心的电子商务信用评价法律规范体系，但在司法实践中依然存在一些问题需要不断健全完善。本文旨在探讨电子商务平台信用评价制度的完善。

关键词： 电子商务平台　信用评价制度　诚信原则

引　言

电子商务行业准入门槛较低，电子商务平台内经营者数量庞大且诚信水平参差不齐，电子商务平台信用评价制度的建立和完善，可以有效解决电子商务平台买卖双方信息不对称的问题，为消费者评判商事活动风险提供参考依据，提高交易的安全性和透明度，维护市场公平竞争秩序。

一、电子商务平台信用评价制度的基础框架

依照《电子商务法》第 39 条[1]第 1 款及第 70 条[2]分析，电子商务平

---

*　黄睿洵（1986 年—），女，汉族，广东人，中国政法大学同等学力研修班 2022 级学员，研究方向为经济法学。

〔1〕《电子商务法》第 39 条规定："电子商务平台经营者应当建立健全信用评价制度，公示信用评价规则，为消费者提供对平台内销售的商品或者提供的服务进行评价的途径。电子商务平台经营者不得删除消费者对其平台内销售的商品或者提供的服务的评价。"

〔2〕《电子商务法》第 70 条规定："国家支持依法设立的信用评价机构开展电子商务信用评价，向社会提供电子商务信用评价服务。"

台信用评价制度包括平台内、平台外两部分信用评价内容。平台内信用评价是以电子商务平台经营者制定平台内部的信用评价指标体系及评价规则，并对平台内经营者实施信用评价活动为主。平台外信用评价为消费者和电子商务平台经营者之外的第三方信用评价机构对电子商务经营者所实施的信用评价。电子商务平台信用评价制度的框架包括主体框架、评价机制、法律规范三个部分。[1] 主体框架作为明确电子商务平台信用评价主体的法律地位和法律责任的静态框架存在；评价机制是对信用评价制度运行过程中不同环节进行规范的动态框架；而法律规范是指以《电子商务法》为核心，《网络安全法》《消费者权益保护法》等法律法规和规章参与调整，并与其他配套的规范性文件共同构建的法律规范体系，规范建立健全电子商务平台信用评价制度，推进实现保障消费者权益、提升诚信水平、促进电子商务持续健康发展的目标。

二、电子商务平台信用评价制度存在的问题

自《电子商务法》颁布实施以来，各电子商务平台经营者虽然逐步构建了信用评价制度，电子商务诚信体系建设取得了阶段性的成效，但当前电子商务平台信用评价制度还存在一些问题，主要表现为：

（一）评价指标体系及评价规则不尽规范

电子商务平台的信用评价指标及评价规则是保障消费者权益和维护平台内经营者良好声誉形象的重要机制。当前实践中，不同的电子商务平台信用评价指标体系及评价规则各不相同，存在不同程度的指标体系设计不合理、规则设置不规范等问题。主要体现在：部分电子商务平台以销量、好评率、纠纷率作为信用评价指标，评价指标过于简单，由此出现刷单、恶意投诉以及低价竞争的不良行为；个别电子商务平台现有的信用评价规则并没有明确规定信用评分的具体标准和计算方法，影响消费者的判断；还有一些电子商务平台对平台内经营者的信用评价规则处理过于宽松，就会出现前文所述的刷单炒信行为影响客观评价结果，这样的不正当竞争行为既有损公平竞争的市场环境，也违背了信用评价的初衷。

（二）平台删除和屏蔽评价的权限过大

根据《网络安全法》《网络交易监督管理办法》等相关法律法规及规章，

---

[1] 孙烨：《电子商务平台信用评价制度研究》，北京交通大学 2022 年硕士学位论文。

电子商务平台经营者享有在特定情形下运用删除等手段技术处理消费者评价的法定权限，包括但不限于：删除明显违法的评价、侵权评价和不良评价。然而，对于可删除评价的具体情形、方式和限度缺乏清晰的界定，无法为电子商务平台提供具有可操作性的指引，将可能产生电子商务平台经营者利用市场优势地位侵蚀消费者言论自由的后果。[1]个别电子商务平台还会向平台内经营者开放屏蔽评价权限，允许平台内经营者在后台设置中关闭评价功能，或者联系平台客服申请关闭评价功能，或者通过筛选评价内容的方式屏蔽评价，导致消费者难以真实准确了解平台内经营者的真实业务水平和产品质量。

（三）平台信用评价制度信息不对称

首先，各电子商务平台倾向于根据自身商业利益来设计信用评价体系，以吸引更多的经营者入驻，自主设计的评价体系可能会偏袒某些经营者，使其获得更高的评分和信用等级，从而增加交易量；其次，一些平台内经营者可能会利用信用评价体系的漏洞或者操纵评价来提升自身的信用等级，以此来获得更多的交易机会和消费者的信任，会误导消费者选择；最后，因各电子商务平台之间缺乏统一的信用评价标准，个别经营者可能会选择在信用评价体系较为宽松的平台上运营，以获得更高的信用等级和曝光度。[2]分析以上情况出现的原因，主要是因为我国电子商务第三方信用评价机构还没有得到充分的发展和利用，电子商务平台经营者通过自身平台设置信用评价规则，这会使得其评价规则的公正性、合理性难以评断，一旦评价体系存在不完善之处，将会为部分失信行为埋下隐患。

三、电子商务平台信用评价制度完善建议

（一）健全相关的法律法规体系

各电子商务平台信用评价制度指标及规则设置不规范会导致信用评价结果难以横向比较，且影响评价的准确性和公正性。这一情况的出现主要在于缺乏法律法规与标准规范明确指引电子商务平台信用评价制度的制定和实施，解决途径即加快健全系统、完备、科学的法律规范体系。应对现行的电子商务平台信用评价制度相关法律规范进行全面梳理，将传统法律规范在电子商

---

[1] 李超：《论电子商务平台经营者删除消费者评价的限制》，载《治理研究》2022年第1期。
[2] 薛军：《电子商务法平台责任的初步解读》，载《中国市场监管研究》2019年第1期。

务上的应用进行重新诠释，对已经不适应电子商务市场变化的条款进行及时修订，并明确电子商务平台经营者未落实建立健全信用评价制度责任的承担标准；同时还要根据网络经济的特点，制定专门针对电子商务平台信用评价制度的规范性文件，研制一套电子商务信用标准体系，[1]为健全电子商务平台信用评价制度提供全方位、多层次的法治保障。需要注意依照不同电子商务平台的经营特点确定基本的信用评价制度范式，构建多维度的评价指标体系及科学系统的评价机制，并重点建立完善电子商务平台信用评价规则的备案和公示制度。

（二）合理规范并统一平台的评价删除权和屏蔽权

因为我国现行法律对于电子商务平台经营者履行评价技术处理义务的具体情形、方式和程度等缺乏明确的法律规制，由此导致出现评价删除权和屏蔽权过度的问题。在优化法律规范的基础上，需要明确电子商务平台经营者应当删除或屏蔽消费者评价信息的具体类型、标准及合理比例范围，明确规制电子商务平台经营者对评价主体和评价内容的真实性、合法性、关联性的审查义务，以及运用删除、屏蔽等手段技术处理评价的程序控制，确保不侵犯消费者的知情权和言论自由。电子商务平台经营者应将删除评价的决定及时通知消费者，并对此说明理由；同时也应保障消费者自主删除或修改评价的权利。

（三）大力发展专业化的第三方信用评价机构

《电子商务法》第 70 条规定："国家支持依法设立的信用评价机构开展电子商务信用评价，向社会提供电子商务信用评价服务。"需要注意的是，在实施过程中应优先采用政府主导的第三方评价公司模式，等到评级体系发展到成熟时期可以过渡为市场主导的第三方评价公司。[2]通过设立和发展具有权威性和专业化的第三方信用评价机构，发挥独立、中立的电子商务信用评价服务功能，有利于加速打破信用信息孤岛，对电子商务平台内经营者进行更为客观、科学、公正的信用评价，从而促进规范电子商务经营者的行为，有效保障消费者的合法权益。

---

〔1〕 叶如意、贺芳芳：《标准化支撑电子商务信用体系构建研究》，载《中国标准化》2023 年第 23 期。

〔2〕 王梦迪：《电子商务平台信用评价体系的完善——〈电子商务法〉第三十九条、第七十条的解读》，载《人民法治》2018 年第 20 期。

结　语

目前，我国电子商务平台信用评价制度存在诸多问题，需要从完善法律规范体系、强化落实责任、约束权限以及发展第三方信用评价机构等方面进行完善，确保电子商务平台运营能够符合法律规制的约束，推进实现保障消费者合法权益、提升电子商务诚信水平、促进行业持续健康发展。

数字经济下经济法转型相关问题探讨

王思媛*

摘 要：随着信息技术的迅猛发展，数字经济逐渐成为社会经济的重要部分。数字经济的快速发展对传统经济迭代进度和法律制度精细化覆盖提出了新的挑战。本文旨在以数字经济背景下的经济法转型为主题，从经济立法和经济法理论的角度出发，试探数字经济时代背景下的经济法转型的必要性、内容覆盖度以及面临的挑战；通过分析数字经济的特点和发展趋势，提出了适应数字经济时代的经济法转型路径和策略，以为我国数字经济的发展提供更精细化的法律保障和指导。

关键词：数字经济　经济法　竞争环境

引 言

数字经济时代是指以数字技术为基础，通过互联网、大数据、人工智能等新兴技术的应用，推动经济发展和社会变革的新时代。数字经济发展对经济和社会发展带来了影响的同时，对经济法也提出了挑战，为了应对挑战，经济法也需要进行变革。

一、数字经济下经济法转型的必要性

数字经济的特点和发展趋势可以从数据驱动、跨界融合和创新驱动等角度进行分析。[1]数据驱动是数字经济的核心特点之一。随着互联网的普及和

---

* 王思媛（1984年—），女，蒙古族，内蒙古呼伦贝尔人，中国民族贸易促进会副会长，研究方向为经济法学。

〔1〕 许元洪：《社会转型背景下经济法功能的转变与实现》，载《法制与社会》2020年第26期。

智能设备的广泛应用，大量的数据被产生和收集。这些数据包含着巨大的价值，可以用于洞察市场需求、优化生产流程、实现个性化营销等。跨界融合是数字经济的重要趋势之一。传统行业之间的界限逐渐模糊，不同领域的企业和机构开始进行合作与整合。[1]例如，互联网科技公司与传统制造业合作开发智能产品，金融机构与互联网公司合作开展在线支付和借贷服务等。跨界融合不仅能够提高资源利用效率，还能够创造新的商业模式和服务形态。[2]

数字经济发展对经济和社会发展带来了广泛的影响，主要体现在以下几方面：

一是数字经济的发展促进了创新活动的加速，对于新兴产业的孵化产出，如电子商务、共享经济、金融科技等，这些新兴产业不仅创造了新的经济增长点，还改变了传统产业的商业模式和竞争格局。[3]

二是数字技术的应用使得生产和服务过程更加高效和智能化，物联网技术可以实现设备之间的互联互通，提高生产自动化水平，优化供应链管理，从而降低了成本，提高了生产质效。

三是数字经济将线上电子商务和线下传统零售等融合为新模式，包括金融科技等领域的新生，有效更新了传统产业之间的逻辑界限，促进了不同产业之间的融合与协同发展。新兴产业的快速发展创造了大量的就业机会，同时数字经济也为社会群体催生了灵活就业和创业的形式。[4]

数字经济发展在对经济和社会发展带来广泛影响的同时，也对传统经济法带来影响和挑战。

（一）技术变革带来的法律滞后

新技术的快速发展使得传统的法律制度无法及时适应和调整，导致法律滞后的现象。例如，在人工智能、大数据、区块链等领域，由于技术的快速进步，相关的法律法规往往滞后于技术的发展，无法有效监管和管理相关活

---

〔1〕 刘俊杰：《社会转型视阈下经济法价值的实现理路研究》，载《法制博览》2018 年第 36 期。

〔2〕 褚晓：《基于经济转型、经济创新与经济法的"刚柔并济"》，载《中外企业家》2020 年第 17 期。

〔3〕 张铎潇：《经济转型发展下的经济法与经济法学的转变分析》，载《法制博览》2022 年第 22 期。

〔4〕 陈哲、唐翔宇：《反思：经济转型时期中国经济法的研究》，载《西安电子科技大学学报（社会科学版）》2021 年第 1 期。

动。这种法律滞后可能导致技术滥用、隐私泄漏等问题的出现，给社会和个人带来风险和困扰。

（二）国际合作与协调的困难

数字经济具有全球性特点，需要国际合作和协调来应对共同的挑战。不同国家的法律制度和政策差异较大，导致合作难以达成一致。数字经济的发展速度快，技术更新换代迅猛，使得国际合作的跟进变得困难。数字经济时代下，不同利益主体之间的权益保护存在冲突和平衡难题。只有通过多方合作和共同努力，才能实现数字经济时代的权益保护与利益平衡。

首先，数字经济时代的经济法需要更加注重数据保护和隐私权的法律保障。[1]在数字经济中，数据是核心资源，个人信息的泄露和滥用可能带来严重的后果在数据保护法律，明确个人数据的所有权和使用权，加强对数据收集、存储和传输的监管，并建立有效的惩罚机制来打击侵犯个人隐私的行为。

其次，数字经济时代的经济法需要更好地平衡创新和监管的关系。数字经济的快速发展给创新带来了巨大的机遇，但同时也带来了一些风险和挑战。为了促进创新和发展，我们需要建立灵活的法律框架，鼓励企业和个人进行技术创新和商业模式创新。

最后，数字经济下不正当竞争行为频发，需要加强监管，防范数字经济中的不正当竞争行为、虚假宣传和消费者权益侵害等问题。

二、数字经济下的经济法转型的路径和策略

（一）加强立法监管工作

及时修订和完善相关法律法规，适应数字经济发展的需要，还应加强对数字经济市场的监管，防止垄断和不正当竞争的行为。通过加强立法工作，可以为数字经济的发展提供有力的法律保障，促进经济的健康发展和社会的稳定。要加强对数字经济市场的监测和分析，及时发现和解决问题。要建立健全监管机制和法律法规，明确各方的权责和义务。进而有效维护市场秩序，保护消费者权益，促进数字经济的健康发展和社会的稳定。

（二）推动国际交流与合作

加强与其他国家和地区的合作，共同应对数字经济时代的挑战。在全球

---

[1] 泮奕超：《经济法在经济转型中的作用》，载《法制博览》2019 年第 19 期。

化的背景下，各国之间的经济联系日益紧密，数字经济的发展也具有全球性的特点。因此，加强与其他国家和地区的合作，分享经验和技术，共同制定适应数字经济发展的法律法规和标准，共同应对挑战，是实现利益平衡和权益保护的关键。

（三）加强人才培养与法律教育

培养具备数字经济法律知识和技能的人才，提高法律人才的素质和能力。要加强对法学专业的教育和培训，更新教学内容和方法，使其与数字经济的发展相适应。要加强实践教学和案例研究，培养学生的实际操作能力和解决问题的能力。此外，还应加强与企业和行业协会的合作，提供实习和就业机会，使学生能够更好地了解和适应数字经济的法律需求。通过加强人才培养与法律教育，可以为数字经济的发展提供优秀的法律人才，促进经济的健康发展和社会的稳定。[1]

三、数字经济时代下的经济法转型的主要内容

（一）数据治理与隐私保护

建立完善的数据治理体系，加强个人隐私保护。随着信息技术的迅猛发展，个人数据的收集、存储和利用已经成为常态。然而，数据泄露和滥用的风险也随之增加，给个人隐私带来了严重威胁。应建立完善的数据治理体系，设立专门的机构或部门负责数据管理和监督、制定相关法律法规，明确数据收集、使用和共享的规范，加强个人隐私保护意识和自我保护能力，包括对知识产权方面专利、商标、版权等，保护知识产权可以激励创新者投入更多资源和精力进行研发，并为其提供合理的回报机制。[2]

（二）平台经济监管

加强对平台经济的监管，维护市场秩序和公平竞争。加强对平台经济的监管是保障市场秩序和公平竞争的重要举措。需要建立健全监管机制，加强对平台经济的监督和管理，明确平台经济的经营范围和行为规范，加强对平台经济的监测和评估，及时发现和解决存在的问题。此外，还要加强执法力

---

〔1〕 单飞跃：《中国经济法理论研究四十年：反思、转型与再认识》，载《经济法论丛》2018 年第 2 期。

〔2〕 周桐：《分析经济法在经济转型升级中的作用》，载《法制博览》2020 年第 2 期。

度，对违法违规行为进行严厉打击。通过加强监管，可以维护市场秩序，促进公平竞争，推动平台经济的健康发展。

（三）跨境电子商务法律规范

制定和完善跨境电子商务的法律规范，促进国际贸易便利化。应建立统一的跨境电子商务法律法规体系，明确跨境电商的定义、交易规则和责任义务等。其次，要加强对跨境电商的监管和管理，建立健全跨境电商监管机制，防范风险和打击违法行为。此外，还应加强国际合作，推动跨境电子商务的国际标准和规则的制定，促进贸易自由化和便利化。通过制定和完善跨境电子商务的法律规范，可以为企业和消费者提供更加稳定和可靠的交易环境，推动国际贸易的发展。

结 语

数字经济时代下的经济法转型是推动数字经济发展、保护消费者权益和维护公平竞争的重要保障，需要政府、企业和社会各方共同努力，加强立法、监管和人才培养，为我国数字经济的健康发展提供坚实的法律基础。

浅析法学教育高质量发展与体系创新路径
——以法治现代化为背景

屠洪勉*

摘　要： 随着中国法治建设的深入推进和全球化背景下法律互动的增强，法学教育的地位和作用日益凸显。如何在此背景下，立足于中国特色的法治现代化实践，将法学教育推向一个新的高度，是每一位法学教育者和学者必须深入思考的问题。本文旨在探讨如何通过创新思路、整合资源和打破传统束缚，实现法学教育体系的高质量发展，满足社会的广泛需求，为建设法治中国培养出更多优秀的法律人才。

关键词： 法治现代化　法学教育　教育理念

引　言

在庆祝中国共产党成立一百周年大会上，习近平总书记提出了"中国式现代化新道路"这一新的命题，在党的二十大报告中，习近平总书记着重阐释了中国式现代化的内涵和本质要求。[1]随着中国日益走向法治化社会和全球化背景下的法律交流，法学教育的质量和创新性成为中国法学界亟待关注的焦点。中国式法治现代化实践已经在过去数十年中取得了显著的进展，但法学教育仍然面临多重挑战，需要进行研究和探讨。

---

* 屠洪勉（1982 年—），女，汉族，安徽人，现就职于上海彼信律师事务所。

〔1〕 参见习近平：《高举中国特色社会主义伟大旗帜 为全面建设社会主义现代化国家而团结奋斗——在中国共产党第二十次全国代表大会上的报告》，人民出版社 2022 年版，第 22~23 页。

一、中国式法治现代化概述

（一）中国法治现代化的历史背景

中国法治现代化的历史背景根植于古代，以"礼"为治，偏向道德规范而非法律条文。清末受西方法律制度冲击，中国开始探索建立近代法律制度。民国时期虽进行法律改革，但受历史限制，未能真正实现法治建设。中华人民共和国成立后，法治建设历经不同阶段发展，尤其在改革开放后，随着经济体制逐步转型，对法治的需求变得急迫。从"法制"到"法治"，中国逐渐认识到建立社会主义法治国家的重要性。这不仅是规范市场、维护稳定，更是保障人民基本权利和自由的关键。在全球化深入的今天，健全的法治体系不仅是国家治理需要，也是国际接轨的必然选择。法治现代化是中国从"法制"到"法治"转型的关键一步，标志着更高效、更公正、更透明的治理。

（二）中国法治现代化的理念和原则

1. 中国法治现代的理念

中国法治建设融合了传统智慧与国际法治成果，形成了以服务人民、促进社会和谐与繁荣为核心的法治现代化理念。该理念突破了简单的模仿与应用，注重挖掘法治建设的本质，强调以"人民为中心"的治理思路，即法治应服务于人民利益，确保每个公民在法律面前平等享有权利与义务。

2. 中国法治现代化的核心原则

法治现代化的核心原则包括"公正、透明、高效"三大维度。"公正"要求法律制定和执行过程必须公平，保证每个公民在法律面前都是平等的，无论其社会地位、财富或其他身份特征。"透明"原则强调法律的公开性和可预见性，这不仅有助于提高公众的法律意识，也是确保法治公信力和权威性的重要手段。"高效"原则突显了法治建设在服务经济社会发展中的功能，旨在建立一个及时响应、适应社会需求的法律体系，使法治真正成为推进社会进步的重要动力。这三大原则相辅相成，共同为中国法治现代化提供了坚实的理论支撑和实践指导。

二、高质量法学教育的内涵与要求

（一）高质量法学教育的定义

在现代法学教育背景下，高质量的定义已经超越了简单的知识传授，转向了一个更加深入、综合和实践性的维度。它意味着课程内容的先进性与针对性、教学方法的创新与实用性，以及对学生独立思考、批判性分析和实际操作能力的培养。[1] 高质量的法学教育还应重视对法律伦理和社会责任的培养，确保学生不仅掌握法律知识，还能够具备深厚的道德观念和对公正正义的坚守。此外，高质量的定义也强调了教学资源的多样性与高效性，如丰富的案例库、现代化的教学设施、与实践界的紧密合作等，确保学生在学术与实践之间获得平衡的培养。简言之，高质量的法学教育是一种全面、深入、与时俱进的教育模式，旨在为社会培养出既具备专业技能、又具有强烈法律伦理观念的法律人才。

（二）高质量法学教育的核心要素

法治现代化作为一个全球性历史进程，代表了自近代以来人类在社会与法律领域经历的深刻法治变革。它是社会转型和发展的重要趋势，反映了各国政府致力于推动国家法治改革，以实现国家现代化目标并推进国家现代化进程的时代特征。[2]

在法学教育的严谨背景下，确保教育品质的提升并不仅仅局限于教学内容的完善。高质量的法学教育鼓励学生在掌握法律条文的基础上，通过案例分析、模拟法庭以及真实场景的实习体验，去理解和体悟法律规则背后的逻辑和精神。其次是对伦理和社会责任感的培养。法律专业人员不仅要具备专业知识，还需要有深厚的道德观念和对社会公正的承诺。这要求教育过程中，不仅仅是传授"法律是什么"，更要教导学生"为何这样"的法律哲学思考。同时，教育过程还应当着重培养学生的批判性思维能力，使其能够对现存的法律规则进行深入分析，提出改进和完善的建议。[3]

三、法治现代化下法学教育体系创新路径

（一）与法治现代化紧密结合

在新时代，法学教育面对与法治现代化的密切结合挑战，尤其在中国这个拥有深厚文化传统和历史底蕴的国家。法治现代化超越了法律制度的简单

---

〔1〕 公丕祥主编：《当代中国的法治现代化》，法律出版社 2017 年版，第 3 页。

〔2〕 蔡卫忠：《大学生法律教育问题研究——以公民意识养成为视角》，中国政法大学出版社 2019 年版，第 9 页。

〔3〕 曹义孙：《哲人论教育》，中国政法大学出版社 2019 年版，第 7 页。

更新，更涵盖法律文化和理念的深化与延伸。法学教育不应将法律仅视为冷硬的条文和规定，而应深入挖掘和传承中华法律文化的精髓，同时融合现代法治理念。其目标是培养具备传统理解与未来思考能力的法学专业人才，既有国际视野又怀有中国情怀。这样的法学人才将更有能力为中国法治建设和法律事业的发展贡献力量，同时在全球法律舞台上代表中国发声，展现中国智慧。

（二）提高教学质量强化与实践的结合

在法学教育中，单纯的理论知识很难满足当代法律实践的需要。为了真正提高教学质量，必须将理论教学与实际操作紧密结合。这意味着将真实法律案例、场景与法律实践互动融入教学，使学生在实践中解决问题，培养独立解决复杂法律问题的能力。学校与实践部门的合作至关重要，通过实习、模拟法庭辩论、邀请实践专家到校授课等活动，学生不仅深入理解法律知识，还培养实践操作技能，了解前沿法律观点和行业动态。只有理论与实践相结合，法学教育才能真正培养具有扎实理论基础和实践经验的法律专业人才。

（三）打通理论与实践的鸿沟创设多元化的法学课程

为打通理论与实践之间的鸿沟，法学教育需要摆脱传统框架，强调实践性教学方法。多元化的法学课程设计是实现理论与实践并重的重要策略。除了传统法律科目，还应加入法律与技术、法律与经济、比较法研究等交叉学科的课程。这样的课程设置不仅能拓宽学生知识视野，还帮助他们理解法律在不同领域和背景下的应用，更好地将法学理论与实际问题相结合。这种多元课程设计旨在满足现代社会和市场的多样化需求，使学生具备更广泛的知识背景，更好地适应复杂多变的法律实践环境。

结　语

近现代中国历史经历了比古代更加重大和多彩的变化，这是因为中国社会经历了从传统到现代的深刻转型。同时，法学教育的高质量发展成为一个复杂而多方面的过程，目的是培养具有深厚法律知识、伦理意识和实践能力的法律人才。为了实现这一目标，需要对传统的法学教育模式进行创新和优化，以更好地适应现代法治和社会的要求。这包括强调与法治现代化的结合，采用更为实用和前沿的教学方法，加强师资队伍的建设与培训，以及创设多元化的法学课程。当法学教育能够成功地结合理论与实践，让学生在学习过程中深入理解法律条文并熟练应对实际法律问题时，其价值便得到了真正的体现。

浅析合同僵局下违约方的解除权

——以《民法典》第 580 条为视角

胡馨缘*

摘　要：现实中存在大量不符合解除的条件但合同难以为继、非违约方不肯行使解除权、双方当事人就是否维持合同效力意见相左的情形，即合同当事人陷入合同僵局。此种情形下，违约方如果享有合同解除权，就可以破解合同僵局。本文旨在以《民法典》第 580 条为视角探讨违约方的合同解除权问题。

关键词：《民法典》第 580 条　合同僵局　合同解除权

引　言

民法传统理论认为，只有守约方可以行使合同法定解除权。[1]但司法实践中长期存在的合同僵局问题正是因为守约方有权不用，导致交易效率低下、浪费资源，对当事人双方均不利。《民法典》第 580 条第 2 款在一定程度上采纳了违约方可以解除合同的思想，赋予了合同当事人请求法院或者仲裁机构确认终止合同的权利。

一、《民法典》第 580 条第 2 款的解读

《民法典》第 580 条规定："当事人一方不履行非金钱债务或者履行非金钱债务不符合约定的，对方可以请求履行，但是有下列情形之一的除外：

---

　*　胡馨缘（1994—），女，汉族，浙江人，浙江楷泽律师事务所律师，研究方向为经济法学。

　〔1〕　韩世远：《合同法总论》，法律出版社 2011 年版，第 516~517 页；崔建远：《合同法》，北京大学出版社 2013 年版，第 279~281 页。

（一）法律上或者事实上不能履行；（二）债务的标的不适于强制履行或者履行费用过高；（三）债权人在合理期限内未请求履行。有前款规定的除外情形之一，致使不能实现合同目的的，人民法院或者仲裁机构可以根据当事人的请求终止合同权利义务关系，但是不影响违约责任的承担。"

（一）该条第 2 款规定的是解除权

第 2 款虽未采用"解除合同"的表述，而是采用了"终止合同"的表述，但结合《民法典》第 557 条有关合同终止的规定，在合同僵局时仅符合适用"合同解除的，该合同的权利义务关系终止"的情形。因此，该条第 2 款实际规定的是解除权。

（二）该条第 2 款规定的是当事人解除权

虽然第 2 款用了"……人民法院或仲裁机构可以根据当事人的请求……"的表述，但该解除权属于合同当事人应当不会有任何歧义。"可以"肯定的是当事人的权利，司法裁判部门仅是在面临合同僵局的情况下合同可否解除的裁判者，而非解除权的实际享有者、承担者。

（三）该条第 2 款赋予权利的对象是违约方

从第 2 款"有前款规定的除外情形之一"的表述本身即可得出，主张解除合同的一方正是抗辩合同不能继续履行的那一方。[1]也即违约方。

（四）该权利是一种形成诉权

违约方解除合同必须通过法院或仲裁机构，最终能否解除合同需要由法院或仲裁机构审查后作出裁判，故其是形成诉权。[2]

二、违约方实现解除合同目的的条件

在合同不能实际履行时由违约方行使解除权，这是一种优化市场资源配置的及时处理方式。[3]违约方行使解除权可以有效解决合同僵局问题，但其本就是合同严守原则的例外，故需严格限制。综合而言，本文认为违约方想

---

〔1〕 王俐智：《违约方合同解除权的解释路径——给予〈民法典〉第 580 条的展开》，载《北方法学》2021 年第 2 期。

〔2〕 张素华、杨孝通：《也论违约方申请合同解除权——兼评〈民法典〉第 580 条第 2 款》，载《河北法学》2020 年第 9 期。

〔3〕 刘贵祥主编：《最高人民法院第一巡回法庭精选案例裁判思路解析（一）》，法律出版社 2016 年版，第 180~181 页。

要实现解除合同的主张需要满足以下条件：

（一）实体要件

合同已经确定地不能继续履行，当事人合同目的无法实现。不能继续履行具体主要有以下两类，符合其中一种条件即可：

1. 合同已经没有继续履行的空间

（1）客观不能。[1]具体可以分为法律不能和事实不能：如甲向乙购买法律明确禁止交易的物品，甲要求乙继续履行合同将违反法律的强制性规定，此为法律不能履行；又比如 A 是房屋所有权人，B 承租了 A 的房屋，并将其转租给了 C，如 B、C 的租期超过 A、B 间租期且未获得 A 追认的话，超期部分 C 无法要求 B 继续履行租赁合同，该为事实不能履行。

（2）不适于强制履行。具有较强人身专属性的债务合同在当事人不愿或无法履行时不适于强制履行：如小王向小 O 购买由其亲笔画的自画像一幅，但小 O 在开画后完工前手腕受损，无法再画，绘画艺术作品有很强的人身属性，在此情况下，小王无法强制要求小 O 交付；履行时间过长，尤其是履行质量需要长期监督的事项，也不适合强制履行[2]：如建设工程类案件，法院一般都不会支持发包方要求施工方继续施工的诉请。

2. 继续履行的费用过高

通过对比违约方的履约成本与合同各方的获益，[3]得出如让违约方强制履行会产生严重的不经济，则可在违约方主张解除时予以支持，合同不再继续履行。此种情况最典型的案例之一就是"新宇公司诉冯某梅买卖合同纠纷案"，冯某梅要求继续履行既会给违约方新宇公司造成更大的损失，又对自己没有好处甚至于给自己也造成了更大的损失。

（二）程序要件

违约方解除权本就是为了平衡合同违约方和守约方的利益而作出的例外性规定，如果让其和守约方一样通知达到对方合同即解除，则当事人违约成本极低，很容易引发道德风险，故违约方要求解除合同必须诉诸诉讼或仲裁程序，由第三方客观中立地对违约方破解合同僵局的合理性进行判断。

---

〔1〕 史尚宽：《债法总论》，中国政法大学出版社 2000 年版，第 380~381 页。
〔2〕 王利明：《合同法研究》（第 2 卷），中国人民大学出版社 2011 年版，第 592 页。
〔3〕 李晓旭：《论违约方合同解除权的规范定位与法律适用》，载《法律方法》2022 年第 4 期。

（三）违约方主观善意与否的非必要性

很多学者或司法实务领域专家主张要考虑违约方的主观方面，要求申请合同解除的违约方需满足非恶意违约的条件，[1]但本文认为此条件并不必要，理由如下：①违约需承担违约损害赔偿责任，在履约可获经济利益的情况下，当事人恶意违约的概率不大。②合同因违约而解除后并不免除违约方的义务。如恶意违约，势必是债务人违约可获得的收益超出其履约的预期收益，此时通过损害赔偿给予债权人充分救济后，法律可不要求债务人实际履行合同。[2]司法实务中，法院或仲裁机构可以通过调整违约责任来约束违约方的恶意违约行为：在恶意违约情形下，除要求违约方承担按照守约方解除合同时需承担的违约责任外，还可加之惩罚性赔偿，将违约方因违约获得的收益亦归守约方所有。违约方违约无利可图，自然会有效降低恶意违约的可能性。③违约方解除的主张获得法院或仲裁机构支持本就需要满足合同不能继续履行的实体要件，如仅因违约方恶意违约而导致合同僵局持续，对当事人纠纷的解决并无助益。

三、《民法典》第 580 条第 2 款的适用局限

按照现行《民法典》的规定，仅限于违反非金钱债务时违约方解除合同的主张可被支持。但在实践中，债务人不履行金钱债务亦会导致合同僵局，而且在此情况下，一般都是债务人承担的损害更大，故建议增加违约方合同解除权的适用情形。比如笔者在 2023 年度承办过一起承租人要求解除租赁合同的诉讼：某公司于 2019 年高价拍得一商铺 15 年的使用权，但受疫情、路面改造等影响，公司严重入不敷出，在 2022 年时已经开始通过股东个人贷款的方式向出租方支付房租，但公司仍难以为继。诉讼前公司已多次与出租方协商降低租金仍未果，迫于无奈只能要求解除合同。虽然说本案中双方最终达成了和解，租金调整后合同存续，但若未达成和解，仍要求公司按合同约定支付租金，那最后公司仅有破产一途可走；假设本案类似情形是个人名义

---

〔1〕 刘兵：《论违约方合同解除权——兼评〈民法典〉第五百八十条之规定》，载《师大·西部法治论坛》2022 年第 7 卷；陈斯、于海砚：《合同僵局的司法破解——基于民法典违约方合同解除权之分析》，载《地方立法研究》2020 年第 5 期；李晓旭：《论违约方合同解除权的规范定位与法律适用》，载《法律方法》2022 年第 4 期。

〔2〕 ［美］理查德·波斯纳：《法律的经济分析》，蒋兆康译，法律出版社 2012 年版，第 167 页。

承租的，在个人破产尚未可行的情况下，违约方将再难从债务中解脱。故此本文认为，在金钱债务的情形下，也应赋予违约方合同解除权。

结　语

《民法典》第 580 条第 2 款为违约方合同解除提供了明确的制度支撑，符合我国国情及审判实践，具有积极的正面意义。现行规定仍无法解决实务中遇到的全部合同僵局问题，本文建议增设金钱债务违约方的解除权，以完善合同僵局的破解方案。

浅析 GAI 在委托创作中的侵权归责问题

武晟永*

摘　要：随着人工智能的发展，其被广泛应用于各个领域。与此同时，人工智能技术也为人类社会带来了挑战和风险，其中最大的挑战就是可能会带来侵权的风险，其中主要涉及著作权侵权和对个人信息自主权的侵犯。本文旨在探讨 GAI 在委托创作中的侵权及归责问题。

关键词：GAI 委托创作　债权责任　人工智能

引　言

AI 技术特别是 GAI 技术的发展，在提升工作效率和创造力、推动科学研究和技术创新、改善人类生活的同时也给人类社会带来了挑战和风险，如 GAI 在创作中涉及侵犯他人著作权的风险，而且，GAI 在创作中收集和使用个人数据的过程可能会侵犯个人信息自主权，也可能导致个人信息的泄露及侵犯隐私权等。因此，与一般委托创作不同，GAI 委托创作中侵犯他人著作权和个人信息自主权时的侵权归责问题值得探讨。

一、AI 及 GAI 委托创作概述

（一）AI 及 GAI 的概念

AI 的英文为"Artificial Intelligence"，其中文译为"人工智能"。GAI 的英文为 Generative AI（简称 GAI），其中文译为"生成式人工智能"。

生成式人工智能指利用复杂的算法、模型和规则，从大规模数据集中学

＊　武晟永（1992 年—），男，汉族，山西人，中国政法大学同等学力研修班 2023 级学员，研究方向为民商法学。

习，以创造新的内容的人工智能技术。这项技术是基于算法、模型、规则生成文本、图片、声音、视频、代码等内容的技术，全面超越了传统软件的数据处理和分析能力。

《2023 年十大新兴技术报告》中指出生成式人工智能是一种通过学习大规模数据集生成新的原创内容的新型人工智能。

（二）GAI 委托创作概述

1. 一般委托创作的概念

通常意义上，委托创作是指一方当事人接受另一方当事人的委托，由委托方支付一定的报酬，受托方按照委托方提出的要求进行的创作。

2. GAI 委托创作的概念

与一般委托创作不同，GAI 委托创作是指受托方接受委托后，根据委托方提出的要求，将要求转变为指令输入 AI 进行的创作。创作过程中，受托方主要的创造性劳动是"将需求总结归纳、转变为指令"这一过程，而创作本身更多是由 AI 完成，自然人介入创作过程的程度较低。

二、GAI 在委托创作中的侵权

GAI 在委托创作中主要涉及著作权侵权和对个人信息自主权的侵犯。

（一）侵犯著作权

由于 AI 生成作品的过程中会大量收集数据用于训练模型，而其用于训练模型的数据通常来源于网络上的各类作品，在此过程中不可避免地会涉及大规模的著作权侵权问题。[1]著作权侵权主要体现在两方面：一是即使原创艺术家声明未经授权禁止二次创作，其作品也通常会被 AI 抓取用于训练模型；二是 AI 所抓取的数据极为庞大，其侵权行为往往涉及大量艺术作品，甚至可能演变为犯罪。

有文章指出，AI 创作甚至可以学习风格，导致特定作家、艺术家的独特创作风格被复制。[2]对此另有网友比喻称，AI 创作是将活生生的艺术作品拆分成块，然后将其拼接在一起，足见 AI 侵犯著作权问题已经具有相当的严

---

〔1〕 郭春镇：《生成式 AI 的融贯性法律治理——以生成式预训练模型（GPT）为例》，载《现代法学》2023 年第 3 期。

〔2〕 程乐：《生成式人工智能的法律规制——以 ChatGPT 为视角》，载《政法论丛》2023 年第 4 期。

重性。

（二）侵犯个人信息自主权

不仅在著作权方面，AI 创作过程中同时可能为了获取数据而侵入其他计算机系统，并由此构成侵犯数据、信息、计算机信息系统类犯罪；[1] 同时有文章指出，GAI 抓取数据未经告知和征得信息主体同意，直接架空个人信息处理的告知同意规则；而且 GAI 模型设计不当、存储系统错误、算法漏洞等都可能导致用户个人信息泄露频发。[2]

二、GAI 在委托创作中的侵权归责

（一）一般委托创作中的侵权归责

根据民法一般理论，当委托作品侵害第三人权利时，受托人为第一责任主体。由于受托人接受委托人指示进行创作，因而委托人也存在共同侵权的风险，具体是否构成共同侵权需要视委托权限及委托人指示而定。

（二）GAI 在委托创作中的侵权归责

有学者指出，人工智能创作实质上是基于数据、算法和"人类偏好"得出。[3] 此外，最新判决认为 AI 创作中，选取模型、选取提示词、生成参数设置等均体现了用户的取舍、选择、安排、设计，因此认为 AI 创作中体现了用户的独创性，应当属于用户创作的作品。[4] 综合各种观点，"AI 本身不享有著作权，其创作的著作权属于用户"的观点属于通说。相关的著作权侵权问题、委托创作的法律关系等，均可直接适用现行法律和司法解释的相关规定，即，对于 AI 侵犯个人信息、数据安全方面，创作者、委托人乃至 AI 的开发者，均有可能成为侵权主体，承担侵权责任。而在委托人对委托创作为 AI 创作不知情的情况下，创作者甚至可能涉嫌欺诈，应承担民事侵权责任甚至刑事责任。

以某案为例：

---

〔1〕 刘宪权：《ChatGPT 等生成式人工智能的刑事责任问题研究》，载《现代法学》2023 年第 4 期。

〔2〕 钭晓东：《风险与控制：论生成式人工智能应用的个人信息保护》，载《政法论丛》2023 年第 4 期。

〔3〕 吴昊天：《人工智能创作物的独创性与保护策略——以"ChatGPT"为例》，载《科技与法律（中英文）》2023 年第 3 期。

〔4〕 北京互联网法院［2023］京 0491 民初 11279 号民事判决书。

1. 案例描述

日前，微博上的网络艺术家@佰承百发现另一用户@五敖_5A未经许可使用其于 2023 年 5 月 17 日创作的一幅画作训练 GAI。GAI 根据该作品生成了一件在构图、视角和人物动作等方面高度相似的仿制品。@五敖_5A 将仿制品作为其接受委托的艺术作品，公开发布在微博和哔哩哔哩等网络平台上。@佰承百随即发布微博谴责其侵权行为，该微博短时间内即获得较多转发评论支持，迫使@五敖_5A 在各平台上删除该侵权作品。

2. 案例分析

（1）侵犯著作权。@五敖_5A 未经授权使用@佰承百的原创作品训练 GAI，并生成了与原作的显著特征高度相似的作品。该行为属于侵犯原作者对其作品的改编权和复制权。

（2）委托创作的侵权责任。"接受委托创作并使用 GAI 生成作品"存在两个关键问题。首先，如果委托人期待的是人工绘画且对于使用 GAI 生成作品不知情，则@五敖_5A 使用 GAI 可能构成违约乃至根本违约，由此需要对委托人承担违约责任；其次，如果委托人明知作品使用 GAI 创作并且可能侵犯第三方著作权，那么在发生侵权时，委托人需对著作权侵权承担连带责任。

3. 案例的启示

这一案例展示了 GAI 委托创作的著作权侵权风险和委托创作的责任分配。一方面，创作者在使用 AI 技术时需要充分考虑法律风险，尽量在合规范围内创作的同时，也应当就法律风险向委托人释明；另一方面，委托人在委托他人创作时应当明确提出是否接受 GAI 创作，并与受托人对使用 GAI 时的责任划分问题加以明确。

四、应对 AI 创作侵权风险的建议

（一）著作权

如前文所述，当前法律对委托创作的著作权归属的规定是合同优先，因此合同在管理 GAI 艺术创作中的法律风险方面发挥着关键作用。在设计艺术委托合同时，应充分考虑 GAI 技术的特点和可能带来的风险。

作为委托合同，大前提应当是明确约定创作方式是否涉及 GAI。由于目前 AI 创作已能极大程度与人工创作相仿甚至乱真，因而在委托人不希望使用 GAI 创作时应当对"本作品不得使用 GAI 创作"明确予以约定。这样在受托

人侵犯他人权利时，委托人能够主张自己不知情且没有授意，从而避免侵权损害赔偿责任。

满足大前提之后，委托合同也应当包含以下方面：首先，明确著作权归属，包括对于 GAI 创作过程中产生的所有作品的著作权分配，以及对这些作品的使用权和分配权的规定；其次，明确责任分配，特别是 GAI 创作作品可能涉及侵权的方面。

（二）个人信息及数据安全

有学者提出，应根据动态的风险对个人信息的需保护性层次进行划分，并以此来确定相应的保障和风险降低措施。[1]基于这些考量，委托创作时还需要强调数据安全合规使用和个人信息保护，如合同中明确限定数据来源、使用权限和存储方式。这些约定对于确保整个创作过程合法合规而言至关重要。

结　论

随着生成式人工智能（GAI）在艺术创作中的应用日益增多，其法律风险也逐渐显现。其中，GAI 委托艺术创作中主要涉及侵犯著作权及个人信息自主权等法律风险，对侵权归责问题的探讨对分清责任，保护著作权及个人信息自主权具有重要意义。

---

〔1〕　江海洋：《论数字时代个人信息的刑法保护路径选择》，载《当代法学》2023 年第 5 期。

浅析专利职务发明的产权激励模式

徐敏杰[*]

摘　要： 关于专利职务发明的奖励或报酬，虽然《专利法》规定了一定的标准，但企业在实践过程中，由于专利预期收益不确定，专利价值评估难等因素，较难落实；另外专利的价值会随着经济发展动态变化，不管专利报酬是一次性支付还是分期支付，专利价值预期评估的合理性都有待商榷，因此，寻求一种更合理并可以持续实施的激励模式非常必要。2020 年修正的《专利法》增加了产权激励的模式，即以股权、期权和分红等方式使发明人分享创新收益。本文旨在探讨职务发明的产权激励模式。

关键词： 专利职务发明　激励模式　产权激励

引　言

专利职务发明奖励报酬给付方式越来越趋向于多样化，其中，产权激励模式是 2020 年修正的《专利法》中增加的一种新的激励模式，该模式通过股权、期权和分红的模式使职务发明人合理分享创新收益，以激励其完成更多的职务发明创造。产权激励模式如何进行合理适用以发挥其激励职务发明创造的作用值得进行探讨。

一 、职务发明创造激励模式概述

目前，关于专利奖酬分别在 1992 年修正的《专利法》第 16 条、2000 年修正的《专利法》第 16 条、2008 年修正的《专利法》第 16 条、2020 年修正

---

* 徐敏杰（1989 年—），女，甘肃人，四川联畅信通科技有限公司员工。

的《专利法》第 15 条以及对应的《专利法实施细则》修订中均有相关规定，其中 1992 年和 2001 年修正的《专利法》相关规定主要针对国家事业单位，其他企业可以参照执行；从奖励标准来看，关于授权的职务发明的奖励均是按发明类别规定最低奖励标准，且该标准随时间依次呈递增的趋势，最新的奖励标准为一项发明专利的奖金最低不少于 4000 元；一项实用新型专利或者外观设计专利的奖金最低不少于 1500 元；从给付形式来看，2002 年的修订开始规定了奖励发放期限，即应当自公告授予专利权之日起 3 个月内发给发明人或者设计人奖金；而关于专利运用，即专利实施或专利转让、许可等，均为规定从所得利润中抽取一定比例作为报酬，支付方式可以是按年支付的分期支付方式，也可以是一次性支付方式，且最低抽取比例有所提升；该部分的计算基础在 2010 年之前为所得利润纳税后，在 2010 年开始修改为营业利润，去除了其他投资所获利润，与企业生产经营关联更为密切，这也体现了法条修订越来越精细化，更贴近实际；关于报酬的支付方式在 2020 年修正的《专利法》第 15 条增加了"国家鼓励被授予专利权的单位实行产权激励，采取股权、期权、分红等方式，使发明人或者设计人合理分享创新收益"。奖励最低标准以及专利报酬比例的提升符合国家鼓励发明创造，推动发明创造的应用，提高创新能力的需求，报酬给付方式的多样化也可以更好地适应经济发展的趋势，同时也给企业的经营、管理能力带来一定挑战。

二、职务发明创造激励模式现状

目前，企业对发明人或设计人职务发明的奖励内容主要为对专利申请、专利授权的奖励，基本还是基于专利的数量以及一些项目的获奖情况，然后结合《专利法》规定的最低奖励标准设定一定的奖励标准，大部分企业对于专利申请或授权的奖励能够交易实现，有些企业针对授权专利给予奖励，有些企业分阶段给予奖励，即专利申请受理后及授权后各给以一部分奖励，但是对于专利实施、转让、质押融资等产生的收益要么就是跟岗位的绩效考核结合起来打包发放，要么就是没有兑现，究其原因在于企业内部管理制度关于该报酬的制度不完善，最根本的难点在于专利运用过程中专利的贡献值及价值不易评估，不管是采用成本法、现行市价法还是收益法进行专利价值评估，其本质都是对专利预期收益的评估，不确定性极高，这就导致专利报酬的金额不易确定，不利于企业执行。

三、职务发明创造产权激励模式探讨

根据《专利法》和《专利法实施细则》的规定，产权激励模式，是指以期权、股权和分红的方式使发明人合理分享创新收益的模式。

根据《专利法》的规定，职务发明创造申请专利的权利属于该企业，发明人或设计人一般只涉及署名权，不涉及专利权，那如果采用产权激励模式，如股权激励的方式，以什么作为股权的出资，即股权如何设置就成为该模式需要解决的问题。

（一）以专利技术入股

如果以专利技术入股，由于专利的特殊性，专利技术的价值评估是个难点，且专利技术的价值会随着经济环境、技术发展趋势等动态变化，即使设置相关奖励制度也不易落实，难以持续进行。

技术入股所涉及的技术过于依赖于发明人或设计人，如果该发明人或设计人员退出，该部分的股权处置问题比较棘手，由于上述专利技术依赖发明人的特性，股权转让给其他股东的方式不适用该种情况，或者就是公司收购该部分股权，如果采用收购的方式，由于上述专利技术价值动态变化的原因，很难按原来的评估价值去收购退出股份，收购时价值评估又是一大难点；收购来的股份如何处置，尤其根据最新的《公司法》第 47 条、第 266 条规定了公司注册资本的实缴期限，使得注册资本的变更程序更严格，不管是频繁减资处理还是变更注册资本都给企业的经营管理带来困难。且做减资处理，会导致公司的无形资产贬值或流失，不利于公司激励创新的目的，以及企业的技术积累沉淀，因此，该种方式实践起来不具备通用性和可持续性。

（二）以报酬作为债权出资

如果是将专利实施等的报酬作为债权出资，可以参照 2023 年修订的《专利法实施细则》第 93 条、第 94 条关于专利实施、运用报酬的奖励方式的规定，将每年或固定年限专利相关产品所得营业利润的特定比例作为公司对发明人或设计人的债权来出资，同时可以将因发明人的技术贡献产生的其他收益也一起列入该报酬范围内，如项目获奖后对发明人的报酬等，这里更推荐固定年限的方式，便于公司操作与管理，该固定年限可以参考相关专利技术发展的生命周期以及专利技术赋能程度来设定，相当于将股权的收益与专利的实施、运用关联，能更好地激励创新，在实际操作时相比于一次性支付更能减轻

小企业的资金压力，同时也利于公司与发明人的整体共同发展。但这种方式也存在一定的问题，即设置股权时债权不确定，给股权设置增加了难点；同时股权的财产权和人身权是同时设置还是只设置财产权也是值得思考的一个问题。

（三）相关建议

鉴于专利报酬的奖励方式及其特性，即设置股权时专利收益的不确定性以及收益产生的周期性，专利报酬的给付可以分阶段结合分红的财产属性、期权的预期性设置一种职务发明的产权激励模式。根据发明人对企业的贡献度不同，在初期，具体可参考虚拟期股的部分特性，根据企业的股权结构、经营情况，将专利或其他技术成果的激励报酬设置为虚拟期股，并设置虚拟期股相应的兑现期限以及兑现比例，可以是每年，也可以是特定期限，这一部分锁定在激励对象的个人虚拟账户中，在锁定期内，经营者不能变现，但拥有这些股票的分红权，并可用这部分红利来支付购买股权的费用。当发明人所持虚拟期股达到一定数量时可以按比例转化成正股，这时候发明人或设计人对企业已经具有一定的影响力，可以考虑正股的人身权和财产权可以同时设置，让发明人一起参与企业的经营决策，能够更好地激励发明人创新。该种方式，虚拟股权以实际发生的专利收益为准，就解决了设置股权时专利收益的不确定性的问题，而且转化成正股后，股权退出时，该股权是已经发生的确定债权，省去了专利技术或者其他技术成果价值评估的环节，具有较好的可操作性。同时如果发明人离职，因其所持虚拟期股或者正股已经为确定的债权，可以在股东之间流转。

结 语

产权激励模式，作为 2020 年修正的《专利法》新增的一项职务发明的奖励模式，其合理有效适用对发挥该模式激励职务发明创造的作用具有重要意义。本文仅进行了初步的分析和探讨，该模式在理论和实践中还有待于进一步研究和探讨。

论新民间借贷司法解释在仲裁中的适用

苏　蓓*

摘　要： 作为仲裁机构常见的案件类型之一，在实务中借贷纠纷案件一般会参照《关于审理民间借贷案件适用法律若干问题的规定》等司法解释进行审理。2020 年最高人民法院发布修正的《关于审理民间借贷案件适用法律若干问题的规定》其中对于仲裁机构的案件审理同样具有深远影响，本文旨在探讨这一规定如何影响仲裁案件的审理以及如何具体适用等问题。

关键词： 民间借贷　金融机构　主题资格

引　言

2020 年 7 月 22 日，最高人民法院与国家发展和改革委员会联合发文表示"大幅度降低民间借贷利率的司法保护上限"，坊间一直猜测"大幅度"到底有多大。同年 8 月，最高人民法院《关于审理民间借贷案件适用法律若干问题的规定》（2020 年第二次修正）发布，明确了以一年期贷款市场报价利率（LPR）的 4 倍作为民间借贷利率的司法保护上限，以"一线两区"取代了2015 年最高人民法院发布的《关于审理民间借贷案件适用法律若干问题的规定》中以 24% 和 36% 为基准的"两线三区"的规定。以 2020 年 8 月 20 日的LPR 3.85% 为例计算，最高人民法院《关于审理民间借贷案件适用法律若干问题的规定》（2020 年第二次修正）颁布当日签署的民间借贷的合同其司法保护的利率上限即为 15.4%。若与修订前的 24% 相比，降低了 8.6%，若与36% 相比，足足降低了 20.6%，"大幅度降低"，说到做到。

---

* 苏蓓（1993 年—），女，汉族，河北人，河北领诺律师事务所律师，研究方向为民商法学。

一、最高人民法院《关于审理民间借贷案件适用法律若干问题的规定》（2020 年第二次修正）修订的核心条款

最高人民法院《关于审理民间借贷案件适用法律若干问题的规定》（2020年第二次修正）修订的核心条款是最受市场专注的，即对民间借贷利率司法保护规则的修订，其主要内容如下：

（一）民间借贷利率司法保护上限

针对该调整，首先需明确 LPR 的含义，LPR 即 Loan Prime Rate，一般翻译为贷款市场报价利率，也就是按照市场调节的方式实时变动的利率，可以大概理解为浮动利率。

其实，2015 年出台的 2015 年最高人民法院发布的《关于审理民间借贷案件适用法律若干问题的规定》中确定的 24% 作为利率的第一条红线，也是根据文件起草时中国人民银行公布的基准利率（2014 年 12 月基准利率为 6%）4 倍计算出来的。由此可见，银行相关基础利率的 4 倍，一直是最高人民法院预期上限的。此举，一方面可以灵活反映市场借款利率的变化，符合市场经济发展需求，另一方面也是符合最高人民法院只保护 4 倍利率这一一贯做法，可谓初心不变。

（二）取消"灰色地带"

依据 2015 年最高人民法院发布的《关于审理民间借贷案件适用法律若干问题的规定》，债权人请求支付年利率 24% 以上的利息的，超过 24% 部分的利率约定无效，对于年利率 24%—36% 之间的约定利息，裁判机构虽不予支持，但如果债务人已经向债权人支付的，裁判机构也不会裁决债权人应予返还。

但是依据最高人民法院《关于审理民间借贷案件适用法律若干问题的规定》（2020 年第二次修正），取消了 24%—36% 自然债务的灰色地带的规定。一旦发生争议，超过 4 倍 LPR 的已经支付的利息，债务人将有权向裁判机构请求债权人予以返还或用于冲抵合法有效的剩余本息。

随后，如债务人请求将其已付超过 4 倍 LPR 的超付利息予以返还或用于冲抵合法有效的剩余本息，则有可能引起部分债权定性的变化。这一问题值得引起仲裁界人士的高度关注，很可能会影响到后续的仲裁结果。

二、最高人民法院《关于审理民间借贷案件适用法律若干问题的规定》（2020 年第二次修正）在仲裁中的适用问题

如前所述，各类借贷案件作为仲裁机构常见的案件类型之一，在实务过程中一般会参照《关于审理民间借贷案件适用法律若干问题的规定》等司法解释进行审理。最高人民法院《关于审理民间借贷案件适用法律若干问题的规定》（2020 年第二次修正）对于仲裁机构的案件审理同样具有深远影响，下文将分析最高人民法院《关于审理民间借贷案件适用法律若干问题的规定》（2020 年第二次修正）在仲裁案件审理中的适用问题。

（一）仲裁申请主体的判断

《民法典》第 2 条将民法调整的主体范围界定为自然人、法人和非法人组织。此次《规定》第 1 条与《民法典》相对应，将民间借贷的主体范围修改为自然人、法人和非法人组织，不再采用自然人、法人、其他组织的说法。在仲裁过程中，常见的借贷案件主体包括自然人、商业银行、消费金融公司、融资租赁、保理等金融机构，以及小额贷款公司等。以下是本文就最高人民法院《关于审理民间借贷案件适用法律若干问题的规定》（2020 年第二次修正）中涉及仲裁申请主体相关问题的思考：

1. 职业放贷人主体资格问题

最高人民法院《关于审理民间借贷案件适用法律若干问题的规定》（2020 年第二次修正）对于民间借贷案件自然人间借贷的问题进行了明文规定，将自然人间借贷纳入了监管范围。同时新增了关于"职业放贷人"的相关规定，所谓职业放贷人，是指出借人的出借行为具有反复性、经常性，借款目的也具有营业性。

此次最高人民法院《关于审理民间借贷案件适用法律若干问题的规定》（2020 年第二次修正）于第 13 条"认定民间借贷合同无效"条款中，增加了第 3 项"未依法取得放贷资格的出借人，以营利为目的向社会不特定对象提供借款的"，此条款对职业放贷行为作出了明确定义。结合 2019 年 7 月，最高人民法院与最高人民检察院、公安部、司法部联合制定的《关于办理非法放贷刑事案件若干问题的意见》中规定："违反国家规定，未经监管部门批准，或者超越经营范围，以营利为目的，经常性地向社会不特定对象发放贷款，扰乱金融市场秩序，情节严重的，依照刑法第二百二十五条第（四）项

的规定，以非法经营罪定罪处罚。前款规定中的'经常性地向社会不特定对象发放贷款'，是指 2 年内向不特定多人（包括单位和个人）以借款或其他名义出借资金 10 次以上。贷款到期后延长还款期限的，发放贷款次数按照 1 次计算。"因此，参考该规定有关"职业放贷人"犯罪行为的认定标准，本文认为，认定是否为"职业放贷人"也应结合时限、放款次数、放款对象人数等因素进行确认。

另外，从实务案例角度来看，以最高人民法院再审广西壮族自治区高级人民法院受理的雷某荣与周某洪等借贷纠纷一案中，最高人民法院作出的［2020］最高法民申 2613 号民事裁定书，对于借款人诉称出借人为职业放贷人作出了如下裁定："周某洪等七再审申请人主张雷某荣为职业放贷人，应当提供证据加以证明。现周某洪等七再审申请人申请再审虽仍坚持雷某荣为职业放贷人的诉讼主张，但并未提供足以推翻原判决的新证据。原判决根据民间借贷的性质、特点和认定非法放贷的相关司法解释及司法实践，认定周某洪等七再审申请人提供的与雷某荣相关的三份民事裁判文书等不足以认定雷某荣属于职业放贷人，并无不当。"因此，其对于仲裁机构而言，仲裁机构可根据最高人民法院《关于审理民间借贷案件适用法律若干问题的规定》（2020 年第二次修正）受理自然人间借贷案件，但对于被申请人是否构成职业放贷人需进行审慎判断。

2. 金融机构的主体资格问题

虽然从最高人民法院《关于审理民间借贷案件适用法律若干问题的规定》（2020 年第二次修正）法条分析，商业银行、消费金融公司等金融机构并非必然适用此次最高人民法院《关于审理民间借贷案件适用法律若干问题的规定》（2020 年第二次修正），但是从司法实务角度而言，实践中存在部分地方裁判机关、机构适用民间借贷利率司法保护上限来约束金融机构借贷行为的判例。

同时，虽然未见针对金融机构利率规定的明确规定，但可参照最高人民法院印发的《关于进一步加强金融审判工作的若干意见》中"严格依法规制高利贷，有效降低实体经济的融资成本。金融借款合同的借款人以贷款人同时主张的利息、复利、罚息、违约金和其他费用过高，显著背离实际损失为由，请求对总计超过年利率 24% 的部分予以调减的，应予支持，以有效降低实体经济的融资成本。规范和引导民间融资秩序，依法否定民间借贷纠纷案件中预扣本金或者利息、变相高息等规避民间借贷利率司法保护上限的合同条款效力"的规定，以及互联网金融风险专项整治工作领导小组办公室、P2P 网络借贷风险专项整治工作领导小组办公室发布的《关于规范整顿"现金贷"业务的通知》中"（二）各类机构以利率和各种费用形式对借款人收取的综合资金成本应符合最高人民法院关于民间借贷利率的规定，禁止发放或撮合违反法律有关利率规定的贷款，各类机构向借款人收取的综合资金成本应统一折算为年化形式，各项贷款条件以及逾期处理等信息应在事前全面、公开披露，向借款人提示相关风险"的规定。

可见，司法机关和监管部门，偏向于将金融机构借款参照民间借贷规定进行规制。笔者依据其旧有态度，倾向于认为消费金融公司等参与放贷业务的金融机构应参照适用最高人民法院《关于审理民间借贷案件适用法律若干问题的规定》（2020 年第二次修正）相关限制。

3. 小额贷款公司的主体资格问题

（1）根据目前我国的《商业银行法》第 2 条之规定："本法所称的商业银行是指依照本法和《中华人民共和国公司法》设立的吸收公众存款、发放贷款、办理结算等业务的企业法人。"以及《银行业监督管理法》第 2 条第 1 款规定，"国务院银行业监督管理机构负责对全国银行业金融机构及其业务活动监督管理的工作"，第 3 款规定"对在中华人民共和国境内设立的金融资产管理公司、信托投资公司、财务公司、金融租赁公司……适用本法……"可知小额贷款公司等与《商业银行法》《银行业监督管理法》中的银行金融机构并不相同，不属于金融机构。

（2）从实务角度而言，根据最高人民法院作出的［2019］最高法民申 2218 号民事裁定书，关于姜某学等人与肇东市嘉泰小额贷款有限责任公司借款纠纷一案，针对姜某学提出的"嘉泰公司是小额贷款公司属于金融机构，不适用最高人民法院《关于审理民间借贷案件适用法律若干问题的规定》"，最高人民法院作出了相关裁定："关于小额贷款公司是否适用最高人民法院《关于审理民间借贷案件适用法律若干问题的规定》的问题。姜某学等人、亿鹏公司主张嘉泰公司是小额贷款公司，属于'金融机构'，不适用最高人民法院《关于审理民间借贷案件适用法律若干问题的规定》。应予明确，最高人民法院《关于审理民间借贷案件适用法律若干问题的规定》是人民法院正确审理民间借贷纠纷案件的重要依据，其规制的范围是民间借贷即民间资金融通行为。本案案由为民间借贷纠纷，当事人之间属于民间借贷纠纷，受最高人民法院《关于审理民间借贷案件适用法律若干问题的规定》的规制。姜某学等人、亿鹏公司主张某泰公司属于'金融机构'，但并无事实及法律依据，其该项再审申请理由不能成立。"根据上述法规及案例判断，目前我国对于小额贷款公司是否属于"金融监管部门批准设立的从事贷款业务的金融机构"的认定较为明显，其不属于金融机构。故仲裁机构在针对小贷公司作为申请主体案件中，应注意其不属于金融机构范畴。

（二）最高人民法院《关于审理民间借贷案件适用法律若干问题的规定》（2020 年第二次修正）的溯及力问题

最高人民法院《关于审理民间借贷案件适用法律若干问题的规定》（2020 年第二次修正）第 31 条第 1 款规定："本规定施行后，人民法院新受理的一审民间借贷纠纷案件，适用本规定"。因此，笔者认为，仲裁机构可以参考人民法院的立案时间点的做法，对于已经于 2020 年 8 月 20 日之前受理或者处于审理过程中的案件，可以不必然依据最高人民法院《关于审理民间借贷案件适用法律若干问题的规定》（2020 年第二次修正）主张利率进行裁决。

（三）最高人民法院《关于审理民间借贷案件适用法律若干问题的规定》（2020 年第二次修正）后的利率确定问题

鉴于 LPR 会随着每月公布而发生变化，所以一旦发生纠纷如何判断民间借贷约定的利率是否超过了 LPR 的 4 倍上限就成为裁判机关着重关注和审查的要点。仲裁机关在案件审理过程中，为保障民间借贷平稳健康发展，推动融资成本下降，不应仅局限于以规则方式明确民间借贷利率上限的形式操作，而应当遵循市场供给需求的动态调整规律，适当缩限民间借贷利率上限适用主体范围，注重仲裁审理对合法民间借贷关系的高效公正保护作用，以借贷本身的合法性和借款人的还款能力作为重要考虑因素，对于利率过高的民间借贷，仲裁机关有权进行裁量调整，并视具体情况降低借贷利率，保护借款人的合法权益。

1. 针对非自然人之间借贷纠纷

最高人民法院《关于审理民间借贷案件适用法律若干问题的规定》（2020 年第二次修正）已明确应以民间借贷合同成立时的 LPR 而非纠纷发生后裁判机关受理时的 LPR 为标准。

2. 针对自然人之间借贷纠纷

参照《民法典》第 679 条之规定，对于借贷双方均为自然人间借贷合同的规定为"自然人之间的借款合同，自贷款人提供借款时成立"，即自然人之间的借款合同所约定的利率是否超过司法保护上限，不以合同成立时间的 LPR 为标准，因借款合同的成立时间为贷款人提供借款的时间，因此自然人间的借款合同的利率应以出借人提供借款（借款人实际取得借款）时间的 LPR 为标准。

3. 针对借贷行为发生的时间

最高人民法院《关于审理民间借贷案件适用法律若干问题的规定》（2020年第二次修正）第 32 条，明确了"借贷行为发生在 2019 年 8 月 20 日之前的，可参照原告起诉时一年期贷款市场报价利率四倍确定受保护的利率上限"。

因此，仲裁机构审理借贷案件，首先需判断该借贷行为是否发生于 2019年 8 月 20 日之前，如为此日期之前，利率可参照仲裁申请人申请仲裁时的 LPR 进行确定，如为日期之后，则需再判断借贷双方主体，如为非自然人，则应参照合同成立时 LPR，如双方均为自然人，则应参照实际放款时 LPR。

（四）特殊费用的约定问题

依据最高人民法院《关于审理民间借贷案件适用法律若干问题的规定》（2020 年第二次修正）第 29 条："出借人与借款人既约定了逾期利率，又约定了违约金或者其他费用，出借人可以选择主张逾期利息、违约金或者其他费用，也可以一并主张，但是总计超过合同成立时一年期贷款市场报价利率四倍的部分，人民法院不予支持。"该条与 2015 年最高人民法院发布的《关于审理民间借贷案件适用法律若干问题的规定》实质含义相同，只是参照司法保护利率标准上限将各项费用之和调整为 LPR 的 4 倍。

仲裁机构审理借贷案件时需甄别出借人在借款时实际放款金额及是否额外收取其他费用。如实际放款金额少于合同约定放款金额，应参照实际放款金额；如额外收取其他费用，应综合考虑合计主张金额是否超过司法保护最高利率标准。

结　语

随着最高人民法院《关于审理民间借贷案件适用法律若干问题的规定》

（2020 年第二次修正）的一锤定音，其也成为了各仲裁机构审理案件的重要指导文件，机构在受理和审理思路方面也应随之转变和调整，需结合最高人民法院《关于审理民间借贷案件适用法律若干问题的规定》（2020 年第二次修正）对于案件主体范围的变化、借贷事实的审查、应予以保护的利息范围等方面进行新一轮的更新。仲裁作为该类案件先进和具备良好优势的争议纠纷解决方式之一，也需学习跟进新法规、新政策的脚步，为统筹经济社会发展工作提供更加有力的司法服务和保障。

论《民法典》 高空抛物侵权归责规定的完善

王 杨*

摘 要: 高空抛(坠)物是一种会带来很大社会危害的行为。我国《民法典》第1254条是关于高空抛掷物、坠落物致害侵权归责的规定。由于高空抛物侵权案件中存在多个责任主体,如侵权人、建筑物所有人、建筑物使用人、物业服务企业等,因此,实务中高空抛物侵权如何归责成为难点,而《民法典》的相关规定存在不足,还有进一步细化和完善的空间。本文旨在探讨《民法典》高空抛物侵权归责规定的不足及完善问题。

关键词: 高空抛物 侵权行为 归责原则

引 言

高空抛(坠)物问题是目前我国城市化发展过程中衍生出的新兴阻碍。并且随着城市建设脚步的加快,问题频发且危害性越来越大,例如2015年广州男童抛砖案、2019年深圳玻璃窗高坠案、《人民法院贯彻实施民法典典型案例(第一批)》中收录的庾某娴诉黄某辉高空抛物损害责任纠纷案等案例引起了社会的广泛关注。

高空抛(坠)物案件中往往存在多个责任主体,如何判定承担侵权责任的主体就成为司法实践中的难点问题。科学、合理、准确判定侵权责任主体,是保障司法公平合理性的需要。

---

* 王杨(1996年—),女,汉族,北京人,中国政法大学同等学力研修班2023级学员,研究方向为民商法学。

一、高空抛物致人损害的概念和特征

（一）高空抛物致人损害的概念

我国现阶段高空抛物致人损害并没有统一的定义，普遍接受的解释为建筑物的所有人或使用人从建筑物内向建筑物外抛掷物品，导致他人人身及财产损害的行为。[1]

（二）高空抛物致人损害的特点

结合目前高空抛物致人损害的概念，总结出目前此行为的两大特点：

（1）各方主体责任认定不明晰。高空抛物案件的发生具有偶发性、临时性的特点。除非责任人自身愿意主动地承担一系列赔偿责任，否则基本无法确定责任主体。

（2）社会危害及影响性较大。高空抛物案件严重时可损害当事人生命安全，如果出现此类案件一定程度上将会引起社会恐慌，所以有必要从法律层面对此事项的侵权责任进行规避。

（二）《民法典》高空抛物致人损害归责的规定

原《侵权责任法》第 87 条对于高空抛物的损害赔偿进行了规定："从建筑物中抛掷物品或者从建筑物上坠落的物品造成他人损害，难以确定具体侵权人的，除能够证明自己不是侵权人的外，由可能加害的建筑物使用人给予补偿。"但是其对于物业服务企业、建筑企业等其他主体的侵权责任并未作出相关规定。以至于在司法实践中，如果出现高空抛物致人损害但无法确认责任主体的情形，将一整栋楼实行"连坐制度"，不利于锁定并惩治具体的侵权人，切实保障受害人的合法权益、维护司法公正。

《民法典》充分考量前序法规的不足，在第 1198 条规定："宾馆、商场、银行、车站、机场、体育场馆、娱乐场所等经营场所、公共场所的经营者、管理者或者群众性活动的组织者，未尽到安全保障义务，造成他人损害的，应当承担侵权责任。因第三人的行为造成他人损害的，由第三人承担侵权责任；经营者、管理者或者组织者未尽到安全保障义务的，承担相应的补充责任……"第 1254 条第 2 款规定："物业服务企业等建筑物管理人应当采取必

---

〔1〕 曾庆俐：《〈民法典〉高空抛物致人损害责任规则的不足和完善策略》，载《法制博览》2023 年第 21 期。

要的安全保障措施防止前款规定情形的发生；未采取必要的安全保障措施的，应当依法承担未履行安全保障义务的侵权责任。"《民法典》中对于高空抛物侵权责任主体分配方式进行了补充，这两项条款将安全保障义务纳入经营者、管理者的责任范畴。此行为为受害人提供了新的维权渠道，扩大责任风险分摊范围，有利于促进高空抛物案件的治理和将各个主体侵权责任的规制逐步纳入法治化轨道，是重大的创新和进步。[1]

三、《民法典》高空抛物致人损害归责规定的不足

(一) 物业服务企业的安全保障义务认定标准不明确

《民法典》中增设了高空抛物案件中物业服务企业承担相应的补充责任，有效维护了受害者的合法权益。但是结合《民法典》第 1198 条的具体规定来看，法条中仅仅规定了物业服务企业等建筑物管理人应当采取必要的安全保障措施，但是对物业服务企业应该承担哪些责任、承担责任的程度等均没有明确的表述和说明，一方面，物业的安全义务保障范围，目前缺少统一的判断方法和判断标准。另一方面，物业企业本身没有深入地理解保障性义务，政府机关缺乏对物业企业的政策宣贯，各地物业公司就这一点的理解不是很一致。所以在高空抛物侵权案件中，物业起到的作用到底是应该事前做好预防，还是事后及时止损，或者说两者都应该具备，这一点还没有在现行的规范中得到明确。[2]这也就使得在司法实践中可能会出现因为对于安全保障义务运用不当而造成扩大或缩小物业服务企业主体的侵权责任，影响司法裁量的公平性。

(二) 责任认定及赔偿标准不明确

在实务中，如果未明确具体侵权人，则需要由可能加害人予以补偿，法官对于所有可能加害人补偿时所采用的标准一般是"平均主义"，也就是"平摊"。[3]那么在这样的情形下，基于公平原则，可能实施加害行为的建筑物使用人都需要承担相应的责任。[4]在常识中，受害者一般认为所有的业主、承

---

〔1〕 陈颖：《高空抛物中物业服务企业侵权责任规制的完善建议》，载《法制博览》2023 年第 27 期。

〔2〕 吴旭梁：《高空抛物侵权行为理论与实务问题探究》，新疆师范大学 2022 年硕士学位论文。

〔3〕 李之也：《论高空抛物致人损害的侵权责任问题——围绕〈民法典〉第 1254 条展开》，载《黑龙江教师发展学院学报》2021 年第 12 期。

〔4〕 朱婷：《高空抛物致人损害的侵权责任研究》，内蒙古大学 2021 年硕士学位论文。

租人都是"可能实施加害行为的人",并将他们全部告上法庭,目的是最大可能地实现自己的损失补偿。但是在目前规定中并没有对主体作出约束,例如其是否指的是长期在相应建筑物当中生活或工作的人?租户、临时工人等是否属于建筑物使用人?是否需要承担相应赔偿责任?[1]且在目前的司法实践中,对于赔偿的金额和比例,并没有明确的标准,法官享有一定程度的自由裁量权。这也就容易导致出现众多主体赔偿、案情相似但赔偿不统一的情况,一定程度上也损害了一部分当事人的利益,也违背了公正司法的初衷。

(三)公安机关调查义务规定不明确

虽然《民法典》第1254条规定"公安等机关应当依法及时调查,查清责任人",有效地为公安机关配备了调查权,该条款表明了某些民事法律关系必须借助公权力的支持甚至介入才得以实现。[2]但上述规定比较空泛,在适用上存在困难。究其原因,错综复杂的建筑物使用情况,使得公安机关很难深入开展工作,致使调查工作出现困难,难以确定真正的高空抛物人。

四、《民法典》高空抛物致人损害归责规定的完善

(一)明确物业服务企业的安全保障义务认定标准

物业服务企业是否履行了必要的安全保障义务是判断其是否要承担侵权责任的必备要件。司法实践中,若物业服务企业未尽到相关的义务或不作为,导致损害事件的发生,且物业服务企业不能证明自己无过错的,则需要承担侵权责任。因此,需要设定与物业服务企业的工作职责和能力相适应和匹配的安全保障义务的界限和标准。与此同时,政府机关应加强、加大对于相关政策的宣传指引,确保物业企业从根源上理解、掌握、遵守政策法规,更好、更明确地履行相关义务。

(二)明确各方侵权责任主体的担责范围及赔偿标准

第一,缩小加害人主体范围。《民法典》中用法条明确了公安机关的调查权,其核心目的是尽量缩小"加害人"的范围,从而准确确认责任主体,而不是盲目地将侵权责任主体范围加以扩大。责任主体应是"建筑物的使用人"

〔1〕 王成:《〈民法典〉侵权责任编司法解释修改的类型化与反思》,载《暨南学报(哲学社会科学版)》2022年第8期。
〔2〕 马怀德:《民法典时代的政府治理现代化》,载《现代法学》2023年第6期。

而并不是"所有人"。[1]在目前司法实践当中,"可能加害的建筑物使用人"包括建筑物的所有人、占有人以及管理人等。通过法律规定将"占有"或者是"实际控制"作为认定标准投入司法裁定中更加合适,也会一定程度上提高司法公信力,维持司法公正。

第二,调整赔偿标准。在高空抛物致害事件中,应结合加害人自身的行为以及受损结果两者之间的因果关系出台相应的赔偿比例及赔偿标准,切实依照实际上的损害开展责任分担。

(三)明确公安机关调查的义务

在法规上确立具体执法权限,从而真正地取得"及时清查责任人"这一效果。在程序上健全相关工作规程,以此明确调查期限、流程等,如公安机关的调查工作需要自接到报案时起 30 日完成调查工作,如遇见复杂情况也通过审批的方式申请延期等,确保公安机关及时、灵活、依规办事。提高侦查效率,有助于更快确立责任主体,维护受害者利益。

结　语

在城市快速发展的今日,建筑物徒增、人民生活压力导致的情绪问题频发,我们应该更加注重高空抛物的问题。《民法典》关于高空抛物致损的归责规定虽然比原《侵权责任法》有所完善,但还存在不足,仍有进一步完善的空间。

---

〔1〕　程啸:《侵权责任法》,法律出版社 2021 年版,第 737 页。

论新《公司法》下的横向法人人格否认规则

黄晓霞*

摘　要： 自 2005 年修订的《公司法》第 20 条确立人格否认制度以来，随着商事主体数量增长，司法实践中股东利用有限责任逃避债务情形不断增加，同时还伴随着出现了各种新的情况，其中横向法人人格否认案件在实践中也越来越多。在此背景下，《公司法》（2023 年修订）中新增了横向法人人格否认规则。本文旨在对横向法人人格否认规则进行分析和探讨。

关键词：《公司法》　横向法人人格　法人人格否认

引　言

《公司法》（2023 年修订）中新确立的横向法人人格否认规则，有利于保护债权人的利益，但对具体适用情形没有明确规定，对此如何理解以及司法实践如何适用，是当前亟须解决的问题。

一、公司人格否认的类型

公司独立的法人人格和股东有限责任是公司制度的基石。如果公司的法人独立地位被用于不正当目的，成为侵害他人的工具，或者用于妨碍公共政策的实施，那么，在具体案件中，法院就有理由不承认该公司的法人独立地位。[1]

公司人格否认存在不同类型，公司人格否认可以划分为纵向人格否认和横向人格否认，其中纵向人格否认又进一步划分为正向人格否认和逆向人格

＊　黄晓霞（1988 年—），女，汉族，福建人，广东华商律师事务所合伙人律师。
〔1〕　王军：《中国公司法》，高等教育出版社 2017 年版，第 50 页。

否认。

（一）纵向人格否认

纵向人格否认是指在认定股东与公司之间人格混同，进而否定公司法人人格基础上，要求特定股东为公司债务承担连带责任或要求公司为特定股东债务承担连带责任。我国目前仅规定了正向人格否认。

（二）横向人格否认

横向人格否认又称为"关联公司人格否认""集团责任"或"三角刺破"，是指公司债权人要求否认公司人格，进而要求与该公司不存在持股与被持股关系的关联公司承担连带责任。[1]

二、横向人格否认制度的意义和价值

实践中，横向人格否认案件越来越多，有学者对关联公司人格否认的司法裁判进行实证研究，发现横向法人人格否认占关联公司人格否认案例的 75.7%。[2] 此前，因《公司法》对横向人格否认没有明确规定，司法实践中，出现横向人格否认问题，我国裁判者选择类推适用《公司法》（2018 年修正）第 20 条第 3 款规定，但通过参照《公司法》（2018 年修正）第 20 条第 3 款的做法以达到横向人格否认结果之合理性受到学者的质疑。[3] 为减少我国司法实践和理论研究在横向人格否认上的分歧，《公司法》（2023 年修正）新增横向人格否认规则，使得今后我国司法裁判实践中遇到相关问题有法可依，具有重要意义。

三、我国横向人格否认规则的立法演变

（一）《公司法》（2005 年修订）仅规定了纵向人格否认规则

2005 年修订的《公司法》引入纵向人格否认制度，即在公司股东滥用法人独立人格和有限责任逃避债务，严重损害债权人利益的，要求该股东与公司承担连带责任。该规则主要指向母子公司之间的人格否认，责任主体仅含

---

[1] 王毓滢：《新公司法二十四讲：审判原理与疑难问题深度解释》，法律出版社 2024 年版，第116 页。

[2] 李建伟：《关联公司法人人格否认的实证研究》，载《法商研究》2021 年第 6 期。

[3] 王军：《人格混同与法人独立地位之否认——评最高人民法院指导案例 15 号》，载《北方法学》2015 年第 4 期。

债务人的母公司，不含债务人的姐妹或兄弟公司，这一规定沿用至 2018 年修正的《公司法》。

（二）《九民纪要》补充了横向人格否认规则

《全国法院民商事审判工作会议纪要》（以下简称"《九民纪要》"）第 11 条第 2 款规定首次提出横向人格否认规则。最高人民法院民事审判第二庭认为，《公司法》（2018 年修正）第 20 条第 3 款没有规定公司之间相互否认人格，为了审判实践处理需要，《九民纪要》对此作出了规定，提出横向人格否认规则。[1]

（三）《公司法》（2023 年修订）明确规定横向人格否认规则

《公司法》（2023 年修订）第 23 条第 2 款规定："股东利用其控制的两个以上公司实施前款规定行为的，各公司应当对任一公司的债务承担连带责任。"

四、横向人格否认规则的适用要件分析

《公司法》（2023 年修订）增加了横向公司人格否认规则，扩充了公司人格否认的类型，但对具体适用情形没有明确规定，对此如何理解以及司法实践如何适用，即是当前亟须回答的问题，[2]也是实践中适用的难点。

有学者认为，揭开公司面纱即否认公司独立人格，应先考虑公司是非公众公司还是公众公司，公众公司，一般不否认公司独立人格；债权人是自愿还是不自愿，如果债权人是自愿与公司交易的，一般不否认公司独立人格；股东是积极的还是消极的，股东是否有参与公司经营和管理，是否享有管理权，如果股东是消极的，一般不否认公司独立人格。[3]

虽然横向法人否认规则是《公司法》（2023 年修订）新增的规定，但司法实践中已出现不少横向法人人格否认案件。结合司法实践案例，横向法人人格否认一般应从主体要件、行为要件、因果关系要件、主观要件进行综合分析和认定。

---

[1] 最高人民法院民事审判第二庭编著：《〈全国法院民商事审判工作会议纪要〉理解与适用》，人民法院出版社 2019 年版，第 46 页。

[2] 王毓滢：《新公司法二十四讲：审判原理与疑难问题深度解释》，法律出版社 2024 年版，第 97 页。

[3] 朱锦清：《公司法学》，清华大学出版社 2019 年版，第 164 页。

（一）主体要件

根据我国《公司法》（2023 年修订）第 23 条的规定，法人人格否认的主体主要包括滥用公司法人的实施人和受害人。实施人是指实施了滥用公司法人独立地位的股东，受害人是指因股东实施了滥用公司法人独立地位，而受到严重损害的公司债权人。因此，法人人格否认案件中，被告是实施滥用公司法人独立地位的股东，原告是公司的债权人。

（二）可归责的行为要件

我国有学者，对实证案例案情进行抽象提炼，得出关联公司人格否认的行为要件大致可区分为"人格混同""过度支配与控制""资本显著不足"三个方面。

1. 人格混同

人格混同一般包含财务混同、业务混同、人员混同和场所混同等情形。《九民会议纪要》第 10 条表明认定公司人格与股东人格是否存在混同，最根本的标准是判断公司是否具有独立意思和独立财产，公司财产与股东财产是否混同且无法区分。因此，主流观点认为财务混同是认定人格混同最重要的标准。

通常财务混同还伴随着存在业务混同、人员混同或场所混同等情形，但存在业务混同、人员混同或场所混同，却不一定存在人格混同。故，只有业务混同、人员混同或场所混同，而不存在人格混同情形的，法院通常不因此否认公司的独立人格。

2. 过度支配与控制

过度支配与控制包含关联关系下的不正当利益输送和实际控制下的不当资产转移等情形。关联公司之间的不正当利益输送，通常指的是将一个关联公司的利益输送给其他关联公司，包括让控制公司受益和让从属公司受益。[1] 不论是让控制公司受益还是从属公司受益，都属于实际控制过程中存在的不当行为，影响了标的公司的决策自主性。而在实际控制下进行不当的资产转移通常缺乏正当理由，因此更有可能影响关联公司的法人独立地位，损害相关债权人的利益。

---

〔1〕 石一峰：《关联公司人格否认动态判断体系的构建》，载《环球法律评论》2022 年第 3 期。

3. 资本显著不足

资本显著不足是指公司设立后在经营过程中，股东实际投入公司的资本数额与公司经营所隐含的风险相比明显不匹配。[1]也有学者认为，资本显著不足不属于法人人格否认的充分条件，法院通常不能仅以资本不足否认公司法人人格，认为资本显著不足不属于法人人格否认的行为要件。

（三）主观要件

公司人格否认本质上是一个追究公司股东侵权责任的法律制度。[2]侵权责任分为过错责任和严格责任，严格责任是无过错责任，即不要求行为人主观上存在过错，而过错责任则要求行为人主观上存在过错。我国主流观点认为，法人人格否认制度下追究的是股东的过错责任，股东滥用公司法人独立地位和股东有限责任，是为了逃避债务，主观上有明显过错，因此，要求股东存在主观过错，如果股东属于过失，则没有必要否定公司人格。

但如今越来越多的学者转向认为，法人人格否认制度下追究的是严格责任，"滥用"指的不是公司股东作出特定行为时的心理状态，而是特定行为本身客观违反了法律规定的公司人格独立的制度精神，因此在股东责任承担上，应当采用严格责任。[3]

（四）结果要件

只有股东滥用行为所导致的损害达到了严重的程度，才有必要采取否定公司独立人格的措施，让股东对公司债务承担连带责任。否则，没有必要对公司独立人格和股东有限责任进行突破。

（五）因果关系要件

股东滥用行为，使得债权人遭受严重损害。股东的滥用行为是起因，而债权人遭受严重损害则是后果。股东滥用行为是造成债权人受到严重损害的直接因素。但假如公司债权人的损害是由其他因素造成的，比如公司运营管

---

〔1〕 最高人民法院民事审判第二庭编著：《〈全国法院民商事审判工作会议纪要〉理解与适用》，人民法院出版社 2019 年版，第 97 页。

〔2〕 朱慈蕴：《将实际控制人纳入公司法人人格否认适用中的法律思考》，载《中国法律（中英文版）》2011 年第 4 期。

〔3〕 王毓滢：《新公司法二十四讲：审判原理与疑难问题深度解释》，法律出版社 2024 年版，第 105 页。

理不当等因素造成的，则不能否认法人独立人格。[1]

结 语

横向人格否认制度的确立，有利于保护债权人的利益，同时也进一步扩大了公司承担连带责任的范围。但横向法人人格否认规则在实践中如何适用仍存在一定挑战。

尽管如此，横向人格否认规则作为一种法律机制，具有重要的价值和意义，应在实践具体适用中寻求具体的适用标准，以确保该规则的有效运行，但横向人格否认在实践中不宜过度扩张，而应严格适用，强调横向人格否认的例外性。

---

[1] 最高人民法院民事审判第二庭编著：《〈全国法院民商事审判工作会议纪要〉理解与适用》，人民法院出版社 2019 年版，第 52 页。

最小改动原则在国企合规融合建设中的应用

张 雨*

摘　要： 国务院和山东省国资委均要求国有企业应当积极探索法治框架下法律、合规、内控、风险管理协同运作有效路径，推进"四位一体"协同运作，减少交叉重复，有效提升管理效能。但国有企业在合规管理体系与其他风控体系融合建设中却普遍面临组织架构重叠、运行低效等问题。本文旨在探究最小改动原则在上述融合建设中的应用价值、应用可行性和应用路径，以期助力国有企业凝聚管理合力，高效运行合规管理体系。

关键词： 最小改动原则　国有企业　合规融合建设

引　言

国有企业风险控制经过多年的实践运行，已经形成了由风险管理、内部控制、法务管理等多种路径构成的相对稳定的风控管理体系。合规管理作为近几年新的重要的底线型风控体系，目前正在国有企业当中持续推进建设。在合规管理体系与其他风控体系的融合建设中，如何在原有风控体系上进行最小影响的改动，以满足合规管理体系建设的有效性以及与其他风控体系的高效协同运作是值得深入探讨和研究的。

一、国企合规管理体系融合建设的提出

（一）国有企业合规管理体系建设工作概要

2022 年 10 月《中央企业合规管理办法》正式实施，根据《中央企业合

---

* 张雨（1989 年—），男，山东海阳人，山东康桥（威海）律师事务所律师。

规管理办法》的要求，新建一套完整的合规管理体系，应当开展的工作内容主要包括四个方面，分别是组织建设、制度建设、运行机制和保障措施，而运行机制作为合规管理体系的核心，又包含合规风险识别评估、违规问题整改、违规举报、违规行为追责问责等主要方面。

（二）融合建设工作的提出

国务院国资委在《中央企业合规管理办法》第 26 条中明确提出建立健全合规管理与法务管理、内部控制、风险管理等协同运作机制。2023 年 7 月 7 日，山东省国资委为贯彻落实《中央企业合规管理办法》，就进一步加强省属企业合规管理工作提出 18 条具体指导意见，再次明确提出积极探索法治框架下法律、合规、内控、风险管理协同运作有效路径，推进'四位一体'协同运作的意见。

由此，国有企业在新建合规管理体系的过程中，如何与原有的多个风控体系高效协同融合建设，已然成为国有企业必须面对的新的课题。[1]

二、最小改动原则概述

最小改动原则是指在进行某种变革、优化或改进时，尽量以最小的干扰、影响和成本来达到既定的目标。在合规管理体系建设中，最小改动原则强调在引入合规要求的同时，最大限度地保留和利用已有的风险管理体系，并在二者之间进行精细调整，以实现最佳平衡。

但需要注意的是，最小改动原则并非绝对的，有时可能需要在平衡风险和合规要求的前提下，作出一些较大的改动和调整。在具体应用时，需综合考虑企业的情况、合规要求、风险管理体系的现状以及实施成本等因素，合理把握最小改动的范围和适用度。

三、最小改动原则在融合建设中的应用可行性

通过对比不同风险管理体系的制定依据，虽然不同体系关注的风险类型

---

〔1〕 聂丹：《国有企业风险、合规、内控"三合一"体系建设路径研究——以 G 投资公司为例》，载《安徽警官职业学院学报》2022 年第 4 期。

各有侧重，但是不同体系的管理流程均围绕风险防控展开。[1]

《中央企业全面风险管理指引》主要列举的风险包括战略风险、财务风险、运营风险、市场风险、法律风险等，而《中央企业合规管理办法》则强调合规风险。虽然风险类型不同，但在某一具体业务流程中，不同类型风险的防控遵循着同样的管理流程——PDCA循环，具体为：P代表风险识别评估及整改措施制定，D代表整改措施的实施，C代表整改措施的监督，A代表持续改进。

由此，各个不同体系管理流程的一致性，赋予了最小改动原则在国有企业合规管理体系建设应用的可行性，即以风险防控为线索，充分利用原有的风控组织架构、制度建设、运行机制、文化营造以及信息化建设等方面的成果，尤其是利用不同体系在风险防控中采用相同管理流程的特点，将合规风险的防控融合到已有类型风险的管理流程中，最终可以实现国有企业合规管理体系建设的最小改动。

四、最小改动原则在融合建设中的应用路径研究

结合实践，本文认为最小改动原则在融合建设中的应用路径如下：

（一）组织架构的最小改动

即强化系统为主，避免新设。在合规管理体系建设过程中，尽量保持现有的组织框架不变，只新增或调整必要的岗位或职责。例如，《中央企业合规管理办法》第7条至第15条之规定，构建了合规管理体系的完整组织架构。在该架构中，董事会、经理层、企业主要负责人（总经理）、"三道防线"等组织岗位的风险管理职责均与早期《中央企业全面风险管理指引》中的架构和职责高度一致。根据最小改动原则，在合规管理体系的组织建设中，上述组织架构的建设重点仅是相应的职责补充完善即可。而对于新增的合规委员会、首席合规官，根据《中央企业合规管理办法》第11条、第12条之规定，合规委员会可以与法治建设领导机构等合署办公，首席合规官则由总法律顾问兼任。

合规管理组织的建设中完全新设的职责，实际仅有党委在把方向、管大

---

〔1〕 肖尧、许敏锐：《略谈中央企业全面风险管理 合规管理与内部控制》，载《国有资产管理》2021年第7期。

局、促落实方面的领导作用。从最小改动原则出发，合规管理组织架构的建设重心，不在于新设架构，而在于协调业务职能部门、法务部、审计部、纪检部等各部门在合规管理中的协同工作机制。[1]

（二）运行机制的最小改动

即围绕风险防控，流程并轨。在具体业务开展中，可以围绕风险防控这一共同线索将不同类型风险的防控流程并轨，以实现运行机制的最小改动。以开展广告宣传业务为例，企业在广告宣传业务中可能面临诸多风险，例如：市场定位选择错误的战略风险、预算超支或投资回报不理想的财务风险、人员不足或内部流程不畅的运营风险、市场环境或消费者需求变化的市场风险，以及虚假宣传或不正当竞争的合规风险。针对以上风险，可以开展以下防控流程的并轨：①统一进行风险识别和评估。对广告宣传业务涉及的各种风险进行全面识别，并对各种风险制定统一的评估方法，使不同类型的风险能够以一致的标准进行评估风险等级排序，以权衡和分配防控不同风险的资源。②整合风险整改措施及应对方案。《中央企业合规管理办法》与《中央企业全面风险管理指引》对于合规整改措施和应对方案均提出了制定优化业务流程的方式，据此，对于广告宣传业务的各类风险可以统一采取明确责任人、启动不同等级应对措施、部门协同、风险上报等具体措施和应对方案。③整合风险监测及举报机制。建立统一的风险监测和举报机制，由统一部门进行监测和举报接收，对于监测或者接收到的不同类型的风险统一记录、汇总和分析，并分别移送至不同的部门进行预警或者处置。

（三）文化建设最小改动

即充分融合。根据最小化改造原则，合规文化的建设完全可以通过充分融入原有风控文化、企业文化建设的方式方法、渠道和常态化培训等机制，将合规义务融入其中，使员工更易于接受合规变化并逐步提升合规意识、建立合规文化。

（四）信息化建设最小改动

即整合与共享。建立合规管理体系时，充分利用已有的信息化系统，以及前期积累的风险数据和信息资源，实现数据整合与共享，避免从零新建，

---

〔1〕 赵威、刘洪国：《国有企业"大监督、大风控"体系的职能建设与管理应用》，载《企业改革与管理》2023 年第 2 期。

造成合规工作冗余。但同时，基于合规管理对于存证、留痕有特殊的意义，所以原有的信息化系统还应当增加相应模块，将合规风险评测、合规制度、典型案例、合规培训、违规行为记录以及合规承诺书的签署等纳入信息系统。

结　语

国有企业在合规管理体系的建设过程中，既要看到合规管理与由风险管理、内控管理等路径构成的体系在组织架构、管理手段等方面各有侧重，也要充分利用上述体系均以风险防控为线索的共性，在原有的全面风险管理、法务管理体系基础上，贯彻最小改动原则，从组织架构、制度体系和工作机制层面将合规、风险、内控等管理体系进行融合并轨，避免推倒重来、"大拆大建"，充分利用有限的管理资源，消除冗余提高效率，凝聚管理合力，实现企业稳健发展。

浅析新时代加强涉外法治建设的路径

赵　亮[*]

摘　要： 我国已经进入不断推进高质量发展、高水平开放的新时代，"走出去"任务面临的形势愈加复杂艰巨，涉外法治建设摆在了更加突出的位置，新时代加强涉外法治建设对塑造我国良好的国际形象具有重要意义。本文旨在从理论、实践、手段、人才四个维度，探讨新时代加强涉外法治建设的路径。

关键词： 涉外法治　法治思维　法治实践

引　言

习近平总书记在中共中央政治局第十次集体学习时强调，加强涉外法治建设既是以中国式现代化全面推进强国建设、民族复兴伟业的长远所需，也是推进高水平对外开放、应对外部风险挑战的当务之急。[1]本文认为，新时代加强涉外法治建设应选择以下路径：

一、理论创新路径

即坚持理论创新，引领正确前进方向。涉外法治是指一国的立法、执法、司法机关，法律服务机构，以及相关的自然人、法人等，依据本国的法律法规，特别是涉外法律法规以及本国缔结或参加的国际条约，处理其涉外事务

---

[*] 赵亮（1988年—），汉族，党员，山西人，中国政法大学同等学力研修班2023级学员，研究方向为宪法与行政法学。

[1] 参见《习近平在中共中央政治局第十次集体学习时强调　加强涉外法制建设 营造有利法治条件和外部环境》，载《党建》2023年第12期。

的法治活动〔1〕。涉外法治的建设，离不开先进的理论指导和支持，具体包括以下内容：

（一）遵循习近平新时代中国特色社会主义思想

习近平法治思想是我们党在法治领域实践智慧的集中体现，是中国特色社会主义法治实践和成就的科学总结，是马克思主义法治理论中国化时代化的最新成果。必须坚持在习近平法治思想指引下深化涉外法治建设，创新国际法话语，构建中国自主的国际法知识体系，不断强化涉外法治工作的理论支撑。

（二）体现中国特色

要从新中国成立以来特别是党的十八大以来研究、从运用国际法的实践出发，总结全面推进中国特色大国外交、积极推动构建人类命运共同体、推进"一带一路"建设等国际法成果，提炼具有原创性、标识性、解释力的国际法新概念、新范畴、新表述，推动国际法知识融合、国际法理论创新，彰显中国特色、中国风格、中国气派。

（三）博彩众家所长

涉外法治工作要调整国家与国家、国家与地区、国家与国际组织等的法律关系，闭门造车搞研究是行不通的，只有通过博采众家所长，才能得到涉外法治的"最大公约数"。要不断创造涉外法治的研究条件，通过"引进来"和"走出去"的方式，强化对国别法理的实践认知。

（四）促进法治研究

着力探索科研院所、大学、法院、智库等联合开展涉外法治研究的机制，充分发挥各方优势，团结凝聚各方力量，共同加强我国涉外法规的管辖权、诉讼制度、合作协定等问题研究，为加强涉外法治建设提供智力支持。

二、实践创新路径

即坚持实践创新，主动参与规则制定。习近平总书记强调："……我们要积极参与国际规则制定，做全球治理变革进程的参与者、推动者、引领者。"〔2〕此前的国际法律体系是在欧美等国家的主导下建立的，兼具美国对

〔1〕 参见黄进：《论统筹推进国内法治和涉外法治》，载《中国社会科学》2022年第12期。
〔2〕 习近平：《加强党对全面依法治国的领导》，载《求是》2019年第3期。

外关系法的"封闭范式"和欧盟的"开放范式"两种特性。但随着国际形势的深刻变化，国际规则正孕育深刻变化，对此，我国应从实际出发，积极参与，兼容创新，推动国际规则向利我方向发展，具体包括以下内容：

（1）坚定"三个维护"。坚定维护以联合国为核心的国际体系、以国际法为基础的国际秩序、以联合国宪章宗旨和原则为基础的国际关系基本准则，积极参与全球治理，展示负责任大国的形象。

（2）主动参与国际规则制定。推动形成公正合理透明的国际规则体系，提高我国在全球治理体系中的话语权和影响力，积极参与网络、深海、极地、空天等新领域国际规则制定，积极参与数字领域国际规则和标准制定。通过积极参与国际立法，不断完善相关国际规则，推进全球治理领域的良法善治。反之对国际规则中的不平等安排，要积极引导规范，促进各国在全球合作中权利平等、机会平等、规则平等，推进全球治理规则民主化、合理化，努力使全球治理体系能够反映大多数国家意愿和利益。

（3）构建适合全人类的法律话语体系。即积极参与构建符合大多数国家需要的国际规范，打破西方国家在国际规则制定和实施方面的垄断地位，为国际争端的解决提供协商平台和法治保障。

三、手段创新路径

在对外斗争中，我们要强化法治思想，运用法治的方式有效应对挑战、防范风险，综合利用立法、执法、司法等手段开展斗争，坚决维护国家主权、尊严和核心利益。具体包括以下内容：

（一）要加强涉外法治建设

加强涉外法律立法工作是开展对外斗争的基础。在国家安全方面，我国制定了《国家安全法》《反间谍法》《对外关系法》和《缔结条约管理办法》等一系列法律；在经济安全方面，先后制定了《对外贸易法》《外商投资法》《出口管制法》《外国国家豁免法》等，修订完善了《反垄断法》；在网络安全方面，制定了《网络安全法》《网络安全审查办法》等，为我国的对外斗争提供了强有力的法律武器。

（二）要提升涉外执法能力

涉外执法是实践涉外法治最直接、最高效的手段，因此，提升涉外执法能力是加强涉外法治建设的关键一环。在一些国家滥用国内法"长臂管辖"

和制裁我国公民、法人的现实状况下，我国应当创新完善涉外执法体系，例如可进一步完善《反外国制裁法》等相关配套制度，提升对外斗争的法治化水平，强化与越、巴、柬、老等友谊国家涉外执法合作，尤其要增强对外经贸领域的执法能力，有效维护我海外机构、企业和公民的合法权益。

（三）要完善涉外司法体系

当前，进一步深化改革开放、建设自贸试验区和海南自贸港、共建"一带一路"等都需要涉外司法保驾护航，这也为我国涉外司法工作带来新的风险和挑战。所以，我国应当完善涉外司法体系，切实加强跨国境违法犯罪治理，着力提高涉外司法审判能力，拓展涉外司法合作空间领域，切实提升涉外司法效能。

四、人才创新路径

即坚持人才创新，培育法治高端人才。党的十八届四中全会通过的《中共中央关于全面推进依法治国若干重大问题的决定》要求"建设通晓国际法律规则、善于处理涉外法律事务的涉外法治人才队伍"。但在实践中，我国涉外法治人才数量短缺、力量不足等问题仍然较为突出，亟须创新解决，具体包括以下内容：

（一）打造中国特色的涉外法治教学体系

推动教学改革，着力提升专业基础、外语能力、跨学科解决问题能力、跨文化沟通能力等核心素养；推进法学与外国语言文学、国际贸易、国际金融等相关学科专业深度交叉融合，储备复合型专门人才；打破学科院系壁垒、整合相关校内外资源，构建科学的涉外人才培养方案。

（二）建立健全涉外法治紧缺人才培养机制

开辟国际化培养途径，构建多元合作办学模式，与境外著名高校建立学生长期联合培养机制，鼓励有条件的高校开展国际合作办学，加强国内法学院与海外高水平法学院校、律师事务所、仲裁机构的交流与合作。

（三）积极拓宽涉外法律技能的实践平台

与自贸区、高新技术开发区的涉外企业等成立"培养联盟"，就人才培养目标、课程体系设计、教学团队等人才培养环节进行合作，丰富直接接触国际规则，处理国际法律事务的机会，最大限度地提高涉外法治人才的综合素质。[1]

结　语

新时代，加强涉外法治建设对应对外部风险挑战，维护国家利益具有重要意义。我国必须始终坚持党的集中统一领导，守正创新加强涉外法治建设路径，为实现中华民族伟大复兴提供坚实法治保障。

---

〔1〕 叶青：《培养涉外法治紧缺人才亟需法学教育改革》，载《学习时报》2023 年 8 月 18 日。

论应对电子商务发展挑战的民商法创新

陈 蕊*

摘 要：在互联网环境下，电子商务作为一种新型的市场交易方式，为社会的经济发展作出了巨大贡献。同样，电子商务在打开市场多元化的同时，也为市场监管带来了挑战。民商法作为规范社会商业的重要法律，为了规范电子商务交易行为，营造健康、安全的交易环境，民商法必须不断地创新加大监管范围和监管力度。本文旨在探讨电子商务发展给民商法带来的挑战及应对等问题。

关键词：电子商务发展 民商法 互联网

引 言

电子商务的出现改变了人们传统的商务活动方式，不仅使得贸易活动更快更便捷，而且对传统民商法也提出了严峻挑战。我国新制定的《电子商务法》于 2019 年 1 月 1 日起正式实施，其立法的目的就在于通过对电子商务活动进行法律规制，确保交易安全、保障交易公平，实现消费者权益的保护和网络经济健康、有序发展。但从我国目前来看，《电子商务法》在法律规范上仍存在诸多不足之处，还需进一步完善相关法律制度以适应电子商务时代对民商法提出的新挑战。

---

* 陈蕊（1990 年—）女，汉族，福建人，北京盈科（厦门）律师事务所律师，研究方向为民商法学。

一、电子商务发展对民商法的挑战

(一) 给交易主体身份识别带来挑战

传统的商业活动通常是面对面进行的，双方可以直接确认对方的身份。然而在电子商务中，买家和卖家往往通过网络平台进行交易，缺乏直接的沟通。这也给诈骗活动提供了机会，因此，如何建立有效的身份识别机制成为一个紧迫的问题，以保护交易主体的权益。可以采用多种手段，如实名认证、电子签名等，结合第三方认证机构来确保交易主体的真实身份。[1]

(二) 给消费者权益保护带来的挑战

在传统商业活动中，消费者通常可以亲自检查商品的质量和真实性。然而，在电子商务中，消费者只能依靠商家提供的信息作出购买决策，存在信息不对等的问题。此外，商品的退换货也面临诸多困难。为了加大对消费者权益的保护，民商法应当进一步完善，明确网络交易中的双方权益和责任，强化对商家虚假宣传和不正当竞争行为的打击力度，并建立电子商务专项仲裁机构，为消费者提供有效的维权渠道。[2]

(三) 给跨境交易带来的挑战

因为电子商务具有全球化的特点，买家和卖家可以来自不同的国家和地区。这给涉及不同国家法律制度的交易带来了许多问题，如交易合同的成立和履行、争端解决机制等。因此，民商法需要与国际通行的规则进行衔接，加强跨国电子商务的法律合作，推动国际合作机制的建立，加强对跨境交易的监管和维权。

二、应对电子商务发展挑战的民商法创新

(一) 民商法创新的必要性

近年来，电子商务在全球范围内迅猛发展，成为推动经济增长和促进贸易的重要驱动力。然而，在电子商务快速发展的同时，各种新兴商业模式的出现也对传统的民商法体系提出了新的挑战。因此，以创新法律机制为基础的民商法创新变得尤为重要，以适应电子商务发展的需求，并保护消费者的

---

[1] 宋爽：《电子商务发展中民商法的有效运用分析》，载《楚天法治》2022 年第 19 期。

[2] 杜成宇：《民商法应用于电商行业存在的问题及应对策略》，载《楚天法治》2023 年第 16 期。

权益。[1]

电子商务行业的快速发展带来了新的交易模式和商业实践，需要适应性强的法律规定。传统的民商法体系往往无法很好地适应电子商务中涌现的如C2C、B2C 和 P2P 等新模式。这些新模式与传统的商业实践存在很大的差异，传统法律很难对其履行过程和责任追究进行准确的规定。因此，民商法创新应该针对电子商务的特点进行相应调整，提供适用于新商业模式的法律框架。

电子商务发展中民商法创新具有重要意义。它能适应新兴商业模式的变化，加强跨境电子商务的法律规制，保障消费者权益，规范电子商务市场，促进可持续发展。[2]

（二）民商法创新涉及的主要内容

电子商务为民商法带来了新的交易模式与合同形式。传统商业交易中的合同多以口头形式或书面形式为主，而在电子商务中，交易合同的订立采用了电子签名、电子合同等全新的方式。这对原有的民商法规定构成了挑战。因此，为了确保电子商务交易的合法性与安全性，国家出台了相关法律法规，明确了电子合同的效力、证明与保全等相关法律问题，从而为电子商务提供了法律保障。

1. 民事责任规则的创新与完善

在传统商业交易中，当事人之间的权益纠纷往往需要依赖于一系列的证据和证明程序。然而，在电子商务中，由于交易信息的数字化特性，对于涉及虚拟财产、在线信用、网络侵权等问题的民事责任认定存在困难。

2. 民商法领域消费者保护制度的创新

在传统商业模式下，消费者保护政策与法规主要以线下交易为主，忽视了电子商务中的特殊情况。然而，电子商务的快速发展，暴露出了众多消费者信任、隐私保护、售后维权等问题。

3. 网络安全与数据保护

随着电子商务交易活动的增加，网络安全问题日益突出，涉及的信息安全、数据保护等法律问题也变得更加复杂。

---

[1] 杨拯昊：《电子商务发展与民商法的创新研究》，载《商情》2022 年第 19 期。
[2] 张波：《民商法在电子商务发展中的创新应用研究》，载《楚天法治》2022 年第 14 期。

三、应对电子商务发展挑战民商法创新的建议

电子商务在全球范围内蓬勃发展。然而，电子商务的快速崛起也带来了一系列的法律问题和挑战。为了保护消费者权益、促进电子商务的健康发展，我国民商法需要从多个方面作出相应的调整和完善。

（一）明确电子商务交易主体权责

电子商务的特点是虚拟交易，使得交易主体的确认和责任追溯变得困难。因此，应明确电子商务交易主体的权利和责任，并建立完善的登记和备案制度。一方面，对于平台经营者，应要求其提供真实有效的注册信息，并承担相应的责任；另一方面，对于消费者，在交易过程中要引导其了解商品信息，明确自身的权益和责任。[1]

（二）建立电子商务纠纷解决机制

电子商务交易中常常出现合同纠纷、交易纠纷等问题，解决这些纠纷需要建立一个高效且公正的纠纷解决机制。应通过完善的仲裁制度、调解机制和诉讼程序，来解决电子商务纠纷。同时，还可探索引入第三方仲裁机构，通过专业机构来解决涉及不同地区和国家之间的电子商务纠纷，提高纠纷解决的效率和公正性。

（三）加强电子商务平台的监管

电子商务平台作为信息交流和交易的重要场所，其运行规范和诚信度对电子商务的发展至关重要。应建立健全电子商务平台的监管机制，及时制定相关规范和标准，规范平台运营行为，加强对平台经营者的监管。同时，应建立投诉举报的渠道，快速处理平台上的虚假信息、不良评价等问题，确保市场秩序的正常运行。

（四）完善个人信息保护法律制度

在电子商务交易中，个人信息泄露成为一个严重的问题。为了保护用户的个人信息，应完善个人信息保护的法律制度，加强对电子商务平台的监管，要求平台对用户的个人信息进行合理的保护和管理。同时，还需建立个人信息泄露追责机制，对个人信息泄露行为进行严厉处罚。

---

〔1〕 陈中明：《"双循环"新发展格局下提升电子商务竞争力的对策研究》，载《企业科技与发展》2022 年第 1 期。

（五）加强国际合作

电子商务的发展不受地域限制，跨境交易成为一种常态。因此，应加强国际合作，与其他国家和地区共同制定跨境电商的法律框架，明确双方的权益和责任。此外，还应加强与其他国家和地区的执法合作，共同打击跨境电商中的假冒伪劣商品和侵权行为，维护跨境交易的正常秩序。

结 语

随着电子商务的飞速发展，我国民商法需要作出相应的调整和完善，以应对电子商务发展带来的问题。明确电子商务交易主体的权责、建立纠纷解决机制、加强平台监管、完善个人信息保护法律制度和加强国际合作，这些措施将有助于规范电子商务市场，促进电子商务的健康发展。

论人工智能训练数据优化的可专利性

吕昕炜*

摘　要： 人工智能领域中，训练数据对人工智能算法具有重要意义。但是，目前人工智能算法专利大多涉及模型的底层架构与推理过程，对训练数据优化则少有专利涉及。而人工智能训练数据优化对人工智能技术发展具有重要意义，其具备可专利性。本文旨在探讨人工智能训练数据优化的可专利性问题。

关键词： 人工智能　训练数据　专利权

引　言

根据世界知识产权组织（World Intellectual Property Organization ，WIPO）于 2019 年发布的 Technology Trends 2019：Artificial Intelligence [1]，人工智能技术的发展趋势可大致区分为 AI 底层实现技术、AI 功能性应用技术、AI 产业应用技术三个维度。

AI 底层实现技术主要涉及以神经网络模型为核心的底层算法。目前，关于 AI 底层实现技术的专利申请与布局大多集中于神经网络模型的底层架构与推理过程中；而对于模型的训练过程，尤其是训练过程中对训练数据的优化则少有专利涉及，而人工智能训练数据优化的专利保护对于人工智能技术发展具有重要意义，其可专利性问题值得探讨。

一、训练数据对人工智能算法的技术意义

神经网络模型的训练过程中，训练数据的收集与处理是直接影响模型性

---

* 吕昕炜（1991 年—），男，汉族，江苏人，中国政法大学同等学力研修班 2021 级学员，研究方向为知识产权法学。

〔1〕 WIPO, Technology Trends 2019：ArtificialIntelligence，2019.

能的关键因素之一，尤其是近年兴起的以 ChatGPT 为代表的自然语言大模型，其之所以能够展现出强大的能力，得益于其背后用于训练的海量数据。训练数据对模型性能的影响具体表现为：首先，通过丰富的训练数据进行训练，可显著减少模型过拟合的风险；其次，高质量的训练数据可以帮助模型更好地理解和捕捉不同的概念、语义和语法结构；最后，多样化的训练数据则可使得模型在各种任务和领域中表现出更好的泛化能力。[1]

对于通用领域神经网络模型，即基础模型，模型开发者为获取理想的训练数据会尽可能收集数量更多、质量更优、分布更广的数据；这一过程的技术难点更多体现在成本层面。然而，对于部分应用于特定领域的神经网络模型，即行业模型，理想的训练数据本身不仅获取成本极大，在法律层面亦存在潜在风险；例如，部分特殊行业（医疗、心理辅导等）的训练数据基于保密约定或行业习俗无法公开，模型开发者几乎不可能得到完善的训练数据。而通过公开数据集完成训练的模型，仅能完成一些简单任务，无法实现预期的复杂任务。

综上所述，对神经网络模型而言，训练数据直接决定了模型的性能，甚至决定了模型是否能实现预期的目标。因此，人工智能算法中，训练数据具有不可忽视的技术意义。

二、训练数据优化的可专利性分析

（一）训练数据优化的含义

由于初步收集的训练数据往往为非标准化的数据，并存在大量的噪声及缺失值，其不一定符合神经网络模型的训练需求，故在模型训练前，均需进行训练数据的优化。训练数据优化具体是指对已有训练数据，通过不同处理方式，令训练数据可依据预设的训练标准分布，同时在数量、质量以及多样性等方面进一步得以提升，进而使得训练数据符合后续模型的训练需求，以令模型能够实现预期的目标。

人工智能领域中，训练数据优化通常包括以下两类方案：一是对已有训练数据进行预处理以使其更符合模型训练的需求，如数据标注、清洗等；二

---

〔1〕 Daochen Zha, Zaid Pervaiz Bhat, et. Data‑centric Artificial Intelligence: A Survey. 1, 1（June 2023）.

是采用公开数据集替代特定数据集，并通过优化训练思路以达到模型预期目标，如以无监督训练替代有监督训练等。

（二）训练数据优化的可专利性分析

在明确训练数据于技术层面对人工智能算法的核心价值的情形下，予以训练数据在法律层面的保护显得尤为重要。现有的法律与实践中，对训练数据采取的保护方式通常包括版权保护、商业秘密保护等；但是，上述保护方式侧重于训练数据本身，对于训练数据优化这一过程则无从保护。

根据 2023 年修订的《专利审查指南》[1]规定，对于包含算法特征的发明专利申请的审查标准，包括客体审查与实质性审查两个审查维度。针对上述规定，本文对训练数据优化方案的可专利性进行分析：

（一）训练数据优化的客体审查

客体审查包括审查是否属于《专利法》第 25 条第 1 款第 2 项所述的"智力活动的规则和方法"，以及审查是否符合《专利法》第 2 条第 2 款所述的"技术方案"。

从优化方案本身而言，训练数据优化的目的在于解决特定的技术问题。并且，训练数据的优化并非孤立存在的特征，训练数据优化作为模型训练与推理这一整体过程中的重要环节，其势必可由此获得符合自然规律的技术效果。在此基础上，早先完全基于抽象规则的训练数据处理已经淘汰，以前述两类训练数据优化方案为代表的主流的训练数据优化方案中，均依赖于不同技术手段的实现。[2]

基于此，本文认为，当前对训练数据主流的优化方案符合专利法保护的客体。

（二）训练数据优化的实质性审查

实质性审查包括审查是否符合《专利法》第 22 条规定的新颖性、创造性、实用性。由于在人工智能领域的专利确权中，新颖性与实用性问题涉及较少，故本文侧重于讨论训练数据优化的创造性问题。

相较于模型的底层架构与推理过程改进，训练数据的优化方案由于其不涉及对模型层面的改进，在审查实践中往往被认为是本领域技术人员容易想

---

[1]《专利审查指南》第二部分第 9 章第 6 节。

[2] 朱中华：《人工智能领域技术的可专利性研究》，中国政法大学 2019 年硕士学位论文。

到的。然而，造成这一情形的原因在于训练数据对模型的意义在审查中并没有被充分认识。以某专利复审案为例：

涉案专利要求保护一种心理辅导方案的确定方法，通过从公开网站中获取用户主动公开的事件信息与心情信息，通过引入先验知识与无监督训练，构建可用于对用户进行心理辅导的神经网络模型。

涉案专利在实质审查过程中，审查员认为对比文件公开了用于进行用户心理状态的分析与预测的心理分析模型，故以涉案专利的权利要求不具备创造性为由进行了驳回。

申请人在复审过程中强调，对比文件确实公开了心理分析模型，但是，构建这一模型的前提是通过专业心理测试机构获取完备专业心理测试数据作为训练数据，并以此完成对心理分析模型的训练。对本领域技术人员而言，上述训练数据受心理咨询行业天然的保密性影响是无法获取的，而涉案专利记载的技术方案，通过对训练数据的优化以及训练思路的改进，以合规化的训练数据达到模型预期目标。合议组在此基础上认可了申请人的意见，并撤销驳回决定。[1]

由上述案例可得对训练数据优化方案的创造性判断不应拘泥于训练数据优化本身，而应充分认识到训练数据优化方案对模型的训练以及推理的整体过程中的重要影响，并以此为基础评价训练数据优化方案的创造性。

在此基础上，除常规的创造性判断思路外，训练数据优化方案的创造性还可从以下角度体现：

1. 解决了人工智能领域内的技术问题

以往，为解决人工智能领域内的技术难题，本领域技术人员往往会优先选择从算法角度对模型进行优化，但是，在以数据为中心的人工智能时代，上述模型的优化越发难以满足模型在不同行业的需求，相较于此，训练数据的优化往往更可能起到理想的效果。

据［2020］最高法知行终 246 号判决书可知，解决长期性技术问题可作为创造性判断标准之一。训练数据的优化一方面解决了人工智能领域有实质性关切的技术问题，另一方面，以上技术问题往往在人工智能普及至今持续存在。因此，以解决人工智能领域内的技术问题为前提的训练数据优化方案

---

〔1〕 复审决定号 290179。

可作为判断创造性的重要依据之一。

2. 发现技术问题的过程具备非显而易见性

训练数据优化对神经网络模型的影响，不仅仅体现在正面角度；从反面角度来看，训练数据存在的问题会导致模型输出结果存在偏差甚至严重错误。并且，训练数据中的问题往往难以识别，因此，对训练数据的优化往往伴随着对模型所存在技术问题的思考与发现，其具备非显而易见性。

根据《最高人民法院知识产权法庭裁判要旨摘要（2020）》中第 23 号典型案例，专利技术方案的创造性既可以来源于"问题的解决"，也可以来源于"问题的提出"。因此，以发现技术问题为前提的训练数据优化方案，同样可作为判断创造性的重要依据之一。

结　语

鉴于人工智能训练数据对人工智能算法的技术意义，训练数据优化不仅具有进行专利保护的价值，并且也具有通过专利进行保护的可行性。在人工智能从以模型为中心向以数据为中心的转变中，训练数据的优化更应成为未来人工智能专利保护的核心方向之一。

实务探究

论非婚生子女抚养费裁判标准的完善

孙怡薇*

摘　要：非婚生子女抚养费上负载了两项天然利益冲突的权利，即非婚生子女主张抚养费的权利，和生父母现任配偶对共同财产享有共同处分的权利。随着非婚生育政策的松绑，如何公平合理地处理非婚生子女抚养费问题成为关系非婚生子女生存、维护生父母家庭稳定的重要社会课题，但目前司法实践对此处理做法不同，缺少统一明确的法律指引。因此本文旨在立足于多项权利价值的考量，在现有抚养费规定和审判意见的基础上，探寻更具体、更完善的处理非婚生子女抚养费问题的实体裁判规则。

关键词：非婚生子女　抚养费　《民法典》

引　言

本文以非婚生子女抚养费为研究对象，通过提出对抚养费裁判标准的完善建议的方式，旨在解决平衡非婚生子女抚养费上生父母配偶的利益与非婚生子女的利益。

一、问题的提出

非婚生子女与婚生子女均属于自然血亲的范畴，其与婚生子女的不同在于：非婚生子女是在生父母未缔结婚姻的情况下所生子女；婚生子女是受胎或出生于父母婚姻关系存续期间的子女。[1]非婚生子女抚养费支付问题之所以会发生权利冲突，正是因为同一标的上负载了多项权利。一项权利是非婚

---

* 孙怡薇（1994 年—），女，浙江杭州人，浙江京衡律师事务所专职律师。
〔1〕　陈翔宇：《非婚生子女法律权益保护研究》，华中科技大学 2020 年硕士学位论文。

生子女对抚养费主张的权利，另一项是生父母现任配偶一方对共同财产享有共同处分的权利。又因为非婚生子女的生父母和各自配偶角色分离，导致这两个权利之间天然存在利益冲突。

从两项权利属性和价值分析无法得出绝对的权利顺位结论。从非婚生子女的角度考量，其所享有的权利是为了保障生存以及受教育的基础，附有人身性质的权利属性。从生父母配偶的角度考量，虽然表面上只是其对夫妻共同财产的共有权利，但是其对夫妻共同财产法定共有实际上是基于夫妻一体、相互扶助的共同生活状态，夫妻共同财产制度的背后承载着夫妻双方对家庭开支、子女抚养、父母赡养等共收共支的期待，故底层逻辑亦是附有人身性质的权利属性。

非婚生子女抚养费的裁判涉及上述两项权利，而两项权利之间难以界定出绝对的价值顺位，如果仅单独评价考量任意一项权利，不顾其余，容易导致权利价值保护失衡，需要谨慎处理。

二、非婚生子女抚养费司法裁判标准

司法实践中，法院对非婚生子女抚养费的裁判采用的是"合理性"标准。如在尹某怡诉刘某先等抚养费纠纷一案中，法院认为：虽然夫妻对共同所有的财产，有平等的处理权，但夫或妻也有合理处分个人收入的权利，不能因未与现任配偶达成一致意见即认定支付的抚养费属于侵犯夫妻共同财产权，除非一方支付的抚养费明显超过其负担能力或者有转移夫妻共同财产的行为。本案中，虽然徐某承诺支付的抚养费数额确实高于一般标准，但徐某承诺支付的抚养费数额一直在其个人收入可承担的范围内。因此并未侵犯刘某先的夫妻共同财产权。[1]

从该判决内容可知，实践中法院裁判时倾向于将"合理性"作为判断是否侵犯夫妻共同财产权的标准，同时也提出两个例外情形即"明显超过负担能力"或者"有转移夫妻共同财产的行为"，以保护生父母配偶的共同财产权利。

由于"合理性"标准过于原则笼统，导致各地法院在两者利益救济和处理中出现乱象。如对于"生父母配偶是否具备第三人撤销之诉主体资格"的问题，司法实践中就存在着不同认知。如前所述，在尹某怡诉刘某先等抚养

---

[1] 上海市第一中级人民法院〔2015〕沪一中民一（民）撤终字第 1 号民事判决书。

费纠纷一案中法院肯定了生父母配偶可提起第三人撤销之诉的主体资格，然而在［2015］通中民终字第1677号案件中法院则认为生父母配偶一方对诉讼标的抚养费没有独立请求权，抚养非婚生子女的费用应由生父母方个人承担，该案的处理结果与配偶间无法律上的利害关系，故不具备提起本案第三人撤销之诉的原告主体资格。主张相同观点的还有［2020］川01民终14149号案件等。

二、完善非婚生子女抚养费裁判标准的建议

（一）提供程序保障

即增加生父母配偶作为无独立请求权第三人诉讼地位。抚养费确定遵循"协议优先原则"。区别于婚生子女的亲缘现状，非婚生子女的生父母和抚养费支付财产的所有人并不竞合，另涉及生父母的配偶一方，因此，如果仅以生父母作为协议主体，将为损害侵害共同财产权提供土壤，发生道德风险。本文建议，应将"协议一致"的主体范围理解为生父、生母以及生父/母的配偶三方，即非婚生子女的抚养费可以由生父母及配偶协商一致确定。

具体处理方式为，人民法院在受理审查抚养费纠纷时，若属非婚生子女主张抚养费情形的，应进一步询问生父母婚姻情况，并且通知其配偶一方作为无独立请求权的第三人参与。

（二）细化合理性标准

1. 将"支付方其他抚养和赡养情况"作为考量因素

随着我国人口进一步的老龄化，在未来一定时间内，一对夫妻赡养四个老人的情况将成为必然。因此，对于未直接抚养的生父或生母一方来说，其可能负担有多个抚养和赡养义务。而目前，我国法律仅规范了两个子女家庭的抚养费确定规则，存在滞后性，不仅未充分考虑支付方存在其他抚养和赡养责任，而且现有比例标准也不适应社会情势的变化。

反观世界立法，对抚养费认定的裁判路径大致相同，即主要交由法院自由裁量，法律则提供几点因素供法院裁判时参考。以美国为例，在《统一父母法》中规定，法院在决定抚养孩子金额和时间时必须考虑以下所有的因素：①孩子的需要；②父母的生活水平和环境；③与父母相关的经济收入；④父母的赚钱能力；⑤孩子对教育的需求以及发展的能力包括更高一级的教育；⑥孩子的年龄；⑦孩子的经济来源以及赚钱的能力；⑧父母抚养或赡养他人

的责任;⑨监护孩子的父母所给予服务的价值。[1]上述因素综合判断以达到"公正权衡"的目的。同时美国各州法院结合"收入和其他负担情况"进一步制定了更具体抚养费计算指南,在计算方式上又各自采用"收入分享模式""百分比模式"及"麦尔森模式"等。其中,"百分比模式"就是我国现有的月收入比例的细化,典型的有美国伊利诺伊州的统一百分比规定。[2]

为适应多子女家庭的社会趋势,本文建议,在抚养费数额确定上需要明确将支付方其他负担情况即是否存在抚养或赡养他人的责任作为考量因素,特别是婚内抚养子女数量情况,以平衡非婚生子女与生父母现有家庭成员间利益。

2. 将未来产生抚养费的时间规定为支付期限

抚养费系保障子女生存教育权利的物质基础,因此在合理范围内夫妻共同财产权应当让位于非婚生子女抚养费的支付,但是对于已经产生的抚养费,因已产生的时间内子女已成长经过,不存在面临生存教育需求可能,这部分抚养费不当然优先于夫妻共同财产权。考虑到生父母配偶的平衡保护,在生父母的配偶不同意给付的情况下,法院在处理抚养费支付期限上宜从未来时间开始起算。

结　语

在处理非婚生子女抚养费问题时,需要平衡非婚生子女和生父母配偶之间的利益。在程序层面,保障非婚生子女、生父母及各自配偶三方共同参与处理的权利,在抚养费纠纷过程中可追加生父母的配偶作为无独立请求权人。在实体层面,在抚养费合理性的把握上,可增加将支付方是否存在其他抚养、赡养情况作为考量因素,并且将未来产生的抚养费作为抚养费支付期限。

---

〔1〕 周元姬:《中美非婚生子女权益保护比较研究》,暨南大学 2010 年硕士学位论文。

〔2〕 张艺:《离婚案件中未成年子女抚养费承担的实证研究》,福建农林大学 2020 年硕士学位论文。1996 年的子女抚养费最低标准为:1 个子女时,抚养费最低额为义务人纯收入的 20%;2 个子女时,抚养费最低额为义务人纯收入的 25%;3 个子女时,抚养费最低额为义务人纯收入的 32%;4 个子女时,抚养费最低额为义务人纯收入的 40%;5 个子女时,抚养费最低额为义务人纯收入的 45%;6 个以上子女时,抚养费最低额为义务人纯收入的 50%。

论对不正当数据抓取行为认定的完善

周听雪*

摘　要：数字经济的发展进步在为社会带来了福祉的同时也形成了关于数据的新型竞争形式，导致围绕不正当数据抓取行为的问题日益突出。但目前我国不正当数据抓取行为的法律规定并不明确，司法实践中对于不正当数据抓取行为的认定未形成统一的认识。本文旨在探讨不正当数据抓取行为认定的完善问题。

关键词：数字经济　数据抓取　不正当竞争

引　言

数字经济时代，数据作为一种新型生产要素，与土地、劳动力、资本、技术并列为五大生产要素，[1]具有极高的经济价值，是互联网经营者的重要战略资源。数字经济所具有的共生经济本质决定了互联网经营者所掌握的数据资源不可能是封闭的，只有流通才能让这些数据充分释放其价值，因此数据抓取应运而生。随着大数据的快速发展，数据抓取行为引发的不正当竞争纠纷案件也在攀升。如何正确认定不正当数据抓取行为的性质，以更好维护各方利益，推动数字经济高质量发展，成为实践中不可回避的问题。

一、不正当数据抓取行为及其危害

数据抓取即相关主体利用网络爬虫技术对数据控制企业的商业数据进行有针对性、行业性、精准性地抓取采集，并按照一定规则和筛选标准进行数

---

* 周听雪，女，本科，自由职业。

〔1〕 中共中央、国务院《关于构建更加完善的要素市场化配置体制机制的意见》。

据归类的行为。[1]数据抓取行为本身只是一种技术，作为一种客观的存在，数据抓取行为本身并无善恶之分。[2]

数据抓取行为分为正当抓取行为与不正当抓取行为。不正当的数据抓取行为一般是指未经数据控制者授权的情况下，利用网络爬虫技术或搜索引擎技术抓取数据控制者的数据的行为。

正当的数据抓取行为能够创造新产品、满足新需求，提高互联网经营者整体的创新能力，产生一定的积极效果。反之，不正当的数据抓取行为可能会导致一系列的消极效果。一方面，它扭曲了市场的公平竞争。如果经营者的数据得不到有效保护，能够被轻易获取、利用，势必会损害自由竞争并且会阻碍进步，降低经营者继续发展的意愿。相应地，相较于被抓取方所付出的生产、经营成本，抓取方靠技术手段"搭便车"，不进行必要投入，却利用了其他经营者的努力成果来获取几乎同样的数据并享受经济收益，使"搭便车"的抓取方处于有利竞争地位，而置努力投入资本的被抓取方于不利地位。另一方面，不正当的数据抓取行为也影响被抓取方的正常经营活动。互联网经营者的服务器系统通常有一定的容量限制，不正当数据抓取行为可能干扰网站和系统的正常运营，给被抓取方的服务器造成负担，增加服务器的处理开销、维护成本和技术风险，可能造成服务器迟滞甚至瘫痪。

二、我国对不正当数据抓取行为认定的现状

我国对不正当数据抓取行为进行规定的法律主要是《反不正当竞争法》，但是《反不正当竞争法》中缺乏对数据抓取等大部分新型互联网不正当竞争行为的明确规定，实践中时常存在无法可依的局面。立法层面的缺失导致司法机关在审理涉及不正当数据抓取行为的案件时，只能适用《反不正当竞争法》第 2 条的一般条款。数据抓取作为互联网新兴技术，还未形成自身系统规则，在相关案件中适用诚信原则和商业道德，往往不同法官有不同的解读，法官通常结合个案进行主观上的评价判断，因此，实践中对不正当抓取行为性质的认定形成了不同的认识。

---

〔1〕 张奉祥：《论商业数据抓取行为的竞争法规制》，中国政法大学 2020 年硕士学位论文。
〔2〕 李兆阳：《〈反不正当竞争法〉视角下对数据抓取行为规制的反思与修正》，载《暨南学报（哲学社会科学版）》2021 年第 6 期。

在司法实践中，因不正当数据抓取行为引起的纠纷案件属于不正当竞争案件。根据统计，数据抓取涉不正当竞争纠纷案件主要争议焦点在对不正当数据抓取行为的性质认定上，即涉案双方是否构成竞争关系以及涉案行为是否构成不正当竞争。[1]

（一）竞争关系的认定

竞争关系的认定上，涉及反不正当竞争案件，司法机关审理中常常会把竞争关系的认定作为重要前提，这也就意味着实施不正当竞争行为一定要建立在判定争议双方具有竞争关系的基础上。近年来，在互联网新型不正当竞争案件中认定竞争关系的趋势虽稍有消减，但总体上仍未完全脱离这一前提，在个案审理中往往对竞争关系作泛化或隐性理解。

（二）是否构成不正当竞争的认定

不正当竞争的认定上，在互联网专条出台之前，司法机关对于不正当数据抓取行为的认定大多数是以一般条款为基础，结合个案事实来做进一步把握，但也存在独立适用一般条款裁判的情况。

上述对不正当抓取行为性质认定存在认识不同的主要原因在于法律缺乏明确的规定。如前所述，我国《反不正当竞争法》中缺乏对数据抓取等大部分新型互联网不正当竞争行为的明确规定，2017 年修订的《反不正当竞争法》虽然增设了第 12 条互联网专条，该条并未列举数据抓取行为，其中第 2款第 4 项为兜底条款，旨在法律未能穷尽竞争行为的情况下，为可能出现的新型不正当竞争行为兜底，便于司法机关在审理案件时有法可依。但兜底条款如同一般条款中确立的诚信原则、商业道德一样带有模糊性、主观性。2021 年8 月发布的《反不正当竞争法司法解释（征求意见稿）》第 26 条第 1 款规定："经营者违背诚实信用原则和商业道德，擅自使用其他经营者征得用户同意、依法收集且具有商业价值的数据，并足以实质性替代其他经营者提供的相关产品或服务，损害公平竞争的市场秩序的，人民法院可以依照反不正当竞争法第十二条第二款第四项予以认定。"但正式公布的司法解释不含该规定，所以现阶段未有相应司法解释对《反不正当竞争法》第 12 条兜底条款进行进一步解释说明，个案抓取行为是否能定性为"其他妨碍、破坏其他经营

---

[1] 高亚平、纪倩：《爬进"不正当竞争"的虫，代价不菲》，载 https://www.dehenglaw.com/CN/tansuocontent/0008/023370/7. aspx？MID＝0902，最后访问日期：2023 年 8 月 1 日。

者合法提供的网络产品或者服务正常运行的行为"仍有赖于法官的主观判断。

三、对不正当数据抓取行为认定的完善建议

（一）完善相关法律规定

（1）对《反不正当竞争法》第 2 条的适用条件予以明确。总结以往审结案件中一般条款的司法适用情况，列举认定过的诚信原则和商业道德，为司法机关裁量提供明确指引，也可确保司法机关在审裁案件时能够坚持禁止向一般条款逃避的原则。

（2）对《反不正当竞争法》第 12 条进行细化。归类数据抓取竞争行为，从事实入手提取出不同类型行为的特殊性，根据特殊性归纳出属于它们的法律特征，以此确立认定标准。同时需要设置具备灵活性的兜底条款，当出现不正当数据抓取行为的新情况时，能以兜底条款作为法律依据进行处理。

（二）创新司法认定思路

在完善相关法律规定的前提下，司法实践中需要法官创新司法认定的思路，正确认定竞争性权益及不正当竞争行为。可以借鉴被评为"2021 年十大最具研究价值案例"的腾讯诉斯式案件[1]中法官的审理思路。

（1）竞争性权益认定上，不正当数据抓取行为竞争的对象是数据资源，相应的就要判断数据资源是否存在应受法律保护的权益。受腾讯诉斯式案件的启发，可以从被抓取方所付出的生产、经营成本，数据是否得到平台用户授权并依托被抓取方平台显示、存储以及用户数据与其他数据构成整体数据资源等角度切入，判断被抓取方是否对涉案数据享有竞争性权益。

（2）在不正当竞争行为的认定上，腾讯诉斯式案件主要是从抓取方行为给被抓取方造成了损害角度考量，然而在竞争环境日趋复杂的数字经济领域，司法机关更应该以市场效果为主要判断标准。市场效果更侧重于强调经济活动中的客观事实，更加满足现代法治对于客观理性的价值追求，能够有效弥补商业道德等伦理标准的滞后性、抽象性。[2]不仅要关注对被抓取方个体的损害，还要考量数据抓取行为对整个互联网业态创新升级的影响。

---

〔1〕 杭州铁路运输法院［2021］浙 8601 民初 309 号。

〔2〕 史欣媛：《互联网新型不正当竞争案件中的行为正当性判定标准研究》，载《安徽大学学报（哲学社会科学版）》2017 年第 1 期。

（3）构建整体利益保护观念。现代不正当竞争法发展的一个重要特点是更加注重效率取向及市场和科技的创新。[1]不可否认的是，数据抓取行为能够一定程度上提高收集、整理数据的效率，立法、司法对其的态度直接影响到技术的创新进步和数字经济领域的竞争活力。美国 HiQ vs. LinkedIn 案件中，法院最终判决禁止 LinkedIn 继续干扰 HiQ 收集其公开网站数据。类似于该案件，数据"霸权"事件在世界范围内层出不穷。因此司法机关在个案中除了要考量被抓取方的商业利益、竞争优势，还应当关注抓取方行为可能在商业模式、技术进步等方面的创新价值，在依法认定不正当数据抓取行为的同时也要避免阻碍数据资源的开放共享，平衡各方利益，促进互联网经营者良性竞争。

结　语

不正当数据抓取行为的正确认定及规制，可以有效引导对互联网经营者，进而规避有关数据资源的纠纷和诉讼，促进数字经济领域公平与效率的有机统一。对不正当数据抓取行为的认定既要保障合理推进数据资源的开放共享，又要保障维护数据平台的合法利益，从而最终推动我国数字经济的健康发展。

---

〔1〕　孔祥俊：《论反不正当竞争法的新定位》，载《中外法学》2017 年第 3 期。

浅析无人机法律风险监管与防范

刘显翰*

摘　要： 无人机是无人驾驶航空器的简称。目前，无人机已经被普及到各个领域，从消费者市场中的休闲和娱乐用途，到商业应用、科学研究、政府和军事领域。消费级别的无人机也变得更加易于获得和操控，价格也相对较低，吸引了越来越多的个人和业余飞行爱好者。但无人机使用也存在诸多风险，如安全风险、失控伤人、隐私泄露等，需要对其进行监督和管理。本文旨在探讨无人机风险的管理和防范问题，以期发挥无人机的积极作用并促进无人机产业的健康发展。

关键词： 无人机　"黑飞"　隐私权

引　言

近年来，我国无人机产业快速发展，广泛应用于农业、国土、物流、科研、国防等领域，在为促进经济社会发展发挥重要作用的同时，无人机未经许可私自飞行导致的扰航问题、失控伤人以及偷拍侵犯他人隐私等问题日益凸显，直接威胁航空安全、公共安全甚至国家安全，风险问题不容忽视，亟须进行监管。

一、无人机法律风险

（一）隐私风险

无人机被广泛用于拍摄和记录照片和视频，从而使人们可能在未经同意

---

* 刘显翰（1996 年—），男，汉族，重庆人，山东航空股份有限公司职员。

的情况下被拍摄记录，存在个人隐私、商业秘密外泄的风险。这种情况在公共场所和私人领域都有可能发生。尤其是当无人机被用于监视私人住宅，或者飞临军事活动管理区时，存在泄露个人隐私和国家秘密的风险。

数据收集和存储是无人机隐私问题的一个关键方面。无人机可以大规模地收集数据，包括位置信息、图像和音频等。未经充分保护的数据也可能被黑客攻击或不法分子利用，进一步侵犯个人隐私权利，甚至威胁公共安全和公共利益。

（二）飞行安全风险

随着无人机数量的增加，其与有人飞行器（如商用飞机和直升机）之间的潜在冲突问题也不断增加。无人机不受限制地飞行可能导致与其他飞行器发生碰撞，从而对飞行安全构成直接威胁。如 2021 年郑州无人机表演失败，数千架无人机从空中坠落，原因是竞争对手的信号影响，这次事件不仅造成了无人机的财产损失，高空坠落的飞行器也可能对地面第三方造成人身财产伤害。

（三）无人机机主的损害赔偿风险

近年来，微型无人机往往被用于编队商演，在微型无人机编队表演中，因为编程错误导致无人机摔机和炸机等事故也时有发生。如 2022 年因无人机在低空空域飞行与放飞的风筝线互相缠绕导致坠落并砸伤一名女童，法院最终依照按份责任对伤者的治疗费用进行了宣判，无人机机主赔偿伤者 19.4 万元。

二、我国对无人机监管的立法检视

中国在无人机领域的监管最初相对较松散，但随着无人机的快速普及，政府开始认识到需要更严格的法律法规予以规范。与欧美国家不同，我国对空域的管理更加严格。2023 年，中国发布了《无人驾驶航空器飞行管理暂行条例》（以下简称《条例》）。

（1）《条例》对无人机的注册、许可和飞行规定进行了明确规定，以确保飞行安全。条例涉及无人机的注册与许可要求、飞行高度限制、空域管理、隐私保护，以及商业运用法规等。

（2）《条例》明确了当前无人机分类、对应的适飞空域，简化了不同类别无人机对应的申报流程，也明确了各类无人机的使用门槛，如飞行执照、责任险等。

（3）《条例》同时也明确了国家空中交通管理领导机构将统筹建设无人驾驶航空器一体化综合服务平台，从根本上解决困扰大多数无人机用户飞行合法性的问题，促进整个行业健康、有序发展。

（4）《条例》整合了通航运行规则，明确了无人机飞行对公民的隐私权的保护，把以前诸多分散在各部门法中的行政规则进行了整合和明确，同时对无人机飞行高度作出了明确的限制：真高 120 米，这样就明确了无人机可飞行的垂直限高，区别于一般通用航空飞行空域。

（5）《条例》对无人机驾驶监管部门的主体和权责边界作出了明确规定：无人驾驶航空器有关管理工作，分别由国家空中交通管理机构，国务院民用航空、公安、工业和信息化、市场监督管理等部门，县级以上地方人民政府及其有关部门以及各级空中交通管理机构按照职责分工进行行政和技术的交叉管理。[1]

三、我国对无人机监管的具体做法

（一）我国对"黑飞"的处理方式

"黑飞"是指一些没有取得私人飞行驾照或者飞机没有取得合法身份的飞行，也就是未经登记的飞行，这种飞行有一定危险性。在中国，任何未取得中国民用航空局许可的飞行都是不允许的，都属于"黑飞"。

在我国，"黑飞"目前可能面临的惩罚措施有包括罚款、吊销或暂停飞行执照（主要针对的是小型及以上的无人机运营商），一些严重的黑飞行为还可能构成刑事犯罪，导致相关个体或组织面临刑事起诉、拘留和刑罚。若对民事主体造成损害，个体或组织可能会面临受害者的民事诉讼，要求承担相应的赔偿责任。而一般违法行为则可能被执法机构拦截，并且没收无人机。总之，是否应该从重处罚无人机黑飞行为取决于具体情况：严重危害公共安全、隐私或他人权益的黑飞行为通常需要采取更严厉的处罚，以起到威慑作用和保护社会利益。

（二）无人机安全飞行的宣传和教育

为了向公众尤其是无人机操作者普及有关飞行法规知识，帮助树立飞行

---

〔1〕 参见《无人机管理运行条例》第一章第 4 条。

安全意识，中国民用航空局（Civil Aviation Administration of China，CAAC）积极开展无人机宣传活动。通过制作多语种宣传材料的方式提供有关无人机法规、禁飞区域和飞行安全的详细信息，具体包括印刷手册、宣传海报、宣传视频和官方网站。此外，CAAC还加强构建多元共治的合作伙伴关系。利用多主体协同的方式，与行业组织、社会媒体和社区组织合作，将宣传信息传播到更广泛的平台中，积极扩大信息受众范围。并且还通过强化培训体系的方式巩固飞行安全意识。具体措施包括举办无人机飞行安全培训和研讨会，而且鼓励无人机飞行员接受专业培训，以提高操作技能和提升守法意识。

四、无人机法律风险防范建议

我国对无人机法律风险的立法和具体做法还有进一步完善的空间。

（一）开发和利用技术手段防范风险

随着技术的更新迭代，对无人机飞行的法律管理已经逐步从人工监管走向了自动化监控，尤其是现代无人机已经装载了高效的管理系统。例如，UTM智能飞行管理系统（Intelligent Unmanned Traffic Management System）类似于有人飞机的航空交通管理系统（Air Traffic Management，ATM），按照自动化飞行规划，基本能实现飞行航径的自动管理。所谓自动化飞行规划，即操作者可以输入无人机的目的地和飞行路径，系统会自动检查并规划飞行路径，确保避开禁飞区域和有人飞行器的航线——基于此实现"电子围栏"技术。同时UTM还能做到实时数据共享，即无人机通过机载设备传输其位置、高度和速度等数据，地面控制站能够监控多个无人机的位置和动态，这有助于监测飞行安全和协调无人机飞行。系统还具备冲突检测和回避能力，类似于航空器安装的TCAS（Traffic Collision Avoidance System）系统，如果两个或多个无人机的飞行路径相互冲突，系统将基于空中的接近速率发出警报并提供建议的规避动作。另外，系统使用虚拟地图来显示空中交通状况，包括无人机的位置和飞行计划。操作者和地面控制站都可以实时监控无人机的位置和动态。最为重要的一点是，系统通常会将国际和国内法规要求纳入数据库内，以确保无人机操作是合规的。在特定的情况下系统可能会强制执行法规要求。如限制无人机飞行高度、进入禁飞区、满足空地数据交流要求（飞行半径的确定）等。

（二）加强注册使用一体化监管

不论是哪种类型的无人机，其必须经历设计、生产、购买、使用、维修等步骤。纵观近几年的不安全事件，危险的发生多集中在无人机的使用阶段。而目前国内的注册手段一般是在 CAAC 指定的注册平台上进行注册，注册过程中需要提供机主的个人信息。类似于机动车管理，无人机的注册号码应该是唯一的，与机主的身份相关联。此号码需要贴在微型无人机上，以便在飞行时能够轻松识别机主。对于中大型无人机，可以考虑实施定期的年检或审查要求，以确保无人机的飞行状态和设备安全性。并且在未来应当逐渐推广无人机的登记注册检修的强制性要求，做到有法可依，有源可溯，让每个飞行的无人机都能做到有人可寻。

总之，无人机的监管原则应为统筹兼顾航空安全与秩序，保障飞行用户权利，促进无人机产业长期健康发展。[1]

结 语

随着无人机的广泛使用，其使用带来的法律风险不容忽视，风险监管和防范尤为重要，特别应加强对"黑飞"的监管和处罚。同时，教育和公众宣传也可以作为预防措施，以鼓励合规操作进而减少无人机黑飞等现象，并且防范无人机法律风险，在长远意义上促进无人机产业的发展。

---

〔1〕 参见王锡柱：《无人机飞行监管制度构造：以监管资源整合利用为中心》，载郝秀辉主编：《航空法评论》（第 10 辑），法律出版社 2022 年版，第 79 页。

论破产程序中共益债务认定争议及解决

单　进*

摘　要：近年来我国各地法院受理的破产案件数量不断增多，其中破产重整案件在法院受理的破产案件中占比较高。破产实务中对有关共益债务的认定问题争议较大，而共益债务的认定既关系到共益债权人实体权利能否实现，也关系到破产程序中债务人财产价值能否最大化。因此，破产程序中共益债务的认定值得研究和探讨，本文旨在探讨这一问题。

关键词：破产程序　共益债务　认定争议

引　言

破产程序中对共益债务的认定越来越受管理人、债务人和债权人等破产参与人的重视，实务中对共益债务的认定存在许多争议，这主要因为共益债务与债权人的破产债权受偿比例和破产财产的增加或减少有着密切的联系。而解决该类争议的关键是如何确定共益债务的认定标准。

一、破产程序中共益债务的含义及范围

（一）含义

法律上的破产，是指处理经济上破产时债务如何清偿的一种法律制度，即对丧失清偿能力的债务人，经法院审理与监督，强制清算其全部财产，公平清偿全体债权人的法律制度。破产程序包括破产清算制度即破产清算程序和企业挽救制度如重整程序、和解程序。[1]

---

* 单进（1980年—）男，汉族，山东人，北京德恒（济南）律师事务所律师。

〔1〕 王欣新：《破产法》，中国人民大学出版社2019年版，第2页。

共益债务是指在破产申请受理后，为全体债权人利益或者为进行破产程序所必需而负担的债务。破产费用和共益债务的体例在比较法上有合并制和分别制两种不同的立法例。所谓分别制，是指分别适用破产费用（财团费用）和共益债务（共益债权）制度的立法例；[1]我国旧的破产立法和相关法律对破产费用和共益债务的立法例属于合并制。《企业破产法》对旧破产法的相关制度作了修改，其中重要的修改就是对"共益债"与破产费用在同一章节做了分别的规定，该立法例属于分别制。

（二）范围

《企业破产法》第42条规定了共益债务的范围，列举了共益债务的六种情形。最高人民法院《关于适用〈中华人民共和国企业破产法〉若干问题的规定（二）》（2020年修正）明确了破产实务中容易产生的共益债务类型：①共有财产致人损害之债；②撤销明显不合理交易后的返还之债；③破产申请受理后债务人占有的他人财产被违法转让给第三人且第三人已经善意取得，因管理人或相关人员执行职务导致原权利人损害产生的债务；④出卖人破产，其管理人决定解除所有权保留买卖合同，并依据《企业破产法》第17条的规定要求买受人向其交付买卖标的物的，买受人已经支付的价款损失形成的债权；⑤买受人破产，其管理人决定继续履行所有权保留买卖合同的，对因买受人未支付价款或者未履行完毕其他义务，以及买受人管理人将标的物出卖、出质或者作出其他不当处分导致出卖人损害产生的债务；⑥买受人破产，其管理人决定解除所有权保留买卖合同，出卖人依据《企业破产法》第38条的规定主张取回买卖标的物价值明显减少给出卖人造成损失形成的债权。

二、共益债务认定标准及特点

（一）认定标准

根据《企业破产法》第42条及相关司法解释的规定，共益债务的构成应当符合以下标准：①时间要件。共益债务产生于破产程序进行中，即人民法院受理破产申请之后到破产程序终结之前。②目的要件。共益债务必须为全体债权人的共同利益而发生，这也是共益债务的核心要件。③原因要件。以债务人财产和管理人履行职务为主要发生原因，例如管理人或债务人请求对

---

〔1〕 付翠英：《论破产费用和共益债务》，载《政治与法律》2010年第9期。

方当事人履行双方均未履行完毕的合同、为债务人继续营业而支付的劳动报酬等债务，均以债务人财产的保值增值为目的。

另外，《企业破产法》将一些为使债务人财产保值增值所产生的债务作为一个新的项目从破产费用中分离出来，从而使破产费用更加单一，便于操作，更加有利于破产事务的处理。[1]

（二）特点

共益债务具有以下特点：①共益债务在破产程序中非必然发生，共益债务只有在为了全体债权人共同受益时才产生；②共益债务的开支具有不确定性。因此，共益债务的发生和开支事项能反映出管理人履职的专业水准和履职能力。[2]

三、实务中共益债务认定争议及解决

本文仅探讨实务中争议比较大的三种情形：

（一）履行合同产生债权的情形

该种情形是指管理人或债务人决定继续履行双方均未履行完毕的合同，债权人在破产申请受理前因履行该合同产生债权的共益债务认定。

持否定观点认为，该债权系发生在破产受理之前，不符合共益债务的构成要件。本文认为，该观点只关注了《企业破产法》第 42 条规定的时间要件，并未考虑其构成共益债务之核心要件：共益债务必须为全体债权人的共同利益而发生，即该双务合同的履行能保证债务人财产整体价值的最大化、具有重整价值。比如，营销型企业连锁门店的租赁合同，破产受理后该合同继续履行，对于破产之前已经产生的租金就不易认定为普通破产债权，否则出租人会终止合同收回经营房屋，使债务人的营业严重受损，不利于维护债务人的经营价值。

（二）债务发生在重整计划执行期间的情形

这种情形的争议是破产重整受理后债务人继续营业所产生的债务是否为共益债务。

---

〔1〕《中华人民共和国企业破产法》起草组编：《〈中华人民共和国企业破产法〉释义》，人民出版社 2006 年版，第 153 页。

〔2〕最高人民法院民事审判第二庭编著：《最高人民法院关于企业破产法司法解释（三）理解与适用》，人民法院出版社 2019 年版，第 51 页。

《企业破产法》第 72 条规定："自人民法院裁定债务人重整之日起至重整程序终止，为重整期间。"第 86 条第 2 款规定：自重整计划通过之日起十日内，债务人或者管理人应当向人民法院提出批准重整计划的申请。人民法院经审查认为符合本法规定的，应当自收到申请之日起三十日内裁定批准，终止重整程序，并予以公告。"

因此，破产重整受理后债务人继续营业所产生的债务并非全都是共益债务，该债务能否认定为共益债务，主要看债务是否起到保障全体债权人利益的作用，否则不能认定为共益债务；另外，共益债务是在破产程序进行中产生，重整计划是在破产重整程序终止后执行，该计划执行期间所产生的债务不属于在破产程序进行中产生，因此，该期间所产生的债务不属于共益债务。浙江省台州市中级人民法院［2020］浙 10 民终 1679 号江志明、浙江多乐佳实业有限公司普通破产债权确认纠纷二审民事判决书持以上观点。

（三）合同解除后返还预付租金等的情形

这种情形的争议是租赁合同或承包合同解除后返还预付租金或预付承包费是否为共益债务。

对于破产申请受理前成立，管理人或债务人决定解除或法院判决解除的合同涉及破产企业继续占有合同相对人的预付租金或预付承包费属于不当得利，且该不当得利之债发生于法院受理破产申请之后。此种情形符合《企业破产法》第 42 条第 4 项的规定，应当认定为共益之债。最高人民法院《关于破产企业签订的未履行完毕的租赁合同纠纷法律适用问题的请示》中亦明确规定了租赁合同中预付租金义务属于共益债务："租赁合同如判解除，则预付租金构成不当得利应依法返还，根据《企业破产法》第四十二条第三项的规定，该不当得利返还债务应作为共益债务，由破产企业财产中随时返还。"[1]山东省威海翰升纸业有限公司、乳山三和民间资本管理有限公司破产债权确认纠纷二审民事判决书中对于租赁合同解除后，前二十年的租金扣除已履行部分的数额，剩余预付租金应由翰升公司向三和公司返还，该债务发生于企业破产之后，应认定为共益债务。涉案租赁合同租赁期限超过二十年的部分自始无效应予返还，该债务发生于企业破产之前应认定为普通债权。

---

［1］　湖南省高级人民法院［2017］湘民再 461 号判决书。

结　语

作为破产程序中可以"随时清偿"的债务，除了按照《企业破产法》第42条规定的构成要件认定共益债务之外，破产案件实务中对共益债的认定需要结合是否有利于全体债权人的利益、是否以符合全体债权人共同意志为原则来认定。把握好以上共益债务的认定标准，对破产实务工作具有较大裨益。

民营企业法律顾问服务困境与应对

黄长江*

摘　要： 法治是企业最好的营商环境，也是民营企业发展的新高地，但我国仍有 95% 的民营企业没有聘请法律顾问，无疑是法治营商环境亟须厘清的重大课题。法律顾问普遍缺位的背后是民营企业法律顾问市场覆盖面小、资源分布不均衡、法律顾问实质参与不足、重事后应对轻事前预防、法律服务质量不高的现实困境。本文旨在分析和探讨民营企业法律顾问服务困境、困境产生的原因以及如何进行应对等问题。

关键词： 民营企业　法律顾问服务　营商环境

引　言

民营经济是中国发展的金名片，是中国经济的最大特色和最大优势。在当下全球经济发展面临下行压力，经济多领域系统性风险与全球贸易保护主义加剧的时代背景下，如何更好地为广大民营企业化解风险存量、预防风险增量、稳中求进保增长，企业法律顾问的法治力量贡献不可缺失，也不能缺位。民营企业也逐渐意识到法律顾问的重要性，企业聘请社会律师或法律从业者担任法律顾问，以便预防和抵御经营过程中的法律风险的做法成为一种趋势。[1]

---

* 黄长江（1973 年—），男，浙江诸暨人，浙江中绍律师事务所主任。

〔1〕 胡越峰、雷雨晴：《论法律顾问在企业经营管理中的作用》，载《特区经济》2019 年第 4 期。

一、民营企业法律顾问服务的现实困境

（一）民营企业法律顾问服务存在的问题

随着我国法治化进程的不断加快及民营经济的高质量发展，许多企业很早就先试先行建立企业法律顾问制度，与律所签订常年法律顾问、常年专项顾问、专项法律顾问等，聘请社会律师担任企业法律顾问，但从实践中来看，法律顾问服务的开展仍然存在很多老问题、新难题。具体表现在以下几个方面：

1. 覆盖面小且资源分布不均衡

目前，中国95%的民营企业没有法律顾问，有法律顾问的民营企业多集中在规模以上企业，分布于一线城市、较发达地区。法律顾问资源在国企与民营企业之间，规模以上企业与中小微企业之间，大城市与小县城之间分布极不均衡。

2. 法律顾问实质参与不足

许多民营企业聘请法律顾问只是追求心理安慰或装点门面，在企业的实际经营中并未真正重视和发挥法律顾问的作用，未给予法律顾问行使职责足够空间，很少采纳法律顾问的意见，导致法律顾问职责不够清晰，法律顾问很难深入了解企业的日常经营管理活动，也就无法真正参与到企业经营、管理、决策之中，无法为企业发展提供更加优质的法律建议。

3. 重民轻刑且重事后应对轻事前预防

当前企业法律顾问工作多为合同审查、股权变更、企业增资减资、劳动人事关系处理、民商事诉讼纠纷处理等，忽略了刑事法律风险的防范。法律顾问多扮演的是"事后诸葛亮"角色，即当企业出现法律纠纷时才去"摆平"，事前的法律风险评估、分析和预防明显不足，导致出现严重的法律后果，给企业带来巨大的损失。

4. 水平参差且法律服务质量不高

按照中华全国律师协会发布的《律师承办企业法律顾问业务操作指引》，法律顾问律师需要为企业提供法律咨询、文件起草、规章制定、管理建议、决策参考等经营发展综合性法律意见。但有些律师只懂理论不懂实务，仅有实务经验缺乏企业管理知识，或者仅有法律意识没有大局意识，并且缺乏团队合作的先进理念导致综合服务质量不高。这些律师仅限于企业有需要的时

候，审查合同，发律师函、催告函等，不愿意主动了解企业的经营发展，导致法律顾问对企业经营状况不了解，不能有针对性地提出法律服务意见和建议。

（二）民营企业法律顾问服务存在困境的成因

企业法律顾问服务之所以出现上述困境，主要有以下原因：

1. 聘请成本与期待利益之间存在差距

效益是企业发展的动力。一方面，对于中小微企业而言，额外花钱聘请法律顾问确实存在经济上的困难；另一方面，聘请法律顾问的成本支出是即刻的、实实在在的，但法律顾问发挥的作用却并非立竿见影，而是潜移默化的，导致企业生出成本支出与期待利益实现的巨大心理落差。

2. 免费咨询成为法律顾问的廉价替代品

目前，各地司法局公共法律服务中心、矛盾调解中心都有免费的法律咨询、法律服务予以提供，加上一些律师也自愿为民营企业家提供免费法律咨询服务。导致一些民营企业认为既然可以获得免费的法律咨询和服务，没有必要花钱专门聘请法律顾问，出现诉讼临时聘请律师即可，这种思想倾向根深蒂固。

3. 低廉价格与低廉服务之间互相成就

常言道："无常法不稳，无诉讼不富。"律师为拓展案源降低收费标准，中小微企业为节约成本降低服务要求，双方相互让步达成浅层面的法律顾问服务共识。对于律师而言，虽然损失部分利益，毕竟是一笔不菲收入，但实质上是瞄准了企业背后的诉讼业务；对于企业而言，花较少的钱，对法律顾问"顾而不问"，看重的是法律顾问的名头，以及一旦涉诉后法律服务的优惠。导致双方都"假心假意"，不会真正投入各自角色，相互配合、梳理企业各环节的法律风险，构建法律风险防范体系成为一种奢谈。

4. 企业忽略合法合规经营和风险防范

律师作为企业的法律顾问，能够引导和督促企业合法合规经营、防范经营风险、减少损失，同时能够提升企业的核心竞争力，让企业拥有好的口碑和正面的形象从而获得更大的利益。[1]但在实践中，企业管理层追求节省经

---

[1] 宋智敏：《从"法律咨询者"到"法治守护者"——改革语境下政府法律顾问角色的转换》，载《政治与法律》2016 年第 1 期。

营成本，忽略合法合规经营和风险防范，造成刑事犯罪和民事纠纷不断。

二、民营企业法律顾问服务困境的应对

针对上述民营企业法律顾问服务存在的困境，本文认为可以进行如下应对：

（一）政府主导下的法律顾问服务网格化

网格化管理是一种行政管理改革，依托统一的城市管理以及数字化的平台，将城市管理辖区按照一定的标准划分成为单元网格。网格化通常运用在基层治理当中，企业法律顾问服务同样也可网格化以提高服务的覆盖率和效率。如浙江省司法厅目前就推进了"市场主体法律顾问服务网格化"全覆盖和民营企业"法雨春风"法治体检服务活动。

政府主导下的法律顾问服务网格化主要包括以下内容：

1. 收集区域内民营企业的法律顾问服务需求

当地司法局可以联合相关部门对本地区市场主体的分布、数量、规模、行业、法律资源等情况进行摸底，完成基础数据的收集和排查工作，通过大数据平台分析企业对法律顾问的需求。

2. 给予企业法律顾问服务资金支持和政策倾斜

司法局可以牵头采用招标、团购等方式支持企业购买法律服务，并由律所和企业双向选择确定服务类目、等级，企业出一些、律所让一些、政府补一些的方式支持企业聘请法律顾问，政府对合规经营企业给予政策优惠。

3. 充分利用数字赋能法律顾问服务和风险防控

律师需要跟上信息化时代的脚步，利用数字赋能自身，利用网络平台挖掘和分析数据，利用数据库对不同类别企业特点、风险点进行专业化分析和比对，通过大数据提炼出精准法律数据和合同条款，科学高效地进行风险预判和管控。这样不仅能够提高法律服务效率和质量，降低法律服务成本，也能够突破地域限制，让更多中小型企业获得优质法律顾问服务。

（二）优化法律顾问服务市场体系标准

在中华全国律师协会发布的《律师承办企业法律顾问业务操作指引》基础上，进一步进行分门别类，针对规模以上企业、中小微企业制定更加细化的法律顾问服务，加速法律顾问服务国家标准的立项及起草，建立并完善法律顾问服务的国家标准体系，并在法律顾问服务的体系内引进第三方认证认

可评价机制。让企业法律顾问服务实现可视化，获得社会、行业及服务对象的认可，让企业能够通过规范化、标准化的法律顾问服务获得国家政策奖励、社会支持和行业鼓励。

（三）切实开展民营企业法治体检工作

律师要认真做好"法雨春风"下的法治体检服务工作，在法治体检中为民营企业排忧解难，让民营企业得到实惠的法律服务。同时，律师要主动宣传法律顾问的作用，倡导依法治企，让法治体检工作成为架起双方信任的桥梁，引导企业在合规经营理念中增强对法律顾问的需求，使之成为法律顾问单位中的一员。

1. 推进法治体检工作深入细致和常态化

在通过走访、座谈等多种方式开展法治体检工作时，律师需要充分了解企业的服务需求，细化服务流程、加强服务管理、增强服务保障。形成长效机制并定期开展，避免流于形式、过程随意，给企业带来不必要的负担，影响企业对法治体检工作的评价。

2. 法治体检服务个性化

法治体检服务，既要实现企业法律风险防控的全覆盖，努力做到不重不漏、全面，也要区分主体所在行业和规模的差异性，结合行业特点及法治趋势将法律风险类别化、精细化，提高法治体检的精准度和成效性。

3. 法治体检平台现代化

要利用新科技、新媒体、新模式搭建多元法治体检服务平台，构建便民化法治体检窗口，丰富平台内容，联结法治体检数据，建立数据实时分析系统，开通事实查询和反馈通道，实现企业网络自助、随时查询受理进度、跟踪情况、反馈结果。

（四）创新民营企业法律顾问服务体系

1. 建立健全民营企业刑事合规制度

合规就是符合规范，企业合规是指企业在经营过程中遵守法律法规、符合行业规范、商业道德规范及企业风险防控规范等。企业合规中，首要关注是刑事合规，这也是法律顾问服务中最容易忽视的部分。

（1）刑事合规的概念。南京大学孙国祥教授认为："刑事合规，是指为避免因企业或企业员工相关行为给企业带来的刑事责任，国家通过刑事政策上的正向激励和责任归咎，推动企业以刑事法律的标准来识别、评估和预防公司刑事风险，制定并事实遵守刑事法律的计划和措施。"刑事合规在企业激励方面，是指在刑事程序追诉中，借助实体和程序的激励、引导等规制手段，督促各类市场主体能够自我管理、遵守刑事法律义务的法律制度。[1]刑事合规，是企业合规的深入性形态，不同于通常意义上的刑罚惩罚，更多的是预防形态，企业刑事合规仅靠自身约束是不够的，还需借助企业法律顾问的法律服务。

（2）刑事合规的价值。刑事合规与刑法的价值追求不一样，体现在以下三个方面。一是预防企业刑事犯罪。企业、股东、员工的犯罪行为都会给企业带来沉重的打击，企业能在法律顾问的帮助下将防控的重点转移到刑事合规，构建刑事合规体系，发挥合规预防功能，避免企业及其企业人员走向刑事犯罪。二是帮助企业减免刑罚。企业遇到刑事风险时，企业法律顾问可以在合乎刑事规范不追责的前提下，提出化解风险的有效合规方案，积极与检察机关协商合规，主动推进合规整改计划，让企业即使面临刑事案件也不会自乱阵脚，而是可以根据风险点采取措施、进行补救。企业也可以在法律顾问的帮助下梳理需要提交的有利证据，如虚开增值税发票骗取国家退税的，可以主动通过退赃、缴纳滞纳金、提前缴纳罚金等方式，减少企业的刑事风险和刑罚。三是推动企业承担社会责任。企业只有主动承担社会责任，才能得到时代的认可，才有可能获得新发展的更多机会。通过刑事合规制度对管理层和普通员工进行合规意识培养、培训，稳定企业内部管理秩序，通过刑事合规对企业各个环节、部门进行"刑事合规体检"，及时发现、诊断、预防刑事法律风险，源头上避免和减少风险转化危害，保障企业的生产经营。另外，建立刑事合规制度还能够促使企业树立预防犯罪的企业文化，积极分担社会责任，弥补国家预防犯罪力量的不足。

（3）律师刑事合规业务开展的重点。律师作为企业法律顾问开展刑事合规业务，[2]应重在发现问题、风险识别、法律辅导及出具法律意见，而不能帮助毁灭、伪造、隐匿证据甚至教唆犯罪。律师刑事合规业务开展主要围绕以下四个方面。第一，开展刑事合规调查。这是刑事合规业务开展的重点和

---

〔1〕 杨帆：《企业刑事合规的程序应对》，载《法学杂志》2022 年第 1 期。

〔2〕 陈瑞华：《律师如何开展合规业务（一）——合规计划的打造》，载《中国律师》2020 年第 8 期。

基础，主要是对企业或者相关人员所从事的与公司相关的活动进行调查，判断这些活动是否存在涉及刑事犯罪的风险点。第二，诊断刑事法律风险。在开展刑事合规调查的基础上对风险进行识别和诊断，利用自己的专业知识，指出哪些行为触及刑事犯罪，涉及何种罪名和刑罚，向管理层乃至员工进行警示，同时提供针对性的法律讲座和培训。第三，提出防范刑事法律风险的法律意见和建议，建立刑事风险预防制度，同时建立和完善与之配套的证据留存制度及补救措施。第四，研发刑事合规法律服务产品。律师在为企业进行刑事合规服务的过程中，要注重总结和创新，研发出针对不同类型企业并适合推广的刑事合规法律服务产品。

（4）企业刑事合规业务的审查重点。企业刑事合规制度的重点在预防，预防的重点在审查，风险审查贯穿于企业从设立到注销的各个环节。主要包括：①企业文书合规审查；②企业经营模式合规审查；③企业财税合规审查；④企业投融资、担保合规审查；⑤企业法定代表人、董事长、总经理合规审查；⑥企业岗位设置、人事任命、劳动用工合规审查；⑦企业生产安全、网络安全、环保合规审查；⑧企业项目、产品、宣传合规审查；⑨企业上下游、关联公司合规审查；⑩企业涉外合规审查；⑪企业信息、知识产权合规审查；⑫企业破产清算合规审查等。当然，根据企业自身的特点和新兴产业的发展，还有更多的合规审查项目。

2. 提高法律顾问服务的竞争力

（1）提高法律顾问服务律师的综合素质。律师要注重提高自己的综合素质，不断学习理论知识、积累实务经验，了解为之服务或意向服务企业的经营和管理情况，增强自身大局意识、政治意识。另外，在当下检察系统、法院系统大力推进检察人员、审判人员专业化、学者化的趋势下，作为法律共同体的律师从业者，不能脱节，更不能掉队，武要能开庭诉讼、参与谈判、主持调查，文也要能提笔弄墨，建言献策，参与社会治理。

（2）法律顾问服务团队化运作。市场经济的快速发展导致企业在经营过程中遇到的经济纠纷、法律问题日益频繁和复杂，许多法律问题可能会同时涉及多个部门法、交叉法律知识。这决定了律师必须进行团队服务，发挥律师各自的特长和专长，团队可灵活协作并对外提供专业化、高质量的法律服务，增强法律顾问服务业务的竞争力。团队服务的模式能够提高法律顾问服务的工作效率，同时也能够提升企业对法律顾问服务的满意度。

（3）法律顾问服务分类化和精细化。企业规模、经营范围不同会导致所需的法律顾问服务需求也不同。律师要根据服务企业的性质、规模、行业领域等进行分类，还要根据企业经营中的发展和变化不断创新服务方式，提供高质量、精准化、差异化的法律服务。对不同经营类型的企业作分类化服务，同时研发精准化的法律服务产品。〔1〕

结 语

习近平总书记在 2018 年的民营企业座谈会上指出，民营企业发展过程中会遇到"市场的冰山、融资的高山、转型的火山"三座大山，但要想实现企业长远发展，必须遵纪守法经营，在合法合规中提升竞争力。〔2〕民营经济的发展，离不开广大民营企业家敏锐的市场洞察力、惊人的经营智慧力、高度的社会责任力，但难免摆脱不了资本自身的局限性，只看到利益，忽视风险。为了实现非公有制经济健康发展，打造共同富裕示范区，民营企业要正视自身面临的多种风险，尤其是法律风险，重视并发挥法律顾问在防范风险、保护企业合法权益上的作用。同样，打铁还需自身硬，作为法律顾问服务的提供者，律师要努力提升政府主导下的传统法律顾问服务质量，也要勇于创新突破传统法律顾问服务的瓶颈，充分发挥现代企业法律顾问能动性，向风控、管理、预防方向发展，二者相互配合打破现有的企业法律顾问服务瓶颈，形成共赢局面，为优化法治营商环境，实现高质量发展共同富裕建设的法律服务均衡化，贡献律师的法治担当和作为。

---

〔1〕 杨悦：《关于中小企业法律风险防范工作的问题及对策研究》，载《法律适用》2012 年第 4 期。

〔2〕 《习近平在民营企业座谈会上的讲话》，载 http：//news.cri.cn/20181101/eb127db0-782a-2231-8efe-5208c72abf9d.html，最后访问日期：2022 年 6 月 19 日。

论著作权侵权中抄袭行为的认定规则

陈嫦坤*

摘　要：在著作权侵权纠纷案件中，因抄袭行为引发的著作权侵权纠纷越来越多，在该类案件的审理中，对抄袭行为的认定成为案件审理的核心和关键，如何认定抄袭也成为司法实践中的难点。对抄袭行为的认定涉及对抄袭的基本界定及抄袭行为认定规则的适用，本文旨在探讨这些问题。

关键词：著作权　抄袭行为　侵权认定规则

引　言

近年来，随着国家对盗版书图书打击力度的加大，越来越多侵权者采用了更为隐蔽的侵权方式——抄袭——来谋取不法利益。而在司法实践中，此类案件审理的关键和核心是对抄袭行为的认定。

一、抄袭的定义和种类

（一）抄袭的定义

我国《著作权法》没有对抄袭进行界定。《现代汉语词典》将抄袭解释为：把别人的作品私自照抄作为自己的作品去发表。国家版权局版权管理司的 1999 年第 6 号文件（以下简称"第 6 号文件"）中明确：著作权法所称抄袭、剽窃，是同一概念，指将他人作品或作品的片段窃为己有。

（二）抄袭的种类

"第 6 号文件"明确指出，从抄袭的形式看，有原封不动或基本原封不动

---

* 陈嫦坤（1995 年—），女，汉族，广东人，中国政法大学同等学力研修班 2022 级学员，研究方向为知识产权法学。

地复制他人作品的行为，也有改头换面后将他人受著作权保护的独创成分窃为己有的行为。前者在著作权执法领域被称为低级抄袭，后者被称为高级抄袭。在著作权执法方面常遇到的高级抄袭有：改变作品的类型将他人创作的作品当作自己独立创作的作品，例如将小说改成电影；不改变作品的类型，但是利用作品中受著作权保护的成分并改变作品的具体表现形式，将他人创作的作品当作自己独立创作的作品，例如利用他人创作的电视剧本原创的情节、内容，经过改头换面后当作自己独立创作的电视剧本。

二、抄袭行为的认定规则

司法实践中，对低级抄袭的认定比较容易，而对高级抄袭的认定比较困难。无论是低级抄袭还是高级抄袭，对抄袭行为的认定通常采用"接触可能+实质性相似"原则，其中独创性是认定抄袭与否的重要条件。

（一）作品的定义及独创性

1. 作品的定义

"作品"一词在人们的日常生活中常常会被使用到，但是人们口中所说的"作品"大多数并非著作权法上的作品。比如，作家王安忆曾说过："儿子是作品，作品也是儿子。"[1]该句话前半部分所称"作品"很明显并非《著作权法》上的作品。虽然目前对于作品的含义始终存在争议，但笔者更为认同王迁老师对于作品定义的理解："这种将内心世界的思想、感情或者其他信息借助语言、艺术和科学符号体系加以表达的过程就是'创作'，由此形成的具有文艺或科学美感和独创性的智力成果就是著作权法意义上的'作品'。"[2]由此可见，我国《著作权法》中所保护的作品为人类的智力成果，且是可被客观感知的外在表达，另外还需要具有独创性，方构成著作权法上的作品。

2. 独创性

独创性，又称原创性或初创性，是指作者在进行创作作品的过程中投入了自己的思想、情感等所创作出具有独特性的表达。独创性可以理解为由两部分组成，即独立完成和创造性。

---

[1] 王安忆：《今夜星光灿烂》，新星出版社 2013 年版，第 13 页。
[2] 王迁：《著作权法》，中国人民大学出版社 2015 年版，第 16~17 页。

（1）"独"指的是作者独立创作完成，源于本人而非抄袭而来。[1]在我国《著作权法》中允许作品的偶合，如果两名作者相互进行独立创作，所创作的作品构成相同或者实质性相似，不影响对于该两部作品的独创性，可各自产生独立的著作权，分别给予保护，该点有别于商标权、专利权的先申请原则。由此可见，作品的创作者在创作前无须对在先作品进行检索，只要作品是其独立创作完成而非抄袭，在作品创作完成后自动受到法律保护。

（2）"创"，顾名思义，作品还需一定的创造性。《著作权法》并不保护思想，因此该创造性并非指思想观念上的创新，也非指作品内容必须具有"原创性"或"新颖性"，而是强调思想的表达方式是独创的。

以某春传媒集团有限责任公司等与某师范大学出版社（集团）有限公司著作权侵权纠纷一案为例[2]，汇编作品的独创性主要体现在对素材的选择和编排上。该案中，涉案教材为语文教材，其作为汇编作品的独创性主要体现在从海量的文章中筛选出合适的语文课文并基于其所选择的课文进行课后习题的类型选择或内容创作。涉案教辅图书的"单元复习巩固"板块虽然是习题集，但是题目来源于涉案教材中所选择的文章，且并非仅针对教材所选择的单篇文章，由此可见，涉案教辅图书事实上利用了涉案教材对于课文的选择，而该选择是涉案教材体现汇编作品独创性的表达，该选择与实际使用作品字数占比无关。

（二）接触可能性

接触可能性针对的是作品发表时间的先后问题。以图书出版为例，权利图书的出版日期早于被控侵权图书的出版日期或者印刷日期，存在接触被控侵权图书的可能性。

以某财出版社与某电出版社等著作权侵权纠纷一案为例，权利图书的出版日期早于被控侵权图书的印刷日期，但是被控侵权图书的出版日期又早于权利图书的出版日期，因此，是否具有接触可能性成为该案的焦点问题。市场实践中，很多被控侵权图书在新大纲未公布的情况下，打着根据新大纲编写的旗号实际却用上一年版本的图书对外进行宣传，实为虚假宣传、欺骗公众，抢占市场的不正当竞争行为。针对上述情形，结合司法实践，本文认为

---

〔1〕 刘春田：《知识产权法》，中国人民大学出版社 2014 年版，第 53 页。

〔2〕 肖义刚编著：《著作权纠纷裁判规则与类案集成》，中国法制出版社 2022 年版，第 108 页。

是否具有接触可能性不能单一地从出版时间来判断，应当以权利图书的出版日期与被控侵权图书的印刷日期进行比较更为准确。如上所述，部分企业为了抢占市场，出版名为根据新大纲编写，实为根据旧大纲编写，在新大纲出版后又重新印刷新的图书，且重新印刷与被控侵权图书首次出版（第一次出版）所使用的书号的一致，这本身就违反了《中国标准书号》（GB/T 5795-2006），公开出版的每一出版物的每一版本应分配不同的中国标准书号。被控侵权图书的最新印刷版本是在新大纲发布后所重新印刷的版本，其内容已经进行更新和修改，应当重新分配书号。而该案中，被控侵权图书明显是在权利图书（依据新大纲编写）出版后方重新进行印刷，并且被控侵权图书的第一次印刷版本（依据出版日期）与新印刷版本（依据印刷日期）的内容发生了变化。因此，应当以权利图书的出版日期与被控侵权图书的印刷日期进行比较，被控侵权图书具有接触权利图书的可能性。

（三）实质性相似

所谓实质性相似，既包括侵权作品和权利作品之间的语句表达相似，也包括故事脉络、故事情节、人物设置和人物关系等方面的相似。

仍以图书出版为例，关于被控侵权图书对权利图书是否构成实质性相似，应首先对被控侵权图书是否使用了权利图书的相关内容进行认定。根据"谁主张，谁举证"的举证规则，需要权利图书的权利人举证证明被控侵权图书使用了权利图书的相关内容，被告一般会主张相同或者相似内容来自考试大纲、法律法规等公有领域。

另外，在判断被控侵权图书对权利图书是否构成实质性相似，重点在于被控侵权图书知识点下的具体内容的表达顺序、表达内容的选择编排与权利图书的编排内容是否高度一致。

在司法实践中，大多数观点认为大纲、法律法规等公有领域的内容是图书的基础内容，但是对于大纲、法律法规等公有领域内容的选择、组织、编排和使用方面，不同的创作者在编写图书时，可以按照不同的轻重主次等顺序合理进行组织安排层次。虽然单纯的相关术语、公式、法律法规及规范性文件等属于公有领域的范畴，不受著作权法的保护，但是在一部构成独创性的作品中，其以相应的专业概念及组织的语句讲述与主题相关的逻辑关系时，其整体特征相互交融，一起构成了《著作权法》保护的对象，因此，在判断抄袭时应当整体比对、综合判断。

结　语

在因抄袭引发的侵犯著作权纠纷案件审理中，抄袭的认定特别是对高级抄袭的认定是司法实践中的难点。司法实践中应以作品独创性判断为基础，遵循"接触可能性加实质性相似"规则对抄袭行为进行认定，并严厉打击抄袭他人作品的行为。独创性是认定抄袭与否的重要条件。

我国代孕有限合法化若干问题的探讨

高 铭[*]

摘 要： 根据中国人口协会、国家计生委联名发布的《中国不孕不育现状调研报告》显示，我国育龄人群中不孕不育率已经高达 12.5%，[1]代孕技术的出现为许多不孕不育家庭带来了新的希望。然而因其背后存在的法律问题和道德伦理问题不容忽视，我国的法律对此始终未作出明确规定，只在部门规章中规定禁止代孕。本文旨在通过借鉴域外优秀代孕制度，结合我国具体国情，探讨我国代孕有限合法化若干问题。

关键词： 代孕 有限合法化 生育权

引 言

代孕作为一种新兴的生育方式，在为许多不孕不育家庭带来希望的同时，也带来了许多法律问题，如代孕母亲争夺孩子抚养权等，并对传统的道德伦理带来极大的冲击。对此，我国还未有完善的法律法规对此予以规制和指导，部门规章中也只规定禁止代孕。而在现实生活中，代孕的存在有其合理性和必要性，如果能通过制度设计对其进行引导，发挥该制度的积极作用，代孕就能更好地发挥它的正面作用，更多地规避它的负面作用。

---

* 高铭（1996 年—），男，汉族，河南人，河南裕达律师事务所律师，研究方向为民商法学。
[1] 杨遂全、钟凯：《从特殊群体生育权看代孕部分合法化》，载《社会科学研究》2012 年第 3 期。

一、代孕引发的风险和伦理道德问题

（一）代孕引发的风险

（1）代孕会引发抚养权纠纷。如全国首例因非法代孕而引发的抚养权纠纷案件，即 2014 年的上海龙凤胎案件：公公婆婆发现儿子与儿媳所生的龙凤胎其实与儿媳并无任何血缘关系的，遂将儿媳告上法庭，争夺龙凤胎的抚养权。一审法院认定儿媳与两个孩子既无血亲关系，又无拟制血亲关系，遂判决公公婆婆享有龙凤胎的抚养权；而二审法院从儿童最大利益原则考虑，将孩子判给了儿媳。

（2）代孕影响亲子认定。这种非传统的生育方式极大地冲击着在以血缘为基础的亲子关系认定规则，代孕使父母子女之间的亲子关系认定变得棘手、复杂化。

（3）代孕涉嫌买卖婴儿。委托夫妇甚至不需要提供精子或卵子，只要付出金钱，就可以为人父母。

（二）代孕引发的伦理道德问题

代孕使女性成为生育机器或者说使女性的子宫沦为交易的商品，侵犯了女性的人格尊严，且在孩子出生后将其与代孕母亲强硬分开违背人性。代孕母亲在怀孕期间可能对胎儿产生感情，在孩子出生后，拒绝将孩子交给委托父母，或委托父母因孩子有严重的生理缺陷而拒绝抚养，由此会造成社会纠纷的增多。

代孕会破坏传统家庭伦理，如母女之间、姐妹之间这种亲属间代孕，就会导致家庭关系混乱，对传统家庭模式产生巨大的冲击。[1]

二、我国规制代孕的立法现状

我国法律、行政法规均未规定禁止代孕，只有卫生部在 2001 年颁布实施的《人类辅助生殖技术管理办法》中规定了禁止医疗机构和医务人员实施任何形式的代孕技术，以及在 2003 年卫生部修订颁布的《人类辅助生殖技术规范》中进一步明确禁止代孕行为。[2]该部门规章仅以大纲式的规定禁止代孕，

---

〔1〕 任巍、王倩：《我国代孕的合法化及其边界研究》，载《河北法学》2014 年第 2 期。

〔2〕 徐明：《生命科技问题的法律规制研究》，武汉大学出版社 2016 年版，第 156~157 页。

对违法代孕生下的代孕子女身份认定等问题也未作详细的规定，而且它的规制对象过于单一，仅禁止医疗机构与医务人员，对其他组织、机构及个人则未作规定，从而导致我国的地下代孕市场非常火爆。

三、国外对代孕的规制模式

（一）完全禁止型模式

即对各种代孕类型都予以禁止的模式。采用这种模式的国家包括德国、法国、日本、新加坡、瑞典、意大利等国以及美国的新泽西州、亚利桑那州、密歇根州等地区。[1]完全禁止型的代孕较多存在于大陆法系国家，一般以违背公序良俗为由禁止代孕。随着社会的进步以及人们思想的变化，完全禁止型的立法模式有一定的滞后性，一些规定不足以应对层出不穷的现实问题。[2]

（二）有限开放模式

即对某个或某些代孕类型予以开放的模式，如非商业性代孕、完全代孕。采取有限开放模式的国家有英国、澳大利亚、以色列等。

（三）完全开放型模式

即不论是商业性代孕还是非商业性代孕均予以开放的模式。采取这种模式的国家有俄罗斯、乌克兰、希腊、格鲁吉亚等。

现在有一种趋势，就是一些原为完全开放型的国家在这几年渐渐转变为有限开放型，如印度、尼泊尔、泰国、柬埔寨等。[3]

四、我国代孕有限合法化建议

代孕有限合法化是指不完全禁止代孕，通过完善法律对代孕进行限制并完善监管措施使其合法化。

（一）完善相关法律

目前中国只有部门规章对代孕作出了简单的规定，级别偏低，对象狭窄，作用微弱，导致无法适应当前的需求。应制定一部专门规范代孕的单行法律，

---

〔1〕 何悦、俞风雷：《我国代孕生殖立法研究——以英国代孕生殖立法为视角》，载《法学杂志》2017 年第 5 期。

〔2〕 余提：《各国代孕法律之比较研究》，中国政法大学出版社 2016 年版，第 132 页。

〔3〕 唐美花：《泰国代孕法问题研究》，北京邮电大学 2017 年硕士学位论文。

更好地规范代孕行为。

（二）完善监管措施

（1）设置规范的代孕机构，提高代孕技术准入门槛。目前的代孕技术还需要较为高级和先进的医疗手段，必须设置正规的规范和高标准的医疗机构实施代孕服务，才能有效避免医疗意外。

（2）为代孕设置严格的事前审查。将前述资质审查前置，并设有行政机构严格地进行监管。代孕因其自身的复杂性，以及其涉及民法、行政法、刑法、计划生育、医疗卫生等多个领域，引入公权力进行规制和监管引导十分必要。

（三）对代孕进行限制

1. 对代孕类型的限制

有偿代孕涉嫌买卖婴儿、组织使用人体器官罪，并且会催生营利性代孕机构，形成产业链，在商业化推动下妇女的子宫沦为商品，成为制造婴儿的机器，这使得妇女的尊严受到侵犯，也会引发社会伦理问题。因此，要禁止有偿代孕、商业化代孕，适度开放无偿代孕。无偿代孕可以允许寻求代孕的夫妻对代孕妈妈支付一定程度上的营养费和怀孕期间因无法正常工作的补偿费。无偿代孕妈妈因其博爱奉献的精神提供代孕，也更加符合人类辅助生殖技术产生的初衷[1]。

2. 对代孕主体资格进行限制

（1）代孕委托者的资格限制：

第一，代孕委托者夫妻为依法登记的夫妻，并且至少一方为中国国籍。在许可代孕之前要进行夫妻的资质审查，夫妻至少一方为中国国籍可以规制外籍人来中国寻求代孕的乱象发生。

第二，委托代孕的夫妻不能有共同的孩子。代孕可以帮助没有共同亲生孩子的夫妻拥有自己的亲生孩子，但不得成为普通或正常家庭孕育孩子的手段，这样不免使代孕成为有钱人免受生育之苦的手段。

第三，委托代孕的夫妻必须出示不能生育的医学证明。代孕的本质就是在于帮助医学上有不能生育问题的夫妻拥有自己血缘的孩子，若不将这一点

---

[1] 曹丽萍：《代孕法律问题研究》，湖南大学 2012 年硕士学位论文。

规制清楚那么又将背离代孕的意图，甚至导致代孕的乱用和普遍化。[1]

（2）代孕者的资格限制：

第一，代孕者需完全基于自由意志，不得强迫或利诱代孕者进行代孕。代孕者必须完全出于自愿，代孕不能成为利益交换的方式。

第二，代孕者需孕育有自己的孩子。一方面代孕者可以充分得知孕育孩子的付出和代价，另一方面她也有孕育孩子的经验，降低孕育风险。

第三，代孕者需满足孕育的生理条件和心理条件，需完全接受代孕条件，需为完全民事行为能力人。

结　语

代孕虽然有其存在的必要性和有益性，然而其存在的法律问题和道德伦理冲突也不能忽视。我国应在借鉴域外对代孕规制模式的基础上，通过完善相关法律，完善监管措施，对代孕进行限制，使其有限合法化。

---

[1] 郑雪：《论代孕的合法化与制度构建》，吉林大学 2012 年硕士学位论文。

电子签名在民商事活动应用中的风险防范

阴一晓*

摘　要： 随着信息化和网络化的发展，民商事活动中越来越多地应用到了电子签名技术。电子签名作为一种认证方式和防伪手段，大大提高了交易的便捷性和安全性。然而，由于技术局限和网络环境的复杂性，电子签名在民商事活动中也存在一定的风险。本文旨在探讨电子签名在民商事活动中的风险及防范等问题，以期为提高电子签名的安全和便捷应用提供一定的参考。

关键词： 电子签名　民商事活动　应用风险

引　言

互联网技术日新月异，电子签名作为一种新型的身份认证和信息保护手段，在民商事活动中得到广泛应用。电子签名技术的应用，不仅提高了交易的效率和便捷性，还为各方的权益保障提供了有力支持。然而，由于电子签名技术的复杂性和不断变化的网络环境，电子签名在民商事活动应用过程中也存在着一定的风险。

一、电子签名的基本原理及界定

（一）电子签名的基本原理

电子签名是一种安全保障技术，通过技术手段实现传统的纸面签字或盖章的功能，以确认交易当事人的真实身份，保证交易的安全性、真实性和不可抵赖性。电子签名是采用公钥密码技术以实现电子形式的认证，它涵盖数

---

　* 阴一晓（1997 年—），女，汉族，河北邯郸人，中国政法大学同等学力研修班 2023 级学员，研究方向为民商法学。

字签名、数字证书和认证系统等技术，可以实现信息的验证、数字内容的完整性和抗抵赖性，并通过安全控制和隐私保护功能保障数据安全和用户的隐私。

（二）电子签名的界定

电子签名和数字签名是两个易于混淆的概念。电子签名是宏观总体概念，是一类技术的统称；而数字签名是电子签名的一种，是目前电子商务、电子政务中应用最普遍、可操作性最强、技术最成熟的一种电子签名技术。[1]目前在开放网络中被广泛使用的电子签名以数字签名为主，因此，本文所称的电子签名是指数字签名。

（三）可靠的电子签名及条件

可靠的电子签名是指签名被证实是真实有效的，能确认主体身份的签名。

根据《电子签名法》的规定，同时符合下列四个条件的电子签名视为可靠的电子签名：

（1）电子签名制作数据用于电子签名时，属于电子签名人专有；

（2）签署时电子签名制作数据仅由电子签名人控制；

（3）签署后对电子签名的任何改动能够被发现；

（4）签署后对数据电文内容和形式的任何改动能够被发现。

可靠的电子签名的认定是司法实践中首先要解决的问题，也是司法实践中的难点。以"e签宝"融资租赁合同纠纷案为例，法院生效判决认为：某融资租赁公司与刘某通过某电子数据平台公司签署了《融资租赁合同》，根据某电子数据平台具备提供电子签名服务的资质，可以认定为记录和保存电子数据的中立第三方平台。某融资租赁公司与刘某的电子签名由有资质的电子认证机构颁发，由签字人专有控制，且通过技术手段证明《融资租赁合同》及补充协议、《租赁物交付签收单》中的电子签名及数据电文自签署之日起未被篡改，因此法院认定某融资租赁公司与刘某的电子签名为可靠电子签名。

根据《电子签名法》[2]的规定，电子认证机构须获得工业和信息化部颁发的《电子认证服务许可证》，法院可通过工信部网站予以查询和确认电子签

---

〔1〕关振胜：《〈电子签名法〉对中国金融界的影响》，载《金融电子化》2004年第10期。

〔2〕《电子签名法》第18条："从事电子认证服务，应当向国务院信息产业主管部门提出申请，并提交符合本法第十七条规定条件的相关材料。……"

名，如果案件中涉及的电子签名是电子认证机构颁发证书，法院即可初步认定该电子签名系可靠电子签名。只有满足电子签名专有性、控制性和不可更改性的要求，法院就可认定为可靠电子签名。

二、电子签名应用中的风险

电子签名的风险主要包括以下几个方面：

（一）技术风险

由于电子签名技术本身的不完善或者使用不当，可能引发签名被篡改、冒用等安全问题。

（二）法律风险

电子签名的应用提高了民商事活动的效率，电子合同成为维系各方权益的重要法律依据。电子签名与传统手写签名在物理载体及表现形式等方面存在较大差异，其所存在的内容往往存在更高的可复制性和可变更性。由于相关法律法规的缺失或者不完善，导致电子签名的法律效力难以得到保障。

（三）操作风险

由于用户操作不当或者系统故障等原因，可能导致电子签名被错误地生成、传递或使用。

三、电子签名应用中的风险防范措施

电子签名应用中的风险防范可以借鉴企业成功的经验，阿里巴巴在此方面的做法值得进行参考。

阿里巴巴作为全球最大的电子商务平台之一，其在电子签名领域的应用和风险防范具有很强的代表性和实证价值。阿里巴巴的支付宝、淘宝、天猫等平台上，每年都有数以亿计的交易额，而这些交易的顺利进行离不开电子签名的应用。首先，电子签名在阿里巴巴平台中主要用于保障交易安全。在电子商务交易中，双方无法面对面签约，因此电子签名作为一种有效的身份认证和数据完整性保护手段被广泛应用。阿里巴巴利用先进的加密技术和安全算法，确保了用户在交易过程中电子签名的真实性和有效性，大大降低了交易欺诈的风险。

阿里巴巴在电子签名风险防范方面也有着丰富的实践经验。例如，阿里巴巴利用大数据和人工智能技术，建立了完善的风险监测和预警系统，能够在短时间内发现并处理潜在的电子签名风险。同时，阿里巴巴还与政府、行业协会、第三方认证机构等建立了紧密的合作关系，共同推动电子签名行业的健康发展。

另外，也可以借鉴国际上的做法，如欧盟的《电子签名指令》和《电子识别指令》为成员国提供了统一的法律框架，要求成员国制定相应的法律法规，保障电子签名的合法使用。美国则通过联邦和州两级法律法规来规范电子签名，包括《电子签名法》和《统一电子交易法》等。在防范措施方面，国外的研究更加注重技术创新与法律制度的结合。例如，一些国家通过立法明确电子签名的法律地位和效力，为电子签名的广泛应用提供了法律保障；同时，不断有新的技术手段应用于电子签名领域，如基于区块链技术的不可篡改性来保障签名的安全性等。

综上所述，本文提出以下防范措施：

（一）技术层面

（1）关注电子签名技术的最新发展，采用更加安全的加密算法和协议，确保电子签名的完整性和不可篡改性；

（2）引入区块链等新兴技术，提高电子签名的安全性和可追溯性。区块链能够在网络中构建点对点的信任，使价值传递过程去除了中介的干扰，既公开信息又保护隐私，既共享决策又保护个体权益，提高了价值交互的效率并降低了成本。[1]

（二）法律层面

（1）制定和完善相关法律法规。尽快完善有关电子签名的法律法规建设，明确电子签名的法律效力及伪造篡改电子签名行为的法律责任，解决民商事活动中电子签名合法性、有效性的事实认定，以及对违法行为的责任承担。

（2）加大对违法行为的惩处力度，提高违法成本。对于构成犯罪的伪造篡改电子签名行为，应依法追究刑事责任。同时，对于情节严重的违法行为，可以引入经济处罚措施，如罚款、没收违法所得等。通过加大惩处力度，提高违法成本，让不法分子不敢轻易触碰法律红线。

---

〔1〕 沈智锭、张猛、程思进：《基于区块链的电子签名和印章应用体系设计》，载《水利信息化》2020 年第 2 期。

（3）加强国际合作、建立统一的技术标准和认证体系等措施，以提高电子签名的互操作性和可信度。

（三）操作层面

（1）提高用户的安全意识。加强用户教育和培训，提高用户对电子签名技术的认识和使用技能；建立完善的电子签名管理制度和操作规范，确保电子签名的正确生成、传递和使用。

（2）提高认证服务机构防范意识。电子认证服务机构有效保管证据的主要方式主要是通过异地数据备份，规范档案管理等方式，防范业务数据丢失。在案件发生后可以快速有效提供证据，避免被追责。[1]

结 语

电子签名在数字化进程中扮演着重要角色，而与之相关的风险和规范措施是确保其有效性和安全性的关键。电子签名技术的风险及规范措施是一个持续发展、不断完善的课题。随着科技的进步和社会的变迁，这一领域的研究将不断深化和拓展。通过加强国际合作、完善法律法规和提升用户意识等多方面的努力，以期构建一个更加安全、高效的电子签名环境，以适应数字时代日益增长的多元化需求。

---

〔1〕 元跃：《电子商业汇票业务当事人法律风险防范——以票据诈骗案件为视角》，山东大学2020 年硕士学位论文。

浅析开发商逾期办证违约责任的承担

李雪娇*

摘　要：随着我国商品房交易市场的持续热化，商品房买卖合同纠纷急剧上升，而因开发商逾期办证导致的纠纷始终是商品房买卖合同纠纷中的热点问题。此类案件具有涉及面广、不易调解、判后上诉率高、处理结果对社会稳定和经济发展影响较大等特点，在实践中也始终是难点问题，其中包括对商品房买卖合同中违约责任条款的性质认定及责任承担方式等问题。本文旨在根据现行法律关于格式条款的认定及违约金调整的规定，从格式条款无效的角度谈开发商逾期办证违约责任的承担方式。

关键词：开发商　逾期办证　违约责任

引　言

逾期办证问题在商品房买卖合同纠纷中占有较高比例，逾期办证问题对于各楼盘来说具有共同性，故此类纠纷案件具有群体性特征；对于购房者而言，其权利主张若得不到满足可能会引发群体性事件，影响社会稳定；对于开发商而言，个案的败诉便会引发集体索赔，从而会支付巨额赔款。因此，该类案件具有涉及面广、适用法律难、政策性强、审理难度大、不易调解、判后上诉率高、处理结果对社会稳定和经济发展有较大影响等特点，值得进行研究和探讨。

一、问题的提出

2013 年 9 月 10 日，高某与某开发公司签订商品房买卖合同，约定高某购

---

* 李雪娇（1990 年—），女，汉族，内蒙古人，内蒙古佰亨律师事务所律师。

买该开发公司开发的位于 A 市 B 区 C 学府（某阳光城）小区房屋，合同约定商品房总价为 443 738 元；某开发公司在 2014 年 12 月 31 日前将符合验收条件的商品房交付。该合同第 15 条约定，"出卖人应当在商品房交付使用后 548 日内，将办理权属登记需由出卖人提供的资料报产权登记机关备案，如因某开发公司的责任不能在规定期限内取得房地产权属证书的，某开发公司按已付房价款的 0.2% 向高某支付违约金"，合同签订后，高某向该开发公司交付房款 443 738 元。该开发公司于 2014 年 12 月 14 日向高某交付房屋，此后，该开发公司未依合同约定完成房屋权属证书登记备案工作，直至 2021 年 8 月 10 日，高某才取得房屋不动产权证书。

2023 年 7 月高某诉至法院称[1]，双方签订商品房买卖合同系某开发公司利用其缔约优势地位预先拟定并提供的合同，关于逾期办证违约金部分的约定不合理地减轻了某开发公司的违约责任，该条款系格式条款，应属无效条款。根据最高人民法院《关于审理商品房买卖合同纠纷案件适用法律若干问题的解释》（2020 年修正）第 14 条第 2 款规定："合同没有约定违约金或者损失数额难以确定的，可以按照已付购房款总额，参照中国人民银行规定的金融机构计收逾期贷款利息的标准计算。"最终，法院认定了某开发公司的违约行为，但并未采纳高某格式条款的观点，且因高某未能举证证明其实际损失，故法院以合同约定的已付房价款的 0.2% 判决某公司承担违约责任，某公司在违约长达 5 年之久的情况下，仅承担 829 元的违约金。

该案引发了商品房买卖合同中开发商逾期办证违约责任条款的性质及违约责任的承担方式等问题。

二、商品房买卖合同中违约责任条款的性质

商品房买卖合同中违约责任条款的性质是指该条款是否为格式条款。根据《民法典》第 496 条的规定，格式条款是当事人为了重复使用而预先拟定，并在订立合同时未与对方协商的条款。据此格式条款具有以下特征：一是由一方当事人预先拟定的条款；二是可重复使用的条款；三是该条款在订立合同时未与对方协商。格式条款的优点是可重复使用、经济、节约时间和成本，

---

[1] 高某诉内蒙古金华房地产开发有限责任公司房屋买卖合同纠纷案［2023］内 0121 民初 2498 号。

缺点则是未与对方协商，限制了合同相对方的意思表示，使合同双方的地位不完全平等。也正基于此，《民法典》第 497 条规定："有下列情形之一的，该格式条款无效：（一）具有本法第一编第六章第三节和本法第五百零六条规定的无效情形；（二）提供格式条款一方不合理地免除或者减轻其责任、加重对方责任、限制对方主要权利；（三）提供格式条款一方排除对方主要权利。"该两条法律规定是对提供格式条款一方权利的限制，平衡接受格式条款一方的利益。

本文认为案涉商品房买卖合同中逾期办证违约责任条款系格式条款，违约金具有补偿性和惩罚性，具有督促当事人信守承诺、履行合同义务、维护交易稳定的作用。如案涉合同约定某公司按已付房价款的 0.2% 向王某支付逾期办证违约金，不能匹配时间长短造成守约方损失的动态变化，不足以督促违约方尽早履行办证义务，不能充分体现违约金所应当具备的惩罚性质，不合理地减轻某开发公司的责任，已然符合条款无效的情形。同时，合同的签订应以公平原则为基本原则，侧重于对合同约定是否均衡的考量，若合同提供方一味地追求私利造成合同双方给付与对待给付显著失衡，则系争议条款违反了公平原则应做无效处理。

三、开发商逾期办证违约责任的承担方式

开发商逾期办证违约责任的承担方式通常是按照合同约定承担违约金，然而，实务中也会涉及是否对违约金进行调整的问题。例如，在上述案件中，因高某未能举证证明其实际损失，故法院未对违约金部分进行调整，判决某开发公司按合同约定承担违约责任。然而，在实践中，如果未取得房屋权属证书的购房人没有遇到转让、继承、抵押、拆迁或者房屋权益受到侵害等情形时，是无法拿出实际损失的证据，毕竟没有房屋权属证书使购房人对于房屋的处分权受到了一定限制，而且没有真正获得法律所保护的房屋所有权，这是一种无形权利的侵害，很难拿出具体的损失证据[1]。虽然根据最高人民法院《关于审理商品房买卖合同纠纷案件适用法律若干问题的解释》第 12 条规定："当事人以约定的违约金过高为由请求减少的，应当以违约金超过造成的损失 30% 为标准适当减少；当事人以约定的违约金低于造成的损失为由请

---

〔1〕 贾宇润：《商品房买卖中房屋逾期办证法律问题探析》，西北大学 2010 年硕士学位论文。

求增加的，应当以违约造成的损失确定违约金数额"，据此高某应当承担证明其损失的责任，但本文认为不动产权属证书是权利人享有不动产物权的证明，某开发公司的违约行为对高某行使物权必然有影响，亦会造成损失，案涉商品房买卖合同约定的与迟延履行期间无关的违约金数额显然不能体现违约金具有的补偿性和惩罚性的功能，不足以维护高某的合法权利，依法应当予以调整。该案违约金调整应根据最高人民法院民事审判第一庭编《民事审判实务问答》的意见[1]：违约行为发生在 2019 年 8 月 19 日之前的，人民法院可以中国人民银行同期同类人民币贷款基准利率为基础，参照预期罚息利率标准，加计 30% ~ 50% 计算逾期办证的违约金。双方当事人在订立合同时约定违约责任的目的[2]并不是在对方出现违约时向对方主张违约金甚至通过违约金获利，而是以明确双方违约责任的方式促进双方能够积极全面地履行合同。在司法实践中，一方当事人之所以会有违约行为是因为其履约成本要高于履行合同所带来的收益，或者违约后与第三人所订立合同带来的利益要远高于本合同的收益。如果《民法典》中关于违约金的规定仅有赔偿性质的话，违约方在弥补守约方损失后仍有利可图，这对社会的信用体系的建设以及市场交易的秩序的稳定是有严重的破坏作用的。[3]因此，在法院处理违约金纠纷案件中，应当认识到违约金赔偿性与惩罚性的双重属性，只有这样才能做到既保证守约方的利益又能维护交易秩序的稳定。

为正确适用法律审理此类纠纷案件，依法维护当事人的合法权益，保护房地产业的健康发展，应当通过判决充分发挥法律的指引作用，运用合同约定对当事人的约束作用，依据平等、自愿协商原则，引导商品房买卖合同双方当事人合理确定逾期办证的违约金计算标准，让当事人对自己行为的后果有明确的预判，形成诚实守信的良好氛围，促进房地产市场健康有序发展。

结　语

各社会主体均应承担违反合同约定的法律责任，对于房地产开发企业逾期办证的违约行为，法律必须让违约方因其违约行为付出合理的代价，充分

---

[1]　最高人民法院民事审判第一庭编：《民事审判实务问答》，法律出版社 2021 年版，第 16 页。

[2]　王洪亮：《违约金请求权与损害赔偿请求权的关系》，载《法学》2013 年第 5 期。

[3]　李东琦：《论惩罚性违约金的调整》，载《当代法学》2013 年第 6 期。

保障无责任一方能够得到应有的赔偿。不过当前司法实践中对逾期办证问题的处理较为杂乱，因此本文希望能够进一步规范开发商逾期办证的责任承担，能够为消费者在面对逾期办证问题的司法实践中提供一些帮助，使我国的商品房买卖纠纷得到合理有效的解决，从而减少社会的矛盾。

论专利侵权判定中等同原则的适用及限制

徐彩云*

摘　要： 等同原则在专利侵权判断中是一项重要的原则法律制度，直接关系专利权利益的保护。在专利侵权判定的司法实践中，为了有效保护专利权，防止他人随便窃取专利权人的利益，逐渐确立了专利侵权判断的等同原则。但等同原则在侵权判定实践中的适用还存在诸多问题，而且准确适用不仅涉及专利权人利益的保护，也涉及公共利益的保护，需要进行研究和探讨。本文旨在探讨等同原则在专利侵权判定中的适用问题，以期使该原则能够发挥其应有的作用和价值。

关键词： 专利侵权判定　等同原则　禁止反悔原则

引　言

司法实践中，判断被控侵权人是否构成专利侵权，法院首先采用技术特征全面覆盖原则（相同侵权或者字面侵权）判定被控侵权人是否侵权，在相同侵权或者字面侵权不成立的情况下，考虑适用等同原则进行裁判，达到有效保护专利权或者处罚侵权人的良好效果。[1]等同原则如何适用才能发挥该原则的作用值得研究和探讨。

一、等同原则的起源

等同原则最早起源于美国司法审判实践并伴随着司法实践不断丰富与完

---

* 徐彩云（1988 年—），女，汉族，江苏南京人，中国政法大学同等学力研修班 2022 级学员，紫藤知识产权集团（深圳）有限公司职员，研究方向为知识产权法学。
〔1〕 曹新明：《专利侵权等同原则适用研究》，载《知识产权》2023 年第 2 期。

善。最早适用等同原则的是 1854 年的美国 Winans 案，该案判决虽未明确使用"等同原则"术语，但首次适用了这一原则。随后，德国、日本等发达国家根据自身科技、经济发展国情，围绕着公平与效率的价值判断，分别提出了适宜其本国专利制度发展的"显而易见性"标准、"五要件"标准等，进一步丰富、完善了等同判定的理论价值。[1]

我国《专利法》中没有等同原则的规定，但最高人民法院《关于审理专利纠纷案件适用法律问题的若干规定》（2020 年修正）第 17 条对等同原则作了明确规定："……专利权的保护范围应当以权利要求记载的全部技术特征所确定的范围为准，也包括与该技术特征相等同的特征所确定的范围。等同特征，是指与所记载的技术特征以基本相同的手段，实现基本相同的功能，达到基本相同的效果，并且本领域普通技术人员在被诉侵权行为发生时无需经过创造性劳动就能够联想到的特征。"

二、等同原则在专利侵权判定中的适用

（一）等同判定的时间标准

在专利等同侵权判定中，时间标准是一个重要的考虑因素，它用于确定侵权行为是否与被侵权专利在时间上有重叠或者接近。在法律上，等同侵权的判定时间标准可以根据不同的法律体系和国家而有所不同。一般来说，等同侵权的判定时间标准涉及三个主要方面：侵权行为的发生时间、专利有效期和专利权申请和授予的时间。[2]

（1）侵权行为的发生时间。法院将考察侵权行为的具体发生时间，如果侵权行为发生在专利权有效期内，且与被侵权专利在实质上相似，法院可能会判定为等同侵权。

（2）专利权有效期。专利权的有效期一般从专利申请获得授权之日起计算。在等同侵权判定中，法院会考虑侵权行为是否发生在专利权的有效期内。

（3）专利申请和授予的时间。专利申请和授予的时间也是判定等同侵权时的重要参考。

总的来说，专利等同侵权判定的时间标准主要是基于专利权的有效期、

---

〔1〕 李涛：《美国专利侵权诉讼中等同原则的演进及其借鉴》，载《电子知识产权》2003 年第 9 期。

〔2〕 《最高人民法院知识产权法庭裁判要旨摘要（2023）》，载《人民法院报》2024 年 2 月 25 日。

侵权行为的发生时间以及专利申请和授予的时间。这些时间标准有助于确定侵权行为是否与被侵权专利在时间上有重叠或者接近，从而影响等同侵权的认定和判决。具体的时间标准和判定依据可能因国家和地区的不同而有所差异，2001 年最高人民法院发布的《关于审理专利纠纷案件适用法律问题的若干规定》中并未明确规定等同侵权判定的时间基准，但将"本领域普通技术人员"解释为"应当以侵权发生时该专利所属领域的平均知识水平为标准衡量，2015 年最高人民法院《关于修改〈最高人民法院关于审理专利纠纷案件适用法律问题的若干规定〉的决定》，确立了等同判定的时间点以侵权行为日为准。

（二）等同侵权的判断理论

在适用等同判定标准时，究竟是将被控侵权物作为一个整体与专利发明进行对比，还是应当考虑被控侵权物与专利权利要求中的每个技术特征，进行具体技术特征之间的对比，在等同判定适用初期，各国法院对这一问题并没有一个明确的认识。但随着等同判定的进一步运用，美国先后出现了两种等同判定的理论，一种是"整体等同"理论，另一种是"全部技术特征等同"理论。

1. "整体等同"理论

"整体等同"理论是美国在 20 世纪 80 年代初期建立的一种理论。"整体等同"理论是指被控侵权物缺少权利要求记载的某一或某些技术特征，也未采用替代物或替代步骤，但若将被控侵权物与专利发明整体上比较分析，其结论是两者以基本相同的方式、实现基本相同的功能并且达到基本相同的技术效果，仍然可以得出等同侵权的结论。最初在 1950 的 GRAVER 案中，美国最高法院就采用了将被控侵权产品或方法与专利发明进行整体比较的方法。在 GRAVER 案后，美国联邦巡回上诉法院在很长一段时间都按照美国最高法院的指示，将被控侵权物与发明专利整体进行对比以判定是否构成等同侵权。随后，在 1983 年的 Hughes 案中，联邦巡回上诉法院明确提出"整体等同"理论，指出："在适用等同判定时，应当将权利要求所保护的专利发明作为一个整体，要求各个技术特征之间分别对应的做法是错误的，因为如果各个技术特征之间分别等同，则可依据相同侵权判定就已足够，不必再进行等同判定了。"该案是联邦巡回上诉法院明确适用"整体等同"理论作为等同侵权认定方法之一的典型判例。

2. "全部技术特征等同"理论

"全部技术特征等同"理论是指在侵权判定的时候,将权利要求的全部技术特征与被控侵权技术方案中的技术特征逐一对比的判定方法。该理论主张从权利要求的各个技术特征对等同的范围作全方位的限定,能够最大程度地避免权利要求过度扩张的目的,使等同的范围与权利要求达到最大程度的接近。从平衡专利权人与社会公众利益方面出发,"全部技术特征等同"较"整体等同"更为合理,因此,"全部技术特征等同"理论已为许多国家等同判定所采用,我国同样采取了该理论。

三、等同原则适用的限制

等同原则是对以字面原则判断专利侵权的补充,也是对专利权保护范围中心限定主义的实践,有利于防止被控侵权人以搭专利便车的形式,窃取发明人或者专利权人的利益,打击创新激情。但是,如果不对等同原则的适用给予适当的限制,必然产生另一极端情形,即专利申请人或者专利权人在撰写专利申请文件(尤其是说明书和权利要求书)时,将尽可能地模糊其权利要求的内容,使技术特征尽可能地宽泛,一旦包含现有技术再通过专利权无效宣告程序调整,只要是说明书或者权利要求的内容包含的技术特征就可能适用等同原则判断他人等同侵权。无限制地适用等同原则判断专利侵权必然带来负面影响,动摇专利制度的根基。[1]

(一)禁止反悔原则限制等同原则的适用

禁止反悔原则是专利法上的一项重要原则,是诚实信用原则在专利法领域的具体映照。禁止反悔原则是指专利申请人、专利权人在专利授权或者无效宣告程序中,通过对权利要求、说明书的修改或者意见陈述而放弃的技术方案,权利人在侵犯专利权纠纷案件中不能将其再纳入专利权保护范围。

(二)捐献原则限制等同原则的适用

专利领域的捐献原则最早起源于美国。1881 年,美国联邦最高法院在审理 Miller 与 Brass 公司案时认为,当专利权人在权利要求中请求保护一个具体的装置时,就意味着将说明书中公开的其他装置捐献给了公众,除非他及时

---

[1] 张鹏:《等同侵权限制规则的适用研究——以中日比较为中心》,载《知识产权》2023 年第 6 期。

请求再颁发并证明没有请求保护其他装置完全是出于疏忽、意外或错误。此后，美国法院较少适用捐献原则限制等同原则的适用。直到 1991 年后尤其是 2000 年后，捐献原则再次得到法院关注，在专利侵权纠纷案件中逐渐被广泛运用。

2009 年最高人民法院颁布的《关于审理侵犯专利权纠纷案件应用法律若干问题的解释》第 5 条规定："对于仅在说明书或者附图中描述而在权利要求中未记载的技术方案，权利人在侵犯专利权纠纷案件中将其纳入专利权保护范围的，人民法院不予支持。"该规定可以视为我国专利领域的捐献原则。

（三）可预见性原则限制等同原则的适用

可预见性原则是在审判实践中用于限制等同原则的，北京市高级人民法院《专利侵权判定指南（2017）》第 59 条规定："被诉侵权技术方案属于说明书中明确排除的技术方案，或者属于背景技术中的技术方案，权利人主张构成等同侵权的，不予支持。"该规定可作如下解释：对于发明权利要求中的非发明点技术特征、修改形成的技术特征或者实用新型权利要求中的技术特征，如果专利权人在专利申请或修改时明知或足以预见存在替代性技术特征而未将其纳入专利权的保护范围，在侵权判定中，权利人以构成等同特征为由主张将该替代性技术方案纳入专利权保护范围的，法院不予支持。

结　语

专利侵权判定中的等同原则是专利制度在演进发展过程中形成，并在具体司法实践中加以证明的一项重要原则，其具体应当在什么条件下适用，才能使之更加契合专利制度本身的功能，以及更加符合公平正当原则，使其在保护专利权人合法利益的同时 不至于对社会公共利益造成过度掠夺等问题都是值得进一步进行研究和探讨的，期望本文能为此提供有益的参考。

论金融机构适当性义务法律依据的完善

摘 要： 金融机构违反适当性义务的违规行为是金融市场监管的重要对象，对该行为的监管关乎对投资者权益的保护、金融机构的责任等诸多方面。目前实务中界定金融机构违反适当性义务的法律依据不统一，导致对该违规行为界定的标准不一，法院最终的裁判也不一致，因此，金融机构违反适当性义务的法律依据有待完善，值得研究和探讨。本文旨在探讨这一问题。

关键词： 金融机构　适当性义务　法律依据

引　言

金融机构是否履行适当性义务是金融市场监管中的重要问题，关乎投资者的合法权益和金融市场的健康发展。在金融市场中，金融机构的适当性义务原则被视为保护投资者的基本原则之一，但在实践中，仍然存在大量的金融机构违反适当性义务的违规事件，而如何处理金融机构的违规行为，统一裁判标准就成为理论界面和实务界关注的问题。

一、金融机构适当性义务的法律依据与要求

（一）适当性义务的现行主流依据

金融机构适当性义务作为金融市场监管的重要内容，其法律依据最早出现于 2005 年 9 月中国银行业监督管理委员会发布的《商业银行个人理财业务

---

　　* 张瑶（1988 年—），女，辽宁沈阳人，中国政法大学法学硕士在读，上海德禾翰通律师事务所高级合伙人。

管理暂行办法》第 37 条第 1 款。[1]现行有效且较为重要的关于适当性义务的法律/司法政策性依据主要包括：2018 年 4 月由中国人民银行、银保监会等部委联合发布的《关于规范金融机构资产管理业务的指导意见》；2019 年 11 月由最高人民法院发布的《全国法院民商事审判工作会议纪要》（以下简称《九民纪要》）；以及 2019 年 12 月修订的《证券法》等。

（二）《九民纪要》中关于适当性义务的要求

《九民纪要》第 72 条是有关适当性义务的规定，卖方机构在向金融消费者推介、销售高风险等级金融产品，以及为金融消费者参与高风险等级投资活动提供服务的过程中，必须履行了解客户、了解产品、将适当的产品（或者服务）销售（或者提供）给适合的金融消费者的义务，确保所销售的产品符合客户的实际需求和承受能力。虽然《九民纪要》属于司法政策类文件，无法直接援引作为裁判依据。但不可否认，《九民纪要》中关于适当性义务的相关规定，对于统一裁判思路，规范法官自由裁量权，增强民事审判的公开性、透明性以及可预期性，提高司法公信力具有重要的意义。[2]

二、金融机构违反适当性义务的司法实践

在我国的司法实践中，《九民纪要》的征求意见稿[3]曾明确适当性义务为先合同义务，违反该义务需承担缔约过失责任。可能因该观点尚存在较大分歧，这一条表述在正式稿中被删除，这足以说明，最高人民法院对于该问题也始终没有形成统一的意见。对于金融机构违反适当性义务的违规案件，法院在认定责任性质时存在不同的标准和偏向。

（一）获得法院支持的情形

在［2023］鲁民终 336 号[4]案件中，法院认为，恒丰银行南京分行因未能向原告陈某瑞尽到告知说明义务，违反适当性义务的民事责任性质为缔约

---

〔1〕 郑小敏主编：《中国金融争议解决年度观察（2023）》，中国法制出版社 2023 年版，第 272 页。

〔2〕 冯加庆主编：《民法典背景下〈全国法院民商事审判工作会议纪要〉实务要点解读》，法律出版社 2021 年版，第 140 页。

〔3〕《全国法院民商事审判工作会议纪要（最高人民法院民二庭向社会公开征求意见稿）》，第 72 条。

〔4〕 恒丰银行股份有限公司南京分行、陈某瑞金融委托理财合同纠纷，山东省高级人民法院二审民事判决书。

过失责任，该责任的承担范围为填补信赖利益的损失。金融消费者的信赖利益损失与其依赖卖方机构的程度成正比。法院酌定，依据《合同法》第42条作为请求权基础判令金融消费者对其自身损失承担20%责任，恒丰银行南京分行承担80%责任。而在〔2023〕沪0115民初56352号[1]案件中，同样是审理法院认定被告未能完全尽到投资者适当性义务的前提下，适用了1999年《合同法》第60条、第107条、第113条第1款中的违约损害赔偿责任。审理法院结合被告联储证券在资管产品发行、运作过程中的过错程度，并综合考量原告因诉讼的成本支出，酌定被告对原告的赔偿范围为原告投资本金的70%。

两者均违反卖方机构的适当性义务，且案由同为金融委托理财合同纠纷，但存在着两种不同的认定依据。值得庆幸的是，在上述两个案例中，虽然依据不同，但对于卖方机构所需承担责任的认定范围比例方面不存在过大差异。然而，并不是所有案例都具有相类似的衡量标准，至此，如何公平、合理、有效地保护当事人的合法权益在该类案件中成了难题。

（二）未取得法院支持的情形

笔者在针对上述案例开展研究的同时，也关注到存在因适当性义务法律性质不明确，导致在司法环节阻碍适当性制度顺利推进的情形。比如上海市虹口区人民法院在〔2021〕沪0109民初7347号[2]案件中认为，投资者适当性义务属于先合同义务，违反适当性义务应当承担的是缔约过失责任，不应在请求权基础是违约损害赔偿责任案件中予以处理，故而驳回原告全部诉讼请求。

法院的裁判说理不仅影响着案件当事人的个体利益，对于其他社会公众同样具有示范性效应。在适当性义务的法律属性缺乏明确界定的情况下，如何能够确保处于弱势地位的金融投资者有效主张个人权益，是相关部门面临的又一项严峻挑战。

---

〔1〕 吴某碧与联储证券有限责任公司委托理财合同纠纷案，上海市浦东新区人民法院一审民事判决书。

〔2〕 卢某与长安财富资产管理有限公司其他合同纠纷案，上海市虹口区人民法院〔2021〕沪0109民初7347号民事判决书。

三、完善适当性义务履行的建议

（一）建议完善相关立法

建议完善相关立法，通过制定相关细则进一步明确适当性义务的构成要件、法律依据的相关内容。在我国金融市场相关的法律规则体系中，适当性义务长期处于"原则性条款"的地位，该义务与告知说明义务、信息披露义务之间的关系纠缠不清，根源就是适当性义务缺乏明确的构成要件[1]。同时，适当性义务的法律属性界定模糊，导致法律责任承担的认定基础无法形成统一意见，最终可能直接影响案件的审理结果。因此，适当性义务有关的构成要件、法律依据模糊直接导致裁判机构掌握较宽的解释权与裁量权。完善与金融产品适当性相关的监管政策和法律法规，明确卖方机构的适当性义务和责任范围，提高违规成本和法律责任，加大对违规行为的惩处力度，有助于切实维护投资者的合法权益。

（二）建议统一适当性义务的时效标准

建议明确适当性义务的时效标准，即义务发生的时间节点。需明确仅在产品缔约阶段履行一次即可，抑或在合同存续期内始终持续。在适当性义务中了解客户环节，要求金融机构在推荐产品或服务时，主动考察投资者的财务状况、投资目标、投资经验、专业知识等方面的因素，而了解投资者是一个长期持续的过程。在金融机构向投资者履行信息披露义务时，将投资者所投产品状况充分向其释明，再由投资者自主决定后续追加投资抑或赎回。因此，笔者认为，适当性义务是一项长期需要履行的义务，并非在合同缔约阶段的一次性履职行为。因此，将适当性义务简单认定为缔约过失责任，对于金融机构持续责任的加强无法起到规范和指导作用。

（三）其他

除了法律依据的完善外，金融机构自身也需要注意严格履行适当性义务。对于卖方机构而言，要不断提高金融从业人员的专业素质，加强投资者教育和保护。加强对金融从业人员的培训和教育，提高其风险意识和适当性评估能力，降低适当性违规的发生率。鼓励金融机构建立完善的内部培训制度，不断提升从业人员的素质和专业水平。同时，建议加强卖方机构对投资者的

---

[1] 郭峰主编：《金融服务法评论》（第11卷），中国法制出版社2021年版，第184页。

教育和培训，提高其对于金融产品的投资意识和风险意识，增强其自我保护能力，减少因适当性违规而导致的损失。建立投资者保护机制，为投资者提供更加全面、便捷的投诉和索赔渠道。

对于责任承担主体而言，金融机构应当加强适当性管理，对从业人员以及投资者进一步强调适当性义务的重要性，建立完善的风险控制体系，加强对金融产品、投资者的了解，做好风险匹配工作，完善对于销售行为的监管，以减少适当性违规行为的发生，提高金融市场的透明度和稳定性。

结　语

综上所述，金融机构违反适当性义务应当对投资者的损失承担主要责任。在不同的审判案例中，金融机构承担责任的法律依据不同，导致司法裁判的不统一。根据法院的实务案例，金融机构违反适当性义务承担责任的法理依据主要为缔约过失责任和违约责任两个方面。法院裁判的法理依据不同会导致法律适用不一等问题。需立法机关通过具体规定明确适当性义务的构成要件、法律依据的相关内容，并明确适当性义务的时效性。在立法层面加以完善后，会同金融机构的改革，确保适当性义务能够得到更好地履行，切实地保障投资者利益。

浅析金融风险表现及金融立法变革

王　忠[*]

摘　要： 金融风险在对经济发展及稳定构成威胁的同时，也给金融立法带来了影响与挑战，为应对金融风险，金融立法应及时进行变革。本文旨在探讨金融风险表现及金融立法变革。

关键词： 金融风险　金融立法　空转套利

引　言

2018 年 6 月，中共中央、国务院《关于完善国有金融资本管理的指导意见》提出了"更好地实现服务实体经济、防控金融风险、深化金融改革"三大基本任务。金融是现代经济的核心，防控金融风险对经济稳定发展具有重要意义。

一、金融风险表现

自然科学领域对某一事实的理解和判断往往可以在实验室中进行，而社会科学没有研究实验室，当统计数据不充分、研究对象又十分泛化时，替代的研究方式可能是进行历史比较。[1]通过对百年内两次全球危机的比较可以，金融风险具有复杂、隐蔽、传染和突发的特性，当多种风险特征结合在一起时，可能引发系统性金融风险，主要有：

---

* 王忠（1988 年—），男，汉族，山东潍坊人，中国政法大学同等学力研修班 2021 级学员，研究方向为经济法学。

〔1〕 刘鹤主编：《两次全球大危机的比较研究》，中国经济出版社 2013 年版，第 96 页。

（一）空转套利

指金融机构的资金只在金融体系内部流转，无法投向实体经济的行为。以银行为例，银行贷款作为实体企业最重要的间接融资手段，银行存贷比（贷款总额/存款总额）是贷款投放是否充分的"晴雨表"，一般数值越高表示贷款投放越充分，反之则表示投放不足。由于银行需要保有一定流动性以支付储户存款，故存贷比不能达到100%，因此在存款和贷款之间的差值必然会形成"富余头寸"。实践中该类资金通常会投资流动性高的金融资产以覆盖储户付息成本，但当金融市场套利产生的收益高于贷款利息收入，或经济下行、贷款信用风险上升时，银行会主动降低存贷比，将扩大的"富余头寸"投向信用风险更低的金融市场，如质押国债短期回购、买入长久期信用债等操作。存贷款的差值产生的"富余头寸"在金融市场"空转"虽然活跃了金融市场，但资金难以下沉到实体企业，更不利于中小企业融资，继而不利于解决当前就业问题。

（二）资产调表

指金融机构通过特殊时点出售、购入资产，或利用不健全的会计制度，以规避监管指标，美化对外披露的数据。在我国金融市场发展的历史上，各类调表行为以调整资产负债表和估值表为主，如：大中型商业银行与农信类金融机构（或各类券商资管计划）进行银行承兑汇票转贴，双方利用彼此会计科目标准不一或一方科目不完整，混用会计规则，通过转贴票据"买入返售"的形式，从监管指标上，前者释放了自身信贷额度，后者也未占用自身信贷指标，于是该笔信贷资产在两者对外披露的报表中消失，业内称为"销规模"，"销规模"即为"出表"，反向操作则为"入表"，通过调表行为，实现降低存贷比、信用扩张的目的。

（三）结构化发行债券

主要发生在债券发行成本高、发行难度大的发债主体和承销人之间，二者利用金融通道、分级嵌套、公开市场回购、围标等方式认购自身发行债券，变相维持自身流动性的行为。该行为通过金融工具有多种衍变形式，本质是一种绕开监管，结合公开市场的回购融资能力，由发行主体"自售自买"的行为，一旦与"空转套利"结合，当货币政策投放资金挤压空转利差时，回购成本越低，越容易激发结构化发债的动力。结构化发行隐藏了债券的真实风险等级，增量所产生的地方隐性债务，也势必增加各级财政负担。

二、金融立法变革

为防范和应对金融风险，金融立法应作如下变革：

（一）引导金融企业减少空转套利

资本具有逐利性，"空转"本身符合经济规律，因此无法被彻底消灭，虽然可以通过释放大量流动性短期货币政策压缩利差，将资金"挤到"实体，但在解决"空转套利"问题之前，除边际效应致使施策效果有限以外，会引发恶性通胀。本文认为不应试图扭转银行"晴天借伞、雨天收伞"的秉性，应尊重市场规律、发挥法律法规的教育引导作用——通过立法支持，引导创新增长点、引发消费需求，才能从根本上解决"空转"与"实体经济"之间的恶性循环。"我国金融在促进科技创新和科技成果产业化方面迄今仍处于相对初级的起步阶段，金融支持科技创新的空间和潜力还很大……采取财政资金和市场化投资相结合的方式引导资本进入相关领域支持科技创新。特别是要引导资本参与基础研究、从而实现金融支持科技创新、科技创新推动实体经济的发展"[1]，这一观点也与我国对系统性风险的论断"防范和化解危机的根本办法是技术变革、产业转型和社会政策调整"[2]异曲同工，未来的金融立法应结合技术变革等手段实时调整政策，尝试引导金融走出"空转套利"的怪圈。

（二）应加强立法监督

金融立法应加强立法监督，警惕资产调表行为带来的繁荣假象。经过调整后的报表数据，不但无法真实反映金融机构的资产规模、资产价值，也无法准确反映金融机构的风险敞口甚至合规资质等问题。多数调表行为带有一定主观恶意，其隐蔽性增加了金融风险的辨识难度——对国有金融资产履职主体而言，如果对报表数据产生误判，国有金融资本确权过程中无法准确反映资产价值，可能造成高价购入风险资产、低价出售优质资产的现象，不利于国有金融资本的保值增值；[3]对金融机构的投资者、金融消费者而言，则容易引发公众信用危机，造成系统性金融风险。鉴于资产调表往往以"金融

---

〔1〕 张晓慧：《科技创新是大国竞争之核心、金融服务实体经济之抓手》，载 https://baijiahao.baidu.com/s？ id=1733151970937623093&wfr=spider&for=pc，最后访问日期：2023 年 2 月 23 日。

〔2〕 刘鹤主编：《两次全球大危机的比较研究》，中国经济出版社 2013 年版，第 46 页。

〔3〕 财政部人事教育司 2020 年版《财政干部应知应会读本》。

创新"的形式出现，缺少事前备案环节，使监管部门难以预测、预防风险。解决调表问题，一是应高度重视清产核资工作，保证清产核资的独立性、专业性；二是通过立法继续完善会计规则，除尽可能统一不同金融机构之间的科目和计量方法外；三是通过立法丰富监督监管部门的技术检测手段，校对数据真实性。

（三）金融立法应防范结构化发债危害

对于当前部分发行人对结构化债券发行的态度，借用托马斯·杰斐逊对废奴的评价——"好比揪着狼的耳朵"，一方面结构化发债客观上为发行人解燃眉之急，以时间换空间，维持了发行人的流动性，避免了更大信用风险的发生；但另一方面也加剧了市场供需双方的信息不对称，在不同市场、不同主体间传播了流动性风险、信用风险，扭曲了市场定价，容易引发系统性风险。解决结构化发行债券，除了依托监管部门强化处罚、完善债券发行规则之外，应通过金融立法强化财政部门履职职能：①避免国有金融主体购入违背市场规律的债券，如高评级反而高收益的债券、持有度非常集中的债券、一二市场价格差距极大的债券等；②可以尝试将中央"不救助"隐性债务的政策明确为立法精神，督促各级政府做好市场"守夜人"的角色，抑制县域城投机构铤而走险违规发债的行为。

（四）金融立法应健全高管薪酬管理制度

健全薪酬管理制度、加快薪酬体制的改革，需与有效的风险管理相结合，以稳健的公司治理结构为支撑。参考美国两次金融危机，危机爆发前社会财富和收入分配不公程度均处于该国历史高点，生产资料名义所有权和实质支配权分离，权力集中到极少数知识精英手中，出现企业并购浪潮、垄断组织开始在国家经济生活中占据主导地位，劳动者地位不断下降，1985年美国公司管理层工资为工人工资的60倍，到2007年危机爆发前夕，则上升到350倍[1]——薪酬激励制度过高，一方面贫富差距扩大是系统性金融风险的前兆，另一方面也容易诱发企业高管在金融市场上的冒险行为。因此，完善金融立法，健全高管薪酬管理制度，通过适当的股票和期权激励机制，将金融机构管理层、股东、债权人之间利益绑定一致，以利于防范金融风险，避免金融机构管理层各种非理性行为和短视化倾向。

---

〔1〕 刘鹤主编：《两次全球大危机的比较研究》，中国经济出版社2013年版，第130页。

结　语

本文通过阐释空转套利、资产调表和结构化发债等金融风险对金融立法的影响，提出金融立法需引导金融服务实体经济、强化资产真实性立法监督、规范特殊主体债券发行行为、健全高管薪酬管理制度，以应对金融风险。

国际社会应对环境犯罪的立法与实践

杨学建*

摘 要： 近年来，全球范围内环境犯罪问题的严重性愈发突出，这不仅对生态平衡和生物多样性造成严重破坏，还直接危及人类健康和社会经济的可持续发展。[1] 为此，国际社会致力于通过立法和实践以惩治环境犯罪，应对环境犯罪带来的严重后果。本文旨在探讨国际社会在应对环境犯罪方面的立法和实践。

关键词： 环境犯罪 全球化 立法实践

引 言

环境犯罪对全球范围的社会经济可持续发展构成直接且严重的威胁。废物倾倒和资源掠夺不仅导致生态恶化，还妨碍资源的可持续利用；非法贸易活动不仅损害物种多样性与生态平衡，更损害国家和地区的经济，进而导致大规模社会动荡。环境犯罪的严重性不仅在于对自然环境的破坏，更在于对人类社会的全面危害，因此，国际社会有必要予以积极应对。

一、环境犯罪的定义及危害

环境犯罪是指违反法律法规，故意或过失实施的污染或破坏生态环境，情节严重或者后果严重的行为。

---

* 杨学建（1996 年—），男，天津人，中国政法大学同等学力研修班 2023 级学员，研究方向为刑法学。

〔1〕 谭红建等：《气候变化与海洋生态系统：影响，适应和脆弱性——IPCC AR6WG Ⅱ 报告之解读》，载《大气科学学报》2022 年第 4 期。

这类犯罪行为主要包括非法的废物倾倒、非法采伐和贸易珍稀物种植物、非法捕捞和盗猎野生动物等。

环境犯罪不仅损害自然环境，而且严重威胁人类的生存、健康与社会发展：首先，非法的废物倾倒导致土地、水源和空气污染，对生态环境和人类健康产生长期而广泛的负面影响；其次，非法采伐和买卖珍稀植物，加剧了生物多样性的丧失和生态系统崩溃；最后，野生动物非法捕捞和走私也导致珍稀物种濒临灭绝，进一步破坏物种多样性和生态平衡。

二、国际社会应对环境犯罪的立法

为应对环境犯罪的挑战，国际社会及各国通过国际和国内立法以推动跨国合作，并确立对环境犯罪行为的规范和惩罚措施。

（一）国际立法

1.《生物多样性公约》

该公约 1993 年 12 月 29 日生效，作为联合国环境规划署主导的重要协定之一，该公约旨在保护地球生物多样性，并通过可持续使用和公平分享遗传资源的方式，约束各国对生物多样性的保护。[1]

2.《巴黎协定》

该协定 2016 年 4 月 22 日签署，旨在指导世界各国采取行动，降低全球温室气体排放，促进全球气候治理，并协助各国共同努力应对气候变化的挑战，避免气候变化风险。根据协定，各国承诺"把全球平均气温升幅控制在工业化前水平以上低于 2℃ 之内，并努力将气温升幅限制在工业化前水平以上 1.5℃ 之内，同时认识到这将大大减少气候变化的风险和影响"。

3.《巴塞尔公约》

该公约全称为《控制危险废物越境转移及其处置巴塞尔公约》，1992 年 5 月生效，旨在遏制越境转移危险废料，特别是向发展中国家出口和转移危险废料。公约要求各国把危险废料数量减到最低限度，用最有利于环境保护的方式尽可能就地储存和处理，以保护环境和人类健康。

---

〔1〕 汪娟：《我国野生动物保护立法的现状与完善》，昆明理工大学 2005 年硕士学位论文。

（二）中美及欧盟立法

1. 中国

中国通过《环境保护法》《刑法》等法律法规，对环境犯罪进行规范和惩处。《环境保护法》及《刑法》明确规定环境污染、废物管理、自然资源保护等领域的法律责任和处罚措施。中国还实施了严格的环境监管制度，并加大对环境犯罪的打击力度，包括对违法排放、非法捕猎砍伐、非法采矿等行为的处罚力度。

2. 美国

美国拥有一系列环境保护法律法规，用以应对不同类型的环境犯罪。其中《清洁空气法》规定了空气质量标准和对排放的管控措施，包括对污染物排放的限制[1]和处罚措施。此外，其他法律如《清洁水法》和《资源保护与复原法》也规定了不同环境犯罪行为的制裁措施。

3. 欧盟

欧盟制定了诸多法律以保护生物多样性和生态环境。其中《生物多样性法案》规定了禁止非法采集和贸易野生动植物的措施，保护濒危物种。此外，欧盟通过《废物管理法》《环境影响评价法》等法规，规定了对废弃物处理和各类活动中环境影响的要求，以减少环境犯罪行为及活动。

三、国际社会应对环境犯罪的实践

各国执法机构加大了对环境犯罪的监管力度。通过技术监察手段、加强边境监管、设立举报热线以及国际合作等方式，加强对环境犯罪行为的打击；执法部门还进行定期的检查和执法行动，打击环境犯罪活动，并对违法行为严厉处罚。

（一）监管和控制非法木材贸易

非法木材贸易是导致全球森林砍伐的主要原因之一。这种行为严重破坏森林生态系统，威胁着大量物种的生存。例如，非洲亚马孙和东南亚等热带雨林长期存在非法砍伐的影响，其导致的植被损失不仅影响全球生物多样性与生态平衡，还危害当地居民的生计。针对此问题，各国家采取强力监管和

---

〔1〕 班译尹：《地方环保执法的长效机制研究——以广西贵港市为例》，广西大学 2018 年硕士学位论文。

控制木材来源的措施，确保木材的合法采集和贸易。

（二）监管和打击野生动物走私

野生动物走私对全球的生物多样性构成了巨大威胁。非法贸易涉及犀牛、象及鲸鱼、海豚等珍稀动物的非法捕猎和交易。这导致许多物种面临灭绝的风险。各国为打击野生动物走私，不断加强边境监管，并利用技术手段、加大对盗猎行为的执法惩罚力度，同时加强国际合作，对抗这一犯罪行为。

（三）加强管理非法废物倾倒

非法废物倾倒导致土壤和水源污染，对人类健康和生态环境造成严重威胁。这种行为不仅影响人类生活，还对生态系统产生长期负面影响。一些国家通过加强废物管理来应对这一问题，实施严格的废物处理措施、加强监测和审查制度，鼓励废物回收和减少废物排放，以减少非法废物排放、倾倒的行为。

上述实践凸显了环境犯罪对生态和社会的严重危害。各国通过强化立法和执法，积极合作，为打击环境犯罪做出长足努力。

然而，现实仍需更多国际合作和综合措施，持续应对环境犯罪带来的挑战。未来需要从以下方面做出努力：第一，加强国际合作。具体举措是进行信息共享平台升级，建立安全、高效的信息共享平台，使用加密技术确保信息安全，使各国执法机构可以实时分享情报；推动跨国合作协议，保障执法机构能在跨国范围内共同行动，携手打击环境犯罪；同步开展国际执法培训，提高各国执法人员的专业水平，加强对环境犯罪行为的识别和打击能力等。第二，技术应用创新。实时监测智能分析：发展更先进的卫星和无人机监测系统，实时监控森林覆盖率、气候变化、野生动物数量、非法活动数据和 AI 技术，分析监测数据，以便精准打击环境犯罪活动。区块链追溯系统：建立商品和资源追溯系统，确保资源贸易合法性和可追溯性，阻断非法木材和野生动物产品流通。第三，公众教育和社会参与。教育计划和宣传活动：设立广泛的教育计划，提高公众对环境保护的认识，以及环境犯罪对社会的危害性。同时利用网络社交媒体广泛传播环境保护理念，呼吁大众积极参与环境保护行动。举报奖励机制：建立鼓励举报环境犯罪行为的奖励机制，以激励公民积极参与打击环境犯罪。[1] 第四，立法执法改进。法规修订和完善：审议

---

[1] 周学红、张伟：《从野生动物产业谈〈野生动物保护法〉的修改》，载《东北林业大学学报》2003 年第 6 期。

和修订现有法规，强化法规的完整性和适用性，填补法律漏洞，以更好地应对新型环境犯罪形式。加大对环境犯罪的执法力度，提升执法人员专业水平，以起到更好的监察和威慑作用。法律援助机制：提供环境犯罪的法律援助机制，确保所有人都有机会通过法律途径维护环境权益。第五，可持续发展。可再生能源推广：大力发展。可再生能源，减少对化石燃料的依赖，延缓气候变化，降低对环境的影响。绿色生产模式：支持绿色可持续生产方式，推广资源回收和循环利用，推进循环经济，降低废物产生，减少自然资源过度消耗。实现碳达峰、碳中和等绿色生产目标，减少对环境的不利影响。这些更具体的措施将有助于在未来更有针对性地应对环境犯罪，从而推动全球环境保护事业的可持续发展。

结　语

环境犯罪已经且持续对全球生态平衡和人类社会产生严重负面影响。尽管国际社会和各国已经建立了法律框架并采取了严格执法措施来打击环境犯罪，但仍需采取更多不同的行动，通过全球合作和持续努力，才能更好地应对环境犯罪的威胁，确保地球永续发展。

浅析网络暴力刑事化治理的优化

李玉琦[*]

摘　要： 随着网络技术的发展，网络暴力成为高发的危险行为，会产生危害公民基本权益的实质性结果。推动网络暴力刑事化治理是促进我国网络治理体系的完善和法治建设的关键。本文旨在探讨网络暴力刑事化的治理路径，以期实现对网络暴力的有效治理。

关键词： 网络暴力　基本权益　刑事法律治理

引　言

随着网络的普及，网络暴力事件逐渐增多，时常引发被网暴者抑郁、自杀等严重后果，如 2021 年杭州取快递诽谤案、2023 年武汉校园碾压案学生母亲被网暴跳楼事件等。网络暴力已经成为严重影响社会秩序和公共利益的问题。针对这一现状，推动网络暴力刑事化治理已成为当务之急。

一、网络暴力概念的界定

网络暴力是指网络技术风险与网下社会风险经由网络行为主体的交互行为而发生重叠，继而可能致使当事人的名誉权、隐私权等人格权益受损的一系列网络失范行为。[1]

---

[*] 李玉琦（1997 年—），男，河南人，中国政法大学同等学力研修班 2023 级学员，研究方向为经济法学。

[1] 姜方炳：《"网络暴力"：概念、根源及其应对——基于风险社会的分析视角》，载《浙江学刊》2011 年第 6 期。

二、网络暴力刑事化治理的现状

（一）存在刑法适用上的不确定性

刑法作为保障法、后位法，是一种补充性的制裁方式。现行刑法难以涵盖网络暴力行为。根据我国的法律实践，涉及网络暴力的案件，基本为民事诉讼案件，案由集中在名誉权纠纷、网络侵权责任纠纷、隐私权纠纷、生命健康权纠纷等，而刑事案件涉及网络暴力数量较少，实践中缺乏运用刑罚处理网络暴力的思维。[1]网络暴力行为涉及虚拟空间、技术手段等复杂因素，具有实施门槛不高、施暴者难以追溯和信息易扩张的特点。立法者在制定相关法律时往往会遇到具体情形不明确、解释模糊等问题，导致法律适用存在困难，相关刑法规制手段处于失位状态。刑法中的侮辱罪、诽谤罪的保护法益是自然人的人格权、名誉权，其中，以抽象的言论指责他人，可能成立侮辱罪；以具体的内容指责他人，可能成立诽谤罪。[2]如果针对的不是自然人的法益，那么现有的法律罪名将无法涵盖。同时，"人肉搜索"事件一般认为应成立"侵犯公民个人信息罪"，在《刑法》中"侵犯公民个人信息罪"的前提是获取信息的路径是违法的，而如果行为主体获取他人的信息是通过合法途径整合发布的，那么此行为可能就无法成立此项罪名。

（二）存在网络暴力主体追责的不确定性

我国刑法规制网络暴力主要以侮辱诽谤罪、侵犯公民个人信息罪为主，根据《刑法》第 246 条侮辱诽谤罪规定，需要当事人告诉的才处理，要达到情节严重的程度才能满足"自诉转公诉"的条件。但在很多情况下，网络暴力通常达不到构成犯罪的标准，即使受害者因网络暴力产生轻生、抑郁等严重后果，其网络暴力主体行为与消极后果之间的因果关系也难以判断。一方面，我国网络暴力刑事化治理中存在着执法难度大、证据收集困难等问题。网络暴力往往具有跨地域性、匿名性等特点，使得执法机关在侦破案件、取证等过程中面临着一定的困难，无法判断参与主体和参与人员，严重影响了刑事化治理的效果。另一方面，网络具有广泛传播性，截至 2023 年 6 月，我

---

〔1〕 刘晓航：《网络暴力的刑法规制困境及应对》，载《北京社会科学》2023 年第 5 期。
〔2〕 张丽卿：《刑法对诽谤言论的合理规制》，载《台大法学丛论》2016 年第 4 期。

国网民规模达 10.79 亿人，互联网普及率达 76.4%，[1]每个热点事件的参与和关注人数众多，网民不断地转载、阅读，成为网络暴力的间接参与者，无法计算每个参与者责任的大小和界定参与者的类型。由此，诸如此类网络暴力事件一直无法查明惩戒，这就间接导致了网络暴力事件的蔓延。

三、网络暴力刑事化治理的优化建议

（一）强化网络暴力法律修订与完善

在完善我国网络暴力刑事化治理方面，需要针对法律修订与完善提出具体建议。首先，从修订相关法律法规入手，例如对《刑法》相关条款进行修订，明确网络暴力认定标准和刑事责任的界定，将网络暴力罪纳入公诉范畴，新设"网络暴力罪"时可将对网络暴力罪的追诉一律设定为公诉程序。[2]其次，在立法层面充分考虑网络暴力的特殊性和复杂性，避免法律条文过于宽泛或模糊，刑法修正案可增设禁止实施网络暴力的禁令，在网络暴力发生后，寻求禁令救济是预防网络暴力的最佳选择。[3]同时，通过加大对网络暴力相关法律法规的宣传力度，提高公众对网络暴力刑事化治理的认识和理解，增强法治意识和规范意识，有效遏制和打击网络暴力。加强对青少年和未成年人的法治教育，引导他们养成正确的网络行为习惯，避免参与或受害于网络暴力，从源头上减少网络暴力行为的发生。另外，针对网络暴力刑事化治理中存在的问题，还可以提出加强跨部门协作与国际合作的建议。应当建立起多部门联动的工作机制，加强公安部门、司法机关、网信办等相关部门之间的信息共享和协作配合，形成合力打击网络暴力的工作格局。加强与国际社会的合作与交流，共同应对跨境网络暴力带来的挑战，加大国际追逃力度，避免网络暴力犯罪分子借助跨国作案逃避法律制裁。通过加强跨部门协作与国际合作，提升我国网络暴力刑事化治理的执行效果，实现网络空间的清朗

---

［1］ 中国互联网络信息中心：《第 52 次〈中国互联网络发展状况统计报告〉》，载 https://www.cnnic.cn/NMediaFile/2023/0908/MAIN1694151810549M3LV0UWOAV.pdf，最后访问日期：2023 年 8 月 28 日。

［2］ 陈罗兰：《网络暴力的刑法治理与罪名增设》，载《法律科学（西北政法大学学报）》2023 年第 5 期。

［3］ 姜涛：《网络暴力治理中刑事责任、行政责任与民事责任的衔接》，载《法律科学（西北政法大学学报）》2023 年第 5 期。

和安全稳定。

（二）强化行政执法机制与能力建设

为有效打击网络暴力，需要不断加强执法机制建设，提升执法部门的能力和水平。首先，应当加强相关部门之间的协作与配合，建立起跨部门、跨地区的工作机制，形成一体化的执法力量，实现资源共享、信息互通。其次，应当加强执法人员的培训与专业化能力建设，提高他们对网络暴力的识别能力和打击水平，确保执法工作的专业性和高效性。同时，还应当加强科技手段在执法工作中的应用，充分利用大数据、人工智能等技术手段，提升侦查和打击网络暴力的效率和精准度。另外，建议加大对执法机构的投入和支持力度，提高其办案效率和水平，确保网络暴力得到及时有效的打击和处置。在执法机制与能力建设方面的不断完善和提升，将有助于推动我国网络暴力刑事化治理工作取得更加积极的成效，维护网络安全和社会稳定的大局。

（三）社会参与与监督机制

①加强公众教育和宣传：通过开展网络暴力的宣传教育活动，提高公众对于网络暴力的认识和理解，增强公众对于网络暴力刑事化治理的支持和参与度。可以借助各种媒体平台、举办专题讲座和研讨会等形式，提升社会对于网络暴力问题的关注度。②设立专门举报渠道：建立便捷高效的网络暴力举报渠道，鼓励公民对发现的网络暴力进行举报，形成多元化的监督机制。同时，对于举报者的信息保护和激励机制也需要进一步完善，以提升举报的积极性和真实性。③发挥社会组织和媒体监督作用：鼓励社会组织、媒体等第三方机构参与网络暴力监督工作，加强对相关法律政策执行情况的跟踪报道和监督。这些第三方机构可以通过舆论监督、舆论引导等方式，推动相关部门更加积极有效地开展网络暴力刑事化治理工作。④建立网络暴力治理的多元化参与机制：鼓励各方利益相关者，包括政府部门、企业、社会团体和个人等，共同参与网络暴力的治理工作。建立跨部门、跨行业的协作机制，形成合力，共同推动网络暴力刑事化治理工作取得更好的效果。通过以上措施的落实和完善，可以有效提升我国网络暴力刑事化治理的社会参与度和监督效果，促进网络行为规范化、法治化的进程。

结　语

近年来，公民享有言论自由的权利，但随着网络空间的快速发展，网络暴力呈现出逐渐增多的趋势，并逐步突破网络与现实的界限，急需刑法规制与技术手段的介入。任何权利都有边界，网络空间亦是如此，推进网络暴力刑事化治理，不仅是能够营造"清朗"的网络环境，更是对公民个人权益的保护。但刑法毕竟是法益保护法，要坚持最后手段原则，避免"泛刑化"，对具体的事件还要具体分析。

浅析中俄能源合作中的困境与应对

——以"一带一路"为视角

吴　静*

摘　要:"一带一路"建设为中俄两国能源合作带来了多方面的便利,也在中俄两国元首的谋划、部署与推动下为两国能源合作提供了制度基础,促进了两国能源市场环境繁荣发展。然而,中俄能源合作中也存在一些问题,这些问题需要通过制度构建予以解决。本文旨在探讨中俄能源合作法律制度的构建路径。

关键词:中俄关系　能源合作　"一带一路"

引　言

2013年秋,习近平主席提出了共同建设"丝绸之路经济带"和"21世纪海上丝绸之路"的倡议。十年来,在习近平主席亲自谋划、亲自部署、亲自推动下,"一带一路"倡议已经成为当今世界最受欢迎的国际公共产品和最大规模的国际合作平台。[1]依托"一带一路",中俄两国也在能源合作方面进入了新的战略机遇期,同样也需要完善的法律机制予以保障。

一、"一带一路"下中俄能源合作的新机遇

(一)中俄两国能源合作的理念基础与法律前提

2020年,中国在第七十五届联合国大会一般性辩论中宣布:"将提高国家

---

* 吴静(1989年—),女,汉族,内蒙古鄂尔多斯人,内蒙古三恒律师事务所律师,研究方向为经济法学。

〔1〕刘国中:《为实现高质量共建"一带一路"美好愿景作出积极贡献》,载《人民日报》2022年8月10日。

自主贡献力度，采取更加有力的政策和措施，二氧化碳排放力争于 2030 年前达到峰值，努力争取 2060 年前实现碳中和。"[1]与发达国家不同的是，中国的工业化进程和城市化发展尚未完成，中国的能源需求将在一定时期内仍保持增长态势。相较于发达国家 60 多年的过渡期，中国只有 30 年左右的时间，对中国发展速度的要求极为苛刻。因此，对于我国而言，实现碳达峰、碳中和是一场艰难考验。2021 年 10 月，俄罗斯总统普京宣布了俄罗斯将在 2060 年前实现碳中和目标，《俄罗斯到 2050 年前实现温室气体低排放的社会经济发展战略》也为俄罗斯 2060 年前实现碳中和的目标确立了顶层规划。这意味着两国在能源发展方面有着相似且契合的理念与谋略。且中俄两国拥有巨大的低碳能源发展潜力，有助于推动两国能源合作可持续高质量发展。近年来，中俄两国也在共促能源合作方面签署了多项合作协议，如《关于通过中俄西线管道自俄罗斯联邦向中华人民共和国供应天然气领域合作的备忘录》《中国石油天然气集团公司与俄罗斯天然气工业公司关于经中俄西线自俄罗斯向中国供应天然气的框架协议》等双边合作协议，为推动中俄两国能源合作起到了重要作用。

（二）便利的基础设施条件

俄罗斯气候、地理条件复杂，虽然拥有极为丰富的资源储备，但由于地理和气候原因使得开采难度极大。而在"一带一路"的推动下，中俄共建"冰上丝绸之路"，成功开启了亚马尔项目，这是"一带一路"下在俄罗斯实施的首个特大型能源合作项目。2017 年投产，目前已有两船气运回中国。亚马尔 LNG（液化天然气）项目有效缓解了我国天然气短缺的问题，也不断地提高了在运输方面的效率，中俄东线的天然气管道贯通黑龙江至上海等九个省市，已有百亿吨天然气源源不断地输送至我国，极大地促进了中俄两国天然气领域稳定、良好的发展态势。[2]

（三）良好的市场环境

近年来，俄罗斯开采 LNG 的能力与数量快速攀升，虽然以 2021 年的统计数据看，出口至欧洲的管道气仍占总出口量的 85% 以上，但是受地缘政治因素影响，俄罗斯油气出口量已经明显战略东移。相比 2016 年中俄 LNG 能源贸易量，2020 年俄罗斯对中国 LNG 的出口量增长了 22 倍。在供给侧，俄罗斯

---

〔1〕 杨艳：《新形势下中国石油企业技术创新思考》，载《世界石油工业》2021 年第 6 期。
〔2〕 郭济民等：《中俄能源合作发展的现状及对策》，载《金融文坛》2023 年第 1 期。

向中国出口 LNG、氢能等新能源，意味着能源实现货币市场化，同时中国在碳达峰、碳中和的目标指引下，将会为其提供更为广阔且长远的市场增长环境。而在需求侧，则利于中国降低天然气、氢能等能源的进口和运输成本，符合中国多元化的市场发展需求，甚至有望以"一带一路"为节点，在中国建立以引进天然气等能源的自贸区。

二、"一带一路"背景下中俄能源合作中存在的困境

"一带一路"促使中俄两国进一步加强能源战略合作关系，但另一方面，中俄能源合作也存在着很多困境。

（一）俄罗斯国内立法对中俄能源合作的制约

俄联邦由 8 个联邦区组成，包括直辖市、共和国、边疆区、自治区、州和自治州等 83 个实体，表现在能源法律方面，俄罗斯国内能源立法受联邦制国家的影响呈现出多样性、不稳定性的特点。此外，俄罗斯的能源立法也受本国外交政策影响较大，牵制着俄罗斯能源市场与能源价格。同时，俄罗斯为避免他国影响国家能源安全，加大了国家对于能源的绝对控制，提高了外资企业进入其本国能源市场的政策壁垒。这也导致了包括中石油在内的诸多外资公司在俄收购多次失败。[1]

（二）缺乏规范中俄能源合作的相关国际法

俄北极地区拥有极为丰富的油气资源，加速北极能源开发已经成为俄罗斯能源战略调整新的依托方向。但作为合作框架的法律制度在该方面却存在诸多空白。《联合国海洋法公约》（以下简称《公约》）在国际海洋法体系中有着举足轻重的作用，也成为北极开展各项活动的法律依据。但《公约》对于大陆架界限的划分现很难解决能源开采范围的问题，[2]如 2001 年俄罗斯试图将大陆架延伸至油气资源集中的罗蒙诺索夫海岭便体现了北极外大陆架划界的问题。[3]因此，在北极大陆架外的能源合作缺乏普适性法律规范，极易引发争端。而区域性协定也在北极能源开发方面鲜有涉及，这也将会造成在北极能源合作中解决争端的权威性依据不足，从而制约中俄两国在北极的能

〔1〕 丹美涵等：《俄罗斯低碳转型下中俄能源合作新机遇》，载《国际石油经济》2022 年第 4 期。

〔2〕 蔡高强、朱丹亚：《"冰上丝绸之路"背景下中俄北极能源合作的国际法保护》，载《西安石油大学学报（社会科学版）》2021 年第 3 期。

〔3〕 章成：《论北极地区法律治理的框架建构与中国参与》，载《国际展望》2015 年第 6 期。

源合作深入推进。

三、应对中俄能源合作中的困境

本文认为，应从以下方面应对中俄能源合作中存在的困境：

（一）完善国内相关立法

我国目前能源领域虽然法律规范较多，如《矿产资源法》《可再生能源法》《石油天然气管道保护法》等多部法律，但在对外能源合作方面仍缺乏具体规定，同时在涉外能源合作争端解决机制方面也缺乏行之有效的法律规范予以保障。中国应重点加强国内能源基础法、对外能源合作与争端解决等法律规范的制定，为"一带一路"背景下的能源合作提供法律支持。

（二）提高中国企业防范和化解风险的能力

中企在中俄两国能源合作之前，应加强对俄企的背景调查与风险评估，对损益情况作出合理预判是防范风险的首要之事。聘请专业法律顾问结合俄罗斯国内立法以及中俄能源合作协定，对预签合同进行仔细审查，同时针对企业履约能力与历史履约诚信状况进行综合评估，以防范双方合作过程中出现一方恶意毁约的行为。甚至由于俄罗斯能源立法情况多变，政治形势不稳定的情况，中企可以选择购买保险等途径来避免损失。

（三）推动构建和完善相关的国际法

主权国家既参与能源合作，也参与法律机制的构建。能源基础设施设备建设、能源投资开发、能源贸易与争议解决、能源环保协议等领域，只有构建全面的法律规范体系，才能在能源合作中长效发展。如中俄可以构建专属于北极区域能源合作法律规制体系，中俄两国可以建议如北极理事会、International Maritme Organization（IMO）、联合国环境规划署等权威性国际组织积极针对制定"北极条约"展开磋商，对资源开发、主权划分、争议解决等规范不详之处或空白领域加以完善。

结 语

中国应以中俄两国在"一带一路"背景下的倡议实施为契机，通过完善国内相关立法，提高中国企业防范和化解风险能力，创新能源国际合作法律制度，以破解两国能源合作中的困境，促进两国能源合作的进一步发展。

基差贸易后点价模式下卖方风险浅析

夏晓春[*]

摘　要： 基差贸易是一种低风险的贸易模式，通过期货保值将商品的绝对价格波动风险转化为相对价格波动风险，即基差波动风险，大大降低了贸易过程中承担的风险，提高贸易企业经营的稳定性和可持续性。但在实际业务中后点价模式下卖方其实承担了很多隐蔽性的风险，甚至可能会使原本的期货保值动作转变为单边头寸占用，造成卖方严重资金风险。鉴于此，本文旨在探讨和分析基差贸易后点价模式下卖方风险，以利于卖方进行预先的风险防范。

关键词： 基差贸易　后点价　卖方风险

引言：

作为一种低风险的贸易模式，虽然可以大大降低贸易过程中的风险，但在基差贸易后点价模式下，卖方也存在着一定的风险，了解这些风险对于卖方进行预先风险评估和防范具有重要意义。

一、基本概念界定

（一）基差点价的基本含义

基差是指现货价格与期货价格之差。基差又称升贴水，升贴水是基差的一种表现形式。[1]基差点价是指以某月份的期货价格为计价基础，在期货价格加上或减去双方协商同意的升贴水来确定双方买卖现货商品价格的定价方式。与之相对的是传统的一口价交易模式或是即期市场价交易模式。

---

[*] 夏晓春（1996年—），男，汉族，上海人，超威集团职工。

[1] 贺涛：《从定价模式看大宗商品和价格风险管理》，载《商业企业》2021年第6期。

基差点价主要应用于大宗商品贸易领域，很多大型企业为了降低价格波动风险，保证收益稳定，经常采取基差贸易的这种"期货+升贴水"的点价方式来确定现货的最终结算价格。

（二）后点价的基本含义

根据点价的先后可以分为先点价和后点价。先点价是在合同签订之时就已经将期货合约价格及升贴水进行确定，其实这与现货绝对价格交易相似，只是在双方签订的买卖合同中写作"期货合约+升贴水"的形式，可以使合同价格更为公开透明，同时也提高了议价效率。

而在后点价模式下，买卖双方在合同中往往仅确定期货合约种类（例如碳酸锂 2407 合约）、升贴水（例如贴水 800 元）以及可后点价的期限（例如合同签订后的 3 个月内），点价方可在该点价期限内进行点价。在点价期内，期货合约的盘面价格时刻都在波动，而点价方即可根据行业经验，选择一个对自己最有利的时间点进行点价，从而确定现货的最终结算价格。

二、后点价模式下卖方的主要风险

对于卖方来说，其面临着期货盘面下跌，从而导致最终结算价格降低的风险。在实际操作中，一般卖方在前期商品采购时即进行卖出套期保值，等到买方点价后，卖方立刻进行平仓，这样无论期货盘面涨跌，卖方都能获取合理且固定的销售利润。[1]但是，容易出现以下情形：

（一）点价未提

即买方在点价期内点价后，却迟迟不提走现货。此种情形下由于现货货权还在卖方手里，卖方主要担心期货盘面价格在买方点价后下跌，因为价格下跌之后买方可能毁约不再提货。

以笔者代理过的案件为例：X 公司（作为卖方）与 Y 公司（作为买方）通过签订《2016 年度合同》，约定 X 公司向 Y 公司出售特定规格的铜杆铜线。

合同约定："……（2）若在货品交付之前，市场价格和买方所点价格下跌超过 5% 时，则买方须在接到卖方保证金追加通知后一个工作日内，补足价

---

〔1〕 笔者注：由于后点价模式下，无论期货盘面涨跌，卖方的销售利润都是提前锁定且固定的；但对于买方来说，当期货盘面下跌时，其采购绝对价将随之降低，故而期货盘面价格下跌往往更能促进买方尽快行使点价权。

格下跌部分差额……（4）若买方未按约定交纳或补足保证金，卖方有权取消该笔交易并要求买方按本合同的约定支付卖方违约金……"

合同签订后，Y公司在点价期内如期点价，但之后期货盘面价格不断下跌，导致Y公司迟迟不愿提走现货。

X公司向法院主张应由Y公司承担其资金成本、仓储费、装卸费等损失及双方合同中所约定的期货损失，但由于X公司在诉讼中未能提供其在Y公司违约即拒补保证金并迟延提货导致X公司解除合同后，对上述铜材进行期货交易的交割单或履行相关期货交易手续的凭证，亦未提供其实际支出相应费用或实际承担损失的证明。故法院认为X公司不能证明期货交易及期货损失确实存在，X公司应承担举证不能的不利后果。

最终法院对X公司的主张不予支持。

本案暴露出买方点价后不提货的行为可能给卖方带来的风险，即：一方面，由于在点价时卖方已经将期货套期保值头寸平仓，故无论点价时卖方的期货账户权益是否真正存在亏损，[1]卖方在诉讼中都将很难证明其因买方的迟延提货行为而导致实际产生了期货账户上的权益亏损，这源于买方点价在前，但违约在后；另一方面，由于在实际经营过程中，卖方需要考虑双方合作关系的维系，故而尽管在合同中大多约定了卖方可以没收履约保证金，但卖方在实际往来中也很少去行使该项权利。这最终将造成卖方的资金一直被占用在现货上并产生额外资金成本及机会损失，而这对于大宗商品贸易公司高周转的特性来说将是极为不利的。

(二) 提货未点

即买方在提货期内提走现货后，却迟迟不肯在点价期内进行点价。此种情形下由于买方一直未在期货盘面点价，卖方主要担心价格上涨，因为价格上涨之后客户可能一直拖延点价，往往同时还伴随拒绝补缴保证金，直至点价期满后仍然不点价，甚至要求延长点价期、移仓换月等。

以笔者代理过的案件为例：A公司与B公司于2014年7月签订《购销合同》《采购合同》，约定A公司向B公司销售阴极铜、电解铜。根据合同的约

---

〔1〕 笔者注：实际上，仅就卖方的期货账户权益是否存在亏损来说，这取决于买方点价时的期货盘面价格，也即卖方的平仓价格。若平仓价格高于该商品在采购时所进行的卖出套期保值价格，则卖方期货账户权益存在亏损；若平仓价格低于采购时的套保价格，卖方的期货账户权益实际上是盈利的。

定和双方交易习惯，B 公司有权在 A 公司收到 B 公司××%保证金后进行点价，如 B 公司未点价，且 B 公司已经根据临时价格支付了货款并提货，当上海期货交易所相应合约月份的电解铜价格上涨导致已付保证金不足以承担价格上涨风险，A 公司有权对 B 公司未点价头寸进行平仓。上述合同签订后，B 公司未能在约定的最晚点价期内点价，且铜价一直处于上涨状态，A 公司无奈向 B 公司发送《保证金催款通知书》，要求 B 公司在 2014 年 12 月 15 日交足保证金。但 B 公司未予理会，A 公司于 2014 年 12 月 15 日强行点价，点价价格为 b 元/吨，因此双方结算价格为 139 340 000 元。因被告已经支付 108 300 000 元，考虑到被告另已支付保证金 6 000 000 元可冲抵一部分货款，B 公司仍应向 A 公司支付货款差额 25 040 000 元。故 A 公司诉请判令：第一，B 公司向 A 公司归还欠款 25 040 000 元及利息损失；第二，诉讼费由 B 公司承担。案件审理中，A 公司放弃要求 B 公司支付利息损失的诉讼请求。最终，法院判决支持原告诉求。

本案暴露出买方提货后不点价的行为可能给卖方带来的风险，即：一方面，当期货盘面价格上涨超过一定幅度时，买方拒绝补缴保证金并经卖方催缴后仍不补缴，此时由于卖方采购现货商品时已经进行了卖出套期保值，如今现货已被买方提走，原本的风险对冲状态转变为期货单边头寸状态。故而倘若买方一直不点价直至超过点价期限仍然不点价，卖方将一直无法平仓，最后只得迫于无奈行使强制点价权，即卖方自行在期货盘面价格高点进行强制平仓，而这最终将导致卖方期货账户权益产生实际亏损。另一方面，在实际经营中，卖方实际很少行使强制点价权，往往会同意与买方签订补充协议，约定将点价期顺延，与此同时卖方配合在期货盘面上进行移仓换月。但在进行移仓换月操作时，倘若期货远月合约的开仓价格低于近月合约的平仓价格，仍然将对卖方的期现结合总权益造成事实上的损害。并且由于进行了移仓换月，倘若最终在新的点价期内买方仍然不点价，届时的举证难度较移仓之前而言将更大。

结　语

基差贸易后点价模式下卖方可能会遭受到隐性风险，包括点价不提和提货不点情形下导致的卖方风险。该文对此分析的目的是为卖方进行事先风险评估及防范提供一定的参考。

论我国刑事涉案财物处置体系的完善

李　静　涂安杰*

摘　要： 侦查、公诉、审判、执行各机关对查封、冻结、扣押、追缴刑事涉案财物流程的规范，证据的搜集固定，财物的保管、移交、判决和处置各环节一直普遍存在一系列体系性、制度性以及操作性的问题。原因在于司法实践对背后法理不够清晰，系统认知不够完备，程序模式不够具体，职能责任不够确定。本文旨在探讨刑事涉案财物处置体系的完善问题，以期实现依法惩治犯罪与保护产权相统一的目的。

关键词： 刑事涉案财物　违法所得　善意取得

引　言

刑事涉案财物处置问题，复杂敏感，涉案体量大，牵动民生，潜在影响不可估量，已成为刑事案件执行中难以突破的瓶颈。虽然自 1979 年有"小宪法"之称的我国第一部《刑事诉讼法》颁布实施以来，刑事涉案财物处置的相关程序性法律规定和《刑法》第 64 条关于涉案财物的处置规定，刑事法定各罪没收财产、罚金的财产刑规定以及刑事附带民事相关规定不断细化完善，各级司法机关刑事涉案财物处置工作水平不断提升。但全国各地各级司法机关也一直普遍存在着一系列的问题和困难，体现在侦查、公诉、审判、执行各个机关对查封、冻结、扣押、追缴刑事涉案财物流程的规范，证据的搜集固定，财物的保管、移交、判决和处置各个环节、各个方面。由此可以得出，我国刑事涉案财物处置体系存在问题，亟须完善。

---

* 李静，女，深圳市中级人民法院高级法官，深圳法院首届审判业务专家，研究方向为刑法学。涂安杰，女，深圳大学新型犯罪与疑难案件研究中心主任助理，研究方向为刑法学。

一、刑事涉案财物处置的界定和法律沿革

（一）刑事涉案财物以及处置的界定

1. 目前理论界的界定

目前对刑事涉案财物的界定和分类，各学派之间并无本质区别，多是基于《刑法》第 64 条的规定，认为其范围包括犯罪分子的违法所得、违禁品和供犯罪所用的本人财物，将与刑事案件犯罪无关的财物排除在刑事涉案财物范围之外。但同时各理论学派在研究刑事涉案财物时，也均注意到与财产刑的区别，多数观点认为财产刑作为刑罚的一种方式，针对的是犯罪分子的合法财产，与刑事涉案财物中对"违禁品和供犯罪所用的本人财物"应予没收属不同种类。例如，有学者在理论上将其区分为一般没收与特别没收，一般没收是指对犯罪人合法财产的没收，特别没收是指对犯罪行为相关的物的没收，并认为对刑事涉案财物的没收属于特别没收的范畴，而非一般没收。[1]一般没收不问该财产与犯罪是否具有关联性。特别没收则仅将与犯罪有密切关系的特定物收归国有，也被称为限制没收。近代以来，各国刑法大多仅限于特别没收[2]。

2. 刑事涉案财物的"两分法"

不同于传统理论观点对刑事涉案财物的认定，本文认为，从刑事案件办理实际以及区分的价值意义角度，刑事涉案财物可从广义、狭义两个维度加以区分，即"两分法"。狭义的刑事涉案财物，专指赃款赃物、作案工具等供犯罪分子所用之本人财物，其外延与《刑法》第 64 条规定相同。而《刑法》第 64 条关于"违法所得财物"和"供犯罪所用的财物"的范围，存在较大争议。[3]本文在此不作深入探讨。广义的刑事涉案财物，则不仅包含前述与犯罪有关的财物，还包含应折抵"退、赔、罚、没"之犯罪分子的合法财产。无法原物退还被害人的，势必存在以合法财产进行折抵、赔偿。罚金、没收财产性质作为财产刑，虽系以合法财产来执行刑罚，但仍属刑法规定之应判处财产刑案件所必须处理的部分，涉及的仍是财物处置。不论是在侦查阶段、

---

〔1〕 乔宇：《刑事涉案财物处置程序》，中国法制出版社 2018 年版，第 9 页。

〔2〕 张明楷：《论刑法中的没收》，载《法学家》2012 年第 3 期。

〔3〕 温小洁：《我国刑事涉案财物处理之完善——以公民财产权保障为视角》，载《法律适用》2017 年第 13 期。

公诉阶段、审判阶段还是在执行阶段，其处置与赃款赃物、作案工具等并无实质分别。出于统一规制对赃款赃物、作案工具以及用于赔偿或罚没的合法财产采取强制措施以及执行阶段进行处置的需要，将刑事涉案财物从广义角度加以界定有其合理性及实用性。最高人民法院《关于刑事裁判涉财产部分执行的若干规定》也未对赃款赃物或供犯罪所用本人财物以及合法财产予以区别对待，而是在第 1 条统一规定，"本规定所称刑事裁判涉财产部分的执行，是指发生法律效力的刑事裁判主文确定的下列事项的执行：（一）罚金、没收财产；（二）责令退赔；（三）处置随案移送的赃款赃物；（四）没收随案移送的供犯罪所用本人财物；（五）其他应当由人民法院执行的相关事项"。由此可见，司法解释已将罚金、没收财产的执行与赃款赃物等与犯罪有关的财物的执行并列纳入涉财部分的执行，由此将犯罪分子的合法财产纳入刑事涉案财物范围尤显必要。

3. 刑事涉案财物处置的"四阶段"

"四阶段"是指侦查、公诉（包括自诉）、审判、执行四个阶段。刑事案件从侦查立案（自诉案件的保全在此不做讨论）起，就不可避免地涉及对财物的处置：一是侦查机关为了侦破案件，需扣押作案工具、物证、赃款赃物甚至常常即时包括犯罪嫌疑人相应的合法财产等；二是对权属明确的被害人合法财产，凡返还不损害其他被害人或者利害关系人的利益、不影响诉讼正常进行的，应当及时返还；三是对需要变价处分、保存价款的，予以处理；四是对作为证物、有权属争议的被害人财产以及用于退赔的嫌疑人合法财产，又需继续流转至起诉、审判、执行阶段。检察机关同样负有审前返还被害人财产、变价处分特定财物以及将涉案财物移送起诉的工作职责及处置职权。审判机关则需对涉案财物审查接收证物、庭审质证物权、具体作出处置。执行机关则遵照判项执行涉案财物、根据侦查机关的继续追缴作出执行措施。

（二）法律沿革

我国刑事涉案财物处置的法律规定，经历了从无到有并逐渐完善的过程。

1. 实体法的规定

实体法层面主要是刑法的规定。1979 年《刑法》第 60 条概括地规定了"犯罪分子违法所得的一切财物，应当予以追缴或者责令退赔；违禁品和供犯罪所用的本人财产，应当予以没收"；1997 年《刑法》第 64 条比 1979 年《刑法》第 60 条规定进行了细化，但仍较为笼统，没有明确处置的主体和程序，该规定至今未作修改。因《刑法》主要是对定罪量刑进行规范，那么其在"量刑"一章仅对与犯罪有关的个人财物作出规定，而不涉及犯罪分子的合法财产，属法理应有之义，但并非意味着将犯罪分子的合法财产决然排除在涉案财物之外。

2. 程序法的规定

程序法层面主要是《刑事诉讼法》及司法解释、各规范性文件。1979 年《刑事诉讼法》尚未对涉案财物的处置有明确规定；1996 年修正的《刑事诉讼法》第 198 条规定了刑事涉案财物的处置方式，但没有明确处置的主体和程序；1998 年最高人民法院《关于执行〈中华人民共和国刑事诉讼法〉若干问题的解释》列举规定了扣押、冻结在案财物的处置，明确了处置主体；2012 年修正的《刑事诉讼法》第 234 条（2018 年修正的《刑事诉讼法》第 245 条）明确了公检法对涉案财物的保管、移送职责，同时明确法院应对涉案财物作出判决；2021 年最高人民法院《关于执行〈中华人民共和国刑事诉讼法〉的解释》（以下简称刑事诉讼法解释）第 279 条规定了庭审过程中对涉案财物的调查程序以及案外人申请救济的权利，并以第十八章专章规定了涉案财物处理，对涉案财物的查封、扣押、冻结、移送以及追缴、没收、责令退赔、返还的处理方式均予以规定。

2015 年 1 月中共中央办公厅、国务院办公厅印发了《关于进一步规范刑事诉讼涉案财物处置工作的意见》（以下简称（2015）7 号意见），2014 年 10 月最高人民法院印发了《关于刑事裁判涉财产部分执行的若干规定》，2015 年 3 月最高人民检察院印发了《人民检察院刑事诉讼涉案财物管理规定》，2015 年 7 月公安部印发了《公安机关涉案财物管理若干规定》，2019 年最高人民检察院印发的《人民检察院刑事诉讼规则》及 2020 年公安部修正的《公安机关办理刑事案件程序规定》中也都涉及对刑事涉案财物的处置。

从程序法的规定可以看出，对涉案财物的查封、扣押、冻结并未因财物是供犯罪所用之本人财物还是犯罪分子的合法财产，而作出不同的程序性规定，这也是对涉案财物可以从广义角度界定的法律基础。

二、我国刑事涉案财物处置体系存在的问题

（一）刑事涉案财物处置程序不规范

即刑事涉案财物的保管、存储程序不规范，且各自为政。长期以来，公

检法机关对刑事涉案财物均自行制定了适用于本机关的规范性文件，最新的《关于执行〈中华人民共和国刑事诉讼法〉的解释》虽以第十八章专门针对涉案财物作出规定，但刑事涉案财物的统一管理制度尚未形成。涉案财物在保管过程中的毁损、挪用、遗失无法杜绝，且无从追责。

（二）刑事涉案财物的移送程序不规范

即涉案财物是应随案移送，还是移送证明性材料，标准并不统一；未移送实物的，移交清单、证明文件不全的现象屡见不鲜；仅移交证明文件的，继续查封、冻结的职责不清，互相推诿现象严重。

（三）侦查阶段对涉案财物的查控与证据固定不规范

即侦查机关对属于涉案财物的认定，采取查封、扣押、冻结措施，以及对财物的先行处理均系公安机关自行决定，缺乏监督；对财物采取保全措施，容易忽视对财产来源、性质、用途、权属的取证，导致执行困难。

（四）刑事涉案财物的庭审审查缺乏实质有效性

即对涉案财物的庭审审查重视性不够，许多案件缺乏对涉案财物的调查程序，或者调查程序流于形式；公诉机关忽视对涉案财物的举证，不能对财物处置提出意见建议；对涉案财物的辩论程序不能起到应有的作用。

（五）刑事涉案财物的执行程序混乱

因公检法对涉案财物都有保管权，且大部分财物并未随案移送，故侦查机关、人民法院对采取保全措施的财物享有不同程度的执行权，容易导致执行行为缺乏统一规范；因刑民案件诉讼主体的差异性，导致刑民就财物的执行必然存在差异，法院执行部门对刑事财物的执行力度不足的现象普遍。

（六）对涉案财物执行的监督机制不健全

立法层面缺乏对涉案财物处理监督机制的具体规定，财物处置过程中相应的外部司法审查欠缺。

（七）利害关系人对涉案财物权利救济途径不畅

2015年（2015）7号意见、《关于刑事裁判涉财产部分执行的若干规定》《关于执行〈中华人民共和国刑事诉讼法〉若干问题的解释》第279条以及最新颁布实施的《反有组织犯罪法》都规定了利害关系人对涉案财物处理有异议的，可以采取的书面提出异议、申诉或控告程序，但实际案件中并未得到顺畅执行。

我国在刑事涉案财物处置中之所以存在上述问题，主要原因在于有关刑事涉案财物处置的体系存在问题，亟须进行体系的完善。

三、域外刑事涉案财物处置的借鉴

（一）美国

美国对涉案财物的刑事没收是一种具有惩罚性的措施，主要适用于被告人通过犯罪所得的财物，一般是被告人被定罪后判刑程序的一部分；资产的可没收范围被法律限定为与指控的犯罪活动相关；通常没收的资产种类包括犯罪行为的潜在"收益"和用于"便利"犯罪实施的财产；如果被告人可没收的资产不再存在，一些法律允许没收这些资产的替代品[1]。在具体程序上，控诉方如需申请没收，必须提出具体控诉，且给被告人抗辩的机会。虽然对被告人定罪的证明标准是排除合理怀疑，但刑事没收的证明标准却是优势证据，而且在控诉方证明被告人是在犯罪行为实行期间获得财物且没有其他可能来源时，举证责任就会转移给被告人[2]。

（二）德国

德国对刑事涉案财物处置作出了详尽的程序性规定。《德国刑事诉讼法》在第六编"特别种类程序"第三章专门规定了"没收、扣押财产程序"，内容涉及对涉案财物的诉辩程序、第三人参与涉案财产处理程序、第三人提出异议程序、对财产的扣押程序等[3]。《德国刑事诉讼法》对涉案财物主要有两种不同的追缴、没收程序：主观程序和客观程序。所谓主观程序，是在追究被告人刑事责任的同时，对刑事涉案财物进行追缴或没收，判处追征、没收、销毁及废弃时，一般均在对特定人判决有罪的判决中谕知。所谓客观程序，不以有罪判决为前提，在未对特定人进行刑事审判时，可对涉案财物独立宣布判处追征、没收、销毁及废弃，该标的物的利害关系人可以提出异议而成为没收当事人参加诉讼，此种情形适用于对犯罪嫌疑人、被告人未到案情况下的涉案财物的处理[4]。

---

〔1〕 ［美］伟恩·R. 拉费弗等：《刑事诉讼法》（上册），卞建林等译，中国政法大学出版社 2003 年版，第 1376 页。

〔2〕 吴光升：《刑事涉案财物处理程序的正当化》，载《法律适用》2007 年第 10 期。

〔3〕 李长坤：《刑事涉案财物处理制度研究》，上海交通大学出版社 2012 年版，第 44 页。

〔4〕 ［德］克劳思·罗科信：《刑事诉讼法》，吴丽琪译，法律出版社 2003 年版，第 600~601 页。

（三）英国及澳大利亚

英国及澳大利亚 2002 年的《犯罪收益追缴法》将犯罪收益追缴程序独立于刑事程序，规定该程序不适用一般刑事程序的证据规则，而适用民事诉讼规则[1]。

四、我国刑事涉案财物处置体系的完善建议

（一）明确刑事涉案财物处置的相关规定

（1）侦查机关的法定职责内涵应予明确。长期以来有一种观点，认为侦查机关对刑事案件的职责就是破案，且其终于案件移送审查起诉，甚至对最后能否判如所侦都觉得并不重要，这是对刑事案件办理的一种误解，是"侦查中心主义"的体现。在这种观念的指导下，公安机关搜集证据侧重于对犯罪嫌疑人的定罪量刑方面，往往忽视了对涉案财物有关证据的搜集。但对涉案财物的性质、权属等证据予以搜集本应是侦查机关职责的应有之义。主要理由有三：一是诸如赃款赃物、作案工具、案件所涉违禁品本就是物证，其金额、数量直接影响定罪量刑，在对相关财物采取查封、扣押、冻结等强制措施时，需明确权属、性质；二是侦查机关侦破案件需要确定嫌疑人，固定嫌疑人的犯罪证据，以便审判机关能够对嫌疑人的人身方面定罪并处以自由刑，同理而论，查封、扣押、冻结财物对犯罪嫌疑人的财产权进行处置和剥夺，甚而处以罚金或者没收财产的财产刑，当然亦应固定证据，从某种角度和理念上讲甚至更应当举证、质证、严证；三是查封、扣押、冻结财物后需要对财物作出发还、退赔、罚没等相应处置，而处置的基础则是对财物的权属、性质等能够作出评判的证据。在刑事裁判生效后，若判处继续追缴的，公安机关负有继续追缴的职责，对追缴到的财物同样应固定权属、性质等相关证据，并交由执行机关执行。

（2）明确审执衔接之"有证能质""后证亦质"。在"以审判为中心"的现代法治总原则之下，"有证能质"是指，侦查机关收集涉案财物的证据、检察机关提交相应证据后，能够在庭审阶段出示、质证的，人民法院应在庭审阶段对涉案财物进行法庭调查和辩论，促进庭审实质化。"后证亦质"是指，在人民法院的刑事判决生效后，公安机关后续追缴到的财物同样应固定证据，

---

[1] 时延安：《违法所得没收条款的刑事法解释》，载《法学》2015 年第 11 期。

同样应该经过质证程序，只是此时的质证程序并非刑事案件审理过程中的法庭调查程序，而是执行程序中的"确认"，包括执行阶段对查封、扣押、冻结的财产进行执行时的常规审查，以及案外人对财物有异议的，可以启动执行异议程序，但此时的"质证"已非刑事审判程序。

依照现行法律规定，判决生效后涉案财物的处置由侦查机关与执行机关各负其责。侦查机关在执行阶段的职责在于对法院判处追缴的进行追缴，执行机关的职责限于执行生效刑事裁判。二者有交叉之处，侦查机关负责追缴的不仅仅限于赃款赃物，同样包含犯罪分子的合法财产，应先行追缴到位再由执行机关区分辨别哪些用于退赔、哪些应予罚没。执行机关追查犯罪分子可供用于执行的财物是其法定职责。不论是侦查机关追缴到的财物还是执行机关查扣的财物，除刑事裁判确有错误而需再审纠正者外，最终都应纳入和汇流至执行裁定而结。有学者认为，德国理论界就有观点指出，参考民事处置原则处理刑事涉案财物缺乏法律明文的基础。[1]但事实上在实践中这与民事案件的执行程序并无本质区别，例如，生效民事判决判令被告向原告支付100 万元，案件进入执行程序后，若未在诉讼中足额查封、扣押、冻结被告的财产，执行部门需查询被告的财产状况、确权、析产、评判可执行财产范围并予以执行。刑事案件对财产的执行亦同此理，执行部门应对涉案财物进行查扣、作出评判并完成执行。

（3）明确高度盖然性证明标准。我国对定罪量刑采用排除合理怀疑的证明标准，但对涉案财物的审查则无需以该标准衡量。有学者提出，刑事涉案财物的处理是"对物之诉"，可以降低证明标准[2]。《刑法》对黑社会性质组织犯罪特别设立了"对黑社会性质组织非法聚敛的财物依法予以追缴"的特别规定。2022 年施行的《反有组织犯罪法》对财物处置确立了高度盖然性标准以及替代原则，高度盖然性标准是指被告人实施黑社会性质组织犯罪的定罪量刑事实已经查清，有证据证明其在犯罪期间获得的财产高度可能属于黑社会性质组织犯罪的违法所得及其孳息、收益，并且被告人不能说明财产合法来源的，应当依法予以追缴、没收；替代原则是指依法应当追缴、没收

---

〔1〕 何鑫：《刑事违法所得数额的司法认定问题研究——以特别没收为视角》，载《法律适用》2020 年第 11 期。

〔2〕 戴长林：《依法规范刑事案件涉案财物处理程序》，载《中国法律评论》2014 年第 2 期。

的涉案财产无法找到、灭失或者与其他合法财产混合且不可分割的，可以追缴、没收其他等值财产或者混合财产中的等值部分。该两项规定是首次在立法的层面予以明确，但其蕴含的法理是刑事诉讼之应然所在。

（4）明确处理执行异议的途径。对民事案件的执行，《民事诉讼法》规定了执行异议以及执行异议之诉，但目前刑事诉讼制度设计尚未对涉案财物的执行规定执行异议之诉，现行对异议处理的途径有三：一是可向执行法院提出书面异议，由执行法院依法处理，应当公开听证，但并非执行异议之诉；二是刑事裁判中对涉案财物是否属于赃款赃物认定错误或者应予认定而未认定，可以通过裁定补正的，执行机构应当将异议材料移送刑事审判部门处理；三是无法通过裁定补正的，可通过审判监督程序处理。这里需要特别注意的是，应当完善相应制约程序。除经审判监督程序处理，必须重经侦查（补查）、公诉参与，某些特定情形之下，由侦查机关依法径行处置或者补充侦查之后，审判裁处之外，执行过程中虽可依法定职权做出执行裁决，但该"由侦查机关继续追缴的"，当由法院执行机构向原侦查、公诉机关询问相关情况，由原侦查机关提供相应证据，原公诉机关提供相应意见后，做出执行裁决。

（二）明确具体举措

（1）设置全市统一储存仓库，不再进行实物流转。现行法律规定了公检法机关在不同的诉讼阶段分别保管涉案财物，分别承担责任，容易导致保管不力、责任推诿、增加成本的乱象。对此，可建立全市统一的刑事涉案财物储存仓库，作为独立的、专门的涉案财物管理中心，同时引入社会化服务的第三方机制，由第三方集中保管。办案单位无须考虑涉案财物的运输、存放、管理等问题，办案人员仅需办理对财物的移送、入库、出库等操作。各办案单位之间只需移交财物清单，接收单位仅需审查对财物查扣冻的手续是否合乎法律规范、相关证明文件是否齐全，并决定是否签收清单，以"实物静止、清单移交"的方式实现涉案财物的流转。公诉机关需要当庭出示证物的，领取证物带至法庭进行质证之后，即可径行归仓。各个司法机关在各自负责的环节有需要提取或者处置的，直接依职权对接。

（2）强化对涉案财物庭审调查的实质有效性。充分贯彻"以审判为中心"的原则，在庭审中注重对涉案财物的调查和辩论，督促检察机关对财物的充分举证，若检察机关不能针对涉案财物的权属进行有效举证，根据具体情况可以由其继续补充侦查；同时要求检察机关对涉案财物提出具体的处理建议，以此程序促进检察机关监督侦查机关加强对涉案财物侦查的重视程度。

（3）强调裁判文书中继续追缴判项的必要性。最高人民法院《关于适用〈中华人民共和国刑事诉讼法〉的解释》第 445 条第 2 款明确规定，"对判决时尚未追缴到案或者尚未足额退赔的违法所得，应当判决继续追缴或者责令退赔"。所以，对前述案件，刑事判决中继续追缴或责令退赔判项不可或缺。且基于前述"后证亦质"的原则，在侦查机关追缴到财物后，执行机关可以依照执行程序进行处置，不仅不存在执行难的问题，还可以起到惩治犯罪、保护被害人权益的作用，同时避免了因缺乏继续追缴或责令退赔判项导致审判监督程序的启动。

（三）建立健全监督追责机制

建立健全对涉案财物处置的监督追责机制，是确保涉案财物能够准确及时处置的保障。监督应始于对涉案财物采取强制措施之时，终于违法所得全部追缴、被害人得以全部赔偿之时。采取查封、扣押、冻结措施是否必要，强制措施是否依法进行，对查扣在案的财物是否妥善保管，裁判后对执行异议是否及时审查，是否遵照判决继续追缴等所有的环节和事项，均应纳入监督范畴，对违反职责、怠于履行职责的人员应追究相应责任。

结　语

"法之理乃法之魂"，社会主义法治固有的性质和本存的教义实际上是明确的，但问题出在体系不完善，如"缺乏具体细化""没有细落到司法各环节""相应的责任条款阙如"等方面，为完善刑事涉案财物处置体系，本文针对涉案财物在侦查、起诉、审判、执行四阶段中可完善、提高的关键事项等提出针对性举措，以期实现财物处置体系的科学化、规范化、标准化。

论非法集资犯罪违法所得的认定与处置

涂安杰*

摘　要： 非法集资犯罪案件中关于违法所得认定的法理基础和认定标准、违法所得的处置原则、违法所得的追缴和退赔的性质等都是值得探讨和研究的问题，其中，非法集资犯罪案件中违法所得的认定与处置问题一直是理论界和实务界关注的重点，也存在不同的观点和争议，而这些问题的澄清关系到对非法集资犯罪的定性以及处罚等。鉴于此，本文旨在探讨非法集中犯罪违法所得的认定与处置路径问题，以期为相关争议的解决提供有益的参考。

关键词： 非法集资　违法所得　认定标准

引　言

非法集资类案件多年来一直十分活跃，危害甚烈。而对该类案件中"违法所得"的认定与处置是实务中的关键核心和重点难题。在违法所得的认定上，主要存在三个问题：一是是否应参考民事诉讼程序证据规则，适用较低的证明标准；二是对流转至第三人的违法所得的处置是否应适用善意取得制度；三是违法所得的计算是否应扣除犯罪成本。在违法所得的处置方面，存在着追缴与退赔的责任认定是否应适用民事赔偿规则的问题。这些问题的存在使得实践中存在同案不同判的现象，因此需要进行进一步的研究和探讨。

一、违法所得的认定

（一）违法所得之证明标准

非法集资犯罪通常以团伙形式进行，涉案人员复杂，涉案金额巨大，且

---

* 涂安杰，女，深圳大学新型犯罪与疑难案件研究中心主任助理，研究方向为刑法学。

非法集资犯罪的手法方式多样，财产转移、隐匿的手段层出不穷，赃款也往往会经历多渠道、多领域、多形式的流通，导致违法所得的认定与追缴难度极高。

在国外，英国及澳大利亚 2002 年的《犯罪收益追缴法》将犯罪收益追缴程序独立于刑事程序，规定该程序不适用一般刑事程序的证据规则，而适用民事诉讼规则[1]。德国司法实践中，联邦最高法院此前的判例则指出，对于涉案财产追缴程序，不要求财产与犯罪之间形成达到定罪量刑的标准的完整证据链，这可以更有效地打击一些有组织犯罪[2]。

在我国，2017 年最高人民法院、最高人民检察院发布的《关于适用犯罪嫌疑人、被告人逃匿、死亡案件违法所得没收程序若干问题的规定》（以下简称《规定》）第 17 条规定了"高度可能"属于涉案财产的，应予以认定。可以看出，《规定》是针对犯罪嫌疑人、被告人不在案情形下的特殊规定，是基于在该类情形下确实难以达成排除合理怀疑的证明标准而设立。我国 2022 年《反有组织犯罪法》规定，被告人不能说明财产合法来源的，追缴、没收。由此，就产生了是否应降低非法集资案件中对违法所得内容认定的证明标准的问题。

与英国、澳大利亚和德国的理论和实践不同，我国目前并没有对违法所得的追缴和退赔设立独立的证据要求。有学者提出，刑事涉案财物的处理是"对物之诉"，可以降低涉案财物属于违法所得的证明标准，适用国外优势证据标准，即不需要达到普通刑事诉讼程序"排除合理怀疑"的程度[3]。在提出降低违法所得没收程序的证明标准的学者中，有人认为对违法所得的认定可适用高度盖然性证明标准[4]，也有人认为应采取比民事诉讼更高的证明标准[5]。之所以会产生这种向民事诉讼程序证据规则看齐的观点，主要原因有违法所得没收程序是对财物的处置，具有一定的民事性质。最高人民法院《关于适用〈中华人民共和国刑事诉讼法〉的解释》第 532 条也规定了在没有相关《刑事诉讼法》及刑事司法解释的情形，刑事裁判中涉及财

---

[1] 时延安：《违法所得没收条款的刑事法解释》，载《法学》2015 年第 11 期。
[2] 王雷：《德国刑事涉案财产处置新规》，载《检察日报》2022 年 11 月 10 日。
[3] 戴长林：《依法规范刑事案件涉案财物处理程序》，载《中国法律评论》2014 年第 2 期。
[4] 张鑫：《认定违法所得可适用高度盖然性证明标准》，载《检察日报》2023 年 6 月 19 日。
[5] 时延安：《违法所得没收条款的刑事法解释》，载《法学》2015 年第 11 期。

产部分的执行，可以参照民事执行的规定。此外，有学者提出"违法所得没收程序不涉及定罪量刑"[1]，该程序"不确定刑事责任，不直接剥夺人身自由、名誉权等权利"[2]，故应采用较低的证明标准，降低检察机关的证明难度。

本文认为，这些理由放在非法集资案件中对涉案财物的处置上并不合适，首先，违法所得的追缴和退赔以不法为前提，不能因其具有民事性质就忽视其刑事本质。其次，从降低违法所得追缴和退赔难度的需求来看，在认同"证明标准与程序性质可分离"[3]的情形，无疑会导向定罪量刑财物认定数额与追缴退赔财物认定数额不一致的结果。虽然证明标准降低，但在非法集资案件中，财物认定的混乱又会增加共犯退赔责任认定的难度。同时，根据最高人民法院《关于审理非法集资刑事案件具体应用法律若干问题的解释》（2022年修正）第6条规定，在非法集资案件中，违法所得的追缴和退赔并非不影响定罪量刑。如果认为《规定》中行为人退赃退赔的数额认定应适用较低证明标准，导致行为人违法所得的追缴和责令退赔金额增加，获取减轻刑罚情节的难度增大，对行为人来说是否过于严苛；若认为对其应适用普通刑事诉讼的证明标准，对降低证明难度的涉案财物部分额外进行追缴及责令退赔，又似乎无法满足对集资协助人尽力挽损的要求。

（二）违法所得中的"善意取得"问题

有学者认为，最高人民法院、最高人民检察院、公安部《关于办理非法集资刑事案件适用法律若干问题的意见》（以下简称《意见》）第5条明确对集资人将非法吸收的资金用于清偿债务或转让受让人的，受让人"恶意的"才予以追缴。也就是说，该意见承认追赃中的善意取得制度。[4]但实际上，《意见》的原文只是对应当追缴的受让人取得的情形进行了规定，并没有指出受让人"善意"就一定不予追缴。

本文认为，该《意见》旨在为应当追缴的情形提供具体切实的依据，因为

---

〔1〕 张吉喜：《违法所得没收程序适用中的相关问题研究》，载《现代法学》2019年第1期。

〔2〕 李一维：《违法所得没收程序证明标准研究》，载《法学（汉斯）》2024年第1期。

〔3〕 毛兴勤：《构建证明标准的背景与思路：以违法所得没收程序为中心》，载《法学论坛》2013年第2期。

〔4〕 梅传强、欧明艳：《集资犯罪追赃中刑民交叉实体问题及其解决——以是否追缴集资参与人获得利息切入》，载《法治研究》2019年第6期。

通常情况下，"金钱作为种类物，不同于一般财物，转移占有即转移所有权"，[1]故需要明确，在特殊的情形中，即使是资金也应追缴。此外，即使将不予追缴的情形定义为受让人善意取得的情形，其也与民事案件中的善意取得制度不同，二者对善意的要求不同，保护内容也不同。在部分集资参与人获取了以吸收的资金支付的利息、分红等回报的情形，若参考民事案件中的善意取得制度，只要不超过最高人民法院《关于审理民间借贷案件适用法律若干问题的规定》（2020 年第二次修正）（以下简称《民间借贷规定》）中所规定的利率，且参与人对自己获取的回报属于吸收的资金一事并不知情，就应构成善意取得的条件，不再追缴。但按照《意见》的规定，"以吸收的资金向集资参与人支付的利息、分红等回报"也应当依法追缴。在善意取得制度对市场交易及受让人的保护价值与追缴和责令退赔对金融秩序及公民的财产权利的保护价值的衡量下，对上述情形作出依法追缴的决定并无不妥。且《民间借贷规定》第 13 条规定了"……以向公众非法吸收存款等方式取得的资金转贷的"民间借贷合同应认定无效，故参与人所获超出本金的回报应予以追缴。

（三）违法所得的计算

有学者认为，"就没收违法所得而言，只能采取纯益主义，其中用于犯罪的成本，则属于供犯罪所用的本人财物，应根据其是否属于与违禁品相当的财物做出是否没收的判断"，[2]即违法所得的计算应扣除成本。也有学者提出，涉及违法所得追缴及退赔的犯罪可以根据违法所得的获取方式分为两类，在违法所得的追缴及退赔中，因不同类型犯罪的违法所得产生方式不同，采用的违法所得计算方式也应分成扣除成本及不扣除成本两种。具体而言，无需扣除成本的是取得利益型犯罪，需要扣除成本的是经营利益型犯罪。[3]

本文认为，上述两种观点实际上并无冲突，应认为在取得利益型犯罪中，不存在用于犯罪的成本，只有为犯罪提供帮助的支出。以非法集资犯罪为例，虽然存在支付员工工资、支付房租等运营支出，但首先，这些运营成本本就应被认定为是以集资款支付，属于违法所得的一部分，应当计入违法所得数

---

〔1〕 梅传强、欧明艳：《集资犯罪追赃中刑民交叉实体问题及其解决——以是否追缴集资参与人获得利息切入》，载《法治研究》2019 年第 6 期。

〔2〕 张明楷：《论刑法中的没收》，载《法学家》2012 年第 3 期。

〔3〕 时延安、刘伟：《违法所得和违法收益的界定》，载《中国检察官》2007 年第 2 期。

额。其次，上述支出并非非法集资犯罪必要前提条件，与之相似的情形还有乘车前往银行抢劫，其中乘车所产生的费用虽然是行为人本人的合法财产，但也并不能被视为犯罪成本。能被视为犯罪成本的支出应产生于法律条文中明确规定的犯罪必要步骤之间，如在生产、销售伪劣产品犯罪中，生产伪劣产品的支出可以被视为犯罪成本，对生产、销售伪劣产品行为人违法所得的认定应仅限于扣除犯罪成本的获利金额。

实践中，在审视我国近几年立法机关制定的法律文件及司法审判中的指导原则时可以发现，立法者及司法审判人员也普遍认为，在涉众型非法集资案件中，违法所得应当包括所有直接或间接因犯罪活动而产生或获取的财产，无需扣除为犯罪提供帮助的支出。[1]这样的计算方式既符合"人不能从不法中获益"的原则，也可以稳固增强非法集资犯罪违法所得退赔的弥补损失功能。

二、违法所得的处置

违法所得的处置主要是指对违法所得的追缴和退赔。

（一）立法与司法现状

对违法所得的追缴和退赔问题，我国尚无具体的法律法规规定，一些地方的相关规定及司法实践中则出现了意见不一的情况。

上海市高级人民法院、上海市人民检察院、上海市公安局《关于办理涉众型非法集资犯罪案件的指导意见》第11条规定，参与非法集资犯罪的被告人应当对因其犯罪行为所引发的损失承担退赔责任。即使是业务员等作用较小的人员，只要是被追究刑事责任的，除了应当追缴他们所获得的佣金、提成等违法所得，还可以责令他们在其所造成的损失范围内承担退赔责任。重庆市高级人民法院《关于办理非法集资类刑事案件法律适用问题的会议纪要的解答》第6条则规定，在处理追缴和责令退赔违法所得的问题时，应当认为其与民事诉讼中共同被告对被害人的损失承担连带赔偿责任之间存有差异。追缴和责令退赔违法所得不应涉及民事连带责任的问题，其不属于民事赔偿诉讼，故追缴和责令退赔的数额应以行为人实际违法所得为限。上海市的地

---

〔1〕 唐以明：《共同犯罪案件中各被告人退赔责任的承担——以涉众型集资犯罪为例》，载《法制博览》2024 年第 11 期。

方文件支持了主从犯都承担连带退赔责任的观点，重庆市的地方文件则支持对行为人的追缴和责令退赔应以行为人实际违法所得为限的观点。

从法院的判决情况来看，各法院对被告人承担退赔责任的方式及承担理由也有着不同的看法。在天津市滨海新区人民法院（2022）津 0116 刑申 6 号杨某翔非法吸收公众存款罪刑事申诉再审查刑事通知书中，法院认定杨某翔作为从犯，在担任业务员期间非法吸收公众存款 780 余万元，造成损失 107 万余元，应对损失数额承担共同退赔责任。对此判决法院给出的理由是，这样的退赔责任承担方式符合刑法的共犯理论，共同犯罪行为人均应当对共同侵害行为造成的损害后果共同承担责任。对于本案所判处的罪犯，都应在共同犯罪的数额内承担退赔责任。

在广东省东莞市第一人民法院（2020）粤 1971 刑再 2 号陶某 2 非法吸收公众存款刑事再审刑事判决书中，被告人陶某琪按照史某跃的指示，向不特定社会人员吸收资金，并从中获取相应的提成，其在案中非法吸收了邝某、曹某等人约 8 292 008 元投资款，并从中非法获利约 100 万元。据此事实情况，法院认为，原审责令陶某琪对集资参与人的损失承担连带退赔责任的裁定不当，应裁定陶某琪在其违法所得范围内退赔被害人损失。

在广东省广州市天河区人民法院（2019）粤 0106 刑初 403 号关某某非法吸收公众存款一审刑事判决书中，法院认为，被告人关某某并非财务经理，没有参与拉客户等直接吸收资金的活动，仅仅是在公司担任出纳职务，也并没有收取任何提成或参与利润分配，只领取固定的薪水，遵循闵某的指示执行任务，在共同犯罪中起次要作用，故关某某作为从犯在其个人违法所得范围内进行退赔。在山东省淄博市中级人民法院（2024）鲁 03 刑再 2 号吕某港、曲某丽等非法吸收公众存款罪刑事再审刑事裁定书中，再审认为，原审对被告人犯罪性质、情节等定性准确，量刑适当，但仅判令吕某港退赔损失并不适当，对在涉案公司工作期间总收入约 110 000 元及 129 400 元的曲某丽及孙某的收入应予追缴，且在共同犯罪中起辅助、次要作用的被告人也应在其犯罪行为对集资参与人造成的损失范围内承担退赔责任。对于孙某等人提出的"只是公司业务员，赚取正常工作报酬，不应承担退赔责任"的理由，法院认为，作为组织者和积极参与实施者均应承担退赔责任，故该理由不成立。

（二）追缴和退赔的有关学说及评价

1. 关于退赔责任的性质

（1）通说。该学说认为，刑事违法所得的处置的刑法性质不为刑罚，其不以有责性为前提，对无刑事责任能力的行为人的违法所得也可以进行追缴。

（2）对物的强制处分措施说。该学说在承认通说的基础上提出，刑事违法所得的处置可以脱离对行为人的罪责评价，是一种独立的对物处分措施，而物属于具体事实，故该处置措施不应涉及对行为人罪责的考量[1]。该说指出，"刑事违法所得的处置是针对具体的行为事实，且对于该行为事实并不涉及任何评价的作用"[2]，即否认了行为人对违法所得的客观因果责任对追缴、退赔责任认定的影响。但在共同犯罪退赔责任认定的情形，违法所得分为共同违法所得及个人违法所得，对各行为人应被处置的"物"的范围的认定，难以脱离对行为人不法层面的评价。

（3）保安处分说。该学说以行为人对社会的危险性为处罚根据，追求特殊预防目的。但《刑事诉讼法》对已经死亡的犯罪嫌疑人、被告人的涉案财产予以没收的规定，显然无法以保安处分说进行解释[3]。

（4）民事赔偿说。该学说将违法所得的退赔等同于民事赔偿，否认违法所得的退赔以"人不能从不法中获利"为原则，认为退赔责任的认定应适用民事赔偿规则[4]。

对物的强制处分措施说和保安处分说无法全面评价违法所得的认定及处置，故民事赔偿说成为理论界与实务界对违法所得的认定与处置意见不一的主要原因。

2. 关于退赔责任的认定

上述四个案例大致体现了当下司法实践中对非法集资案件中追缴和退赔中退赔责任认定的三种学说。第一种方式"连带说"是参考民事连带责任的

---

[1] 任志中、郭冰冰：《非法集资案件中共同犯罪违法所得处置的反思与重构——以共犯之间退赔责任的承担为切入点》，载《法律适用》2022 年第 7 期。

[2] 任志中、郭冰冰：《非法集资案件中共同犯罪违法所得处置的反思与重构——以共犯之间退赔责任的承担为切入点》，载《法律适用》2022 年第 7 期。

[3] 尹振国、方明：《我国刑事特别没收手段的反思与重构——兼论〈刑法〉第 64 条的完善》，载《法律适用》2019 年第 5 期。

[4] 梅传强、欧明艳：《共同犯罪违法所得处理研究——以共同犯罪人之间是否负连带责任为焦点》，载《中国人民公安大学学报（社会科学版）》2020 年第 1 期。

认定方式，结合刑法的共犯理论，将共同犯罪理解为共同侵权行为，因此共同犯罪的行为人均需对损害结果承担连带退赔责任，其中实际承担超过自己责任份额的行为人有权向其他行为人追偿。第二种方式"独立说"则是以行为人个人实际违法所得为限进行追缴和责令退赔。在这种方式下，仅获取部分提成或其他收益，对集资款无事实支配地位的集资协助人无需对超出自己收益的损害部分承担退赔责任。第三种方式则是将前两者结合，按照具体情况决定被告人的追缴和退赔方式。在关某某非法吸收公众存款一案中，法院认定关某某是遵循他人指示而为非法吸收公众存款活动提供支持，故应以个人违法所得为限进行退赔，而在吕某港、曲某丽等非法吸收公众存款一案中，曲某丽及孙某等人被认定为积极参与犯罪的主要实施者，故应对其不法行为造成的损失承担退赔责任。实务中，受人指使与积极参与之间存在界限模糊的问题。

司法实践中多采用连带说，因此，本文主要分析和评析连带说。

（1）连带说的主要观点。连带说认为，因行为人对由共同侵权行为造成的损害结果需承担连带的民事赔偿责任，而以违法所得为基础的刑事退赔责任可以被解释为以损害结果为基础的赔偿责任，又因共同犯罪行为与民事共同侵权行为相似，故行为人对由共同犯罪行为造成的损害结果也应承担连带的刑事退赔责任。例如，有学者认为，"刑事判决确定的退赔，其本质为民事侵权的赔偿义务"[1]。也有学者根据已失效的 2000 年最高人民法院《关于刑事附带民事诉讼范围问题的规定》中第 5 条第 1 款对"犯罪分子非法占有、处置被害人财产而使其遭受物质损失的，人民法院应当依法予以追缴或者责令退赔"的规定，认为追缴和责令退赔的范围不应局限于被告人实际违法所得，如果行为人使被害人遭受了物质损失，即使其没有违法所得，也可以对其采取追缴或责令退赔的方式挽回损失[2]。

（2）本文的观点。本文认为连带说的上述观点并不妥当。《规定》第 5 条第 2 款规定，"经过追缴或者退赔仍不能弥补损失，被害人向人民法院民事审判庭另行提起民事诉讼的，人民法院可以受理"。在认为追缴或责令退赔金额

---

〔1〕 姚坤林、郝绍彬：《刑事退赔后共犯间可行使民事追偿权》，载《人民司法》2020 年第 14 期。

〔2〕 蒋海年、宋京红：《非法集资犯罪中共犯退赔范围问题探析》，载《山东法官培训学院学报》2023 年第 5 期。

的认定是以物质损失为基础的情形，应不需要再以另行提起民事诉讼的方式来弥补被害人损失。此外，《刑法》中对追缴或退赔内容的规定是"犯罪分子违法所得的一切财物"，不宜将其解释为"犯罪分子违法造成的一切损失"。如追缴或退赔不能满足弥补被害人损失的需求，被害人可另行提起民事诉讼。据此，刑事退赔本质为民事侵权的赔偿义务的观点也不能成立，因为刑事退赔实际上仍以违法所得为基础，且退赔违法所得的证明标准与民事诉讼的证明标准也不同。但前述以附带民事诉讼的方式弥补被害人损失的观点也并非适用所有情形。另外，根据 2021 年最高人民法院《关于适用〈中华人民共和国刑事诉讼法〉的解释》第 175 条及第 176 条，破坏社会主义市场经济秩序的经济犯罪，不属于刑事附带民事的范围。[1] 在 2019 年最高人民法院、最高人民检察院、公安部发布的《关于办理非法集资刑事案件若干问题的意见》中，第 9 条及第 11 条也明确规定了非法集资涉案财物应严格按照《刑事诉讼法》及相关司法解释规定，对集资参与人提起的附带民事诉讼请求人民法院不予受理。即在非法集资案件中，集资参与人追回财物损失的路径被局限于追缴和责令退赔程序中，如认为追缴和退赔应以违法所得为限，似乎无法满足挽回被害人损失的需求。但事实上，在被告人非法占有或处分被害人财产的情形，被告人的违法所得通常是大于或等于被害人的直接财物损失的，以违法所得数额进行追缴或责令退赔，不仅并不会低于被害人损失数额，也可以防止被告人获取违法所得孳息，违背"人不能从不法中获益"的原则。

因此，本文认为：第一，在非法集资案件的违法所得计算中，没有需要扣除的犯罪成本，如被告人没有利用违法所得获取超过本金的收益且不计算被害人的间接损失，则会出现被告人违法所得实际上等于被害人损失数额的结果。以一个简单的案例说明：假设甲吸收乙 500 万元投资款，吸收丙 200 万元投资款，此时甲共吸收存款 700 万元。后甲为获取信任，不仅返还丙 200 万元本金，还支付了丙 100 万元的"收益"。最终，甲实际获取资金 400 万元，乙损失 500 万元。在此案例中，对甲的违法所得显然不能以吸收资金数额或最终收益数额来认定。由前文可知，集资参与人获得超过本金的收益属于违法所得，应予追缴。故甲的最终违法所得金额应是甲实际获取金额与丙

---

[1] 谢勇、陈小杉：《非法集资案件财物处置刑民交叉的规范路径》，载《湘潭大学学报（哲学社会科学版）》2019 年第 2 期。

获取收益的总和，也即乙的损失金额 500 万元。事实上，由于排除了违法所得收益及间接损失的影响，假定行为人吸收存款总额为 n，不超过被害人个人本金的返还总额为 m，不论行为人如何处置这笔资金，如向集资协助人支付提成，向集资参与人支付利息等，都不影响案中实际违法所得总额为 n-m，而 n-m 也正是被害人的损失总额。此外，此处减去返还金额的计算方式既不是对犯罪成本的扣除，也不是对为犯罪提供帮助的支出的扣除，应将其理解为行为人本就只占有了 n-m 的违法所得才较为妥当。司法实践中以损失数额替代违法所得虽然有概念混淆之嫌，但这样的表述有利于更迅速地把握具体金额，也有利于与独立说中的违法所得内容进行区分。在非法集资共同犯罪中，损失数额可以被视为与损失结果有因果关系的行为人共同的违法所得数额，而独立说的违法所得，应指业务员个人工资、协助人个人提成等。对吸收资金有支配权的行为人的个人违法所得应为其自身造成的损失数额减去其余与损失结果相关的行为人的个人违法所得。由此，因实践中存在行为人以共同违法所得数额为限承担退赔责任的情形，故会产生行为人退赔数额大于其个人违法所得的结果。

第二，虽然本文否认"责令退赔本质上属于民事责任的范畴"的观点[1]，但承认其确实且应当具有一定的民事赔偿功能，在缺乏追缴与退赔责任认定的《刑法》及相关刑事司法解释的情形，因违法所得的追缴和退赔与民事赔偿的功能和目的有一定重合，可以参考民事赔偿责任的认定规则。根据前文分析，我国《刑法》明确规定的追缴及责令退赔的处置对象是犯罪分子违法所得，而非被害人损失。故在参考民事赔偿责任认定规则时，应将重点放在行为人为何要为共同违法所得总额负责，而不是行为人为何要对共同损害结果进行赔偿，以契合刑法的条文规定。

第三，应认为连带说更符合当前社会需要，但完全采用连带说也并不妥当。从罪责刑相适应的角度来看，有学者提出，"责令刑罚不同的各共同犯罪被告人承担相同的连带退赔责任"[2]违反了该原则。但因追偿权的设立，应认为各共同犯罪被告人实际退赔责任并不相同，只是额外承担了追偿困难或

---

〔1〕 李书静：《非法集资案件中"退赃退赔"的司法困境与制度完善》，载《国家检察官学院学报》2022 年第 2 期。

〔2〕 唐立明：《共同犯罪案件中各被告人退赔责任的承担——以涉众型集资犯罪为例》，载《法制博览》2024 年第 11 期。

失败的风险。由前所述，本文将共同违法所得视为整体，在整体内部以个人违法所得数额划分个人退赔责任，又因行为人的不法行为与共同违法所得获取结果之间存在因果关系，故认定行为人应对整体承担连带退赔责任，且对自己先行代为承担的超过个人退赔责任的部分对其他共同违法人享有追偿权。但有部分行为人对共同获利结果的推进作用极小，如认为其也应承担追偿困难或失败的风险，实际并不妥当。故当行为人不法行为与共同违法所得获取结果之间只存在轻微因果关系时，比如没有参与指挥或拉客户等直接吸收资金活动的行为人，应认定其无需对整体承担连带退赔责任。此外，在行为人的不法行为与共同违法所得获取结果并无相互关联的因果关系的情形，比如两起独立的非法集资犯罪侵害了同一对象，应当认定行为人各自承担相应退赔责任。

结　语

在对非法集资犯罪违法所得的处置研究中，既应看到社会对法益恢复的需求，也应注意犯罪分子的担责要适当。在处置内容上，违法所得的证明标准与数额计算都应以刑事规定为依据。在处置方式上，共犯的追缴和退赔责任的认定缺少刑事规定的指引，故可适当参考民事赔偿责任认定规则，根据共犯的实际参与程度及所起作用，确定合理的责任份额。实践中，为确保刑事处罚的公正性及合理性，同时也为更好地预防和打击非法集资犯罪，维护金融秩序和社会稳定，应加强对非法集资行为的监管，提高公众的法律意识，完善相关法律法规，违法所得的处置亟需相关法律法规更细致的指引。

浅析侵犯网游虚拟财产的刑法保护

何 源*

摘 要： 网游虚拟财产实际是指一种具有财物属性的电磁数据，其范围一般包括：游戏账号、游戏装备和游戏币。侵犯网游虚拟财产的危害是多方面的，它不仅影响了网络用户的个人权益，也对整个网络环境和社会经济秩序造成了不良影响。刑法作为最严厉的法律手段，对侵犯网游虚拟财产的行为进行打击，能够起到有效的震慑作用，减少网络犯罪的发生。本文旨在探讨侵犯网游虚拟财产的刑法保护相关问题。

关键词： 网络游戏 虚拟财产 刑法保护

引 言

网游虚拟财产作为公民的私人财产，同样受到我国刑法的保护。刑法保护中有关网游虚拟财产法律性质等理论问题及刑法保护的相关立法等问题亟需研究和探讨。

一、网游虚拟财产概述

（一）网游虚拟财产的定义和种类

1. 网游虚拟财产的定义

作为外来词汇的虚拟财产，在我国的定义众说纷纭。我国法律方面对于"虚拟财产"的相关法律几乎没有具体规定，《民法典》中仅就此问题作出了按其他法律规定处理的规定，而刑法则未提及[1]。我国学者对虚拟财产的观

---

* 何源（1984年—），女，中国政法大学法学院在职研究生。

〔1〕 周潞：《关于网络虚拟财产问题在法律方面的解读》，载《法制博览》2021年第12期。

点各不相同，杨立新教授等一部分专家认为虚拟财产是基于当前计算机网络产生的电磁记录，具有财产性和价值，可以用现有的度量标准衡量其价值[1]。而另一部分学者则认为虚拟财产的范围更广泛，包括虚拟物以及所有以虚拟数据和电磁波形式存在的电子信息[2]。然而，在讨论"网络游戏中的虚拟财产"时，并没有涵盖如此广泛的虚拟财产。根据法律常识和对网游虚拟财产的理解，更适用杨立新教授的定义。

2. 网游虚拟财产的种类

从财产的价值角度来看，一项产物需要具有经济价值，才可称为财产。一般认为网游虚拟财产大致分为以下几类：第一类，网游账号。作为游戏游玩者的身份证明和进入游戏的钥匙。第二类，网游道具、物品类财产。这些道具来源于游戏开发者编写的代码，可以提升玩家属性、改变外观或实现其他目的，因其凝聚了玩家的劳动或金钱，具有价值。第三类，游戏货币。一种是游戏中自带的虚拟货币，可用于完成任务或交易游戏中的道具，另一种需要玩家用现实货币购买。

（二）网游虚拟财产的法律特征及性质

1. 网游虚拟财产的特征

国外学者普遍认为作为"信息化产物"，这一本质属性决定了虚拟财产必须具有排他性的特征。林旭霞教授则更倾向于认为虚拟财产有四类基本特征，分别是虚拟性、模拟性、相对独立性和排他性。

2. 网游虚拟财产的法律性质

网游虚拟财产的实质是一种具有财物属性的电磁数据，应属于财产法律关系的客体。在我国法律中，对于网游虚拟财产是否属于"物权"或"债权"并无统一认定，但刑法只需明确其财产属性以进行规制和保护[3]。若必须划分其性质，则应采用物权说。网游虚拟财产实质是有价值的电磁数据，具体表现为游戏装备、游戏账号和游戏币。行为人侵犯网游虚拟财产的目的是获取非法利益，侵犯了玩家的物权导致游戏合同无法履行。因此，参照"物"处理更为合理。

---

[1] 杨立新、王中合：《论网络虚拟财产的物权属性及其基本规则》，载《国家检察官学院学报》2004年第6期。

[2] 林旭霞：《虚拟财产权研究》，法律出版社2010年版，第50~51页。

[3] 张明楷：《非法获取虚拟财产的行为性质》，载《中国检察官》2015年第11期。

二、网游虚拟财产刑法保护的必要性

据中国互联网络信息中心（CNNIC）发布的第 52 次《中国互联网络发展状况统计报告》，截至 2023 年 6 月，我国网民规模达 10.79 亿人。中国互联网普及率不断提升，除了生产生活功能外，网络娱乐功能越来越受欢迎。游戏用户数量稳步增长，越来越多的人投入时间、金钱和精力在游戏中。[1] 然而，网游虚拟财产成为不法分子的目标，近年来相关犯罪行为日益猖獗，严重损害了玩家的合法权益和网络秩序，网游虚拟财产的犯罪行为侵犯了刑法所保护的法益。因此，加强对网游虚拟财产犯罪问题的研究，通过立法制定明确条款保护网游虚拟财产很有必要。

三、我国网游虚拟财产刑法保护的现状

（一）我国法律中对网游虚拟财产的相关规定

我国尚未在《刑法》中明确规定对网游虚拟财产的保护。但是，《宪法》第 13 条规定保障公民的合法私有财产不受侵犯，《物权法》和《民法典》也明确规定了对合法私有财产的保护。网游虚拟财产作为无形财产的重要组成部分，受到《民法典》第 127 条的保护，该条款规定了法律对数据、网络虚拟财产的规定。[2] 尽管《刑法》未明确保护虚拟财产，但在公民财产的范围中有包含"其他财产"的兜底性规定。据此，可推测"其他财产"范围涵盖了网游虚拟财产。

（二）我国网游虚拟财产刑法保护存在的问题

1. 缺少刑事法律依据

目前，我国法律只有《民法典》第 127 条对游戏装备等网游虚拟财产做出了明确规定。虽然该条款承认了虚拟财产的法律地位和财产性，但其适用范围有限，缺乏实际操作性。在刑法领域内，与网游虚拟财产相关的规定更为稀少，缺乏对其保护的明确内容。针对非法获取网络游戏虚拟物的行为，目前尚未形成统一的刑法规制路径，仅依据非法获取计算机信息系统数据规

---

[1] 彭蔚斌：《网络虚拟财产的特点和法律保护》，载《法制博览》2021 年第 12 期。

[2] 郑晓雯：《非法获取网络游戏虚拟物的刑法规制》，载《河北公安警察职业学院学报》2021 年第 1 期。

制存在评价不完整、罪刑不平衡的问题。

2. 网游虚拟财产价值认定存在困难

网游虚拟财产相较于一般财产的区别之一就是其具有期限性，价值波动幅度大，由此导致网游虚拟财产的价值认定成为司法实践中的难点。不同于现实商品，网游虚拟财产无制作成本限制，版本更迭和代码变化会导致价值波动，定价原则不适用于网游虚拟财产，交易价格反映不了实际价值，因为市场成交价格受个体差异影响大。另外，特殊装备、技能等使其价值高于市场普遍价格。

3. 网络游戏运营商的消极应对

中国的网游行业在长期的发展过程中，游戏运营商已获得了绝对优势地位。大多数网游运营商在游戏用户协议中通过大量"霸王条款"对虚拟财产实施了不合理规定，这些条款反映了网游运营商对自身责任和定位的错误认识。其中包括所有权、使用权和仅限本人使用等特殊条款，增加了对网游虚拟财产进行刑法保护的复杂性。

四、我国网游虚拟财产刑法保护的建议

（一）立法明确网游虚拟财产的性质

为了切实保护网游虚拟财产，形成广泛认同的共识是必不可少的。在法律中明确规定其性质或通过立法解释明确网游虚拟财产的性质是最快、最有效的方法之一。《刑法》第 92 条规定了公私财产的范围，并且包含了"其他财产"的兜底条款。因此，针对当前状况，可以制定相关的司法解释，将网游虚拟财产明确纳入刑法中的"公私财产"范围。[1]这样做不仅不会影响刑法的稳定性和内容结构，还能直接确认网游虚拟财产的属性，促进社会对其性质形成共识，有利于网游虚拟财产的刑法保护。

（二）刑法中增设对网游虚拟财产保护的条款

在刑法中增设对网游虚拟财产保护的条款。相较于现实中的财物，网游虚拟财产具有诸多特殊性，这直接导致了对于网游虚拟财产的侵害行为所侵害的法益和传统财产不同；因此，参照现有的刑法处理网游虚拟财产犯罪可

---

〔1〕 薛力铭：《论网络游戏中虚拟财产的法律性质及刑法保护》，载《老字号品牌营销》2020 年第 9 期。

能会带来问题。相对于在现有刑法体系中增加专门条款，这是一个相对两全的处理方式。这样做不至于影响当前刑法结构，同时也简化了立法工作。

（三）制定网游虚拟财产的统一价值认定体系

关于网游虚拟财产的价值认定是其刑法保护中的一个关键环节。对于一般网游虚拟财产和具有特殊意义价值的网游虚拟财产的价值认定需要考虑不同的因素。针对一般的网游虚拟财产，物价部门与游戏运营商合作，根据玩家在同一种道具上的投入给出初步的价值估计，并通过专业的价格计算和调研得出最终价格。这种方法考虑了多方利益，是最具说服力的认定方式。对于具有特殊意义或价值的虚拟财产，除了上述流程外，还需根据财产人格理论综合考量其与个人身份认同感的关联，并结合其他法律部门的相关概念进行评估。

结 语

我国刑法保护对侵犯网游虚拟财产具有多方面的现实意义。它不仅能够维护网络用户的合法权益和精神慰藉，还能够打击网络犯罪、维护网络秩序、促进游戏产业的健康发展，并体现法律对新兴事物的关注和适应。